suhrk

Die vorliegende Auswahl der kleineren soziologischen Abhandlungen Simmels soll zum einen die Bandbreite der von Simmel angesprochenen Themen widerspiegeln und zum anderen seine verschiedenen theoretischen Zugänge – Simmel spricht in diesem Zusammenhang von »Soziologien« – aufzeigen: Die »Allgemeine Soziologie«, die sich mit Fragen der Gesellschaft und besonders mit den prinzipiellen Relationen zwischen den einzelnen und den aus ihnen gebildeten sozialen Aggregaten beschäftigt; die »Reine oder Formale Soziologie«, die die Formen analysiert, mit denen die Individuen, um die Inhalte (Triebe und Zwecke) umzusetzen, in Wechselwirkung mit anderen treten müssen – und dadurch Gesellschaft konstituieren; und schließlich die »Philosophische Soziologie«, die einerseits die Erkenntnistheorie beinhaltet, andererseits durch Hypothese und Spekulation den unvermeidlich fragmentarischen Charakter jeder Empirie zu einem geschlossenen Gesamtbild zu ergänzen versucht.

Georg Simmel wurde 1858 in Berlin geboren. Er starb 1918 in Straßburg. Die Georg Simmel-Gesamtausgabe (GSG) erscheint im Suhrkamp Verlag.

Otthein Rammstedt ist Professor em. der Universität Bielefeld und Herausgeber der Georg Simmel-Gesamtausgabe.

Georg Simmel
Individualismus der modernen Zeit

und andere soziologische Abhandlungen

Ausgewählt und mit einem Nachwort
von Otthein Rammstedt

Suhrkamp

Bibliografische Information der Deutschen Nationalbibliothek
Die Deutsche Nationalbibliothek verzeichnet diese Publikation
in der Deutschen Nationalbibliografie;
detaillierte bibliografische Daten sind im Internet über
http://dnb.d-nb.de abrufbar.

2. Auflage 2016

Erste Auflage 2008
suhrkamp taschenbuch wissenschaft 1873

Printed in Germany
Umschlag nach Entwürfen von
Willy Fleckhaus und Rolf Staudt
ISBN 978-3-518-29473-4

Inhalt

IV. Anhang

Das Gebiet der Soziologie

Die Aufgabe, über die Wissenschaft Soziologie Auskunft zu geben, findet ihre erste Schwierigkeit darin, daß ihr Anspruch auf den Titel einer Wissenschaft keineswegs unbestritten ist; und daß, wo ihr dieser selbst zugestanden wird, über ihren Inhalt und ihre Ziele sich ein Chaos von Meinungen ausbreitet, deren Widersprüche und Unklarheiten den Zweifel, ob man es hier überhaupt mit einer wissenschaftlich berechtigten Fragestellung zu tun hat, immer von neuem nähren. Nun wäre der Mangel an einer unbestrittenen, grenzgesicherten Definition zu verschmerzen, wenn wenigstens eine Summe einzelner Probleme vorläge, die, in andern Wissenschaften nicht oder nicht erschöpfend behandelt, die Tatsache oder den Begriff der »Gesellschaft« als ein Element enthielten und darin ihren gemeinsamen Berührungspunkt besäßen. Wären sie dann auch in ihren sonstigen Inhalten, Richtungen, Lösungsarten so verschieden, daß man sie nicht gut als einheitliche Wissenschaft behandeln könnte, so würde doch der Begriff Soziologie ihnen eine vorläufige Unterkunft gewähren, es stünde wenigstens äußerlich fest, wo man sie zu suchen hätte – wie etwa der Begriff Technik durchaus legitim für einen ungeheuren Bezirk von Aufgaben gilt, ohne daß es Verständnis und Lösung der einzelnen gerade viel förderte, daß ein gemeinsamer Charakterzug ihr an diesem Eigennamen teilgibt. Allein selbst diese schmale Verknüpfung mannigfaltigster Probleme, die immerhin eine in tieferer Schicht aufzufindende Einheit verspräche, scheint an der Problematik des einzig zusammenhaltenden Begriffes zu zersplittern, des Begriffes Gesellschaft – an der Problematik, mit der jene prinzipielle Leugnung einer Soziologie überhaupt sich beweisen möchte. Und es ist merkwürdigerweise einerseits eine Abschwächung, andrerseits eine Übersteigerung dieses Begriffes, an die solche Beweise geknüpft wurden. Alle Existenz, so hören wir, komme ausschließlich den Individuen, ihren Beschaffenheiten und Erlebnissen zu, und »Gesellschaft« sei eine Abstraktion, unentbehrlich für praktische Zwecke, höchst nützlich auch für eine vorläufige Zusammenfassung der Erscheinungen, aber kein wirklicher *Gegenstand* jenseits der Einzelwesen und der Vorgänge an ihnen. Wenn ein jedes von diesen in seiner naturgesetzlichen und historischen Bestimmtheit erforscht sei, so bliebe für eine davon gesonderte Wissenschaft überhaupt kein reales Objekt mehr übrig. Ist für diese Kritik die Gesellschaft sozusagen zu wenig, so ist sie für eine andere gerade zu viel, um einen Wissenschaftsbezirk abzugrenzen. Alles, was Menschen sind und tun, so heißt es nun andrerseits, geht innerhalb der Gesellschaft, durch sie bestimmt und als ein Teil ihres Lebens vor sich. Es gebe also überhaupt keine Wissenschaft von menschlichen Dingen, die nicht Wissenschaft von der Gesellschaft sei. An Stelle der künstlich gegeneinander isolierten Einzelwissenschaften historischer, psychologischer, normativer Art habe also die Gesellschaftswissenschaft zu treten und in ihrer Einheit zum Ausdruck zu bringen, daß alle menschlichen Interessen, Inhalte und Vorgänge durch die Vergesellschaftung zu konkreten Einheiten zusammengingen. Ersichtlich aber nimmt diese Bestimmung, die der Soziologie alles geben will, ihr ebensoviel fort wie die andere, die ihr nichts geben will. Denn da Rechtswissenschaft und Philologie, die Wissenschaft von der Politik und die von der Literatur, die Psychologie und die Theologie und alle andern, die den Bezirk des Menschlichen unter sich aufgeteilt haben, ihre Existenz fortsetzen werden, so ist nicht das geringste dadurch gewonnen, daß man die Gesamtheit der Wissenschaften in einen Topf wirft und diesem das neue Etikett: Soziologie – aufklebt. Die Gesellschaftswissenschaft befindet sich also, unterschieden von andern, wohlgegründeten Wissenschaften, in der ungünstigen Lage, zunächst ihr Recht auf Existenz überhaupt beweisen zu müssen – freilich auch in der günstigen, daß dieser Beweis über die sowieso nötige Aufklärung ihrer Grundbegriffe und ihrer besonderen Fragestellung gegenüber der gegebenen Wirklichkeit führt.

Es ist zunächst ein Irrtum über das Wesen der Wissenschaft, aus der angeblich allein realen Existenz der »Individuen« zu folgern, daß jedes, auf deren Zusammenfassungen gehende Erkennen sich spekulative Abstraktionen und Irrealitäten zum Objekt mache. Unser Denken faßt vielmehr *allenthalben* die Gegebenheiten zu Gebilden, als Gegenständen der Wissenschaft, in einer Weise zusammen, die in dem unmittelbar Wirklichen gar kein Gegenbild findet. Niemand scheut sich, von der Entwicklung z. B. des gotischen Stiles zu sprechen, obgleich es nirgends gotischen Stil als aufzeigbare Existenz gibt, sondern nur einzelne Werke, in denen die *Stil*elemente doch nicht greifbar gesondert neben den *individuellen* Elementen liegen. Der gotische Stil als einheitlicher Gegenstand historischer Erkenntnis ist ein aus den Realitäten erst herausgewonnenes *geistiges* Gebilde, aber selbst keine unmittelbare Realität. Wir wollen unzählige Male gar nicht wissen, wie individuelle Dinge sich im einzelnen verhalten, sondern wir formen aus ihnen eine neue, kollektive Einheit, wie wir, nach dem gotischen Stil, seinen Gesetzen, seiner Entwicklung fragend, nicht einen einzelnen Dom oder Palast beschreiben, trotzdem wir den *Stoff* jener jetzt erfragten Einheit aus diesen Einzelheiten gewinnen. So fragen wir weiterhin etwa, wie sich »die Griechen« und »die Perser« in der Schlacht bei Marathon benommen haben. Hätte die Auffassung recht, die nur Individuen als Wirklichkeiten anerkennt, so wäre die geschichtliche Erkenntnis dann und erst dann an ihrem Ziele, wenn wir das Verhalten jedes einzelnen Griechen und jedes einzelnen Persers kennten, somit seine ganze Lebensgeschichte, aus der sein Verhalten in der Schlacht psychologisch begreiflich wird. Allein selbst die Erfüllung dieses phantastischen Anspruchs würde unserer Fragestellung nicht genügen. Denn deren Gegenstand ist überhaupt nicht dieser und jener Einzelne, sondern: die Griechen und die Perser – offenbar ein ganz anderes Gebilde, durch eine gewisse geistige Synthese zustande kommend, nicht aber durch die Beobachtung der als einzelne betrachteten Individuen. Sicher ist jedes von diesen durch eine von der jedes andern irgendwie abweichende Entwicklung zu seinem Verhalten geführt worden, wahrscheinlich hat sich keines wirklich genau so wie das andere benommen; und in keinem liegt das mit dem andern Gleiche und das von ihm Abweichende in Sonderung nebeneinander, sondern beides bildet die unzertrennliche Einheit des persönlichen Lebens. Dennoch formen wir aus allen zusammen jene höheren Einheiten: die Griechen und die Perser, und die kürzeste Besinnung zeigt, daß wir fortwährend mit solchen Begriffen die individuellen Existenzen übergreifen. Wollten wir, weil diese allein »Wirklichkeiten« wären, all jene geistigen Neubildungen aus unserem Erkenntnisbezirk ausschalten, so würde er seiner unbezweifeltsten und legitimiertesten Inhalte verlustig gehen. Die eigensinnige Behauptung: es gäbe doch nun einmal nur menschliche *Individuen*, und sie allein seien deshalb die konkreten Gegenstände einer Wissenschaft, kann uns nicht hindern, von der Geschichte des Katholizismus oder der Sozialdemokratie, von Städten und Reichen, von der Frauenbewegung und der Lage des Handwerks und tausend andern Gesamtereignissen und Kollektivgebilden zu sprechen – und nicht anders von der Gesellschaft überhaupt. So ausgedrückt ist sie freilich ein abstrakter Begriff, aber jede der unzähligen Ausgestaltungen und Gruppierungen, die er umfaßt, ist ein erforschbares, erforschenswertes Objekt, das keineswegs aus den einzeln aufgewiesenen individuellen Existenzen besteht.

Doch könnte dies noch immer eine Unvollkommenheit unseres Erkennens, eine nur vorläufige Unvermeidlichkeit sein, die ihren prinzipiellen Abschluß, erreichbar oder nicht, in dem Wissen um die Individuen, als die endgültig konkreten Wesenheiten, suchen müßte. Allein, genau angesehen, sind auch die Individuen keineswegs letzte Elemente, »Atome« der menschlichen Welt. Die allerdings vielleicht unauflösbare Einheit, die der Begriff Individuum bedeutet, ist überhaupt kein Gegenstand des Erkennens, sondern nur des Erlebens; die Art, wie ein jeder sie an sich und am Andern weiß, ist keiner sonstigen Art des Wissens vergleichlich. Was wir wissenschaftlich am Menschen erkennen, sind einzelne Züge, vielleicht nur je einmal vorhanden, vielleicht auch in gegenseitiger Beeinflussung stehend, ein jeder aber relativ isolierte Betrachtung und Herleitung fordernd. Diese Herleitung führt für einen jeden auf unzählige Einflüsse der physischen, kulturellen, personalen Umwelt, von überall her angesponnen, in unabsehliche Zeitweiten reichend. Nur indem wir diese Elemente so herauslösen und begreifen und sie auf immer einfachere, tiefer und weiter zurückliegende reduzieren, nähern wir uns dem wirklich »Letzten«, d.h. im strengen Sinne Realen, das aller höheren geistigen Zusammenfassung erst zugrunde liegen soll. Denn für diese Betrachtungsweise »existieren« die Farbenmoleküle, die Buchstaben, die Wasserteilchen; aber das Gemälde, das Buch, der Fluß sind nur Synthesen, als Einheiten bestehen sie nicht in objektiver Realität, sondern nur in einem Bewußtsein, das sie sich treffen läßt. Ersichtlich aber sind auch jene angeblichen Elemente hochzusammengesetzte Gebilde. Und wenn nun wahrhafte Realität nur den wahrhaft letzten Einheiten zukommt, nicht aber den Erscheinungen, in denen diese Einheiten eine *Form* finden, alle Form vielmehr, die immer eine Verbindung ist, nur von einem verbindenden Subjekt hinzugefügt wird, – so liegt auf der Hand, daß die anzuerkennende Realität uns in völlige Unfaßbarkeit entgleitet; und dann ist es ein ganz willkürlicher Grenzstrich, der diese Zurückgliederung am »Individuum« beendet, da doch auch dieses der immer weiterstrebenden Analyse als eine Zusammensetzung aus einzelnen Qualitäten und Schicksalen, Kräften und historischen Hergeleitetheiten erscheinen muß, die im Verhältnis zu ihm ebenso die elementaren Wirklichkeiten sind, wie die Individuen selber im Verhältnis zur »Gesellschaft«.

Der angebliche Realismus also, der jene Kritik am Begriff der Gesellschaft und demnach auch an dem der Soziologie übt, läßt gerade alle erkennbare Realität verschwinden, weil er sie ins Unendliche hinausrückt, im Ungreifbaren sucht. Tatsächlich muß das Erkennen nach einem ganz andern Strukturprinzip begriffen werden, nach einem, das dem gleichen äußeren Erscheinungskomplex eine ganze Anzahl verschiedenartiger, aber gleichmäßig als definitiv und einheitlich anzuerkennender Objekte des Erkennens entnimmt. Man wird dies am besten mit dem Symbol der verschiedenen *Distanz* von jenem Komplex bezeichnen, in die sich der Geist stellt. Wenn wir einen räumlichen Gegenstand in zwei Meter, in fünf, in zehn Meter Abstand vor uns sehen, so gibt das jedesmal ein anderes Bild, jedesmal ein solches, das in seiner bestimmten Art und nur in dieser »richtig« sein kann, und gerade innerhalb dieser auch Falschheiten Raum gewährt. Würde z. B. ein ganz detailliert gesehener Ausschnitt eines Gemäldes, wie ihn die größte Augennähe gibt, in diejenige Anschauung eingefügt, die einer Entferntheit von ein paar Metern entspricht, so würde diese letztere dadurch völlig verwirrt und gefälscht werden – obgleich man aus oberflächlichen Begriffen heraus eben diese Detailanschauung für »wahrer« als das Fernbild halten könnte. Allein auch die ganz nahe Wahrnehmung hat noch irgendeine Distanz und deren untere Grenze ist gar nicht festzulegen. Das von einem Abstand aus, welcher er auch sei, gewonnene Bild hat sein Recht für sich, es kann durch kein von einem andern her entstehendes ersetzt oder korrigiert werden. So nun sehen wir, an einen gewissen Umfang menschlicher Existenz »nahe« herantretend, jedes Individuum in seinem genauen Sich-Abheben vom anderen; nehmen wir den Blickpunkt aber weiter, so verschwindet das einzelne als solches, und es entsteht uns das Bild einer »Gesellschaft« mit eigenen Formen und Farben, mit der Möglichkeit, es zu erkennen und zu verkennen, in keinem Fall aber geringer berechtigt als jenes, in dem die Teile sich gegeneinander absetzen, oder ein bloßes Präliminarstadium dieses. Der bestehende Unterschied ist nur der zwischen verschiedenen Erkenntnisabsichten, denen verschiedene Distanznahmen entsprechen.

Ja, man könnte das Recht der gesellschaftswissenschaftlichen Betrachtung in seiner Unabhängigkeit davon, daß alles reale Geschehen sich nur an Einzelwesen vollzieht, noch radikaler begründen. Es ist nicht einmal wahr, daß mit der Erkenntnis der *individuellen* Ereignisreihen die unmittelbare Wirklichkeit ergriffen wäre. Diese Wirklichkeit nämlich ist zunächst als ein Komplex von Bildern gegeben, als eine Oberfläche von kontinuierlich aneinandergesetzten Erscheinungen. Wenn wir dieses allein wirklich primäre Dasein in Schicksale von Individuen gliedern, die einfache Tatsächlichkeit der Erscheinungen auf einzelne Träger zurückbeziehen und gleichsam in ihnen als in Knotenpunkten sammeln, so ist auch dies eine nachträgliche geistige *Formung* des unmittelbar vorliegenden Wirklichen, die wir nur aus fortwährender Gewohnheit wie ganz selbstverständlich und mit der Natur der Dinge selbst gegeben vollziehen. Sie ist, wenn man will, genau so subjektiv, aber auch, da sie ein gültiges Erkenntnisbild ergibt, genau so objektiv, wie die Zusammenfassung des Gegebenen unter der Kategorie der Gesellschaft. Nur die besonderen Zwecke des Erkennens entscheiden, ob die unmittelbar erscheinende oder erlebte Realität auf ein personales oder auf ein kollektives Subjekt hin befragt werden soll – beides sind gleichmäßig »Standpunkte«, die sich nicht wie Wirklichkeit und Abstraktion zueinander verhalten, sondern die, als Arten unserer Betrachtung, beide von der »Wirklichkeit« abstehen – von der Wirklichkeit, die als solche überhaupt nicht Wissenschaft sein kann, sondern erst vermittels solcher Kategorien die Form der Erkenntnis annimmt.

Noch aber ist von einem ganz andern Standpunkte her zuzugeben, daß die menschliche Existenz nur an Individuen wirklich ist, ohne daß die Gültigkeit des Gesellschaftsbegriffes darunter litte. Faßt man diesen in seiner weitesten Allgemeinheit, so bedeutet er die seelische Wechselwirkung zwischen Individuen. An dieser Bestimmung darf nicht irre machen, daß gewisse Grenzerscheinungen sich ihr nicht ohne weiteres fügen: wenn zwei Personen sich flüchtig anblicken oder sich an einer Billettkasse gegenseitig drängen, so wird man sie darum noch nicht vergesellschaftet nennen. Allein hier ist die Wechselwirkung auch eine so oberflächliche und vorüberfliegende, daß man in *ihrem* Maße auch von Vergesellschaftung reden könnte, bedenkend, daß solche Wechselwirkungen nur häufiger und intensiver zu werden, sich mit mehreren, generell gleichen zu vereinen brauchen, um diese Bezeichnung zu berechtigen. Es ist ein oberflächliches Haften an dem – für die äußere Praxis freilich ausreichenden – Sprachgebrauch, wenn man die Benennung als Gesellschaft nur der *dauernden* Wechselbeziehung vorbehalten will, nur derjenigen, die sich zu einem bezeichenbaren Einheitsgebilde objektiviert hat: zu

Staat und Familie, Zünften und Kirchen, Klassen und Zweckverbänden usw. Außer diesen aber besteht eine unermeßliche Zahl von kleineren, in den einzelnen Fällen geringfügig erscheinenden Beziehungsformen und Wechselwirkungsarten zwischen den Menschen, die, indem sie sich zwischen die umfassenden, sozusagen offiziellen sozialen Formungen schieben, doch erst die Gesellschaft, wie wir sie kennen, zustande bringen. Die Beschränkung auf jene gleicht der früheren Wissenschaft vom inneren menschlichen Körper, die sich auf die großen, festumschriebenen Organe: Herz, Leber, Lunge, Magen usw. beschränkte und die unzähligen, populär nicht benannten oder nicht bekannten Gewebe vernachlässigte, ohne die jene deutlicheren Organe niemals einen lebendigen Leib ergeben würden. Aus den Gebilden der genannten Art, die die herkömmlichen Gegenstände der Gesellschaftswissenschaft bilden, ließe sich das in der Erfahrung vorliegende Leben der Gesellschaft durchaus nicht zusammensetzen; ohne die Dazwischenwirkung unzähliger, im einzelnen weniger umfänglicher Synthesen würde es in eine Vielzahl unverbundener Systeme auseinanderbrechen. Fortwährend knüpft sich und löst sich und knüpft sich von neuem die Vergesellschaftung unter den Menschen, ein ewiges Fließen und Pulsieren, das die Individuen verkettet, auch wo es nicht zu eigentlichen Organisationen aufsteigt. Daß die Menschen sich gegenseitig anblicken und daß sie aufeinander eifersüchtig sind, daß sie sich Briefe schreiben oder miteinander zu Mittag essen, daß sie sich ganz jenseits aller greifbaren Interessen sympathisch oder antipathisch berühren, daß die Dankbarkeit der altruistischen Leistung eine unzerreißbar bindende Weiterwirkung bietet, daß einer den andern nach dem Wege fragt und daß sie sich füreinander anziehen und schmücken – all die tausend von Person zu Person spielenden momentanen oder dauernden, bewußten oder unbewußten, vorüberfliegenden oder folgenreichen Beziehungen, aus denen diese Beispiele ganz zufällig gewählt sind, knüpfen uns unaufhörlich zusammen. Hier liegen die Wechselwirkungen zwischen den Elementen, die die ganze Zähigkeit und Elastizität, die ganze Buntheit und Einheitlichkeit dieses so deutlichen und so rätselhaften Lebens der Gesellschaft tragen. Alle jene großen Systeme und überindividuellen Organisationen, an die man bei dem Begriff von Gesellschaften zu denken pflegt, sind nichts anderes als die Verfestigungen – zu dauernden Rahmen und selbständigen Gebilden – von unmittelbaren, zwischen Individuum und Individuum stündlich und lebenslang hin und her gehenden Wechselwirkungen. Sie gewinnen damit freilich Eigenbestand und Eigengesetzlichkeit, mit denen sie sich diesen gegenseitig sich bestimmenden Lebendigkeiten auch gegenüber- und entgegenstellen können. Aber Gesellschaft in ihrem fortwährend sich realisierenden Leben bedeutet immer, daß die Einzelnen vermöge gegenseitig ausgeübter Beeinflussung und Bestimmung verknüpft sind. Sie ist also eigentlich etwas Funktionelles, etwas, was die Individuen tun und leiden, und ihrem Grundcharakter nach sollte man nicht von Gesellschaft, sondern von Vergesellschaftung sprechen. Gesellschaft ist dann nur der Name für einen Umkreis von Individuen, die durch derartig sich auswirkende Wechselbeziehungen aneinander gebunden sind und die man deshalb als eine Einheit bezeichnet, gerade wie man ein System körperlicher Massen, die sich in ihrem Verhalten durch ihre gegenseitigen Einwirkungen vollständig bestimmen, als Einheit ansieht. Nun kann man sich dem letzteren gegenüber darauf versteifen, nur die einzelnen materiellen Stücke seien die echte »Realität«, ihre wechselseitig erregten Bewegungen und Modifikationen seien als etwas nie Handgreifliches gewissermaßen nur Realitäten zweiten Grades; sie hätten ihren Ort eben nur in jenen Substanzstücken, die sogenannte Einheit sei nur die Zusammenschau dieser stofflichen Sonderexistenzen, deren empfangene und ausgeteilte Impulse und Formungen doch in einer jeden verblieben. In demselben Sinne kann man freilich dabei bleiben, die eigentlichen Realitäten seien doch immer nur die menschlichen Individuen. Gewonnen wird dadurch nichts. Gesellschaft ist dann allerdings sozusagen keine Substanz, nichts für sich Konkretes, sondern ein *Geschehen*, ist die Funktion des Empfangens und Bewirkens von Schicksal und Gestaltung des einen von seiten des andern. Nach dem Greifbaren tastend, fänden wir nur Individuen, und zwischen ihnen gleichsam nur leeren Raum. Die Folgen dieser Betrachtung werden uns später beschäftigen; aber wenn sie die »Existenz« in einem engeren Sinne auch wirklich nur den Individuen übrig läßt, so muß sie doch auch das Geschehen, die Dynamik des Wirkens und Leidens, mit der diese Individuen sich gegenseitig modifizieren, als etwas »Wirkliches« und Erforschbares stehen lassen.

Jede Wissenschaft zieht aus der Totalität oder der erlebten Unmittelbarkeit der Erscheinungen *eine* Reihe oder *eine* Seite unter Führung je eines bestimmten Begriffes heraus, und nicht weniger als alle andern handelt die Soziologie legitim, wenn sie die individuellen Existenzen zerlegt und nach einem nur ihr eigenen Begriff wieder neu zusammenfaßt, und also fragt: Was geschieht mit den Menschen, nach welchen Regeln bewegen sie sich, nicht insofern sie die Ganzheit ihrer erfaßbaren Einzelexistenzen entfalten, sondern sofern sie vermöge ihrer Wechselwirkung Gruppen bilden und durch diese Gruppenexistenz bestimmt werden? So darf sie die Geschichte der Ehe behandeln, ohne das Zusammenleben einzelner Paare zu analysieren, das Prinzip der Ämterorganisation, ohne einen Tag auf dem Bureau zu schildern, die Gesetze und Resultate des Klassenkampfes ergründen, ohne auf den Verlauf eines Streiks oder die Verhandlungen über einen Lohntarif einzugehen. Gewiß sind die Gegenstände solcher Fragen durch Abstraktionsprozesse zustande gekommen; aber damit unterscheiden sie sich nicht von den Wissenschaften wie Logik oder theoretische Nationalökonomie, die gleichfalls unter der Anleitung durch bestimmte Begriffe – dort des Erkennens, hier der Wirtschaft – zusammenhängende Gebilde aus der Wirklichkeit zustande bringen, und Gesetze und Evolutionen an ihnen entdecken, während diese Gebilde als isolierte Erfahrbarkeiten gar nicht bestehen.

Steht so die Soziologie auf einer Abstraktion aus der vollen Wirklichkeit – hier unter Führung des Begriffes Gesellschaft vollzogen – und ist dennoch der Vorwurf der Irrealität hinfällig, der von der behaupteten alleinigen Realität der Individuen herkam, so schützt diese Einsicht sie auch vor der Überspannung, die ich zuvor als eine nicht geringere Gefährdung ihres Bestandes als einer Wissenschaft erwähnte. Da der Mensch in jedem Augenblick seines Seins und Tuns durch die Tatsache, daß er ein gesellschaftliches Wesen ist, bestimmt sei, so schienen alle Wissenschaften vom Menschen sich in die Wissenschaft vom gesellschaftlichen Leben zurückzuschmelzen: alle Gegenstände jener Wissenschaften seien nur einzelne, besonders geformte Kanäle, durch die das gesellschaftliche Leben, einziger Träger aller Kraft und alles Sinnes, rinne. Ich zeigte, daß damit nichts anderes erlangt sei, als ein neuer, gemeinschaftlicher Name für all die Erkenntnisse, die in ihren besonderen Inhalten und Benennungen, Richtungen und Methoden ganz ungestört und selbstgesetzlich weiterbestehen werden. Ist dies also auch eine irrige Dehnung der Vorstellung von der Gesellschaft und der Soziologie, so liegt ihr doch eine an sich bedeutsame und folgenreiche Tatsache zugrunde. Die Einsicht: der Mensch sei in seinem ganzen Wesen und allen Äußerungen dadurch bestimmt, daß er in Wechselwirkung mit andern Menschen lebt – muß allerdings zu einer neuen *Betrachtungs*weise in allen sogenannten Geisteswissenschaften führen.

Die großen Inhalte des geschichtlichen Lebens: die Sprache wie die Religion, die Staatenbildung wie die materielle Kultur wußte man noch im 18. Jahrhundert wesentlich nur auf die »Erfindung« einzelner Persönlichkeiten zurückzuführen, und wo Verstand und Interessen des Einzelmenschen dazu nicht auszureichen schienen, blieb nur der Appell an transzendente Mächte übrig – zu denen übrigens das »Genie« jener einzelnen Erfinder eine Mittelstufe bildete: denn mit dem Geniebegriff drückte man eigentlich nur aus, daß die bekannten und begreiflichen Kräfte des Individuums zu der Produktion der Erscheinung nicht zulangten. So war die Sprache entweder die Erfindung Einzelner oder ein göttliches Geschenk, die Religion – als geschichtliches Ereignis – die Erfindung schlauer Priester oder göttlicher Wille, die sittlichen Gesetze entweder von Heroen der Masse eingeprägt oder von Gott verliehen, oder von der »Natur« – einer nicht weniger mystischen Hypostasierung – den Menschen mitgegeben. Aus dieser ungenügenden Alternative hat der Gesichtspunkt der gesellschaftlichen Produktion erlöst. All jene Gebilde erzeugen sich in den Wechselbeziehungen der Menschen, oder manchmal auch *sind* sie derartige Wechselbeziehungen, die also aus dem für sich betrachteten Individuum freilich nicht herleitbar sind. Neben jene beiden Möglichkeiten ist eben nun die dritte gestellt: die Produktion von Erscheinungen durch das gesellschaftliche Leben, und zwar im zweifachen Sinne, durch das Nebeneinander wechselwirkender Individuen, das *in* jedem erzeugt, was doch *aus* ihm allein nicht erklärbar ist, und durch das Nacheinander der Generationen, deren Vererbungen und Überlieferungen mit dem Eigenerwerb des Einzelnen unlösbar verschmelzen, und es bewirken, daß der gesellschaftliche Mensch, im Unterschied gegen alles untermenschliche Leben, nicht nur Nachkomme, sondern Erbe ist. Durch das Bewußtwerden der sozialen Produktionsart, die sich zwischen die rein individuelle und die transzendente einschiebt, ist eine genetische Methode in alle Geisteswissenschaften gekommen, ein neues Werkzeug zur Lösung ihrer Probleme – mögen diese den Staat oder die Kirchenorganisation, die Sprache oder die sittliche Verfassung betreffen. Die Soziologie ist nicht nur eine Wissenschaft mit eigenen, gegen alle andern Wissenschaften arbeitsteilig abgegrenzten Objekten, sondern sie ist eben auch eine *Methode* der historischen und der Geisteswissenschaften überhaupt geworden. Um sie auszunutzen, brauchen diese Wissenschaften ihren Standort durchaus nicht zu verlassen, sie brauchen nicht, wie jene phantastische Überspannung des Soziologiebegriffes forderte, zu Teilen der Soziologie zu werden. Diese vielmehr akklimatisiert sich jedem besonderen Forschungsgebiet, dem national-ökonomischen wie dem kulturgeschichtlichen, dem ethischen wie dem theologischen. Damit aber verhält sie sich nicht wesentlich anders als seinerzeit die Induktion, die als neues Forschungsprinzip in alle möglichen Problemgruppen eindrang und den darin feststehenden Aufgaben zu neuen Lösungen verhalf. So wenig aber daraufhin Induktion eine besondere Wissenschaft ist oder gar eine allbefassende, so wenig ist es, auf *diese* Momente hin, die Soziologie. Soweit sie sich darauf stützt, daß der Mensch als Gesellschaftswesen verstanden werden muß, und daß die Gesellschaft der Träger alles historischen Geschehens ist, enthält sie kein *Objekt*, das nicht schon in einer der bestehenden Wissenschaften behandelt würde, sondern nur einen neuen Weg für alle diese, eine Methode der Wissenschaft, die gerade wegen ihrer Anwendbarkeit auf die Gesamtheit der Probleme nicht eine Wissenschaft mit eignem Inhalt ist*.

Und eben weil die Methode diese Allgemeinheit besitzt, bildet sie ein gemeinsames Fundament für einzelne Problemgruppen, die zuvor gewisser Aufklärungen entbehrten, die der einen nur von der andern kommen können; der Gemeinsamkeit des Vergesellschaftetseins, das die Kräfte der Individuen sich gegenseitig bestimmen läßt, entspricht die Gemeinsamkeit der soziologischen Erkenntnisweise, vermöge deren dem einen Problem eine Lösungs- oder Vertiefungsmöglichkeit mit einem inhaltlich ganz heterogenen Erkenntnisgebiet zukommt. Ich erwähne nur einige Beispiele, die von dem Allersingulärsten zu dem Allerallgemeinsten aufführen. Der Kriminalist kann etwa über das Wesen der sogenannten »Massenverbrechen« mancherlei von einer soziologischen Untersuchung über die Psychologie des Theaterpublikums lernen. Denn hier ist der Gegenstand eines kollektiv-impulsiven Verhaltens noch jederzeit genau feststellbar, und dieses verläuft in der sozusagen abstrakten, genau umgrenzten Sphäre

* Ich entnehme die letzten Sätze, sowie noch einige andere meinem größeren Werke: Soziologie; Untersuchungen über die Formen der Vergesellschaftung (1908), das manche der auf diesen Blättern berührten Gedanken ausführlicher und namentlich mit breiterer Begründung auf geschichtliche Tatsachen behandelt.

der Kunst; damit wird – sehr bedeutsam für jenes Schuldproblem – die Bestimmbarkeit des Einzelnen durch eine aktuell zusammenbefindliche Masse, das Ausschalten der individuellen und der objektiven Werturteile durch das »Mitgerissenwerden« so rein experimentell und beweiskräftig beobachtbar, wie kaum je sonst. – Der Religionsforscher wird vielfach geneigt sein, das Leben der religiösen Gemeinde, die Opferwilligkeit innerhalb ihrer auf Grund der Hingebung an ein allen gemeinsames Ideal, die Formung des gegenwärtigen Lebens durch die Hoffnung auf einen vollkommenen, über das Leben der aktuellen Individuen hinausliegenden Zustand – er wird geneigt sein, dieses auf die Kraft des religiösen Glaubensinhaltes zu schieben. Wenn ihm nun nahegebracht wird, daß etwa eine sozialdemokratische Arbeiterschaft dieselben Züge des gemeinsamen und des gegenseitigen Verhaltens ausbildet – so kann diese Analogie ihn einerseits lehren, daß das religiöse Verhalten nicht ausschließlich an die religiösen Inhalte gebunden, sondern eine allgemein menschliche Form ist, die sich nicht nur an transzendenten Gegenständen, sondern an manchen andern Gefühlsveranlassungen ganz ebenso realisiert. Andrerseits aber wird er das für ihn Wesentliche einsehen, daß auch das in sich geschlossene religiöse Leben Momente enthält, die nicht spezifisch religiös, sondern sozial sind, bestimmte Arten der gegenseitigen Gesinnung und Praxis, die freilich mit der religiösen Stimmung organisch verwachsen, aber erst, indem sie soziologisch herausanalysiert werden, erkennen lassen, was denn an dem religiösen Verhalten als die rein religiösen – und als solche gegen alles Soziale gleichgültigen – Elemente gelten dürfe. – Endlich ein letztes Beispiel für die gegenseitige Befruchtung der Problemgruppen durch das gemeinsame Anteilhaben ihrer Gegenstände an dem menschlichen Vergesellschaftetsein. Der Historiker der politischen oder der allgemeinen Kulturgeschichte ist jetzt vielfach geneigt, die Konfigurationen z. B. der inneren Politik auf die entsprechenden wirtschaftlichen Verfassungen und Vorgänge als auf ihre zureichende Ursache zurückzuführen. Wird dies nun etwa auf den starken Individualismus in den politischen Konstitutionen der italienischen Frührenaissance angewandt, derart, daß diese aus der Befreiung des *Wirtschafts*verkehrs von zünftigen und kirchenrechtlichen Fesseln erklärt werden, so wird er einer Beobachtung des Kunsthistorikers eine neue Wendung dieser Auffassung verdanken können. Der Kunsthistoriker stellt schon am Anfang der hier fraglichen Epoche die ungeheure Ausbreitung der Porträtbüsten und ihren naturalistisch-individuellen Charakter fest und zeigt damit, wie die öffentliche Wertung ihren Akzent von dem, was den Menschen gemeinsam ist und was deshalb leicht in etwas abstraktere und ideellere Sphären rückt, auf das geschoben hat, was dem *einzelnen* zukommt, auf die Bedeutung der persönlichen Kraft, auf das Übergewicht des Konkreten vor dem allgemeinen, καθ' ὅλον geltenden Gesetz. Dies legt den Gedanken nahe, daß jene wirtschaftliche Wendung ihrerseits schon eine Äußerungsweise einer fundamentalen, soziologischen sei, die ihre Ausgestaltung auch als eine bestimmte Kunst und als eine bestimmte Politik gefunden hat, ohne daß eine von diesen unmittelbar die andere verursachte. So verhelfen diese soziologischen Analogien überhaupt vielleicht zu einer tieferen, den historischen Materialismus überwindenden Auffassung: vielleicht sind die Wandlungen der Geschichte, ihrer eigentlich wirksamen Schicht nach, solche der soziologischen Formen: wie sich die Individuen und die Gruppen zueinander verhalten, wie das Individuum zu seiner Gruppe, wie die Wertbetonungen, die Akkumulierungen, die Prärogativen unter den sozialen Elementen als solche hin und her rücken – das ist vielleicht das eigentliche epochale Geschehen, und wenn die Wirtschaftsart alle andern Kulturprovinzen nach sich zu bestimmen scheint, so ist die Wahrheit dieses verlockenden Scheines die, daß die Wirtschaft selbst durch soziologische Verschiebungen bestimmt ist, die von sich aus ebenso alle andern kulturellen Gestaltungen bestimmen; daß auch die Wirtschaftsform nur ein »Überbau« über den Verhältnissen und Wandlungen der rein soziologischen Struktur ist, die die letzte historische Instanz bildet und alle andern Lebensinhalte freilich in einem gewissen Parallelismus mit dem wirtschaftlichen gestalten muß. –

Von diesen Erwägungen aus öffnet sich, über den bloßen Begriff der Methode hinaus, der Blick auf den ersten prinzipiellen Problemkreis der Soziologie. Aber wenn er auch fast das ganze Feld menschlicher Existenz umfaßt, so verliert er dadurch nicht den Charakter jener immerhin einseitigen Abstraktion, den keine Wissenschaft abstreifen kann. Denn so sozial bestimmt, gleichsam von Gesellschaftlichkeit durchdrungen jeder Punkt der wirtschaftlichen und geistigen, der politischen und rechtlichen, ja der religiösen und allgemein kulturellen Sphäre sei, so verwebt sich doch diese Bestimmung an einem jeden innerhalb des vollen Erlebens mit andern, die aus andern Dimensionen stammen. Vor allem mit denen der reinen Sachlichkeit.

Es ist immer irgendein Sachgehalt, technischer oder dogmatischer, intellektueller oder physiologischer Art, der die Entwicklung der sozialen Kräfte trägt und der durch seinen eigenen Charakter, seine Gesetze und seine Logik diese Entwicklung in bestimmten Richtungen und Schranken hält. Jede gesellschaftliche Arbeit, die sich an irgendeiner Materie vollzieht, muß sich deren Naturgesetzlichkeit fügen, jede intellektuelle Leistung bindet sich, mit welchen Schwankungen auch immer, an Denkgesetze und Verhalten von Objekten, jede Reihe von Schöpfungen auf künstlerischem oder politischem, rechtlichem oder medizinischem, philosophischem oder überhaupt erfinderischem Gebiet hält eine gewisse Ordnung ein, die uns aus den sachlichen Verhältnissen ihrer Inhalte – Steigerung, Anknüpfung, Differenzierung, Kombination usw. – verständlich wird. Hier ganz beliebige Schritte zu tun, beliebige Abstände zu überspringen, beliebige Synthesen zu vollziehen vermag kein menschliches Wollen und Können, sondern dieses folgt einer gewissen inneren Logik der Dinge selbst. So könnte man die Kunstgeschichte als eine durchaus verständliche Entwicklung aufbauen, indem man die Kunstwerke für sich allein und gänzlich anonym in ihrer Zeitordnung und stilistischen Evolution vorführte, entsprechend die Rechtsentwicklung als das Nacheinander der Institutionen und Gesetze, die wissenschaftliche Produktion durch die bloße Aufreihung, eine historische oder eine systematische, der in ihr gewonnenen Resultate usw. Und hier ebenso, wie wenn man ein Lied auf seinen musikalischen Wert, eine physikalische Theorie auf ihre Wahrheit, eine Maschine auf ihre Zweckmäßigkeit hin ansieht, zeigt es sich, daß jeder menschliche Lebensinhalt, auch wenn er nur innerhalb der Bedingtheit und durch die Dynamik des gesellschaftlichen Lebens realisiert wird, eine von diesem ganz unabhängige Betrachtungsweise gestattet. Innerhalb der Reihe der Sachen selbst und gemessen an ihrer eigenen Idee haben sie einen Sinn, ein Gesetz, ein Wertmaß, das jenseits des sozialen wie des individuellen Lebens steht und eine eigene Feststellung, ein eigenes Verständnis ermöglicht. Der vollen Wirklichkeit gegenüber ist freilich auch dies eine Abstraktion, da kein Sachgehalt sich durch seine eigene Logik verwirklicht, sondern es nur durch die geschichtlichen und seelischen Kräfte vermag; was dasteht, ist eine dem Erkennen unmittelbar gar nicht erfaßbare Einheit, und was wir Sachgehalt nennen, ist eine Aufnahme von einer einseitigen Kategorie her.

Unter der Leitung einer entsprechenden erscheint die Menschheitsgeschichte als Verhalten und Erzeugnis von *Individuen*. Wie man das Kunstwerk auf seine rein artistische Bedeutung hin ansehen und in die objektive Reihe der Kunsterzeugnisse überhaupt einstellen kann, als wäre es »vom Himmel gefallen« – so mag man es auch aus der Persönlichkeit und der Entwicklung, aus dem Erlebnis und den Tendenzen seines Schöpfers heraus begreifen, als einen Pulsschlag oder ein unmittelbares Ergebnis des individuellen Lebens, aus dessen Kontinuität es sich, in dieser Richtung gesehen, überhaupt nicht herauslöst. Gewisse Kulturtatsachen mögen sich dieser Blickeinstellung leichter als andere bieten, vor allem die Kunst und alles, woran der Hauch des Schöpfertums noch fühlbar ist; prinzipiell aber ist dies Getragensein von dem tätigen und aufnehmenden, dem typischen oder einzigartigen Subjekt eine der Möglichkeiten, jene Einheit alles menschlichen Erzeugens in die Verständlichkeit zu übersetzen, es erscheint als eines der Momente, die in jedem mitwirken und nach deren Gesetz sich gleichsam eine Ebene bilden läßt, auf die man das Ganze projizieren kann.

Der Zweck dieser Ausführungen liegt in der Erkenntnis, daß neben dem gesellschaftlichen Leben als begründender Kraft und umfassender Formel des menschlichen Lebens auch noch Herleitung und Deutung des letzteren aus dem sachlichen Sinn seiner Inhalte und auch noch aus dem Wesen und der Produktivität der Individuen als solcher besteht – vielleicht auch noch aus anderen, bisher nicht entschieden herausgearbeiteten Kategorien. Diese Zerlegungen und Konstruktionsarten unseres unmittelbaren, als Einheit von all diesem empfundenen Lebens und Schaffens, liegen in der gleichen Schicht und haben das gleiche Recht. Infolgedessen – und darauf kommt es jetzt an – kann eine einzelne von ihnen nicht beanspruchen, uns den alleinigen und allein ausreichenden Weg der Erkenntnis zu führen, also auch nicht die, die von der gesellschaftlichen Form unseres Daseins bestimmt ist. Auch sie ist nur eine einseitige, die andern ergänzend und von ihnen ergänzt. Aber freilich, unter diesem Vorbehalt kann sie prinzipiell der Ganzheit menschlicher Existenz eine Erkenntnismöglichkeit gewähren. Die Tatsachen der Politik wie der Religion, der Wirtschaft wie des Rechts, der Kulturstile als ganzer und der Sprache und unzählige andere können danach befragt werden, wie sie, jenseits individuell verantwortlicher Leistungen wie objektiv-sachlicher Bedeutung, als Leistungen des Subjekts Gesellschaft begreiflich, als Entwicklungen dieses Subjekts darstellbar sind; und es machte den Erkenntniswert davon keineswegs illusorisch, wenn über das Wesen dieses Subjekts auch keine völlig erschöpfende und völlig unstrittige Definition bestünde. Es ist nun einmal eine Eigentümlichkeit unseres Geistes, daß er auf begrifflich noch unsicheren Fundamenten doch ein sicheres Gebäude aufführen kann: physikalische und chemische Feststellungen leiden nicht unter der Dunkelheit und Problematik des Begriffes der Materie, rechtliche nicht unter dem Streit über das Wesen des Rechts und seiner ersten Grundsätze, psychologische nicht darunter, daß das »Wesen der Seele« uns durchaus fragwürdig ist. Wenn demnach die »soziologische Methode« angewendet wird, um den Verfall des Römerreiches oder das Verhältnis von Religion und Wirtschaft bei den großen Kulturvölkern, um die Entstehung des deutschen Nationalstaatsgedankens oder die Herrschaft des Barockstils zu entwickeln, d. h. wenn solche Geschehnisse oder Zustände als Summierungen ununterscheidbarer Beiträge, als Ergebnisse der Wechselwirkung von Individuen, als Lebensstadien überindividueller Gruppeneinheiten erscheinen – so mag man diese nach soziologischer Methode geführten Untersuchungen als Soziologie bezeichnen.

Allein aus ihnen erhebt sich, durch eine weitere Abstraktion, die man wohl als Ergebnis einer höchst differenzierten Wissenschaftskultur charakterisieren kann, eine Problemgruppe von im engeren Sinne soziologischer Natur. Wenn nämlich alle möglichen Tatsächlichkeiten des Lebens daraufhin betrachtet werden, daß sie sich innerhalb einer gesellschaftlichen Gruppe und durch sie vollziehen, so muß es Gemeinsamkeiten ihres Vollzuges geben (wenn auch, gemäß den verschiedenen Umständen, nicht allenthalben die gleichen), Charakterzüge, die daraufhin und nur daraufhin hervortreten, daß sich das gesellschaftliche Leben als Ursprung oder Subjekt jener Ereignisse zeigt. Dahin gehören Fragen wie die: ob sich etwa in den geschichtlichen Entwicklungen der allerverschiedensten Art, die sich nur in ihrem Getragensein durch je eine Gruppe begegnen, ein gemeinsames Gesetz finden läßt, ein nur auf diese Tatsache zurückführbarer Rhythmus? So hat man z. B. behauptet, alle historischen Evolutionen realisierten sich, auf ihrer ersten Stufe, in einer ungeschiedenen Einheit vielfacher Elemente, führten auf der zweiten zu einer differenzierten Verselbständigung dieser, nun gegeneinander entfremdeten, und zeigten auf der dritten eine neue Einheit, die aber jetzt in dem harmonischen Ineinandergreifen der in ihrer Besonderheit erhaltenen Elemente bestünde; kürzer: der Weg aller voll ausgelebten Entwicklungen ginge von der undifferenzierten Einheit über die differenzierte Mannigfaltigkeit zu der differenzierten Einheit. Oder, man erblickt in allem historischen Leben einen von organischer Gemeinsamkeit zu mechanischem Nebeneinander fortschreitenden Prozeß; Besitz, Arbeiten, Interessen erwüchsen zunächst in der Solidarität der Individuen, die das Gruppenleben tragen, verteilten sich dann aber auf egoistische Personen, von denen jede nur das Ihre suche und sich nur aus dieser Gesinnung heraus mit anderen verbinde; jenes erste sei die Darstellung eines unbewußten, nur im Gefühl offenbarten Willens unseres tiefsten Wesens, während das andere ein Produkt der Willkür und des berechnenden Verstandes sei. Oder: man glaubte eine feste Beziehung zwischen der geistigen Weltanschauung jeder bestimmten Epoche und ihrem sozialen Zustande festzustellen, indem beides gewissermaßen nur zwei Äußerungen der biologischen Entwicklung seien. Die menschliche Erkenntnis durchlaufe im großen drei Stadien: das theologische, das die Naturerscheinungen aus der Willkür irgendwelcher Wesen erklärt, das metaphysische, in dem die übernatürlichen Ursachen zwar durch gesetzmäßige ersetzt werden, aber durch mystische und spekulative wie die »Lebenskraft«, die »Naturzwecke« usw., endlich das positive, das die heutige experimentelle und exakte Wissenschaft darstellt. Durch diese Stadien entwickle sich jeder Wissenszweig hindurch, und die Beobachtung hiervon enträtsle uns also die in alle möglichen Gebiete sich verzweigende soziale Entwicklung.

Ferner reihen sich in diese Kategorie Fragen ein wie die nach den Bedingungen der Macht von Gruppen, in ihrem Unterschied gegen die der Macht von Individuen. Die Bedingungen der letzteren sind unmittelbarer anschaulich: Intelligenz, Energie, geeigneter Wechsel von Konsequenz und Biegsamkeit – obgleich auch gewisse noch dunkle Kräfte bestehen müssen, die die historische Mächtigkeit von Erscheinungen wie Jesus auf der einen, Napoleon auf der andern Seite eigentlich begründen, und die durch Benennungen wie Suggestionskraft, Prestige usw. keineswegs geklärt sind. In den Machtübungen der Gruppen, sowohl ihren Individuen wie andern Gruppen gegenüber, wirken außer solchen noch andere Energien: Fähigkeit zu straffer Konzentration ebenso wie zur Auflösung in individuelle Sonderbetätigungen, bewußter Glaube an führende Geister wie dumpfe Expansionstriebe, parallele Egoismen der Einzelnen wie aufopfernde

Hingabe an das Ganze, fanatischer Dogmatismus wie überallhin prüfende geistige Freiheit. Alles dies wirkt nicht nur zu dem Aufstieg – und, negativ gewendet, zum Verfall – politischer Volkseinheiten, sondern aller möglichen wirtschaftlichen und religiösen, parteimäßigen und familiären Gruppierungen; aber immer geht die Frage hier nicht auf das Zustandekommen der Vergesellschaftung als solcher, sondern auf die induktiv festzustellenden Schicksale von Gesellschaft, als eines schon zustande gekommenen Subjekts.

Eine andere Frage, die sich gegenüber allen soziologisch betrachteten Zuständen und Ereignissen erhebt, ist die: Wie denn das kollektive Verhalten, Handeln, Gedankenbilden dem *Werte* nach zu den entsprechenden, aus Individuen unmittelbar hervorgehenden Äußerungen stehe? Welche Unterschiede des Niveaus, an irgendwie idealen Maßstäben gemessen, zwischen den sozialen Erscheinungen und den individuellen bestehen? So wenig wie für die vorige Frage wird für diese die innere, grundlegende Struktur der Gesellschaft zum Problem; vielmehr diese Struktur wird schon vorausgesetzt, die Lebenstatsachen werden von ihr aus betrachtet, und die Frage ist: Welche allgemeinen Züge treten an diesen Tatsachen hervor, wenn sie in diese Blickrichtung eingestellt sind? Das zweite Kapitel der vorliegenden Blätter wird die Untersuchung auf das Niveauproblem, als auf ein Beispiel dieses soziologischen Typs – man könnte ihn den der »allgemeinen Soziologie« nennen – wenden.

Die wissenschaftliche Abstraktion legt noch von einer anderen Richtung her eine Linie durch die volle Konkretheit der gesellschaftlichen Erscheinungen, alles das verbindend, was in einem gleich zu erörternden, mir eigentlich als ganz entscheidend erscheinenden Sinne »soziologisch« ist, und dies zu der Einheit einer Erkenntnisweise bringend – obgleich es in der Wirklichkeit in dieser Isoliertheit und Wiederzusammenfügung nicht besteht, sondern aus der Lebenseinheit eben dieser Wirklichkeit durch einen herzugebrachten Begriff herausabstrahiert ist. All jene gesellschaftlichen Tatsachen sind doch, wie schon erwähnt wurde, nicht *nur* gesellschaftliche, es ist immer ein Sachgehalt sinnlicher oder geistiger, technischer oder physiologischer Art, der gesellschaftlich getragen oder produziert oder fortgepflanzt wird und so das Gesamtgebilde des sozialen Lebens ergibt. Aber diese gesellschaftliche Formung solcher Inhalte muß doch auch für sich in einer arbeitsteiligen Wissenschaft erforschbar sein, gerade wie die geometrische Abstraktion die bloßen Raumformen der Körper erforscht, die doch nur als Formen materieller Inhalte empirisch vorliegen. Kann man sagen, Gesellschaft sei Wechselwirkung unter Individuen, so wäre: die Formen dieser Wechselwirkung zu beschreiben, Aufgabe der Gesellschaftswissenschaft im engsten und eigentlichsten Sinne der »Gesellschaft«. War der erste Problemkreis erfüllt von dem ganzen geschichtlichen Leben, soweit es gesellschaftlich geformt ist, immer aber diese Gesellschaftlichkeit als Ganzes umgreifend, so dieser zweite von den Formen selbst, die aus der bloßen Summe lebender Menschen Gesellschaft und Gesellschaften machen. Diese Forschung – man könnte sie die »reine Soziologie« nennen – zieht aus den Erscheinungen das Moment der Vergesellschaftung, induktiv und psychologisch von der Mannigfaltigkeit ihrer Inhalte und Zwecke, die für sich noch nicht gesellschaftlich sind, gelöst, wie die Grammatik die reinen Formen der Sprache von den Inhalten sondert, an denen diese Formen lebendig sind. Tatsächlich finden wir an gesellschaftlichen Gruppen, welche ihren Zwecken und ihrer ganzen Bedeutung nach die denkbar verschiedensten sind, die gleichen formalen Verhaltungsweisen der Individuen zueinander. Über- und Unterordnung, Konkurrenz, Nachahmung, Arbeitsteilung, Parteibildung, Vertretung, Gleichzeitigkeit des Zusammenschlusses nach innen und des Abschlusses nach außen und unzähliges Ähnliches findet sich an einer staatlichen Gesellschaft wie an einer Religionsgemeinde, an einer Verschwörerbande wie an einer Wirtschaftsgenossenschaft, an einer Kunstschule wie an einer Familie. So mannigfaltig auch die Interessen sind, aus denen es überhaupt zu diesen Vergesellschaftungen kommt – die Formen, in denen sie sich vollziehen, können dennoch die gleichen sein. Und nun andrerseits: das inhaltlich gleiche Interesse kann sich in sehr verschiedenartig geformten Vergesellschaftungen darstellen, z. B. das wirtschaftliche Interesse realisiert sich ebenso durch Konkurrenz wie durch planmäßige Organisation der Produzenten, bald durch Abschluß gegen andere Wirtschaftsgruppen, bald durch Anschluß an sie; die religiösen Lebensinhalte fordern, inhaltlich die identischen bleibend, einmal eine freiheitliche, ein andermal eine zentralistische Gemeinschaftsform; die Interessen, die den Beziehungen der Geschlechter zugrunde liegen, befriedigen sich in der kaum übersehbaren Mannigfaltigkeit der Familienformen usw.

Wie also die Form die identische sein kann, in der die divergentesten Inhalte sich vollziehen, so kann umgekehrt auch der Stoff beharren, während das Miteinander der Individuen, das ihn trägt, sich in einer Mannigfaltigkeit von Formen bewegt; wodurch denn die Tatsachen, obgleich in ihrer Gegebenheit Stoff und Form eine unlösbare Einheit des sozialen Lebens ausmachen, deren Trennung zum Zweck des soziologischen Problems: der Feststellung, systematischen Ordnung, psychologischen Begründung und historischen Entwicklung der reinen Formen der Vergesellschaftung, legitimieren. Eine Spezialwissenschaft ist die Soziologie hier nicht, wie bei der ersten Problemgruppe, nach ihren Gegenständen, wohl aber nach ihrer eindeutig umgrenzten Fragestellung gegenüber diesen Gegenständen. Das dritte Kapitel dieser Skizze wird an der Erscheinung der »Geselligkeit« einerseits ein einzelnes Beispiel, andrerseits ein Symbol des Gesamtbildes dieser Art von Untersuchung bieten*.

Die Einstellungen gegenüber den gegebenen Tatsachen, die das jetzige Stadium der Wissenschaft verlangt, machen zuletzt noch einen dritten Bezirk von Fragen an die Tatsache Gesellschaft kenntlich. Insofern sie sich gleichsam an deren obere und untere Grenze anschließen, sind sie freilich nur im weiteren Sinne als soziologische zu bezeichnen, ihrem eigenen Charakter nach aber als philosophische. Ihren *Inhalt* nur bildet jene einfache Tatsache – wie die Natur und die Kunst, aus denen wir *unmittelbar* Naturwissenschaft und Kunstwissenschaft entwickeln, doch auch die Gegenstände der Naturphilosophie und Kunstphilosophie hergeben, deren Interessen und Methoden in einer andern Schicht des Denkens liegen, derjenigen, wo jede tatsächliche Einzelheit nach ihrer Bedeutung für die Ganzheit von Geist, Leben, Dasein überhaupt und nach ihrer Legitimation von diesen Ganzheiten her befragt wird.

Wie also jede andere exakte, auf das unmittelbare Verständnis des Gegebenen gerichtete Wissenschaft, ist auch die soziale von zwei *philosophischen* Gebieten eingegrenzt. Das eine umfaßt die Bedingungen, Grundbegriffe, Voraussetzungen der Einzelforschung, die in dieser selbst keine Erledigung finden können, da sie ihr vielmehr schon zugrunde liegen; in dem andern wird diese Einzelforschung zu Vollendungen und Zusammenhängen geführt und mit Fragen und Begriffen in Beziehung gesetzt, die innerhalb der Erfahrung und des unmittelbar gegenständlichen Wissens keinen Platz haben. Jenes ist

* Ich darf wohl darauf hinweisen, daß mein bereits erwähntes Werk: Soziologie – die »Formen der Vergesellschaftung« [GSG 11] in der mir zur Zeit erreichbaren, wenngleich in keiner Weise abschließenden Vollständigkeit darzustellen sucht.

die Erkenntnistheorie der fraglichen Einzelgebiete, dieses ihre Metaphysik. Die Aufgaben der einzelnen Sozialwissenschaften: die Lehre von der Wirtschaft und den Institutionen, die Geschichte der Sitten und die der Parteien, die Bevölkerungstheorie und die Erörterung der beruflichen Gliederung, könnten gar nicht behandelt werden, wenn nicht gewisse Begriffe, Axiome, Verfahrungsweisen indiskutabel vorausgesetzt würden. Wenn wir nicht ein Maß egoistischer Gewinn- und Genußsucht, aber auch eine Beschränkbarkeit dieses Maßes durch Zwang, Sitte, Moral annähmen; wenn wir uns nicht das Recht zusprächen, von den Stimmungen einer Masse als Einheit zu reden, obgleich viele ihrer Elemente nur äußerlich mitmachen oder dissentieren; wenn wir nicht die Entwicklung innerhalb einer Kulturprovinz daraufhin für begriffen erklärten, daß wir sie als eine aufsteigende, einer psychologischen Logik folgende, in uns nachbilden können – so würden wir unzählige Tatsachen gar nicht zu einem sozialen Bilde formen können. In all diesem und sehr vielem Ähnlichen liegen Verfahrungsweisen des Denkens vor, mit denen es an den Rohstoff der einzelnen Geschehnisse herantritt, um aus ihm sozialwissenschaftliche Erkenntnisse zu gewinnen, wie das Denken die äußeren Erscheinungen von gewissen Voraussetzungen über Raum, Stoff, Bewegung, Zählbarkeit aus ergreift und ohne diese niemals aus jenen die Wissenschaft der Physik zustande bringen könnte. Die einzelne soziale Wissenschaft pflegt mit Recht diese Basis ihrer selbst fraglos hinzunehmen; ja, sie kann sie innerhalb ihrer selbst gar nicht behandeln, weil sie ersichtlich alle übrigen Sozialwissenschaften hinzunehmen müßte. Hier also tritt die Soziologie als die Erkenntnistheorie der sozialen Sonderwissenschaften ein, als die Analyse und Systematik der Grundlagen, die in diesen formend und normierend wirken.

Wie diese Fragestellungen unter die konkreten Erkenntnisse vom sozialen Dasein hinuntergehen, so gehen andere über diese hinaus: sie versuchen durch Hypothese und Spekulation den unvermeidlich fragmentarischen Charakter dieser wie jeder Empirie zu einem geschlossenen Gesamtbilde zu ergänzen; sie ordnen die chaotisch zufälligen Ereignisse in Reihen, die einer Idee folgen oder einem Zweck zustreben; sie fragen, wo das gleichgültig-naturgesetzliche Abrollen der Ereignisse einem *Sinn* der Einzelerscheinungen oder des Ganzen Raum gäbe; sie behaupten oder sie bezweifeln – beides gleichmäßig einer überempirischen Weltanschauung entspringend –, daß diesem ganzen Spiel der gesellschaftlich-geschichtlichen Erscheinungen eine religiöse Bedeutung, eine erkennbare oder zu ahnende Beziehung zu dem metaphysischen Grunde des Seins einwohne. Im besonderen ergeben sich hier Fragen wie diese: Ist die Gesellschaft der Zweck der menschlichen Existenz oder ein Mittel für das Individuum? Liegt der definitive Wert der sozialen Entwicklung in der Ausbildung der Persönlichkeit oder in der der Assoziation? Ist Sinn und Zweck überhaupt in den gesellschaftlichen Gebilden als solchen vorhanden oder realisieren diese Begriffe sich nur an der Einzelseele? Zeigen die typischen Entwicklungsstadien der Gesellschaften eine Analogie mit kosmischen Evolutionen, so daß es eine allgemeine Formel oder Rhythmus von Entwicklung überhaupt gäbe – z. B. den Wechsel von Differenzierung und Integrierung –, der sich an den gesellschaftlichen wie an den materiellen Tatsachen gleichmäßig offenbart? Werden die sozialen Bewegungen vom Prinzip der Kraftersparnis, werden sie von materialistischen oder von ideologischen Motiven gelenkt? Dieser Typus von Fragen ist ersichtlich nicht auf dem Wege der Tatsachenfeststellung beantwortbar; vielmehr handelt es sich um die *Deutung* festgestellter Tatsachen und darum, das Relative und Problematische der bloßen sozialen Wirklichkeit zu einer Gesamtanschauung zu führen, die mit der Empirie nicht konkurriert, weil sie ganz andern Bedürfnissen als diese dient.

Es liegt auf der Hand, daß die Problembehandlung auf diesem Gebiet von der Verschiedenheit der Weltanschauungen, von individuellen und parteimäßigen Wertschätzungen, von letzten, unbegründbaren Überzeugungen mehr abhängig ist, als innerhalb der beiden andern, von den Tatsächlichkeiten enger umgrenzten Bezirke der Soziologie. Darum würde die Behandlung einer Einzelfrage als Beispiel nicht die an dieser Stelle erforderte Objektivität zeigen können, nicht in gleichem Maße wie bei den andern den ganzen Typus gültig veranschaulichen. Es scheint mir deshalb rätlicher, im letzten Kapitel eine Linie hierher gehöriger Theorien in derjenigen – von der allgemeinen Geistesgeschichte getragenen – Entwicklung zu zeichnen, die sie, durch mannigfache Gegensätze hindurch, innerhalb einer bestimmten Epoche gefunden hat.

I. Allgemeine Soziologie

Das Problem der Sociologie

Als der bedeutsamste und folgenreichste Fortschritt, den die Geschichtswissenschaft und das Verständnis des Menschen überhaupt in unserer Zeit gemacht hat, pflegt die Überwindung der individualistischen Anschauungsart zu gelten. Statt der Einzelschicksale, die sonst im Vordergrund des historischen Bildes standen, erhalten wir, als das eigentlich Wirksame und Entscheidende, sociale Kräfte, Kollektivbewegungen, aus denen der Anteil des Einzelnen selten mit völliger Bestimmtheit herauszulösen ist: die Wissenschaft vom Menschen ist Wissenschaft von der menschlichen Gesellschaft geworden. Kein Objekt der Geisteswissenschaften kann sich dieser Wendung entziehen; selbst wo sich die Bewegungen so individuell aufgipfeln, wie etwa in der künstlerischen Leistung, suchen wir in der Gattungsevolution die Ursachen, aus denen es überhaupt zu Empfindungen des Schönen gekommen ist, in der besonderen gesellschaftlichen Lage der Zeit die Veranlassung gerade *dieser* künstlerischen Produktion. Auf die Religion wie auf das wirtschaftliche Leben, auf die Moral wie auf die technische Kultur, auf die Politik wie auf Gesundheit und Krankheit von Seele und Leib erstreckt sich gleichmäßig die Tendenz, jedes einzelne Geschehen auf die geschichtliche Lage, die Bedürfnisse und Leistungen der Gesamtheit zurückzuführen.

Allein indem diese Richtung des Erkennens eine so allgemeine, nirgends ganz ausgeschlossene ist, kann sie wohl ein regulatives Princip für alle Geisteswissenschaften, aber gerade deshalb *keine besondere selbständige Wissenschaft*, mit eigener Stellung unter diesen letzteren stiften. Sollte Sociologie wirklich, wie man ihr zumutet, die Gesamtheit der Vorgänge in der Gesellschaft und alle Reduktion des Einzelgeschehens auf sociales enthalten, so ist sie nichts als ein zusammenfassender *Name* für die Totalität der modern behandelten Geisteswissenschaften. Und eben damit giebt sie jenen leeren Allgemeinheiten und Abstraktionen Raum, die das Verhängnis der Philosophie bildeten; wie diese will sie, das Unzusammenhängendste in eine begriffliche oder rein äußerliche Einheit zwingend, ein wissenschaftliches Weltreich schaffen, das eben deshalb wie politische Weltreiche in Diadochenherrschaft auseinanderbrechen muß. Sociologie, als Geschichte der Gesellschaft und aller ihrer Inhalte, d.h. im Sinne einer Erklärung alles Geschehens vermittels der gesellschaftlichen

Kräfte und Konfigurationen, ist so wenig eine besondere Wissenschaft, wie etwa »Induktion« eine solche ist. Ähnlich dieser – nur nicht im gleichen Sinne formal – ist sie eine Erkenntnismethode, ein heuristisches Prinzip, das auf einer Unendlichkeit verschiedenster Wissensgebiete fruchtbar werden kann, ohne doch für sich allein eines auszumachen.

Soll es nun statt einer bloßen Forschungstendenz, die fälschlich zu einer Wissenschaft der Sociologie hypostasiert worden ist, wirklich eine solche geben, so muß das Gesamtgebiet der allumfassenden socialen Wissenschaft in sich arbeitsteilig gegliedert, es muß eine Sociologie in engerer Bedeutung ausgeschieden werden. In welchem Sinne diese Differenzierung zu geschehen hat, kann der Vergleich mit der Psychologie nahelegen. Man hat den Versuch gemacht, alle Wissenschaften in Psychologie aufzulösen; da nur Inhalte des Bewußtseins Gegenstände der Erkenntnis werden könnten, so seien diese letzteren nur durch die psychologischen Kräfte und nach den psychologischen Gesetzen, die sie produzieren, verständlich. Trotzdem trennt man allgemein die Psychologie, als die Wissenschaft von den Funktionen der Psyche als solcher, mit Recht von den Wissenschaften, welche nach den einzelnen Objekten, den einzelnen Inhalten des erkennenden Vorstellens fragen. Es handelt sich in der Psychologie um die – umfassende oder auf bestimmte Provinzen beschränkte – Abstraktion der Funktionen, Kräfte, Normen, oder wie man es nennen mag, die sich zu dem konkreten Geschehen in der Seele verhalten wie Gesetz, Typus, Allgemeines zum Singulären oder wie die Form zum geformten Inhalt. Wie nun alles Geschehen ein Geschehen in der Seele ist, so ist es, anders betrachtet, ein Geschehen in der Gesellschaft; so wenig aber alles, was freilich nur unter der Bedingung eines Bewußtseins gegeben ist, darum schon der Psychologie anheim fällt, so roh und verwirrend ist die Vorstellung, daß alles, was allerdings nur *in* der Gesellschaft und unter der Bedingung ihres Gegebenseins geschieht, schon in die Sociologie hineingehöre. Vielmehr, wie die Differenzierung des Specifisch-Psychischen von den objektiven Materien die Psychologie als Wissenschaft ergiebt, so kann eine eigentliche Sociologie nur das Specifisch-Gesellschaftliche behandeln, die Form und Formen der Vergesellschaftung als solcher, in Absonderung von den einzelnen Interessen und Inhalten, die sich in und vermöge der Vergesellschaftung verwirklichen. Diese Interessen und Inhalte bilden den Inhalt specieller – sachlicher oder historischer – Wissenschaften; durch deren Kreise nun legt die Sociologie einen neuen, der die eigentlichen gesellschaftlichen Kräfte und Elemente als solche, die Socialisierungsformen, an ihnen markiert und einschließt.

Gesellschaft im weitesten Sinne ist offenbar da vorhanden, wo mehrere Individuen in Wechselwirkung treten. Von der ephemeren Vereinigung zu einem gemeinsamen Spaziergang bis zu der innigen Einheit einer Familie oder einer mittelalterlichen Gilde muß man Vergesellschaftung der verschiedensten Grade und Arten konstatieren. Die besonderen Ursachen und Zwecke, ohne die natürlich nie eine Vergesellschaftung erfolgt, bilden gewissermaßen den Körper, das *Material* des socialen Prozesses; daß der Erfolg dieser Ursachen, die Förderung dieser Zwecke gerade eine Wechselwirkung, eine Vergesellschaftung unter ihren Trägern hervorruft, das ist die *Form*, in die jene Inhalte sich kleiden und auf deren Abtrennung von den letzteren vermöge wissenschaftlicher Abstraktion die ganze Existenz einer speciellen *Gesellschafts*wissenschaft beruht. Denn nun zeigt sich sofort, daß die gleiche Form, die gleiche Art der Vergesellschaftung an dem allerverschiedensten Material, für die allerverschiedensten Ziele eintreten kann. Nicht nur Vergesellschaftung überhaupt findet sich ebenso an einer Religionsgemeinde wie an einer Verschwörerbande, an einer Wirtschaftsgenossenschaft wie an einer Kunstschule, an einer Volksversammlung wie an einer Familie – sondern es erstrekken sich formale Gleichheiten auch auf die speciellen Konfigurationen und Entwickelungen solcher Vereinigungen. An gesellschaftlichen Gruppen, die ihren Zwecken und ihrem sittlichen Charakter nach die denkbar verschiedensten sind, finden wir z. B. die gleichen Formen der Über- und Unterordnung, der Konkurrenz, der Nachahmung, der Opposition, der Arbeitsteilung, wir finden die Bildung einer Hierarchie, die Verkörperung des gruppenbildenden Princips in Symbolen, die Scheidung in Parteien, wir finden alle Stadien von Freiheit oder Bindung des Individuums der Gruppe gegenüber, Durchkreuzung und Schichtung der Gruppen selbst, bestimmte Reaktionsformen derselben gegen äußere Einflüsse. Alles dies weist durch die Gleichheit seiner Form und Entwickelung, bei oft völliger Heterogeneität der materialen Bestimmungen der Gruppe, auf eigenartige, jenseits dieser Bestimmungen vorhandene Kräfte in derselben hin, auf ein abstrahierungsberechtigtes Gebiet: das der Vergesellschaftung als solcher und ihrer Formen. Diese Formen entwickeln sich bei der Berührung der Individuen, relativ unabhängig von dem Grunde dieser Berührung, und ihre Summe macht dasjenige konkret aus, was man mit dem Abstraktum Gesellschaft benennt.*

In der einzelnen historischen Erscheinung ist freilich Inhalt und gesellschaftliche Form thatsächlich verschmolzen, es giebt keine sociale Verfassung oder Entwickelung, die bloß social wäre und nicht zugleich Verfassung oder Entwickelung eines Inhalts. Dieser Inhalt kann objektiver Art sein: die Herstellung eines Werkes, der Fortschritt der Technik, die Herrschaft einer Idee, der Glanz oder der Verfall eines politischen Gebildes, die Entwickelung der Sprache und der Sitte; oder er kann subjektiver Natur sein und die unzähligen Seiten der Persönlichkeit betreffen, die durch die Socialisierung Förderung, Triebbefriedigung, Entwickelung zum Sittlichen wie zum Unsittlichen erfahren. Allein diese unmittelbare Ineinsbildung von Inhalt und Form, wie sie in der historischen Wirklichkeit vorliegt, verhindert nicht die wissenschaftliche Sonderung beider; so betrachtet die Geometrie die bloße räumliche Form der Körper, die doch auch nicht für sich allein existiert, sondern nur mit und an einer Materie, deren Erforschung anderen Wissenschaften obliegt. Auch

* Eine häufige Ungenauigkeit reiht jede ethnologische oder urgeschichtliche Untersuchung ohne weiteres in das Gebiet der Sociologie ein. Es wird dabei übersehen, daß Thaten und Zustände oft nur deshalb der »Gesellschaft« anzugehören scheinen, weil unsre Kenntnis ihrer zu ungenau ist, um die rein individuellen Geschehnisse, die das eigentlich Reale sind, festzustellen. In diesen Entfernungen verschwimmen die Reihen des persönlichen Seins oder Thuns und bilden für das geistige Auge eine zusammenhängende Masse, die »Gesellschaft« – wie man aus größerer Entfernung von einem Walde keinen einzigen einzelnen Baum, sondern nur »Wald« sieht. Selbstverständlich sind sowohl ethnologische wie urgeschichtliche Forschungen auch für die eigentliche Gesellschaftswissenschaft vom höchsten Wert, d.h. für die Erkenntnis der durch die Vergesellschaftung entwickelten Kräfte, Ereignisse und Zustände; allein die Einreihung ihrer als Totalgebilde unter den Begriff der Sociologie beruht auf der mangelhaften Unterscheidung zwischen jener »Gesellschaft«, die nur ein Sammelname ist, hervorgegangen aus der Unfähigkeit, die Einzelerscheinungen gesondert zu behandeln, und der Gesellschaft, die durch specifisch-sociale Kräfte die Erscheinungen bestimmt. So bezeichnet man überhaupt häufig bloße Parallelerscheinungen in einer Masse schon als gesellschaftliche, und verwechselt statistische Gleichartigkeiten und Gleichzeitigkeiten, von denen jede für sich rein individueller Natur ist, mit solchen, die auf das reale Princip der Gesellschaft, die Gegenseitigkeit der Verursachung, zurückgehen. Man scheidet so nicht zwischen dem, was bloß *innerhalb* der Gesellschaft, als einem Rahmen, und dem, was wirklich *durch* die Gesellschaft vorgeht.

der Historiker, im engeren Sinne, behandelt doch nur eine Abstraktion aus den wirklichen Ereignissen. Auch er löst aus der Unendlichkeit des realen Handelns und Redens, aus der Summe aller inneren und äußeren Einzelheiten, die Entwickelungen heraus, die unter bestimmte Begriffe gehören. Nicht alles, was Friedrich II. oder Maria Theresia von morgens bis abends gethan, nicht die zufälligen Worte, in die sie ihre politischen Entschlüsse gekleidet haben, nicht die unzähligen psychischen Ereignisse, die in thatsächlich unlösbarer Verkettung mit diesen Entschlüssen, aber ohne inhaltliche Beziehungen zu ihnen vorgingen – nicht dieses alles wird in der »Geschichte« erzählt; sondern der Begriff des politisch Wichtigen wird an die wirklichen Ereignisse herangebracht und nun wird nur das aufgesucht und erzählt, was unter diesen gehört, was aber thatsächlich so, d.h. in dieser reinlichen inneren Konsequenz und Losgelöstheit, sich garnicht zugetragen hat. Entsprechend isoliert etwa die Wirtschaftsgeschichte alles dasjenige, was die körperlichen Bedürfnisse des Menschen und die Mittel ihrer Befriedigung angeht, aus der Totalität der Ereignisse – wenngleich es vielleicht keines unter diesen giebt, das in Wirklichkeit nicht in irgend einer Beziehung zu jenen Bedürfnissen stände. Auch die Sociologie als Einzelwissenschaft wird nicht anders verfahren: sie löst eben das bloß gesellschaftliche Moment aus der Totalität der Menschengeschichte, d.h. des Geschehens *in* der Gesellschaft, zu gesonderter Betrachtung aus; oder, mit etwas paradoxer Kürze ausgedrückt, sie erforscht dasjenige, was an der Gesellschaft »Gesellschaft« ist.*

* Wenn, wie ich glaube, die Untersuchung der Kräfte, Formen und Entwickelungen der Vergesellschaftung, des Mit-, Für- und Nebeneinanderseins der Individuen, das einzige Objekt einer Sociologie als besonderer Wissenschaft sein kann, so gehören in sie selbstverständlich auch die Bestimmungen hinein, welche die Vergesellschaftungsform durch den besonderen Inhalt erhält, an dem sie sich realisiert. Wenn z.B. die Bildung von Aristokratien untersucht wird, so ist außer den Prozessen der Scheidung ursprünglich homogener Massen, der Zusammenballung der Höhergestiegenen zu klassenmäßiger Einheit, des gleichmäßigen Repulsionsverhältnisses derselben gegen höchste persönliche Instanzen wie gegen die unteren Massen – außer diesen sind einerseits die materialen Interessen aufzusuchen, die überhaupt jene Prozesse hervorriefen, andererseits die Modifikationen derselben zu bestimmen, die sie auf den verschiedenen Produktionsstufen und durch die Verschiedenheit der die Zeit beherrschenden Ideen erleiden. Freilich lösen sich auch manche Bestimmungen, die individueller Natur zu sein und erst zu dem eigentlichen Socialisierungsprozesse hinzuzutreten scheinen, bei hinreichend weitem Begriffe der Gesellschaftsformen doch noch in solche auf: z.B. bilden die Geheimbünde ein

Die Methoden, nach denen die Probleme der Vergesellschaftung untersucht werden, sind dieselben wie in allen vergleichend psychologischen Wissenschaften. Zum Grunde liegen gewisse psychologische Voraussetzungen, jenen zugehörig, ohne die überhaupt keine Geschichtswissenschaft existieren kann: die Phänomene des Hülfesuchens und Hülfeleistens, der Liebe und des Hasses, der Pleonexie und des Befriedigungsgefühles im Zusammensein, die Selbsterhaltung von Individuen mit gleichen Zielen einerseits durch Konkurrenz, andererseits durch Zusammenschluß, und eine Reihe anderer primärer psychischer Vorgänge muß vorausgesetzt werden, damit man überhaupt versteht, daß es zu Vergesellschaftungen, Gruppenbildungen, Verhältnissen des Einzelnen zu einer Gesamtheit usw. kommt. Wie eine zusammenhängende und verständliche Wirtschaftsgeschichte samt jenen Induktionen und Querschnitten durch sie, die man als Annäherungen an eine principielle Ökonomik betrachten mag, nur so zustande kommt, daß man aus den historischen Gesamtzuständen diejenigen aussondert, die auf gewisse physisch veranlaßte, aber doch immer psychische Bedürfnisse zurückgehen – so giebt es eine Wissenschaft von der Gesellschaft, weil gewisse specifische Gebilde innerhalb jener geschichtlichen Komplexe auf psy-

besondres sociologisches Problem; wie wirkt die Heimlichkeit auf die Associierung, welche besonderen Formen dieser bilden sich unter der Bedingung jener, und zwar so, daß Verbindungen, welche als offne die größte Verschiedenheit zeigen, durch die bloße Thatsache ihrer Geheimhaltung gewisse gleichartige Züge erhalten? Während hier also die Vergesellschaftung durch ein außersociales Princip specifiziert erscheint, zeigt sich doch bei schärferem Hinsehen, daß auch die Geheimhaltung schon an und für sich unter die Formen des socialen Lebens gehört: sie kann ausschließlich da auftreten, wo ein Miteinander von Individuen besteht und ist eine bestimmte Form der gegenseitigen Relation derselben, die keineswegs bloß negativer Natur ist, sondern ganz positive wechselseitige Verhaltungsweisen derselben mit sich bringt. Überhaupt gehören in die Sociologie als Wissenschaft von den Beziehungsformen der Menschen untereinander keineswegs nur die Associationen und Vereinigungen im engeren Sinne, d.h. im Sinne einer Kooperation oder eines harmonischen Befaßtseins in einem Rahmen: auch Gegnerschaft und Konkurrenz stiften, oder sind vielmehr Beziehungen, Wechselwirkungen unter den Individuen, die bei den verschiedenartigsten Anlässen doch die gleichen Formen und Entwickelungen zeigen. Damit weisen auch sie auf Kräfte hin, die sich bei der gegenseitigen Berührung der Menschen in ihnen entwickeln und deren Arten und Quellen für sich studiert werden müssen, um zu erkennen, wieso die ungeheure Mannigfaltigkeit der Motive und Inhalte der einzelnen Fälle doch der Gleichheit der Verhältnisformen Raum giebt.

chische Verfassungen und Aktionen zurückführbar sind, die gerade nur aus gegenseitiger Einwirkung der Individuen und Gruppen auf einander, aus gesellschaftlicher Berührung hervorgehen. Die Untersuchung hat nun zwei Richtungen: sie folgt zunächst der Längsrichtung der einzelnen Entwickelung; also z. B. jede Geschichte der germanischen Sippe, oder des Gauverbandes, oder der Parteien in England, oder der römischen Familienform, oder eines Gewerkvereins, oder einer Kirchenverfassung ist in so weit sociologisch, als in ihr die gesellschaftliche Formung: die Über- und Unterordnung, die Bildung einer objektiven Gemeinschaft gegenüber der bloßen Summe der Individuen, die Herausbildung von Unterabteilungen, die Modifikation der Socialform durch die quantitativen Veränderungen der Gruppe – an den komplexen Erscheinungen, für sich abstrahierbar, hervortritt. Es sind nun, zweitens, Querschnitte durch die Einzelentwickelungen zu legen, welche, die materialen Verschiedenheiten derselben paralysierend, das Gemeinsame an ihnen: die socialen Konstellationen als solche, induktiv feststellen – seien es nun jene allgemeinsten Verhältnisse und ihre Wandlungen, die die durchgehenden individuellen Gleichheiten und Verschiedenheiten der Menschen bei jeder Gemeinschaftsbildung hervorrufen, oder seien es die specielleren Gestaltungen der Gemeinschaft, die sich in den Socialisierungen eines bestimmten Gebietes – wirtschaftlichen, kirchlichen, geselligen, familiären, politischen – oder einer bestimmten Periode finden.

Gegen die Philosophie der Geschichte ist diese fachmäßige Aufgabe der Sociologie streng abgegrenzt. Die Geschichtsphilosophie will die historischen Thatsachen, äußere wie psychische, in ihrer Gesamtheit unter allgemeine Begriffe bringen, vermöge deren die Geschichte bestimmten Bedürfnissen, ethischen, metaphysischen, religiösen, künstlerischen, genügen soll. In völligem Gegensatz dazu hält sich die Sociologie als Specialwissenschaft, deren eventuelles Gebiet ich hier zu bestimmen suchte, völlig innerhalb der Erscheinungsreihe und ihrer unmittelbar psychologischen Deutung. Will man diese letztere, oder will man die Richtung auf allgemeine Resultate, für die der Einzelfall nur Material ist, als »philosophisch« denunzieren, so ist einerseits jede Geschichtsschreibung, andererseits jede induktive und vergleichende Wissenschaft schon Philosophie. – Nur nach einer Richtung hin möchte ich einen spekulativen Gedanken an das Gesamtproblem der Sociologie knüpfen. Es ist wohl heute kein

Zweifel mehr, daß »Gesetze der Geschichte« nicht auffindbar sind; denn die Geschichte ist einerseits in sich ein so ungeheuer komplexes Gebilde, andererseits ein so unsicher und subjektiv begrenzter Ausschnitt aus dem kosmischen Geschehen, daß es keine einheitliche Formel für ihre Entwickelung als Ganzes geben kann*. Will man dennoch die Hoffnung auf ein Begreifen der Geschichte als einer gesetzmäßigen Entwickelung nicht aufgeben, so kann man sich ihm nur durch Zerlegung derselben in möglichst einfache und in sich homogene Teilvorgänge nähern. Wie man die Geschichte eines Landes auch nicht ohne weiteres als ungeschiedenes Ganzes begreift, sondern durch zunächst gesonderte Feststellung seiner Agrarverhältnisse, seiner socialen und nationalen Politik, seiner geistigen Kultur, seiner Industrie, seines Erziehungswesens usw.: so zerfällt die Geschichte in eine Reihe von Sonderwissenschaften, deren Objekte freilich in Wirklichkeit nicht gesondert vorkommen und die auch nur wieder in schließlicher Vereinigung die Gesamtvorstellung von »Geschichte« ermöglichen, aber doch nur in jener Vereinfachung eine Annäherung an »Gesetze« gestatten. Der Vorschlag, den ich hier über das Arbeitsgebiet der Sociologie mache, um sie vor dem Aufgehen in eine bloße Methodik anderweitiger Wissenschaften oder in ein bloßes neues Wort für den Komplex aller Geschichtswissenschaft zu schützen – dieser Vorschlag mag sich vielleicht jener Teilung der historischen Gesamtvorgänge einordnen, indem er die Funktion der Vergesellschaftung und ihrer unzähligen Formen und Entwickelungen als Sondergebiet herauslöst; als ein Sondergebiet, das durch seine qualitative Einfachheit die Auffindung specifischer Gesetze weniger chimärisch macht, als die komplexen historischen Gebilde es thun, so lange man ihre einzelnen Elemente, Formen und Inhalte nicht differenziert; als ein Sondergebiet, an dem – mag man ihm nun den Titel einer besonderen Wissenschaft oder den wichtigeren einer Aufgabensammlung gönnen – die Verwirrung der hergebrachten Vorstellungen von Sociologie halt machen muß, und auf dem sie sich, allerdings unter Verzicht auf ihre hochfliegenden Ansprüche, eine grenzgesicherte Heimstätte zu guten Besitzrechten gründen kann.

* Den näheren Beweis hierfür habe ich in meinem *Probleme der Geschichtsphilosophie*, 2. Kap., [in: GSG 2] geführt.

Persönliche und sachliche Kultur

Wenn der intelligente Wille die Dinge zu der Höhe heraufarbeitet, in der wir sie als kultivirt bezeichnen, so leistet er seine Kulturarbeit doch nicht an ihnen, sondern an uns. Die materiellen Kulturgüter: Möbel und Kulturpflanzen, Kunstwerke und Maschinen, Geräthe und Bücher, in denen natürliche Stoffe zu ihnen zwar möglichen, durch ihre eignen Kräfte aber nie verwirklichten Formen entwickelt werden, sind unser eignes, durch Ideen entfaltetes Wollen und Fühlen, das die Entwicklungsmöglichkeiten der Dinge, soweit sie auf seinem Wege liegen, in sich einbezieht; und das verhält sich nicht anders als mit der Kultur, die das Verhältniß des Menschen zu anderen und zu sich selbst formt: Sprache, Sitte, Religion, Recht. Insofern diese Werthe als kulturell angesehen werden, unterscheiden wir sie von den bloß natürlichen Ausbildungsstufen der in ihnen lebendigen Energieen, die aber für den Kultivirungsprozeß ebenso nur Material sind, wie Holz und Metall, Pflanzen und Elektrizität. Indem wir die Dinge kultiviren, d.h. ihr Werthmaaß über das durch ihren natürlichen Mechanismus uns geleistete hinaus steigern, kultiviren wir uns selbst: es ist der gleiche, von uns ausgehende und in uns zurückkehrende Wertherhöhungsprozeß, der die Natur außer uns oder die Natur in uns ergreift. Die bildende Kunst zeigt diesen Kulturbegriff am reinsten, weil in der größten Spannung der Gegensätze. Denn hier scheint zunächst die Formung des Gegenstandes sich jener Einfügung in den Prozeß unserer Subjektivität völlig zu entziehen. Das Kunstwerk deutet uns doch grade den Sinn der Erscheinung selbst, liege ihm dieser nun in der Gestaltung der Räumlichkeit oder in den Beziehungen der Farben oder in der Seelenhaftigkeit, die so in wie hinter dem Sichtbaren lebt. Immer aber gilt es, den Dingen ihre Bedeutung und ihr Geheimniß abzulauschen, um es in reinerer oder deutlicherer Gestalt, als zu der ihre natürliche Entwicklung es gebracht hat, darzustellen – nicht aber im Sinne chemischer oder physikalischer Technologie, die die Gesetzlichkeiten der Dinge erkundet, um sie in unsere außerhalb ihrer gelegenen Zweckreihen einzustellen; vielmehr, der artistische Prozeß ist abgeschlossen, sobald er den Gegenstand zu dessen eigenster Bedeutung entwickelt hat. Thatsächlich ist hiermit dem bloß artistischen Ideal auch genügt, denn für dieses ist die Vollendung des Kunstwerkes als solchen ein objektiver Werth, völlig unabhängig von seinem Erfolge für unser subjektives Fühlen: das Stichwort des *l'art pour l'art* bezeichnet treffend die Selbstgenugsamkeit der rein künstlerischen Tendenz. Anders aber vom Standpunkt des Kulturideals. Das Wesentliche dieses ist eben, daß es die Eigenwerthigkeit der ästhetischen, wissenschaftlichen, sittlichen, eudämonistischen, ja der religiösen Leistung aufhebt, um sie alle als Elemente oder Bausteine in die Entwicklung des menschlichen Wesens über seinen Naturzustand hinaus einzufügen; oder genauer: sie sind die Wegestrecken, die diese Entwicklung durchläuft. Indem der Mensch die Objekte kultivirt, schafft er sie sich zum Bilde: insofern die transnaturale Entfaltung ihrer Energieen als Kulturprozeß gilt, ist sie nur die Sichtbarkeit oder der Körper für die gleiche Entfaltung unserer Energieen.

Dieser Erörterung des allgemeinen Kulturbegriffs stelle ich nun ein besonderes Verhältniß innerhalb der gegenwärtigen Kultur gegenüber. Vergleicht man dieselbe etwa mit der Zeit vor hundert Jahren, so kann man – viele individuelle Ausnahmen vorbehalten – doch wohl sagen: die Dinge, die unser Leben sachlich erfüllen und umgeben, Geräthe, Verkehrsmittel, die Produkte der Wissenschaft, der Technik, der Kunst – sind unsäglich kultivirt, aber die Kultur der Individuen, wenigstens in den höheren Ständen, ist keineswegs in demselben Verhältniß vorgeschritten, ja vielfach sogar zurückgegangen. Dies ist ein keines Einzelbeweises bedürftiges Verhältniß. Ich hebe darum nur weniges hervor. Die sprachlichen Ausdrucksmöglichkeiten haben sich, im Deutschen wie im Französischen, seit hundert Jahren außerordentlich bereichert und nuancirt; nicht nur die Sprache Goethes ist uns geschenkt, sondern es ist noch eine große Anzahl von Feinheiten, Abtönungen, Individualisirungen des Ausdrucks hinzugekommen. Dennoch, wenn man das Sprechen und Schreiben der Einzelnen betrachtet, so wird es als ganzes immer inkorrekter, würdeloser und trivialer. Und inhaltlich: der Gesichtskreis, aus dem die Konversation ihre Gegenstände schöpft, hat sich objektiv, durch die vorgeschrittene Theorie und Praxis, in derselben Zeit erheblich erweitert; und doch scheint es, als ob die Unterhaltung, die gesellschaftliche wie auch die intimere und briefliche, jetzt viel flacher, uninteressanter und weniger ernsthaft wäre als am Ende des 18. Jahrhunderts. In diese Kategorie gehört es, daß die Maschine so viel geistvoller geworden ist als der Arbeiter. Wieviele Arbeiter, sogar unterhalb der eigentlichen Großindustrie, können denn heute die Maschine, an der sie zu thun haben, d.h. den in der Maschine investirten Geist verstehen? Nicht anders liegt es in der militärischen Kultur. Was der einzelne Soldat zu leisten hat, ist im Wesentlichen seit lange unverändert geblieben, ja, in manchem durch die moderne Art der Kriegführung herabgesetzt. Dagegen sind nicht nur die materiellen Werkzeuge derselben, sondern vor allem die jenseits aller Individuen stehende Organisation des Heeres unerhört verfeinert und zu einem wahren Triumph objektiver Kultur geworden. Und auf das Gebiet des rein Geistigen hinsehend – so operiren auch die kenntnißreichsten und nachdenkendsten Menschen mit einer immer wachsenden Zahl von Vorstellungen, Begriffen, Sätzen, deren genauen Sinn und Inhalt sie nur ganz unvollständig kennen. Die ungeheure Ausdehnung des objektiv vorliegenden Wissensstoffes gestattet, ja erzwingt den Gebrauch von Ausdrücken, die eigentlich wie verschlossene Gefäße von Hand zu Hand gehen, ohne daß der thatsächlich darin verdichtete Gedankengehalt sich für den einzelnen Gebraucher entfaltete. Wie unser äußeres Leben von immer mehr Gegenständen umgeben wird, deren objektiven, in ihrem Produktionsprozeß aufgewandten Geist wir nicht entfernt ausdenken, so ist unser geistiges Innen- und Verkehrsleben von symbolisch gewordenen Gebilden erfüllt, in denen sowohl sachlich wie ihrer Entstehung nach eine umfassende Geistigkeit aufgespeichert ist – während der individuelle Geist davon nur ein Minimum auszunutzen pflegt. Diese Diskrepanz zwischen der objektiv gewordenen und der subjektiven Kultur scheint sich stetig zu erweitern. Täglich und von allen Seiten her wird der Schatz jener vermehrt, aber nur wie aus weiter Entfernung ihr folgend und in einer nur wenig zu steigernden Beschleunigung kann der individuelle Geist die Formen und Inhalte seiner Bildung erweitern.

Wie erklärt sich nun diese Erscheinung? Wenn alle Kultur der Dinge, wie wir sahen, nur eine Kultur der Menschen ist, so daß nur wir uns ausbilden, indem wir die Dinge ausbilden – was bedeutet jene Entwicklung, Ausgestaltung, Vergeistigung der Objekte, die sich wie aus eignen sachlich Kräften und Normen heraus vollzieht und ohne daß sich einzelne Seelen darin oder daran ensprechend entfalteten? Hierin liegt eine Steigerung des räthselhaften Verhältnisses vor, das überhaupt zwischen dem Leben und den Lebensprodukten der Gesellschaft einerseits und den fragmentarischen Daseinsinhalten der Individuen andrerseits besteht. In Sprache und Sitte, politischer Verfassung und Religionslehren, Literatur und Technik ist die Arbeit unzähliger Generationen niedergelegt, als gegenständlich gewordener Geist, von dem jeder nimmt so viel er will oder kann, den aber überhaupt kein Einzelner ausschöpfen könnte; zwischen dem Maaß dieses Schatzes und dem des davon Genommenen bestehen die mannigfaltigsten und zufälligsten Verhältnisse, und die Geringfügigkeit oder Irrationalität der individuellen Antheile läßt den Gehalt und die Würde jenes Gattungsbesitzes so unberührt, wie irgend ein körperliches Sein es von seinem Wahrgenommen- oder Nichtwahrgenommenwerden bleibt. Wie sich der Inhalt und die Bedeutung eines vorliegenden Buches als solche indifferent zu seinem großen oder kleinen, verstehenden oder verständnißlosen Leserkreise verhält, so steht auch jedes sonstige Kulturprodukt dem Kulturkreise gegenüber, zwar bereit von jedem ergriffen zu werden, für diese Bereitheit aber immer nur eine sporadische Aufnahme findend. Diese verdichtete Geistesarbeit der Kulturgemeinschaft verhält sich also zu ihrer Lebendigkeit in den individuellen Geistern wie die weite Fülle der Möglichkeiten zu der Begrenzung der Wirklichkeit. In der aufgespeicherten Geistesarbeit der Gattung, liegen präformirte Inhalte vor, der Verwirklichung in individuellen Geistern sich darbietend, aber auch jenseits solcher ihre Bestimmtheit festhaltend, die keineswegs die eines materiellen Gegenstandes ist; denn selbst wenn der Geist an Materie gebunden ist, wie in Geräthen, Kunstwerken, Büchern, so fällt er doch nie mit dem zusammen, was an diesen Dingen sinnlich wahrnehmbar ist. Er wohnt ihnen in einer nicht weiter beschreiblichen Form ein, aus der heraus ihn das individuelle Bewußtsein aktualisiren kann. Mit der Vergegenständlichung des Geistes ist die Form gewonnen, die ein Konserviren und Aufhäufen der Bewußtseinsarbeit gestattet; sie ist die bedeutsamste und erfolgreichste unter den historischen Kategorien der Menschheit. Denn sie macht zur geschichtlichen Thatsache, was als biologische so zweifelhaft ist: die Vererbung des Erworbenen. Wenn man es als den Vorzug des Menschen den Thieren gegenüber bezeichnet hat, daß er Erbe und nicht bloß Nachkomme wäre, so ist die Vergegenständlichung des Geistes in Worten und Werken, Organisationen und Traditionen der Träger dieser Unterscheidung, die dem Menschen erst seine Welt, ja: eine Welt schenkt. Betrachtet man die Gesellschaft als ein Ganzes d.h. ordnet man die in ihr überhaupt objektiv werdende Geistigkeit in einen zeitlich-sachlichen Komplex, so ist die

Gesammtkulturentwicklung, für die man so einen einheitlichen Träger fingirt hat, reicher an Inhalten als die jedes ihrer Elemente. Denn die Leistung der Elemente steigt in jenen Gesammtbesitz auf, aber dieser nicht zu jedem Element hinab. Der ganze Stil des Lebens einer Gemeinschaft hängt aber von dem Verhältniß ab, in dem die objektiv gewordene Kultur zu der Kultur der Personen steht.

Will man nun das gegenwärtige Auseinandertreten beider auf seine Hauptursachen zurückverfolgen, so führen diese auf den Begriff: *Arbeitstheilung* hin; und zwar sowohl nach ihrer Bedeutung innerhalb der Produktion wie der Konsumtion. In ersterer Hinsicht ist oft genug hervorgehoben worden, wie die Vollendung des Produkts auf Kosten der Entwicklung des Produzenten zustande kommt. Die Steigerung der physisch-psychischen Energien und Geschicklichkeiten, die sich bei einseitiger Thätigkeit einstellt, pflegt für die einheitliche Gesammtpersönlichkeit wenig Nutzen abzuwerfen: sie läßt diese vielfach verkümmern, indem sie ihr ein für die harmonische Gestaltung des Ich unentbehrliches Kraftquantum entsaugt oder sie entwickelt sich in anderen Fällen wenigstens wie in Abschnürung von dem Kern der Persönlichkeit, als eine Provinz mit uneingeschränkter Autonomie, deren Erträge nicht der Zentralstelle zufließen. Die Erfahrung scheint zu zeigen, daß die innere Ganzheit des Ich sich im Wesentlichen in Wechselwirkung mit der Geschlossenheit und Abrundung der Lebensaufgabe herstellt.

Wie uns die Einheit eines Objekts überhaupt so zustande kommt, daß wir die Art, wie wir unser »Ich« fühlen, in das Objekt hineintragen, es nach unserem Bilde formen, in dem die Vielheit der Bestimmungen zu der Einheit des »Ich« zusammenwächst – so wirkt, im psychologisch-praktischen Sinne, die Einheit des Objekts, das wir schaffen, und ihr Mangel auf die entsprechende Formung unserer Persönlichkeit. Wo unsere Kraft nicht ein Ganzes hervorbringt, an dem sie sich nach der ihr eigenthümlichen Einheit ausleben kann, da fehlt es an der eigentlichen Beziehung zwischen beiden, die inneren Tendenzen der Leistung ziehen sie zu den anderweitigen, mit ihr erst eine Totalität bildenden Leistungen Andrer und auf den Produzenten weist sie nicht zurück. Infolge solcher, bei großer Spezialisirung eintretenden Inadäquatheit zwischen der Existenzform des Arbeiters und der seines Produktes löst sich das letztere so sehr leicht und gründlich von dem ersteren ab, sein Sinn strömt ihm nicht von dessen Seele zu, sondern von seinem Zusammenhang mit anderswoher stammenden Produkten, es fehlt ihm wegen seines fragmentarischen Charakters das Wesen der Seelenhaftigkeit, das sonst dem Arbeitsprodukt, sobald es ganz als Werk *eines* Menschen erscheint, so leicht angefühlt wird. So kann es seine Bedeutsamkeit weder als Spiegelung einer Subjektivität noch in dem Reflex suchen, den es als Ausdruck der schaffenden Seele in diese zurückwirft, sondern kann sie ausschließlich als objektive Leistung, in seiner Wendung vom Subjekt weg, finden. Dieser Zusammenhang zeigt sich nicht minder an seinem äußersten Gegensatz, dem Kunstwerk. Dessen Wesen widerstrebt völlig jene Auftheilung der Arbeit an eine Mehrzahl von Arbeitern, deren keiner für sich ein Ganzes leiste. Das Kunstwerk ist unter allem Menschenwerk die geschlossenste Einheit, die sich selbst genügendste Totalität – selbst den Staat nicht ausgenommen. Denn so sehr dieser, unter besonderen Umständen, mit sich selbst auskommen mag, so saugt er doch seine Elemente nicht so vollständig in sich ein, daß nicht ein jedes noch ein Sonderleben mit Sonderinteressen führte: immer nur mit einem Theile der Persönlichkeit, deren andere sich anderen Zentren zuwenden, sind wir dem Staate verwachsen. Die Kunst dagegen beläßt keinem verwendeten Element eine Bedeutung außerhalb des Rahmens, in den sie es einstellt, das einzelne Kunstwerk vernichtet den Vielsinn der Worte und der Töne, der Farben und der Formen, um nur ihre ihm zugewandte Seite für das Bewußtsein bestehen zu lassen. Diese Geschlossenheit des Kunstwerks aber bedeutet, daß eine subjektive Seeleneinheit in ihm zum Ausdruck kommt; das Kunstwerk fordert nur *einen* Menschen, diesen aber ganz und seiner zentralsten Innerlichkeit nach: es vergilt dies dadurch, daß seine Form ihm der reinste Spiegel und Ausdruck der Persönlichkeit zu sein gestattet. Die völlige Ablehnung der Arbeitstheilung ist so Ursache wie Symptom des Zusammenhanges, der zwischen der in sich fertigen Totalität des Werkes und der seelischen Einheit besteht. Umgekehrt, wo jene herrscht, bewirkt sie eine Inkommensurabilität der Leistung mit dem Leistenden, dieser erblickt sich nicht mehr in seinem Thun, das eine allem Persönlich-Seelischen so unähnliche Form darbietet und nur als eine ganz einseitig ausgebildete Partialität unseres Wesens erscheint, gleichgültig gegen die einheitliche Ganzheit desselben. Die stark arbeitstheilige, mit dem Bewußtsein dieses Charakters vollbrachte Leistung drängt also schon von sich aus in die Kategorie der Objektivität, die Betrachtung und Wirkung ihrer als eines rein Sachlichen und

Anonymen wird für den Arbeitenden selbst immer plausibler, der sie nicht mehr in die Wurzel seines Gesammtlebenssystems hinabreichen fühlt.

Endlich wirkt der Prozeß, den man als Trennung des Arbeiters von seinem Arbeitsmittel bezeichnet, ersichtlich im gleichen Sinn. Eine Arbeitstheilung ist doch auch er. Denn wenn selbst die fanatische Behauptung, daß der Kapitalist überhaupt nicht arbeite, richtig wäre, so würde das nur eine Theilung der Arbeit *nach ihrem Quantum* bedeuten, eine Differenzirung, deren ungeheure Wichtigkeit für die Kultur fast ganz über der Betrachtung der qualitativen Arbeitstheilung vernachlässigt wird. Indem es die Funktion andrer Personen ist, die Arbeitsmittel zu erwerben, zu organisiren, auszutheilen, haben diese letzteren für den Arbeiter eine ganz andere Objektivität als sie für denjenigen haben müssen, der am eignen Material und mit eignen Werkzeugen schafft. Diese kapitalistische Differenzirung trennt die subjektiven und die objektiven Bedingungen der Arbeit gründlich von einander – eine Trennung, zu der, als beide noch in einer Hand vereinigt waren, gar keine psychologische Veranlassung vorlag. Indem die Arbeit selbst und ihr unmittelbarer Gegenstand verschiednen Personen zugehören, muß sich für das Bewußtsein des Arbeiters der objektive Charakter dieser Gegenstände außerordentlich scharf betonen, um so schärfer als die Arbeit und ihre Materie doch andrerseits wieder eine Einheit sind und so grade ihr nahes Aneinander ihre jetzigen Gegenrichtungen am fühlbarsten machen muß. Und das findet seine Fortsetzung und Gegenbild darin, daß außer dem Arbeitsmittel auch noch die Arbeit selbst sich von dem Arbeiter trennt: denn dies ist die Bedeutung der Erscheinung, die man damit bezeichnet, daß die Arbeitskraft eine Waare geworden ist. Wo der Arbeiter mit eignem Material produzirt, verbleibt seine Arbeit innerhalb des Umkreises seiner Persönlichkeit, und erst das vollendete Werk verläßt denselben beim Verkauf. Mangels der Möglichkeit indeß, seine Arbeit in dieser Weise zu verwerthen, stellt er sie für einen Marktpreis in die Verfügung eines anderen, trennt sich also von ihr von dem Augenblick an, wo sie ihre Quelle verläßt. Daß sie nun Charakter, Bewerthungsweise, Entwicklungsschicksale mit allen Waaren überhaupt theilt, das bedeutet eben, daß sie dem Arbeiter selbst gegenüber etwas Objektives geworden ist, etwas, das er nicht nur nicht mehr *ist*, sondern eigentlich auch nicht mehr *hat*. Denn sobald eine potentielle Arbeitsmenge sich in wirkliches Arbeiten umsetzt, gehört nicht mehr sie, sondern ihr Geldäquivalent ihm, während sie selbst einem anderen oder genauer: einer objektiven Arbeitsorganisation zugehört. Das Waare-Werden der Arbeit ist also auch nur eine Seite des ungeheuren Differenzirungsprozesses, der von der Persönlichkeit ihre einzelnen Inhalte herauslöst, um sie ihr als Objekte, mit selbständiger Bestimmtheit und Bewegung, gegenüberzustellen. Endlich zeigt sich das Ergebniß dieses Schicksals der Arbeitsmittel und der Arbeitskraft an ihrem Produkt. Daß das Arbeitsprodukt der kapitalistischen Epoche ein Objekt mit entschiedenem Fürsich-sein, eignen Bewegungsgesetzen, dem herstellenden Subjekt selbst fremdem Charakter ist, wird da zur eindringlichsten Vorstellung werden, wo der Arbeiter genöthigt ist, sein eignes Arbeitsprodukt, wenn er es haben will, zu *kaufen*. Dies ist ein allgemeines Schema der Entwicklung, das weit über den Lohnarbeiter hinaus gilt. Die ungeheure Arbeitstheilung z. B. in der Wissenschaft bewirkt es, daß nur äußerst wenige Forscher sich die Vorbedingungen ihrer Arbeit selbst beschaffen können; unzählige Thatsachen und Methoden muß man einfach als objektives Material von außen aufnehmen, ein geistiges Eigenthum Anderer, an dem sich nun die eigne Arbeit vollzieht. Man kann auch dies als eine Trennung des Arbeiters von seinen Arbeitsmitteln im weiteren Sinne bezeichnen und jedenfalls in dem hier fraglichen. Denn in dem eigentlichen Prozeß der wissenschaftlichen Produktion scheidet sich nun doch ein dem Produzenten gegenüber objektives Material von dem subjektiven Vollbringen seiner Arbeit. Je undifferenzirter der Wissenschaftsbetrieb noch war, je mehr der Forscher alle Voraussetzungen und Materialien seiner Arbeit persönlich beschaffen mußte, desto weniger bestand für ihn der Gegensatz seiner subjektiven Arbeit und einer Welt objektiv feststehender wissenschaftlicher Gegebenheiten. Und auch hier erstreckt sich dieser in das Produkt der Arbeit hinein: auch das Ergebniß selbst, so sehr es als solches die Frucht subjektiven Bemühens ist, muß um so eher in die Kategorie einer objektiven, von dem Produzenten unabhängigen Thatsache aufsteigen, je mehr Arbeitsprodukte Anderer schon von vornherein in ihm zusammengebracht und wirksam sind. Darum sehen wir auch, daß in der Wissenschaft der geringsten Arbeitstheilung, der Philosophie – insbesondere in ihrem metaphysischen Sinne – einerseits das aufgenommene objektive Material eine durchaus sekundäre Rolle spielt, andrerseits das Produkt sich am wenigsten von seinem subjektiven Ursprung gelöst hat und ganz als Leistung dieser einen Persönlichkeit auftritt.

Wenn so die Arbeitstheilung – die ich hier in ihrem weitesten Sinne, die Produktionstheilung wie die Arbeitszerlegung wie die Spezialisation einschließend verstehe – die schaffende Persönlichkeit von dem geschaffenen Werk abtrennt und dies letztere eine objektive Selbständigkeit gewinnen läßt, so stellt sich Verwandtes in dem Verhältniß der arbeitstheiligen Produktion zum Konsumenten ein. Hier handelt es sich nun um die Herleitung innerer Folgen aus allbekannten äußeren Thatsachen. Die Kundenarbeit, die das mittelalterliche Handwerk beherrschte und erst in diesem Jahrhundert ihren rapidesten Rückgang erfahren hat, beließ dem Konsumenten ein persönliches Verhältniß zur Waare: da sie speziell für ihn bereitet war, sozusagen eine Wechselwirkung zwischen ihm und dem Produzenten darstellte, so gehörte sie, in einigermaßen ähnlicher Weise wie diesem, innerlich auch ihm zu. Indem die Arbeitstheilung die Kundenproduktion zerstört – schon weil der Abnehmer sich wohl mit einem Produzenten, aber nicht mit einem Dutzend Theilarbeiter in Verbindung setzen kann – verschwindet die subjektive Färbung des Produkts auch nach der Seite des Konsumenten hin, denn es entsteht nun unabhängig von ihm, die Waare ist nun eine objektive Gegebenheit, an die er von außen herantritt und die ihr Dasein und Sosein ihm gleichsam als etwas Autonomes gegenüberstellt. Der Unterschied z. B. zwischen dem modernen, auf die äußerste Spezialisation gebauten Kleidermagazine und der Arbeit des Schneiders, den man ins Haus nahm, charakterisirt aufs Schärfste die gewachsene Objektivirung des wirthschaftlichen Kosmos, seine überpersönliche Selbständigkeit im Verhältniß zum konsumirenden Subjekt, mit dem er ursprünglich verwachsen war.

Mit dieser dem Abnehmer gegenüber bestehenden Autonomie der Produktion hängt eine Erscheinung der Arbeitstheilung zusammen, die jetzt ebenso alltäglich wie in ihrer Bedeutung wenig erkannt ist. Von den früheren Gestaltungen der Produktion her besteht im Ganzen die einfache Vorstellung, daß die niederen Schichten der Gesellschaft für die höheren arbeiten: daß die Pflanzen vom Boden, die Thiere von den Pflanzen, der Mensch von den Thieren lebt, das wiederhole sich, mit moralischem Recht oder Unrecht, im Bau der Gesellschaft: je höher die Individuen sozial und geistig stehen, desto mehr gründe sich ihre Existenz auf der Arbeit der tieferstehenden, die sie ihrerseits nicht mit Arbeit für diese, sondern nur mit Geld vergelten. Diese Vorstellung ist nun ganz unzutreffend, seit die Bedürfnisse der unteren Massen durch den Großbetrieb gedeckt werden, der unzählige wissenschaftliche, technische, organisatorische Energien oberster Stufen in seinen Dienst gestellt hat. Der große Chemiker, der in seinem Laboratorium über Darstellung der Theerfarben sinnt, arbeitet für die Bäuerin, die beim Krämer sich das bunteste Halstuch aussucht; wenn der Großkaufmann in weltumspannenden Spekulationen amerikanisches Getreide in Deutschland importirt, so ist er der Diener des ärmsten Proletariers; der Betrieb einer Baumwollspinnerei, in der Intelligenzen hohen Ranges thätig sind, ist von Abnehmern in der tiefsten sozialen Schicht abhängig. Diese Rückläufigkeit der Dienste, in der die niederen Klassen die Arbeit der höheren für sich kaufen, liegt jetzt schon in unzählbaren, unser ganzes Kulturleben bestimmenden Beispielen vor. Möglich aber ist diese Erscheinung nur durch die Objektivirung, die die Produktion sowohl dem produzirenden wie dem konsumirenden Subjekt gegenüber ergriffen hat und die sich jenseits der sozialen oder sonstigen Unterschiede dieser beiden stellt. Dies In-Dienst-Nehmen der höchsten Kulturproduzenten seitens der niedrigststehenden Konsumenten bedeutet nicht daß ein Verhältniß zwischen ihnen besteht, sondern daß ein Objekt zwischen sie geschoben ist, an dessen einer Seite gleichsam die Einen arbeiten, während die Anderen von der anderen her es konsumiren, und das Beide trennt, indem es sie verbindet. Die Grundthatsache selbst ist ersichtlich eine Arbeitstheilung: die Technik der Produktion ist so spezialisirt, daß die Handhabung ihrer verschiedenen Theile nicht nur an immer mehr, sondern auch an immer verschiedenere Personen übergeht – bis es eben schließlich dahin kommt, daß ein Theil der Arbeit an den niedrigsten Bedürfnißartikeln von den höchststehenden Individuen geleistet wird, grade wie umgekehrt, in ganz entsprechender Objektivirung, die maschinentechnische Arbeitszerlegung bewirkt, daß an den raffinirtesten Produkten der höchsten Kultur die rohesten Hände mitarbeiten (man denke etwa an eine heutige Druckerei im Unterschied gegen die Herstellung der Bücher vor Erfindung der Buchdruckerkunst!). An dieser Umkehrung des für typisch geltenden Verhältnisses zwischen oberen und tieferen Gesellschaftsschichten tritt also aufs klarste hervor: die Arbeitstheilung bewirkt, daß jene für diese arbeiten, die Form aber in der dies allein geschehen kann, ist das völlige Objektivwerden der Produktionsleistung selbst, sowohl den einen wie den anderen als Subjekten gegenüber. Jene Umkehrung ist nichts als eine äußerste Konsequenz des Zusammenhanges, der zwischen der Arbeitstheilung und der Objektivirung der Kulturinhalte besteht.

Hat bis hierher die Arbeitstheilung als eine Spezialisirung der persönlichen Thätigkeiten gegolten, so wirkt die Spezialisirung, die differenzirte Mannigfaltigkeit der Gegenstände selbst, nicht weniger dazu, sie in jene Distanz zu den Subjekten zu stellen, die als Beziehungslosigkeit beider zu einander erscheint, als Selbständigkeit des Objekts, als Unfähigkeit des Subjekts jenes sich zu assimiliren und seinem eignen Rhythmus zu unterwerfen. Dies gilt zunächst für die Arbeitsmittel. Je mehr diese differenzirt, aus einer Vielheit spezialisirter Theile zusammengesetzt sind, desto weniger kann die Persönlichkeit des Arbeitenden sich durch sie hindurch ausdrücken, desto weniger ist seine Hand im Produkte zu erkennen. Die Werkzeuge, mit denen die Kunst arbeitet, sind relativ ganz undifferenzirt und geben deshalb der Persönlichkeit den weitesten Spielraum, sich mittels ihrer zu entfalten; sie stellen sich ihr nicht gegenüber wie die industrielle Maschine, die durch ihre spezialistische Komplikation selbst gleichsam die Form personaler Festigkeit und Umschriebenheit hat, so daß der Arbeiter sie nicht mehr wie jene, an sich unbestimmteren, mit seiner Persönlichkeit durchdringen kann. Die Werkzeuge des Bildhauers sind seit Jahrtausenden nicht aus ihrer völligen Unspezialisirtheit heraus weiter entwickelt worden und wo dies bei einem Kunstmittel allerdings und so entschieden geschehen ist wie bei dem Klavier, da ist sein Charakter auch ein sehr objektiver, einer der schon viel zu viel für sich ist und deshalb dem Ausdruck der Subjektivität eine viel härtere Schranke setzt als z. B. die an sich technisch viel weniger differenzirte Geige. Der automatische Charakter der modernen Maschine ist der Erfolg einer weit getriebenen Zerlegung und Spezialisirung von Stoffen und Kräften, grade wie der gleiche Charakter einer ausgebildeten Staatsverwaltung sich nur auf Grund einer raffinirten Arbeitstheilung unter ihren Trägern erheben kann. Indem die Maschine aber zur Totalität wird, einen immer größeren Theil der Arbeit auf sich nimmt, steht sie ebenso dem Arbeiter als eine autonome Macht gegenüber, wie er ihr gegenüber nicht als individualisirte Persönlichkeit, sondern nur als Ausführer einer sachlich vorgeschriebenen Leistung wirkt. Man vergleiche etwa den Arbeiter in der Schuhfabrik mit dem Kundenschuhmacher, um zu sehen wie sehr die Spezialisirung des Werkzeuges die Wirksamkeit der persönlichen Qualitäten, hoch- wie minderwerthiger, lähmt und Objekt und Subjekt als von einander ihrem Wesen nach unabhängige Potenzen sich entwickeln läßt. Während das undifferenzirte Werkzeug wirklich eine bloße Fortsetzung des Arms ist, steigt überhaupt erst das spezialisirte in die reine Kategorie des Objekts auf. In sehr bezeichnender und auf der Hand liegender Weise vollzieht sich dieser Prozeß auch an den Kriegswerkzeugen: seinen Gipfel bildet dann das spezialisirteste und als Maschine vollkommenste, das Kriegsschiff; an ihm ist die Objektivirung so weit vorgeschritten, daß in einem modernen Seekrieg überhaupt gar kein andrer Faktor mehr entscheidet, als das bloße Zahlenverhältniß der Schiffe gleicher Qualität!

Der Objektivirungsprozeß der Kulturinhalte, der, von der Spezialisation dieser getragen, zwischen dem Subjekt und seinen Geschöpfen eine immer wachsende Fremdheit stiftet, steigt nun endlich in die Intimitäten des täglichen Lebens hinunter. Die Wohnungseinrichtungen, die Gegenstände, die uns zu Gebrauch und Zierde umgeben, waren noch in den ersten Jahrzehnten dieses Jahrhunderts, von den unteren bis in die Schichten der höchsten Bildung hinauf, von relativ großer Einfachheit und Dauerhaftigkeit der einzelnen Gegenstände. Hierdurch entstand jenes »Verwachsen« der Persönlichkeiten mit Gegenständen ihrer Umgebung, das schon mittleren der Generation heute als eine Wunderlichkeit der Großeltern erscheint. Diesen Zustand hat die Differenzirung der Objekte nach drei verschiedenen Dimensionen hin, und immer mit dem gleichen Erfolge unterbrochen. Zunächst ist es schon die bloße Vielheit sehr spezifisch gestalteter Gegenstände, die ein enges, sozusagen persönliches Verhältniß zu den einzelnen erschwert: wenige und einfache Geräthschaften sind der Persönlichkeit leichter assimilirbar, während eine Fülle von Mannigfaltigkeiten dem Ich gegenüber gleichsam Partei bildet; das findet seinen direkten und symbolischen Ausdruck in der Klage der Hausfrauen, daß die Pflege der Wohnungsausstattung einen förmlichen Fetischdienst fordere, und in dem gelegentlich hervorbrechenden Haß tieferer und ernsterer Naturen gegen die zahllosen Einzelheiten, mit denen wir unser Leben behängen. Der erstere Fall ist deshalb kulturell so bezeichnend, weil die sorgende und erhaltende Thätigkeit der Hausfrau früher umfänglicher und anstrengender war als jetzt. Allein zu jenem Gefühl der Unfreiheit den Objekten gegenüber kam es nicht, weil sie der Persönlichkeit enger verbunden waren. Die wenigeren, undifferenzirteren Gegenstände konnte diese eher mit sich durchdringen, sie setzten ihr nicht die Selbständigkeit entgegen wie ein Haufe spezialisirter Dinge. Diese erst, wenn wir ihnen dienen sollen, empfinden wir als eine feindliche Macht. Wie Freiheit nichts negatives ist, sondern die positive Erstreckung des Ich über ihm nachgebende Objekte, so ist umgekehrt Objekt für uns nur dasjenige, woran unsere Freiheit erlahmt, d.h. wozu wir in Beziehung stehen, ohne es doch unserem Ich assimiliren zu können. Das Gefühl, von den Aeußerlichkeiten erdrückt zu werden, mit denen das moderne Leben uns umgiebt, ist nicht nur die Folge sondern auch die Ursache davon, daß sie uns als autonome Objekte gegenübertreten. Das Peinliche ist, daß diese vielfachen, umdrängenden Dinge uns im Grunde eben gleichgültig sind, und zwar aus den spezifisch geldwirtschaftlichen Gründen der unpersönlichen Genesis und der leichten Ersetzbarkeit. Daß die Großindustrie den sozialistischen Gedanken nährt, beruht nicht nur auf den Verhältnissen ihrer Arbeiter, sondern auch auf der objektiven Beschaffenheit ihrer Produkte: der moderne Mensch ist von lauter so unpersönlichen Dingen umgeben, daß ihm die Vorstellung einer überhaupt anti-individuellen Lebensordnung immer näher kommen muß, – freilich auch die Opposition dagegen. Daß aber die Kulturinhalte sich mehr dem Einwachsen in die Sphäre des Ich entziehen, immer ist großentheils ihrer Mannigfaltigkeit und Spezialisation zuzuschreiben, ihrem Mangel an Einfachheit, der sie der Persönlichkeit als etwas für sich bestimmtes, gleichsam unnachgiebiges entgegenstellt. Auf dem Umwege über dieses Verhältniß zum Ich wird so die Differenzirung der Aeußerlichkeiten zur Veranlassung, sie erst als Objekt im strengsten Sinne zu empfinden. Die Kulturobjekte erwachsen immer mehr zu einer in sich zusammenhängenden Welt, die an immer weniger Punkten auf die subjektive Seele mit ihrem Wollen und Fühlen hinuntergreift. Und da jener Zusammenhang ein funktioneller ist, so trägt ihn eine gewisse Selbstbeweglichkeit der Objekte. Man hat mit Recht hervorgehoben, daß der Kaufmann, der Handwerker, der Gelehrte heut weit weniger beweglich ist als etwa in der Reformationszeit. Materielle wie geistige Objekte bewegen sich jetzt eben selbständig, ohne personalen Träger oder Transporteur. Dinge und Menschen sind auseinandergetreten. Der Gedanke, die Arbeitsmühe, die Geschicklichkeit haben durch ihre steigende Investirung in sachlichen Gebilden, Büchern und Waaren, die Möglichkeit einer Eigenbewegung erhalten, für die der moderne Fortschritt in Transportmitteln nur die Verwirklichung oder Ausdruck oder Korrelat ist. Durch ihre eigne impersonale Beweglichkeit erst vollendet sich die Differenzirung der Objekte vom Menschen zu selbstgenugsamen Zusammenschluß. Das restlose Beispiel für diesen mechanischen Charakter der modernen Wirthschaft ist der Waarenautomat; mit ihm ist nun auch aus dem Detailverkauf, in dem noch am längsten der Umsatz durch Beziehung von Person zu Person getragen worden ist, die menschliche Vermittlung völlig ausgeschaltet und das Geldäquivalent maschinenartig in die Waare umgesetzt. Auf andrer Stufe wird dasselbe Prinzip auch schon in dem Fünfzig-Pfennig-Bazar und ähnlichen Geschäften wirksam, in denen der wirthschaftspsychologische Prozeß nicht von den Waaren zum Preise, sondern vom Preise zur Waare geht. Denn hier werden durch die apriorische Preisgleichheit sämmtlicher Gegenstände vielerlei Ueberlegungen und Abwägungen des Käufers, vielerlei Bemühungen und Explikationen des Verkäufers wegfallen und so der wirthschaftliche Akt seine personalen Instanzen sehr schnell und gegen sie indifferent durchlaufen.

Auf den gleichen Erfolg wie diese Differenzirung im Nebeneinander, führt die im Nacheinander. Der Wechsel der Mode unterbricht jenen inneren Aneignungs- und Einwurzelungsprozeß zwischen Subjekt und Objekt, der es zur Diskrepanz beider nicht kommen läßt. Die Mode ist eines jener gesellschaftlichen Gebilde, die den Reiz von Unterschied und Abwechselung mit dem von Gleichheit und Zusammenschluß in einer besonderen Proportion vereinen. Jede Mode ist ihrem Wesen nach Klassenmode, d.h. sie bezeichnet jedesmal eine Gesellschaftsschicht, die sich durch die Gleichheit ihrer Erscheinung ebensowohl nach innen einheitlich zusammenschließt, wie nach außen gegen andere Stände abschließt. Sobald nun die untere Schicht, die es der oberen nachzuthun sucht, ihrerseits die neue Mode aufgenommen hat, wird sie von der letzteren verlassen und eine neue kreirt. Deshalb hat es freilich wohl überall Moden gegeben, wo soziale Unterschiede sich einen Ausdruck in der Sichtbarkeit gesucht haben. Allein die soziale Bewegung seit hundert Jahren hat ihr ein ganz besonderes Tempo verliehen. Und zwar einerseits durch das Flüssigwerden der klassenmäßigen Schranken und das vielfache individuelle, manchmal auch ganze Gruppen umfassende Aufsteigen von einer Schicht in die höhere, andrerseits durch die Vorherrschaft des dritten Standes. Der erste Umstand bewirkt, daß die Moden der in dieser Hinsicht führenden Schichten äußerst schnell wechseln müssen, denn das Nachdrängen der unteren, das der bestehenden Mode ihren Sinn und Reiz raubt, erfolgt jetzt sehr schnell. Das zweite Moment wird dadurch wirksam, daß der Mittelstand und die städtische Bevölkerung im Gegensatz zu dem Konservativismus der höchsten und der bäurischen Stände, der der eigentlichen Variabilität ist. Unruhige, nach Abwechselung drängende Klassen und Individuen finden in der Mode, der Wechsel- und Gegensatzform des Lebens, das Tempo ihrer eignen psychischen Bewegungen wieder. Wenn die heutigen Moden lange nicht so extravagant und kostspielig sind, wie die früherer Jahrhunderte, dafür aber sehr viel kürzere Lebensdauer haben, so liegt dies daran, daß sie viel weitere Kreise in ihren Bann ziehen, daß es den Tieferstehenden jetzt sehr viel leichter ist, sie sich anzueignen, und daß ihr eigentlicher Sitz der wohlhabende Bürgerstand geworden ist. Der Erfolg dieses Umsichgreifens der Mode, sowohl in Hinsicht der Breite wie ihres Tempos ist, daß sie dem Einzelnen als eine selbständige Bewegung erscheint, als eine objektive, durch eigne Kräfte entwickelte Macht, die ihren Weg unabhängig von jedem Einzelnen geht. So lange die Moden – und es handelt sich hier keineswegs nur um Kleidermoden – noch relativ längere Zeit dauerten und relativ enge Kreise zusammenhielten, konnte es zu einem sozusagen persönlichen Verhältniß zwischen dem Subjekt und den einzelnen Inhalten der Mode kommen. Die Schnelligkeit ihres Wechsels – also ihre Differenzirung im Nacheinander – und der Umfang ihrer Verbreitung lösen diesen Konnex und wie es mit manchen anderen sozialen Palladien in der Neuzeit geht, so auch hier: die Mode ist weniger auf den Einzelnen, der Einzelne weniger auf die Mode angewiesen, ihre Inhalte entwickeln sich wie eine evolutionistische Welt für sich. Die Steigerung des zeitlichen Differenzirungsmomentes, das in ihr liegt, läßt sie zu einem ganz objektiven, eignen Normen jenseits der Subjekte folgenden Geschehen kristallisiren.

Wenn so die Differenzirung allverbreiteter Kulturinhalte nach den formalen Seiten des Neben- und Nacheinander sie zu einer selbständigen Welt von Objektivitäten zu gestalten hilft, so will ich nun drittens von den inhaltlich in diesem Sinne wirksamen Momenten ein einzelnes anführen. Ich meine die Vielheit der Stile, mit denen die täglich anschaubaren Objekte uns entgegentreten – vom Häuserbau bis zu Buchausstattungen, von Bildwerken bis zu Gartenanlagen und Zimmereinrichtungen, in denen Renaissance und Japonismus, Barock und Empire, Prärafaelitenthum und realistische Zweckmäßigkeit sich nebeneinander anbauen. Dies ist der Erfolg der Ausbreitung unseres historischen Wissens, welche nun wieder in Wechselwirkung mit jener hervorgehobenen Variabilität des modernen Menschen steht. Zu allem historischen Verständniß gehört eine Biegsamkeit der Seele, eine Fähigkeit sich in die von dem eignen Zustand abweichendsten seelischen Verfassungen hineinzufühlen und sie in sich nachzuformen – denn alle Geschichte, mag sie noch so sehr von Sichtbarkeiten handeln, hat Sinn und Verstandenwerden nur als Geschichte zum Grunde liegender Interessen, Gefühle, Strebungen: selbst der historische Materialismus ist nichts als eine psychologische Hypothese. Damit einem der Inhalt der Geschichte zum Eigenthum werde, bedarf es deshalb einer Bildsamkeit, Nachbildsamkeit der auffassenden Seele, einer innerlichen Sublimirung der Variabilität. Die historisirenden Neigungen unseres Jahrhunderts, seine unvergleichliche Fähigkeit, das Fernliegendste – im zeitlichen wie im räumlichen Sinne – zu reproduziren und lebendig zu machen, ist nur die Innenseite der allgemeinen Steigerung seiner Anpassungsfähigkeit und ausgreifenden Beweglichkeit. Daher die verwirrende Mannigfaltigkeit der Stilgattungen, die von unserer Kultur aufgenommen, dargestellt, nachgefühlt werden. Wenn nun jeder Stil wie eine Sprache für sich ist, die besondere Laute, besondere Flexionen, eine besondere Syntax hat, um das Leben auszudrücken, so tritt er unserem Bewußtsein offenbar so lange nicht als eine autonome Potenz, die ein eignes Leben lebt, entgegen, als wir nur einen einzigen Stil kennen, in dem wir uns und unsere Umgebung gestalten. Niemand empfindet an seiner Muttersprache, solange er sie unbefangen redet eine objektive Gesetzmäßigkeit, an die er sich wie an ein Jenseits seines Subjekts zu wenden hat, um von ihr die nach unabhängigen Normen geprägte Ausdrucksmöglichkeit für seine Innerlichkeit zu entlehnen. Viel mehr, Ausgedrücktes und Ausdruck sind in diesem Fall unmittelbar eines, und als ein selbständiges, uns gegenüberstehendes Sein empfinden wir nicht nur die Muttersprache, sondern die Sprache überhaupt erst wenn wir fremde Sprachen kennen lernen. So werden Menschen eines ganz einheitlichen, ihr ganzes Leben umschließenden Stiles denselben auch in fragloser Einheit mit den *Inhalten* desselben empfinden. Da sich alles was sie bilden oder anschauen ganz selbstverständlich in ihm ausdrückt, so liegt gar keine psychologische Veranlassung vor, ihn von den Stoffen dieses Bildens und Anschauens gedanklich zu trennen und als ein Gebilde eigner Provenienz dem Ich gegenüber zu stellen. Erst eine Mehrheit der gebotenen Stile wird den einzelnen von seinem Inhalt lösen, derart, daß seiner Selbständigkeit und von uns unabhängigen Bedeutsamkeit unsere Freiheit, ihn oder einen anderen zu wählen, gegenübersteht. Durch die Differenzirung der Stile wird jeder einzelne und damit der Stil überhaupt zu etwas Objektivem, dessen Gültigkeit vom Subjekte und dessen Interessen, Wirksamkeiten, Gefallen oder Mißfallen unabhängig ist. Daß die sämmtlichen Anschauungsinhalte unseres Kulturlebens in eine Vielheit von Stilen auseinandergegangen sind, löst jenes ursprüngliche Verhältniß zu ihnen, in dem Subjekt und Objekt noch gleichsam ungeschieden ruhen, und stellt uns einer Welt nach eignen Normen entwickelter Ausdrucksmöglichkeiten, der Form, das Dasein überhaupt auszudrücken gegenüber, so daß eben diese Formen einerseits und unser Subjekt andrerseits wie zwei Parteien sind, zwischen denen ein rein zufälliges Verhältniß von Berührungen, Harmonien und Disharmonien herrscht.

Dies also ist ungefähr der Umkreis, in dem Arbeitstheilung und Spezialisation, persönlichen wie sachlichen Sinnes, den großen Objektivationsprozeß der modernsten Kultur tragen. Aus all diesen Erscheinungen setzt sich das Gesammtbild zusammen, in dem der Kulturinhalt immer mehr und immer gewußter *objektiver* Geist wird, gegenüber nicht nur denen die ihn aufnehmen sondern auch denen die ihn produziren. In dem Maaß, in dem diese Objektivation vorschreitet, wird die wunderliche Erscheinung begreiflicher, von der wir ausgingen: daß die kulturelle Steigerung der Individuen hinter der der Dinge – greifbarer wie funktioneller wie geistiger – merkbar zurückbleiben kann.

Daß gelegentlich auch das Umgekehrte stattfindet beweist die gleiche gegen seitige Verselbständigung beider Formen des Geistes. Mit großer Entschiedenheit tritt eine derartige Diskrepanz an sozialen Institutionen auf, die ein erhebliches Beharrungsvermögen zeigen und deren Evolution ein schwerfälligeres und konservativeres Tempo zeigt, als die der Individuen. Unter dieses Schema gehören die Fälle, die dahin zusammengefaßt worden sind, daß die Produktionsverhältnisse, nachdem sie eine bestimmte Epoche über bestanden haben, von den Produktionskräften, die sie selbst entwickelten, überflügelt werden, so daß sie den letzteren keinen adäquaten Ausdruck und Verwendung mehr gestatten. Diese Kräfte sind zum großen Theil personalen Wesens: was die Persönlichkeiten zu leisten fähig oder zu wollen berechtigt sind, findet keinen Platz mehr in den objektiven Formen der Betriebe. Die erforderliche Umänderung dieser erfolgt immer erst, wenn die dahindrängenden Momente sich zu Massen angehäuft haben; bis dahin bleibt die sachliche Organisirung der Produktion hinter der Entwicklung der individuellen wirthschaftlichen Energieen zurück. Ein entsprechendes Verhältniß wird als Grund des vielfach unbefriedigenden Charakters moderner Ehen angegeben. Die festgewordenen, die Individuen zwingenden Formen und Lebensgewohnheiten der Ehe stünden einer persönlichen Entwicklung der Kontrahenten, insbesondere der der Frau gegenüber, die weit über jene hinausgewachsen sei. Die Individuen wären jetzt auf eine Freiheit, ein Verständniß, eine Gleichheit der Rechte und Ausbildungen angelegt, für die das eheliche Leben, wie es nun einmal traditionell und objektiv gefestigt ist, keinen rechten Raum gäbe. Der objektive Geist der Ehe, so könnte man dies formuliren, sei hinter den subjektiven Geistern an Entwicklung zurückgeblieben. – Behält man die relative Selbständigkeit des Lebens im Auge, mit der die objektiv gewordenen Kulturgebilde, der Niederschlag der geschichtlichen Elementarbewegungen, den Subjekten gegenüberstehen, so dürfte die Frage nach dem Fortschritt in der Geschichte viel von ihrer Rathlosigkeit verlieren. Daß sich Beweis und Gegenbeweis mit gleicher Plausibilität an jede Beantwortung derselben knüpfen läßt, liegt vielleicht daran, daß beide garnicht denselben Gegenstand haben. So kann man z. B. mit demselben Recht den Fortschritt wie die Unveränderlichkeit in der sittlichen Verfassung behaupten, wenn man einmal auf die festgewordenen Prinzipien, die Organisationen, die in das Bewußtsein der Gesammtheit aufgestiegenen Imperative hinsieht, das andre Mal auf das Verhältniß der Einzelpersonen zu diesen objektiven Idealen, die Zulänglichkeit oder Unzulänglichkeit, mit der sich das Subjekt in sittlicher Hinsicht benimmt. Fortschritte und Stagnation können so unmittelbar nebeneinander liegen, und zwar nicht nur in verschiednen Provinzen des geschichtlichen Lebens, sondern in einer und derselben, je nachdem man die Evolution der Subjekte oder die der Gebilde ins Auge faßt, die zwar aus den Beiträgen der Individuen entstanden sind, aber ein eignes, objektiv geistiges Leben gewonnen haben. –

So sehr nun die Gebilde des objektiven Geistes an sachlich geistigem Gehalt und Entwickelbarkeit desselben jeden individuellen Intellekt übertreffen, so empfinden wir sie doch in demselben Maaß, in dem die Differenzirtheit und Anzahl der arbeitstheiligen Elemente zunimmt, als bloßen Mechanismus, dem die Seele fehlt. Aufs deutlichste tritt hier der Unterschied hervor, den man als den von Geist und Seele bezeichnen kann. Geist ist der objektive Inhalt dessen, was innerhalb der Seele in lebendiger Funktion bewußt wird; Seele ist gleichsam die Form, in der der Geist d.h. der logisch-sachliche Inhalt des Denkens für uns lebt. Der Geist in diesem Sinne ist deshalb nicht an die Gestaltung zur Einheit gebunden, ohne die es keine Seele giebt. Es ist, als ob die geistigen Inhalte irgendwie verstreut da wären und erst die Seele führte sie in sich einheitlich zusammen, ungefähr wie die unorganischen Stoffe in den Organismus und die Einheit seines Lebens einbezogen werden. Darin liegt die Größe wie die Grenze der Seele gegenüber den einzelnen, in ihrer selbständigen Gültigkeit und sachlichen Bedeutsamkeit betrachteten Inhalten ihres Bewußtseins. In so leuchtender Vollkommenheit und restlosem Sich-Selbst-Genügen auch Plato das Reich der Ideen zeichnen mag, die doch nichts anderes sind als die von aller Zufälligkeit des Vorgestelltwerdens gelösten Sach-Inhalte des Denkens, und so unvollkommen, bedingt und dämmernd ihm die Seele des Menschen mit ihrer blassen, verwischten, kaum erhaschten Abspiegelung jener reinen Bedeutsamkeiten erscheinen mag – für uns ist jene plastische Klarheit und logische Formbestimmtheit nicht der einzige Werthmaaßstab der Ideale und Wirklichkeiten. Uns ist die Form persönlicher Einheit, zu der das Bewußtsein den objektiven geistigen Sinn der Dinge zusammenführt, von unvergleichlichem Werth: hier erst gewinnen sie die Reibung aneinander, die Leben und Kraft ist, hier entwickeln sich erst jene dunklen Wärmestrahlen des Gemüthes, für die die klare Perfektion rein sachlich bestimmter Ideen keinen Platz und kein Herz hat. So aber verhält es sich auch mit dem Geiste, der durch Vergegenständlichung unserer Intelligenz sich als Objekt der Seele gegenüberstellt. Und zwar wächst der Abstand zwischen beiden offenbar in demselben Maaße, in dem der Gegenstand durch das arbeitstheilige Zusammenwirken einer wachsenden Anzahl von Persönlichkeiten entsteht; denn in eben diesem Maaß wird es unmöglich, in das Werk die Einheit der Persönlichkeit hineinzuarbeiten, hineinzuleben, an welche sich für uns grade der Werth, die Wärme, die Eigenart der Seele knüpft. Daß dem objektiven Geist durch die moderne Differenzirtheit seines Zustandekommens eben diese Form der Seelenhaftigkeit fehlt – in engem Zusammenhang mit dem mechanischen Wesen unserer Kulturprodukte – das mag der letzte Grund der Feindseligkeit sein, mit der sehr individualistische und vertiefte Naturen jetzt so häufig dem »Fortschritt der Kultur« gegenüberstehen. Und zwar um so mehr, als diese, durch die Arbeitstheilung bestimmte Entwicklung der objektiven Kultur, eine Seite oder Folge der allgemeinen Erscheinung ist, die man so auszudrücken pflegt: daß das Bedeutende in der gegenwärtigen Epoche nicht mehr durch die Individuen, sondern durch die Massen geschehe. Die Arbeitstheilung bewirkt in der That, daß der einzelne Gegenstand schon ein Produkt der Masse ist; die unsere Arbeitsorganisation bestimmende Zerlegung der Individuen in ihre einzelnen Energieen und Zusammenführung des Herausdifferenzirten zu einem objektiven Kulturprodukt hat zur Folge, daß in diesem einzelnen um so weniger Seele ist, je mehr Seelen an seiner Herstellung betheiligt waren. Die Pracht und Größe der modernen Kultur zeigt so einige Analogie mit jenem strahlenden Ideenreiche Platos, in dem der objektive Geist der Dinge in makelloser Vollendung wirklich ist, dem aber die Werthe der eigentlichen, nicht in Sachlichkeiten auflösbaren Persönlichkeit fehlen – ein Mangel, den alles Bewußtsein des fragmentarischen, irrationalen, ephemeren Charakters der letzteren nicht unfühlbar machen kann. Ja, die personale Seelenhaftigkeit besitzt als bloße Form einen spezifischen Werth, der sich neben aller Minderwerthigkeit und Kontraidealität ihres Inhalts behauptet; sie bleibt als eine eigenthümliche Bedeutsamkeit des Daseins all seiner Objektivität gegenüber selbst in den Fällen bestehen, von denen wir ausgingen und in denen die individuell-subjektive Kultur einen positiven Rückschritt zeigt, während die objektive fortschreitet.

Das Relative und das Absolute im Geschlechter-Problem

Auf allen Gebieten des inneren Daseins wie auf denen, die aus dem erkennenden und handelnden Verhältnis der Innerlichkeit zur Welt erwachsen, ergreifen wir den Sinn und den Wert eines einzelnen Elementes durchgängig in seinem Verhältnis oder als sein Verhältnis zu einem anderen Element – zu einem anderen, das seinerseits sein Wesen an jenem bestimmt. In dieser Relativität aber beharren sie nicht beide, sondern eines von ihnen, mit dem anderen alternierend, wächst zu einem Absoluten auf, das die Relation trägt oder normiert. Alle großen Relationspaare des Geistes: Ich und Welt, Subjekt und Objekt, Individuum und Gesellschaft – haben dies Schicksal erfahren, daß jede ihrer Seiten einmal zu einem breiten und tiefen Sinn aufwuchs, mit dem diese Seite ihre eigene engere Bedeutung und ihren Gegensatz zugleich umfaßt.

Die Grundrelativität im Leben unserer Gattung besteht zwischen der Männlichkeit und der Weiblichkeit, und auch an ihr tritt jenes typische Absolutwerden der einen Seite eines Paares relativer Elemente in die Erscheinung. Wir messen die Leistung und die Gesinnung, die Intensität und die Ausgestaltungsformen des männlichen und des weiblichen Wesens an bestimmten Normen solcher Werte; aber diese Normen sind nicht neutral, dem Gegensatz der Geschlechter enthoben, sondern sie selbst sind männlichen Wesens. Ich lasse für jetzt Ausnahmen, Umkehrungen, Weiterentwicklungen dieses Verhaltens beiseite. Die künstlerischen Forderungen und der Patriotismus, die allgemeine Sittlichkeit und die besonderen sozialen Ideen, die Gerechtigkeit des praktischen Urteils und die Objektivität des theoretischen Erkennens, die Kraft und die Vertiefung des Lebens – all diese Kategorien sind zwar gleichsam ihrer Form und ihrem Anspruch nach allgemein menschlich, aber in ihrer tatsächlichen historischen Gestaltung durchaus männlich. Nennen wir solche als absolut auftretenden Ideen einmal das Objektive schlechthin, so gilt im geschichtlichen Leben unserer Gattung die Gleichung: objektiv = männlich. Jene durchgehend menschliche, wohl in tiefen metaphysischen Gründen verankerte Tendenz, aus einem Paar polarer Begriffe, die ihren Sinn und ihre Wertbestimmung aneinander finden, den einen herauszuheben, um ihn noch einmal, jetzt in einer absoluten Bedeutung, das ganze Gegenseitigkeits- oder Gleichgewichtsspiel umfassen und dominieren zu lassen, hat sich an der geschlechtlichen Grundrelation der Menschen ein historisches Paradigma geschaffen.

Daß das männliche Geschlecht nicht einfach dem weiblichen relativ überlegen ist, sondern zum Allgemein-Menschlichen wird, das die Erscheinungen des einzelnen Männlichen und des einzelnen Weiblichen gleichmäßig normiert – dies wird, in mannigfachen Vermittlungen, von der *Machtstellung* der Männer getragen. Drückt man das geschichtliche Verhältnis der Geschlechter einmal kraß als das des Herrn und des Sklaven aus, so gehört es zu den Privilegien des Herrn, daß er nicht immer daran zu denken braucht, daß er Herr ist, während die Position des Sklaven dafür sorgt, daß er seine Position nie vergißt. Es ist gar nicht zu verkennen, daß die Frau außerordentlich viel seltner ihr Frau-Sein aus dem Bewußtsein verliert als der Mann sein Mann-Sein. Unzählige Male scheint der Mann rein Sachliches zu denken, ohne daß seine Männlichkeit gleichzeitig irgendeinen Platz in seiner Empfindung einnähme; dagegen scheint es, als würde die Frau niemals von einem deutlicheren oder dunkleren Gefühle, daß sie Frau ist, verlassen; dieses bildet den niemals ganz verschwindenden Untergrund, auf dem alle Inhalte ihres Lebens sich abspielen. Da das differentielle, das Männlichkeits-Moment in den Vorstellungsbildern und Normsetzungen, in den Werken und Gefühlskombinationen, dem Bewußtsein seiner Träger leichter entschwindet, als das entsprechende an dem Weiblichkeitsmoment geschieht, – denn für den Mann als den Herrn knüpft sich innerhalb seiner Lebensbetätigungen kein so vitales Interesse an seine Relation zum Weiblichen, wie die Frau es an ihrer Relation zum Männlichen haben muß – so heben sich die männlichen Wesensäußerungen für uns leicht in die Sphäre einer überspezifischen, neutralen Sachlichkeit und Gültigkeit (denen die spezifisch männliche Färbung, wo sie etwa bemerkt wird, als etwas Individuelles und Zufälliges subordiniert wird). Dies offenbart sich in der unendlich häufigen Erscheinung, daß Frauen gewisse Urteile, Institutionen, Bestrebungen, Interessen als durchaus und charakteristisch männlich empfinden, die die Männer sozusagen naiv für einfach sachlich halten. Von der gleichen Grundlage der männlichen Herrschaft drängt eine andere Tendenz auf das gleiche Resultat. Von jeher hat jede auf subjektiver Übergewalt beruhende Herrschaft es sich angelegen sein lassen, sich eine objektive Grundlage zu geben, das heißt: Macht in Recht zu transformieren. Die Geschichte der Politik, des Priestertums, der Wirtschaftsverfassungen, des Familienrechts ist voll von Beispielen. Insofern der Wille des *pater familias*, der dem Hause auferlegt ist, als »Autorität« erscheint, ist er nicht mehr willkürlicher Ausnutzer der Macht, sondern der Träger einer objektiven Gesetzlichkeit, die auf das Überpersönlich-Allgemeine der Familieninteressen geht. Nach dieser Analogie und oft in eben diesem Zusammenhang entwickelt sich die psychologische Superioriät, die das Herrschaftsverhältnis zwischen Männern und Frauen den männlichen Wesensäußerungen verschafft, sozusagen in eine logische; diese verlangen normative Bedeutung daraufhin, daß sie die sachliche, für alle, ob männliche, ob weibliche Individuen gleichmäßig gültige Wahrheit und Richtigkeit offenbaren.

Daß so das Männliche zu dem schlechthin Objektiven und sachlich Maßgebenden verabsolutiert wird – und zwar nicht nur dessen empirische Gegebenheit, sondern daß auch die aus dem Männlichen und für das Männliche erwachsenden Ideen und idealen Forderungen zu übergeschlechtlich-absoluten werden – das hat für die Beurteilung der Frauen verhängnisvolle Folgen. Hier entsteht auf der einen Seite die mystisierende Überschätzung der Frau. Sobald man nämlich dennoch zu dem Gefühl gelangt ist, daß hier, trotz allem, eine Existenz auf völlig selbständiger, normativer Basis vorliegt, fehlt nun jedes Kriterium, und die Möglichkeit zu jeder Übersteigerung und jedem Respekt vor dem Unbekannten und Unverstandenen ist eröffnet. Auf der andern Seite aber, näherliegend, erheben sich alle Mißverständnisse und Unterschätzungen daraus, daß ein Wesen nach Kriterien beurteilt wird, die für ein entgegengesetztes kreiert sind. Von hier aus *kann* die Selbständigkeit des weiblichen Prinzips gar nicht anerkannt werden. So lange es sich einfach um eine Brutalisierung der weiblichen Wesensäußerungen (nach Wirklichkeit und Wert) durch die in derselben Ebene liegenden männlichen handelt, so lange war von einem Appell an eine über beiden gelegene Instanz des Geistes Gerechtigkeit zu hoffen. Sobald aber diese höhere Instanz selbst wieder männlich ist, ist nicht abzusehen, wie die weibliche Wesensart zu einer Beurteilung nach Normen kommen soll, die auf sie anwendbar wären. Tritt hiermit den Frauen, ihren Leistungen, Überzeugungen, praktischen und theoretischen Lebensinhalten der absolute Maßstab entgegen (den die für die Männer gültigen Kriterien bilden), so setzt sich dem zugleich ein relativer zur Seite oder gegenüber, der nicht weniger aus der Prärogative der Männer stammt und oft die genau gegenteiligen Forderungen stellt. Denn der Mann fordert von der Frau doch auch, was ihm, nun gleichsam als einseitiger Partei, in seiner polaren Beziehung zu ihr wünschenswert ist, das im traditionellen Sinne Weibliche, das aber nicht eine selbstgenugsame, in sich zentrierende Eigenart bedeutet, sondern das auf den Mann Orientierte, das ihm gefallen, ihm dienen, ihn ergänzen soll. Indem die Prärogative der Männer den Frauen diese Doppelheit der Maßstäbe auferlegt, den männlichen, als übergeschlechtlich Objektives auftretenden, und den zu diesem gerade korrelativen, oft ihm genau entgegengesetzten, spezifisch weiblichen – können sie eigentlich von keinem Standpunkt aus vorbehaltlos gewertet werden. Die spöttisch kritische Attitüde gegenüber den Frauen ist deshalb so durchgehend, aber auch so banal und billig, weil, sobald man sie von einem jener Kriterienkreise aus wertet, der entgegengesetzte auftaucht, von dem aus sie insoweit gerade entwertet werden müssen. Und nun setzt sich diese Doppelheit einander ausschließender Ansprüche, gleichsam ihre Form bewahrend und nur ihre Dimensionen ändernd, innerhalb des inneren Bedürfnisses fort, mit dem der Mann als einzelner sich an die Frau wendet. Ist der Mann – was erst später zu seinen tieferen Folgen kommen wird – das im äußeren und inneren Sinne zur Arbeitsteilung und durch Arbeitsteilung bestimmte Wesen, so wird der so vereinseitigte Einzelne in der Frau die Ergänzung seiner einseitigen Qualitäten suchen, also auch in ihr ein differentielles Wesen, das diese Ergänzung durch die mannigfaltigsten Grade von annähernder Gleichheit bis zu radikaler Gegensätzlichkeit zu leisten hat: die inhaltliche Besonderheit der Individualität fordert eine ihr korrelative inhaltliche Besonderheit von der Frau. Daneben aber verlangt die Differenziertheit als Lebensform überhaupt ihre Ergänzung und Korrelation: das einheitliche, womöglich zu gar keinem besonders betonten Inhalt zugespitzte, in dem undifferenzierten Naturgrunde wurzelnde Wesen. Es ist das Verhängnis stark besonderter Individualisierung, daß sie diese beiden einander ausschließenden Ansprüche oft mit gleicher Stärke stellt, einerseits auf eine andere, ebenso entschiedene Individualisiertheit, nur gleichsam mit umgekehrtem Vorzeichen und Inhalt, andererseits auf die prinzipielle Aufhebung solcher Individualisiertheit überhaupt.

Der jeweilige besondere Inhalt und die allgemeine Form des männlichen Lebens bedürfen zu ihrer Ergänzung, ihrem Frieden, ihrer Erlösung zweier Korrelate, die untereinander entgegengesetzt sind. Es ist oft die Problematik, ja die mehr oder weniger entwickelte Tragödie von Verhältnissen, daß der Mann die Erfüllung des einen dieser Bedürfnisse durch die Frau als selbstverständlich hinnimmt und sein Bewußtsein ganz durch das Fehlen der andern beherrschen läßt, die logisch mit jener gar nicht simultan sein kann. Nur den Frauen von sozusagen genialer Weiblichkeit scheint es gegeben, zugleich als durchaus differentielle Individualisiertheit und als Einheit, deren Tiefenschicht die Kräfte aller Besonderungen noch in voller Ungeschiedenheit enthält, zu wirken – analog dem großen, in eben dieser Zweiheit wirkenden Kunstwerk und gleichgültig gegen deren begriffliche Unverträglichkeit; in den typischen Fällen ist diese indes hinreichend wirksam, um durch den Wechsel des fordernden Standpunktes die Frau in jedem Fall als das Wesen erscheinen zu lassen, demgegenüber der Mann noch das Recht der Forderung, der Beurteilung aus der Höhenlage objektiver Normierung heraus besitzt.

Die mit alledem angedeutete äußere und kulturgeschichtliche Entwicklung ist doch wohl das Phänomen einer in der überhistorischen Basis des Geschlechtsunterschiedes wurzelnden Bestimmtheit. Das entscheidende Motiv des ganzen Erscheinungskreises ist das oben angedeutete: der Geschlechtsunterschied, scheinbar eine Relation zweier logisch äquivalenter, polarer Parteien, ist dennoch für die Frau typischerweise etwas Wichtigeres als für den Mann, es ist ihr wesentlicher, daß sie Frau ist, als es für den Mann ist, daß er Mann ist. Für den Mann ist die Geschlechtlichkeit sozusagen ein Tun, für die Frau ein Sein. Aber dennoch oder vielmehr gerade damit ist jene Bedeutsamkeit des Geschlechts*unterschiedes* für sie, genau angesehen, nur eine sekundäre Tatsache; sie ruht in ihrem Weibtum als in einer absoluten Wesenssubstanz und – etwas paradox ausgedrückt – gleichgültig dagegen, ob es Männer gibt oder nicht. Für den Mann gibt es diese zentripetale, für sich seiende Geschlechtlichkeit gar nicht. Seine Männlichkeit (im sexuellen Sinne) ist viel durchgehender mit der Beziehung zu der Frau verbunden, als die Weiblichkeit der Frau mit der zum Manne. Die Selbständigkeit des Geschlechtlichen an der Frau zeigt sich am extensivsten an dem von aller weiteren Beziehung zum Manne unabhängigen Verlaufe der Schwangerschaft und daran, daß es in den Urzeiten der Menschheit offenbar sehr lange gedauert hat, ehe man überhaupt die Verursachung der Schwangerschaft durch den Geschlechtsakt erkannte. Daß die Frau in der tiefsten Identität von Sein und Weibsein lebt, in der Absolutheit des *in sich* bestimmten Geschlechtlichen, das für seine Charakterwesentlichkeit der Relation zum anderen Geschlecht nicht bedarf, das macht ihr freilich, nun von einer anderen Schicht aus gesehen, in der singulären historischen Erscheinung auch diese Relation, gleichsam den soziologischen Ort ihres metaphysischen Wesens, besonders wichtig; während für den Mann, dessen spezifische Geschlechtlichkeit sich nur an dieser Relation aktualisiert, sie eben deshalb nur ein Lebenselement unter anderen ist, kein *character indelebilis* wie dort – so daß die Beziehung zur Frau trotz ihrer, für seine Geschlechtlichkeit entscheidenden Bedeutung doch im ganzen nicht jene vitale Wichtigkeit für ihn besitzt. Der Mann mag durch Erlebnisse des erotischen Gebietes zur Raserei oder zum Selbstmord gebracht werden, er fühlt dennoch, daß sie ihn im tiefsten nichts angehen – soweit solche Dinge, die ihre Beweislast nicht tragen können, ausgesprochen werden können. Selbst in den Äußerungen so erotischer Naturen wie Michelangelo, Goethe, Richard Wagner finden sich genug Imponderabilien, die auf diese Rangierung des erotischen Erlebnisses in ihnen hinweisen. Ein in der Realität ganz einfaches Verhalten wird hier in seinem begrifflichen Ausdruck diffizil und leicht verwirrbar. Indem der Mann sein Leben und Leisten in die Form der Objektivität und damit über die Gegensatztatsache der Geschlechtlichkeit hinweghebt, besteht diese letztere für ihn wirklich nur in der Relation, als die Relation zu den Frauen. Für diese aber, mit ihren letzten Wurzeln in die Tatsache ihres Frauentums verwachsen oder mit ihr identisch, ist die Geschlechtlichkeit ein Absolutes, ein Für-sich-Seiendes geworden, das in der Beziehung zum Manne nur eine Äußerung, eine empirische Realisierung gewinnt. Innerhalb ihres Bezirkes aber hat diese Beziehung – weil sie eben das Phänomen des fundamentalen Seins der Frau ist – für sie die unvergleichlichste Bedeutung und hat deshalb zu dem im tieferen Sinne ganz irrigen Urteil geführt, daß das definitive Wesen der Frau, statt in sich selbst zu ruhen, mit dieser *Beziehung* zusammenfiele, sich in ihr erschöpfte. Die Frau bedarf gar nicht so sehr des Mannes *in genere*, weil sie das sexuelle Leben schon sozusagen in sich hat, als das in sich beschlossene Absolute ihres Wesens; um so mehr bedarf sie, wenn dies Wesen in die Erscheinung treten soll, des Mannes als Individuum. Der Mann, der viel leichter sexuell zu erregen ist, weil es sich dabei für ihn nicht um eine Bewegtheit der Wesenstotalität, sondern nur einer Teilfunktion handelt, hat dazu nur eine ganz generelle Anregung nötig. Daraus wird es verständlich, daß die Frau mehr an dem einzelnen Manne, der Mann mehr an der Frau im allgemeinen hängt.

Aus dieser fundamentalen Struktur wird es verständlich, daß einerseits der psychologische Instinkt von jeher die Frau als das Geschlechtswesen bezeichnet hat und daß andererseits die Frauen selbst sich so oft dagegen auflehnen und diese Bezeichnung als irgendwie unzutreffend empfinden. Dies liegt daran, daß man unter Geschlechtswesen – in Übertragung dessen, was dies für den männlichen Standpunkt bedeuten könnte – ein solches zu verstehen pflegt, das primär und in seiner Basis auf das andere Geschlecht gerichtet ist. Dies aber gilt typischerweise für die Frau nicht. Ihre Geschlechtlichkeit ist gerade viel zu sehr ihre immanente Beschaffenheit, macht viel zu unbedingt und unmittelbar ihr urtümliches Sein aus, als daß sie erst in der Intentionierung auf den Mann hin oder als solche Intentionierung entstehen oder ihr Wesen gewinnen sollte. Am einleuchtendsten wird dies vielleicht an dem Bilde der alten Frau. In viel früheren Jahren als der Mann überschreitet die Frau die obere Grenze des erotischen Reizes im aktiven wie im passiven Sinne. Aber abgesehen von seltensten Ausnahmefällen und den Verfallserscheinungen des ganz hohen Alters, wird sie dadurch keineswegs vermännlicht, oder was hier wichtiger ist, geschlechtslos. Nun alle auf den Mann hinzielende Sexualität als solche erloschen ist, bleibt ihrem gesamten Wesen das weibliche Cachet unverändert erhalten. Alles an ihr, was vielleicht bis dahin an der erotischen Beziehung zum Manne Ziel und Sinn zu besitzen schien, enthüllt sich jetzt als ganz jenseits dieser Beziehung gestellt, als ein eigenzentraler, aus sich selbst bestimmter Besitz ihres Wesens. Darum erscheint es mir auch keineswegs erschöpfend, wenn man ebendieses Wesen, statt in die Relation zum Manne, nun in die zum Kinde auflösen wollte. Natürlich ist die unermeßliche Bedeutung, die diese Relation ebenso wie die andere für die Frau hat, gar nicht diskutabel. Allein wie sie gewöhnlich behauptet wird, ist sie auch nur eine Definition vom Standpunkt des sozialen Interesses aus, eine Abwandlung jener anderen Einstellung der Frau in einen von ihr abführenden Zweckzusammenhang, bestenfalls eine Projizierung ihres eigensten und einheitlichen

Wesens in die Zeitreihe und eine außerhalb ihrer gelegene Vielfachheit. Dies alles sind nur Erscheinungen des metaphysischen Wesens der Frau, in denen dieses in seiner Geschlossenheit und seinem Beisichsein dennoch nicht aufgeht. Freilich ist dieses Wesen bis in seine letzt ergründbare Tiefe hinein ganz und gar weiblich, aber diese Weiblichkeit ist nicht in demselben Sinne Erscheinung, nichts Relatives, also etwas »für andere« – so wenig damit, um Mißverständnissen vorzubeugen, etwa ein Egoismus gemeint ist; schon weil Egoismus immer eine Beziehung zu anderen ist, ein Sich-nicht-Genügen an dem eigenen Sein, ein Hinsehen auf ein Außerhalb, das man erst in dieses Sein einsaugen möchte. Obgleich es der populären Ansicht widerstreitet: dem tiefsten Wesen des Mannes liegt dieses Sich-zum-Mittel-Machen, dieses Verlassen des eigenen Zentrums viel näher als dem der Frau. Er schafft das Objektive oder wirkt in das Objektive hinein, sei es in den Erkenntnisformen der Vorstellung, sei es in schöpferischer Gestaltung gegebener Elemente. Sein theoretisches wie sein praktisches Ideal enthält ein Element von Entselbstung. Er legt sich immer in eine irgendwie extensive Welt auseinander, so sehr er sie mit seiner Persönlichkeit durchdringen mag, er fügt sich mit seinem Tun in historische Ordnungen ein, innerhalb deren er bei aller Macht und Souveränität als Mittel und Glied gelten kann – ganz anders als die Frau, deren Sein sich sozusagen auf rein intensiven Voraussetzungen aufbaut, die vielleicht in ihrer Peripherie störbarer und zerstörbarer ist als der Mann, aber, so eng mit dem Mittelpunkt verbunden sich diese Peripherie auch zeigen mag – und in der Frage dieser Verbindung der Kern aller Frauen-Psychologie –, in diesem Mittelpunkt expansionsloser und allen außerhalb gelegenen Ordnungen entzogener ruht.

Mag man das Leben als subjektiv innerliche Gerichtetheit, mag man es in seinem Ausdruck an den Dingen erfassen, immer erscheint das männliche Individuum nach zwei Seiten bewegt, in deren Polarität die Frau nicht hineingezogen ist. In jener ersteren Hinsicht ist der Mann einmal nach dem rein Sinnlichen hingerissen (im Unterschied zu der tieferen weiblichen Sexualität, die eben deshalb, weil sie weniger *affaire d'epiderme* ist, im allgemeinen weniger spezifisch sinnlich ist), der Wille zieht ihn, das Einsaugen und Beherrschenwollen – und dann wieder reißt es ihn zum Geistigen, zur absoluten Form, zu der Unbegehrlichkeit des Transzendenten. Demgegenüber verbleibt die Frau in sich, ihre Welt gravitiert nach dem dieser Welt eigenen Zentrum. Indem die Frau jenseits jener beiden eigentlich exzentrischen Bewegungen, der begehrlich sinnlichen und der transzendent formalen steht, könnte man gerade sie als den eigentlichen »Menschen«, als die im umgrenztest Menschlichen Wohnhafte bezeichnen, während der Mann »halb Tier, halb Engel« ist. Und nun in der Wendung zum Objekt: das männliche Werk – vom Schuster und Tischler bis zum Maler und Dichter – ist die vollkommene Bestimmung der objektiven Form durch die subjektive Kraft, aber auch das vollkommene Objektivwerden des Subjekts. So rastlos und selbstlos tätig aber die Frau sei, von so reichem Wirken und »Schaffen« innerhalb ihrer Sphäre, von so entschiedener Fähigkeit, ein Haus, ja einen ganzen Kreis auf den Ton ihrer Persönlichkeit zu stimmen, so ist die Produktivität im Sinne jenes Ineinandereingehens und gleichzeitigen Selbständigseins von Subjekt und Objekt doch nicht ihre Sache. Erkennen und Schaffen sind Relationsbewegtheiten, mit denen sozusagen unser Sein aus sich herausgeführt wird, ein Verlegen des Zentrums, ein Aufheben jener letzten Geschlossenheit des Wesens, die eben dem weiblichen Typus bei aller äußeren Geschäftigkeit und aller Hingebung an praktische Aufgaben den Lebenssinn konstituiert. Das Verhältnis zu den Dingen, das in irgend einer Weise zu haben allgemeine Notwendigkeit ist, gewinnt die Frau, sozusagen ohne das Sein, in dem sie ruht, zu verlassen – durch eine unmittelbarere, instinktivere, gewissermaßen naivere Berührung, ja Identität. Ihre Existenzform geht nicht auf jene besondere Trennung von Subjekt und Objekt, die erst in den besonderen Formen von Erkennen und Schaffen wieder ihre Synthese erfährt.

So ist eigentlich der Mann, der denkende, produzierende, sozial betätigte, trotz aller Verabsolutierung seiner seelischen Inhalte, zu der gerade sein Dualismus disponiert, viel mehr ein Relativitätswesen als die Frau, und so ist auch seine Geschlechtlichkeit nur eine in der ersehnten oder vollzogenen Relation zu der Frau entwickelte – während das im tiefsten Sinne bedürfnislosere Sein der Frau (trotz aller »Bedürftigkeit« ihrer oberflächlicheren Schichten) die Geschlechtlichkeit sozusagen unmittelbar in sich schließt; in diesem umfriedeten Sein hat sie ihr metaphysisches Wesen zwar sich eng verschmolzen, aber dem inneren Sinne nach durchaus zu unterscheiden von all ihren Relationen und ihrem Mittelsein in physiologischen, psychologischen, sozialen Hinsichten. Fast alle Erörterungen über die Frauen stellen nur dar, was sie in ihrem – realen, ideellen, wertmäßigen – Verhältnis zum Manne sind; keine fragt, was sie für sich sind; freilich begreifbar genug, weil die männlichen Normierungen und Forderungen eben nicht als spezifisch männliche, sondern als das Objektive und schlechthin allgemein Gültige gelten. Und weil man von vornherein nur nach dieser Relation fragt, weil man die Frau wesentlich oder ausschließlich in diesem *Verhältnis* subsistieren läßt, schließt man am Ende, daß sie für sich *nichts* ist – womit man nur das beweist, was man in der Fragestellung schon vorausgesetzt hat. Allerdings wäre auch jene voraussetzungslose Frage: was die Frau denn für sich oder absolut genommen ist, falsch gestellt oder falsch beantwortet, wenn man dabei von ihrem Frauentum absehen wollte. Denn das Frauentum – und dies ist der ganz und allein entscheidende Punkt – kommt nicht ihr, als einem sozusagen metaphysisch farblosen Wesen, erst durch jene Relation zu, sondern ist von vornherein ihr Sein überhaupt, ein absolutes, das nicht, wie das männliche über den Geschlechtsgegensatz zu stehen kommt, sondern – weiteres vorbehalten – jenseits seiner.

So liegt allerdings in dem männlichen Wesen ein formales Moment, das seine Aufgipfelung über sich selbst zu einer unpersönlichen, ja überrealen Idee und Norm vorbereitet. Das über sich selbst Hinausgreifen in aller Produktion, die durchgehende Beziehung zu einem Gegenüber, dem sich der Mann mit seiner Einordnung in weit erstreckte reale und ideale Reihen ergibt, enthält von vornherein einen Dualismus, ein Auseinandergehen des einheitlichen Lebens in die Formen des Oben und Unten, des Subjekts und Objekts, des Richters und des Gerichteten, des Mittels und des Zwecks. Indem das weibliche Wesen diesen ganzen Gegensätzlichkeiten und Überbauten, diesen Distanzen zwischen Subjektivem und Objektivem seine fundamentale, man möchte fast sagen immanent transzendente Einheitlichkeit gegenüberstellt, offenbart sich die typische Tragik jedes der beiden Geschlechter.

Für den Mann ist es das Verhältnis der endlichen Leistung zur unendlichen Forderung. Diese Forderung steht auf zwei Seiten; sie kommt vom Ich her, insofern es nur aus sich heraus will, nur schaffend leben und sich bewähren will; in diesem Aktus kommt seiner Intention nach eine Grenze nicht in Frage. Auch von seiten der objektiven Idee, die ihre Realisierung fordert, besteht keine Einschränkung, in jedem Werke ist die Absolutheit einer Vollendung ideell angelegt. Indem nun aber diese beiden Unendlichkeiten aneinandergeraten, entstehen durchgängige Hemmungen. Die subjektive Energie, die rein von innen her sich keiner Beschränkung, ja keines Maßes bewußt ist, erfährt ihre Grenze in dem Augenblick, wo sie sich an die Welt wendet und in ihr ein Objekt schaffen will; denn alles Schaffen ist nur im Kompromiß mit den Mächten der Welt möglich. Und die Idee des Werkes selbst erleidet dadurch, daß es durch psychische und nun in ihrem Realwerden notwendig endliche Kräfte hergestellt werden kann, Einschränkung und Verendlichung. Diese Herabsetzung, Störung, Zerstörung, die alle Produktion trifft, ist in den Voraussetzungen dieser Produktion selbst angelegt, die Struktur von Seele und Welt, die alles Schaffen ermöglicht, schlägt dieses Schaffen selbst mit dem Widerspruch, daß die immanente Forderung seiner Unendlichkeit mit der immanenten Unmöglichkeit, diese Forderung zu erfüllen, *a priori* verbunden ist. Freilich ist dies eine allgemein menschliche Tragik, insofern alles praktisch produktive Verhältnis zwischen Mensch und Welt mit ihr belastet ist. Aber nur für das Geschlecht, das aus seinen letzten Notwendigkeiten heraus dieses Verhältnis herstellt, dem das Leben am Objekt, dem gegebenen und dem zu schaffenden, aus dem eigensten Wurzelgrunde kommt, wächst aus eben diesem jene Tragik.

Gegenüber dieser tiefen inneren Notwendigkeit entsteht die typische Tragik des weiblichen Geschlechts aus ihrer historischen Situation oder wenigstens aus den mehr äußeren Schichten ihres Lebens. Hier fehlt der die Wurzeln der Existenz spaltende Dualismus, der jene sozusagen autochthone Tragik bedingt, das Leben wird als ein in sich ruhender Wert gelebt und gefühlt und ist seinem Sinne nach so in seinen Mittelpunkt gesammelt, daß selbst der Ausdruck, daß es Selbstzweck sei, es noch zu sehr auseinanderzieht. Die ganze Kategorie von Mittel und Zweck, die sich so tief im männlichen Wesen gründet, ist auf die gleiche Tiefenschicht des weiblichen überhaupt nicht anzuwenden. Und nun tritt die Komplikation ein, daß gerade diese Existenzen nach ihren zeitlichen, sozialen, physiologischen Schicksalen als bloße Mittel behandelt und gewertet, ja sich selber als solche bewußt werden: Mittel für den Mann, für das Haus, für das Kind. Man möchte dies vielleicht eher traurig als tragisch nennen. Denn Tragik liegt doch wohl nur da vor, wo ein zerstörendes, gegen den Lebenswillen des Subjekts gerichtetes Schicksal dennoch aus einem letzten Zuge dieses Subjekts, aus einer Tiefe dieses Lebenswillens selbst gekommen ist – während rein äußere Mächte, so furchtbar, quälend oder vernichtend sie seien, ein bis zum Extrem trauriges, aber nie im eigentlichen Sinne tragisches Los bewirken können. Der Fall der Frauen aber liegt ganz besonders. Jenes Herausgehen über sich selbst, jenes Verlassen der tiefen Gesammeltheit des Lebens, um sich in eine weiterrollende Reihe einzustellen und ihr und ihren anderen Elementen zu dienen, ist hier doch keine schlechthin äußere Vergewaltigung. Es ist zwar nicht in dem metaphysischen Lebenssinn der Frauen angelegt, aber doch darin, daß sie überhaupt in einer Welt stehen, die voll von »anderem« ist, zu der ein Verhältnis zu haben unvermeidlich das reine Ruhen im inneren Zentrum durchbricht. Nicht innerhalb des tiefsten Beisichseins des Wesens, wie für die Männer, sondern in der Tatsache des Hineingesetztseins des Wesens in die naturhafte und geschichtliche Welt entspringt der Dualismus, der die typische Tragik der Weiblichkeit trägt.

Daß jene sozusagen natürliche Tragik nur im Wesen des Mannes begründet liegt (indem, wenn einmal die etwas verschwommenen Ausdrücke gestattet sind, das Naturhafte zu sehr metaphysische Wesensgrundlage der Frau ist, um hier einen tragischen Dualismus zu entfalten), ist vielleicht auch so ausdrückbar. Der Mann mag noch so sehr für eine Idee leben und sterben, er hat sie doch immer sich gegenüber, sie ist ihm die unendliche Aufgabe, er bleibt im ideellen Sinne immer der Einsame. Da dies Darüber und Gegenüber die einzige Form ist, in der der Mann die Idee denken kann und erlebt, so scheint es ihm, als ob die Frauen »keiner Ideen fähig« wären (Goethe). Allein für die Frau ist ihr Sein und die Idee unmittelbar eines, sie ist, trotzdem eine schicksalshafte Vereinsamung gelegentlich über sie Herr werden mag, typischerweise nie so einsam wie der Mann, sie ist immer bei sich selbst zu Hause, während der Mann sein »Haus« außerhalb seiner hat.

Darum langweilen sich Männer im allgemeinen eher als Frauen: der Lebensprozeß und sein irgendwie wertvoller Inhalt ist bei jenen nicht so organisch und selbstverständlich verbunden wie bei diesen. Daß sie durch die kontinuierlichen, kleineren und größeren Aufgaben, die das häusliche Leben stellt, eher vor Langeweile geschützt sind als die Männer, ist auch nur die äußerlich historische Realisierung einer in der Tiefe angelegten differentiellen Seinsqualität. Der Lebensprozeß als solcher hat für die Frauen – und dies hängt mit der metaphysischen Bedeutung des Naturhaften für sie zusammen – nach Art und Maß offenbar einen anderen Sinn als für den Mann;

und zwar eine Bedeutung, die die »Idee« in einer besonderen Weise in ihn einschließt. Die Anatomen haben festgestellt, daß die Frau bis zur Höhe ihres körperlichen Lebens in den Proportionen des Skelettes, in der Verteilung von Fettgewebe und Muskulatur, in der Ausbildung des Kehlkopfes dem Kinde näher bleibt als der Mann. Diese Analogie wird sich nicht auf die Körperlichkeit beschränken, und sie hat Schopenhauer Gelegenheit zu dem naheliegenden und dennoch nicht unvermeidlichen Schlusse gegeben, daß die Frauen »zeitlebens große Kinder« blieben. Auf die seelische Existenz hin (die Grenzgebiete zum Physischen eingeschlossen) angesehen, ist es der Jugend eigen, das Leben vor allem als solches zu fühlen, als Prozeß, als einheitlich strömende Wirklichkeit, sie will die gebundenen Energien des Lebens entfalten, bloß weil sie da sind und heraus wollen – im Unterschied vom Alter, für das die Inhalte des Lebens immer mehr die Prärogative vor seinem Prozeß gewinnen. Von den Frauen nun möchte man sagen, daß sie in irgendeinem Sinne mehr leben, ein gesammelteres und verfügbareres Leben haben müssen als die Männer, weil es noch für das Kind ausreichen muß; ein größeres Maß von im übrigen und nach außen hin sichtbarer Kraft ist damit noch nicht involviert. Diese vitale Bedeutsamkeit des Lebensvorganges, dieses, so möchte man sagen, Versenktsein in die Tiefe des Lebens als solchen, das man an der typischen Frau fühlt, bewirkt es, daß sich die Idee, der abstrakt und normativ ausdrückbare, vom Leben selbst ideell getrennte Inhalt seiner in ihnen und für sie nicht mit solcher Selbständigkeit und Vollständigkeit entwickelt. Nach dem ganzen Daseinssinne, nach der Existenzformel der Frau ist die Idee auch gar nicht zu solchem Eigenleben in ihr bestimmt. Indes ist diese Vorstellung, daß der Frau ihre Bedeutung von ihrem Lebensprozeß, nicht von dessen Resultaten kommt, noch nicht die völlig angemessene; denn es handelt sich für sie – und dies ist ihr nun doch merkbarer Unterschied von der Jugend schlechthin –, wenn man ganz genau sprechen will, nicht um den Gegensatz von Prozeß und Resultat oder Idee, sondern um das Leben in dem so einheitlichen Sinne, daß es auch nicht in Prozeß und Resultat auseinandergeht. Leben und Idee haben hier das Verhältnis der Unmittelbarkeit, aus dem sich nun der Wert einer innern Welt, oder auch eine Welt innerer Werte genau so aufbaut, wie es für die Männer in der Form der Getrenntheit beider möglich ist.

Die tiefe, alles Außersich ablehnende Eingesenktheit der Frau in das eigene Sein, das ein reines und absolutes Weibsein ist, soll hier die Lösung dieses letzteren aus der bloßen Relation zum Manne, aus der es sein Wesen empfinge, darlegen, dadurch aber zugleich begründen, wieso das Frauentum, trotz dieser inneren Absolutheit doch dem männlichen Prinzip die übergeschlechtlich objektive Welt, die theoretische und die normative, zu stiften überlassen muß. Noch einmal: gerade die fundamentale, ja absolute Einheit von Sein und Geschlechtlichsein der Frau macht die Sexualität in dem gewöhnlichen männlichen Relationssinne für sie zu etwas Sekundärem – so ungeheuer wichtig diese Relation für sie werden mag, weil sie jenes Absolute in der Erscheinung und Praxis vollkommen in sich hineinnimmt. Der Erfolg davon ist, daß alle Äußerungen der Frauen, alle Erscheinungen und Objektivierungen ihres Wesens nicht als allgemein menschlich, sondern zugleich als spezifisch weiblich empfunden werden, gegenüber den als rein sachlich charakterisiert empfundenen Wesensäußerungen des Mannes. Alle historischen Machtverhältnisse, die diesen letzteren die Prärogative des objektiv Bestimmten, in sachlicher Absolutheit den Geschlechtsgegensatz Dominierenden, weil von ihm nicht Berührten, gegeben haben, vollstrecken damit nur in den Ordnungen der Zeit den inneren charakterologischen Unterschied, den das Verhältnis des Geschlechtsmomentes zur Wesenstotalität bei Männern und Frauen aufweist. So sehen wir das Schicksal der einzelnen Frau typischerweise – natürlich unter Ablenkung wie Bereicherung durch vieles Dazukommende – im wesentlichen dadurch bestimmt, daß sie eben Frau ist; wozu das entsprechende beim Manne keineswegs der Fall ist. Die wichtigsten Momente im Leben der Frau, sowohl die subjektiv wie die objektiv wichtigsten, pflegen solche zu sein, in denen ihr Weibtum die Hauptsache, der eigentliche Gegenstand des Erlebnisses oder wenigstens der Träger des im übrigen individuell oder sachlich bestimmten Geschehnisses ist.

Bleibe es indes dahingestellt, in welchem Maße und welchem gegenseitigen Verhältnis historisch bedingte Entwicklungen und Notwendigkeiten aus den tiefsten Strukturunterschieden heraus zusammenwirkten, um das männliche Prinzip über sich selbst hinaus in das objektiv Allgemeine zu führen, das weibliche in dem einheitlichen Sein des Weibtums zu halten; dieser Unterschied, wie auch zu deuten, findet sozusagen seinen logischen Ausdruck in der viel größeren Schwierigkeit, das typisch männliche Wesen als das weibliche begrifflich festzulegen, zu definieren. Das allgemein Menschliche, von dem die geschlechtliche Spezialität ein Sonderfall sein soll, ist mit dem männlichen derart solidarisch, daß keine spezifische Differenz gegen dieses an ihm angegeben werden kann: das schlechthin Allgemeine läßt sich nicht definieren. Führt man dennoch gewisse Züge als schlechthin männliche an, so überzeugt ein genaueres Hinsehen, daß damit immer nur Differenzen gegen spezifisch weibliche Züge gemeint sind. Diese aber haben ihr Wesen nicht entsprechend in dem bloßen Gegensatz gegen die männlichen, sondern werden mehr als ein für sich Seiendes, für sich Bestimmtes empfunden, als eine besondere, keineswegs nur durch einen Gegensatz zu fixierende Art des Menschentums. Die alte Meinung, von der Schicht brutaler und ignoranter Selbstüberschätzung bis zu der der sublimsten philosophischen Spekulation reichend: daß nur der Mann der eigentliche Mensch sei, – findet in dieser größeren Leichtigkeit, das Wesen der Frau als das des Mannes zu definieren, sein begriffliches Pendant. Daher es denn auch unzählige Frauenpsychologien, aber kaum eine Männerpsychologie gibt. Es ist ohne weiteres begreiflich, daß dieses Verhältnis der Definitionsmöglichkeiten sich umkehrt, sobald es sich statt um den Geschlechtstypus um Individuen handelt: den einzelnen Mann kann man im großen und ganzen besser beschreiben als die einzelne Frau. Das liegt nicht nur daran, daß die ganze sprachliche Begriffsbildung unserer Kultur, wegen der sozialen Prärogative des Mannes, auf die männliche Färbung seelischer Vorgänge eingestellt ist. Das Genus Frau ist zwar wichtig genug, um bestimmende Begriffe zu fordern; aber auf ihre Individualisierungen hat sich die Sprachschöpfung nicht eingelassen, und die feinen Nuancen, auf die es hier ankäme, versagen ebensooft für die psychologische Schilderung der einzelnen Frauen, wie sie diesen selbst fehlen, um sich den Männern ganz verständlich zu machen; mit dem Bilde eines Mannes verglichen, hat man deshalb im ganzen eine Frau mehr in der Anschauung als im Begriff, und dies ist einer der Gründe, wenngleich ein negativer, aus denen die Frau schon von Natur dem Kunstwerk verwandt erscheint. Aber dies gehört zu der Oberflächenschicht der Erscheinungen. Tiefer liegt ein anderer Zusammenhang: die individuelle Frau ist eben deshalb schwerer zu definieren als der individuelle Mann, weil sie als Genus leichter zu definieren ist. Wo schon der allgemeine Begriff als etwas Besonderes, differentiell Bestimmtes empfunden wird, da ist die Individualisiertheit gewissermaßen in das Generelle hineingezogen und hat sich an ihm erschöpft, so daß für die weitere Individualisierung nicht mehr recht Raum und Interesse übrig bleibt. Deshalb gehören in diesen Zusammenhang die Phänomene eines tiefsten Wesenszuges der Frau: daß das Generelle bei ihr viel mehr als beim Mann in der Form des persönlich Individuellen lebt. In der typisch vollendeten Frau wird vieles ganz Gattungsmäßige, eigentlich Unpersönliche, zu etwas völlig Persönlichem, so innerlich erzeugt, als träte es hier zum ersten Male aus dem Einzigkeitspunkt der Persönlichkeit heraus in die Welt. Gewiß gibt es nichts Generelleres als erotische Beziehungen, und während der Mann sie auch unzählige Male so fühlt und behandelt, scheinen sie für die Frau das spezifisch persönliche Schicksal zu sein, nicht ein Gattungsereignis, das sich an ihr abspielt, sondern ihre innerlich eigenste Produktivität. Nicht anders in ihrem Verhältnis zu ihrem Kinde, vor und nach seiner Geburt, diesem typischsten aller Verhältnisse, das so tief in das Untermenschliche hinabreicht. Für die Frau aber ereignet es sich in der Wurzelschicht der Seele, dieses völlig Unpersönliche, das sie zum bloßen Durchgangspunkt in der Entwicklung der Gattung macht, wächst aus dem Zentrum, in dem alle Energien ihres Wesens sich zu ihrer Persönlichkeit zusammengefunden haben. Und endlich: die Sitte, die nichts ist als die Lebensform des sozialen Kreises, das Verhalten, das dieser um seiner Selbsterhaltung willen zum Gesetz geprägt hat, scheint aus dem eigensten Instinkt ihrer Natur zu quellen. Sie »strebt nach Sitte«, die die Bewegung des Mannes oft hindert; dem Wesen der Frau aber liegt sie an wie eine Haut, die Freiheit, die für den Mann tausendfach außerhalb der Sitte liegt, findet sie (alle singulären Ausnahmen dieses Typischen und Historischen zugegeben) in ihr; denn Freiheit heißt doch wohl, daß das Gesetz unseres Tuns der Ausdruck unserer eignen Natur ist. Aus diesen Inkarnationen des Allgemeinen im Persönlichen ist ohne weiteres begreiflich, daß dieses Wesen zwar in seiner Typik bestimmt werden kann, daß dagegen sein Persönliches sich als solches leicht der Definition entzieht. Wo dagegen das Generelle eines Wesens so schlechthin generell ist wie beim Manne, – so daß seine männliche Besonderheit als solche zum historischen Synonym der menschlichen Allgemeinheit wird, – da ist die Bestimmung seiner als einer Individualität eher und schärfer zu treffen, es ist mehr Platz für sie vorhanden. So ist es leichter, die Frau zu definieren als den Mann; aber schwerer, eine Frau zu definieren als einen Mann. Und auch dies hat sich als ein Ausdruck der grundlegenden Konfiguration enthüllt, die diesen Fall in einen unendlich viel weiter ausgreifenden Typus der menschlichen Geistigkeit überhaupt einstellt: daß aus der Relativität oder gegenseitigen Bestimmtheit, in der das männliche und das weibliche Wesen sich darbietet, das erstere in die Kategorie des Absoluten aufrückt und so seinerseits die ganze Relativität beherrscht, von der es selbst ein Glied ist.

Diese, der männlichen überall entgegengesetzte Grundstruktur: daß die persönliche Beschaffenheit der Frau enger an das Generelle ihres Typus gebunden ist, daß dafür aber dieser Typus selbst etwas Individuelleres innerhalb des allgemein Menschlichen ist, – diese Grundstruktur, an den Besonderheiten der Definition des Weiblichen ihren logischen Ausdruck findend, gewinnt einen künstlerischen an einem dramatischen Phänomen. In den typischen und am höchsten geschätzten Frauenrollen: Desdemona, Kordelia, Gretchen (und dasselbe würde gegebenenfalls für Ottilie gelten) ist der Schauspielerin viel mehr für die Ausgestaltung der Rolle, für die Realisierung eines individuellen Maßes von Reiz und Bedeutsamkeit der Figur überlassen, als in Männerrollen der Fall ist. Dem liegt der Instinkt des Dichters zugrunde, daß es für die Frau mehr auf die Darbietung ihres Seins in seiner Ganzheit als auf seine Entfaltung in einzelnen, die Persönlichkeit individuell festlegenden Äußerungen ankommt. Das, was der Dichter jede dieser Frauen wirklich sagen läßt, was also ihr Wesen zu dokumentieren scheint, ist gar nicht sehr wichtig, sie ist die in sich geschlossene, undifferenzierte Seele, die sich an den einfachsten, unpersönlichsten Äußerungen ebenso, ja besser geben kann als in sachlich bedeutsamen, weil sie sich überhaupt nicht in ihnen gibt, sondern dies nur die zufälligen Gelegenheiten sind, bei denen sie ihr immer gleiches, in Äußerungen überhaupt nicht aufgehendes Sein darstellt. Dieses Sein kann die Rolle nicht unmittelbar vorzeichnen, es kann nicht so fixiert sein, wie der Charakter eines Mannes es durch seine Äußerungen ist, weil er sich viel mehr in solchen expliziert, in ihnen aufgeht. Darum ist in jenen immer als eminent »weiblich« empfundenen Rollen das vom Dichter Gegebene ein relativ Geringes gegenüber dem von der Schauspielerin selbst zu Bildenden. Die Ausgleichung, die ein Ausschwingen in gar zu extrem willkürliche Individualisiertheit der Auffassung einschränkt, liegt hier in dem unerläßlichen Festhalten an dem Typus Frau, daran, daß das darzustellende Sein eben in seiner Wurzel und seiner Ganzheit ein weibliches Sein ist – eine Bestimmung, die in das Gesamtphänomen so weit hinaufreicht und seine Latitüde so umgrenzt, wie es für die Männlichkeit gar keine Analogie findet.

Ich habe oben darauf hingedeutet, daß die Verabsolutierung der einen Seite einer Korrelation über deren zweiseitigem Ganzen in der Regel nicht auf jene beschränkt bleibt, sondern daß verschiedene Parteiungen bald die eine, bald die andere, verschiedene Standpunkte sowohl die eine wie die andere mit dem Akzent des Absoluten auszustatten pflegen. Die eigentümliche Stellung des Geistes zu den Weltinhalten charakterisiert sich damit, daß jedes Absolute irgendwie als ein Relatives, d.h. aus der Beziehung zu einem anderen sein Wesen Bestimmendes, begriffen werden, jedes Relative aber sich über seine Relation hinweg in ein Fürsichsein und Absolutes erheben kann. So nimmt, nach allem bisherigen, das männliche Prinzip, nun aber auch das weibliche seine Stellung jenseits der Relativität, die auf den ersten Blick beiden erst ihren Sinn gibt, nimmt sie nicht nur, wie in der früheren Skizzierung, in der Selbstgenugsamkeit des Weiblichen als solchen und unter Gleichgültigkeit gegen seine Relation zur Männlichkeit, sondern in einem positiven Jenseits des menschlichen Differenziertheitkomplexes, der Männliches und Weibliches umfaßt. Wenn der Mann insoweit über der geschlechtlichen Gegensätzlichkeit steht, als die objektiven Normen selbst männlich sind (was der Erscheinung nach oft nur eine historische Vergewaltigung, in seiner Tiefe aber in der Struktur des männlichen Geistes präformiert ist), so steht die Frau jenseits ihrer, weil sie ihrem Sein nach unmittelbar in und von der Quelle lebt, aus der beide Seiten des Gegensatzes fließen. Wie der Mann aus jenem Zusammenhang heraus mehr ist als männlich, so ist die Frau mehr als weiblich, weil sie die allgemeine, die Geschlechter substantiell oder genetisch zusammenfassende Grundlage darstellt, weil sie die Mutter ist. Wie das Absolute dort sich als übergeschlechtlich Objektives erhebt, das männlich ist, so hier als übergeschlechtlich Fundamentales, das weiblich ist. Wie das Tun und Werden dort den Dualismus vorzeichnet, in dessen Form der Mensch über sich selbst hinausgeht, so das Sein hier die Einheit, in deren Form der Mensch gewissermaßen unter sich selbst hinuntergeht in die ungeschiedene Möglichkeit aller Entwicklungen. Aber die Mutterschaft ist auch hier nur Erscheinung oder Symbol eines absoluten Weiblichen, von dem das Männliche und das Weibliche im Relationssinne erst getragen wird und dessen hiermit angedeuteter Sinn sich aus jener ersten, in sich selbst beschlossenen Bedeutung des Weiblichen gleichsam durch eine metaphysische Befruchtung entwickelt. Durch die ganze Geistesgeschichte zieht sich, fern von jeder Beweisbarkeit, aber als Ahnung, Gefühl, Spekulation, eine metaphysische Voraussetzung: daß der Mensch, je tiefer er sich in das eigene Sein versenkt, je reiner er dies in sich zu Worte kommen läßt, um so näher dem Dasein überhaupt, der Welteinheit überhaupt steht, um so vollkommener dies in sich zum Ausdruck bringt. Nicht nur die Mystik aller Zeiten lebt von dieser Überzeugung, sondern in den so viel klareren und untereinander so entgegengesetzten Weltbildern Kants und Schleiermachers, Goethes und Schopenhauers wirkt sie, offener oder verschwiegener, in den mannigfaltigsten Abwandlungen. Das eigenartig mystische Gefühl, durch das jederzeit eine typische Attitüde den Frauen gegenüber charakterisiert ist, findet vielleicht eben hierin einen ausdrückbaren Grund: in dem dunkeln Bewußtsein, daß diese Wesen fester, vollständiger, einheitlicher in ihrem Sein stehen als der Mann, daß alle Unruhe des Werdens und des Tuns und des Außereinanders der Dinge, ebenso wie des Lebens den substantiellen Grund ihres Seins weniger berührt, weniger in sich einzieht, daß sie in der letzten Instanz ihres eigenen Wesens unerschütterlicher und tiefer eingesenkt ruhen – und daß ihnen eben durch dies und in ebendiesem Maße der Grund der Dinge überhaupt, die verborgene unbenennbare Einheit des Lebens, der Natur, der Welt der eigene Wurzelgrund ist: je tiefer ein Wesen in seinem eigenen, unzerlegten, in die Mannigfaltigkeit nicht aufgestiegenen Sein lebt, um so tiefer reicht es damit in die Identität alles Seins hinunter, erlebt in unmittelbarer Einheit das eigene Sein als das Sein überhaupt. Daß die Frau ihrem echtesten Wesen nach – soweit es also nicht durch historische Vergewaltigungen und Verschiebungen, durch Einflüsse, die ihr aus der *Relation* der Geschlechter kommen, abgelenkt ist – mehr als der Mann aus ihrem eigenen Grunde herauslebt, wäre bedeutungslos, wenn dieser Grund nicht zugleich irgendwie der Grund der Dinge wäre. Die Verbindung zwischen beidem liegt in der Mütterlichkeit; aber mit dieser wird doch nur in der Form der Zeit und des an Materie gebundenen Lebens auseinandergelegt, was eine letzte metaphysische Einheit ist. Nur gleichsam einen anderen Umriß erhält derselbe Inhalt, wenn statt des metaphysischen Begriffes des Seins der mehr psychologische oder, wenn man will, formale des Geschlossenseins der Existenz eingeführt wird. Der Mann empfindet wohl im allgemeinen aus der Dualistik seines

Wesens heraus die Frau, so oft er selbst, die Kultur und das Schicksal sie auch in eine ebensolche hineinreißen mag, als das geschlossene Wesen; das heißt, als ein solches, dessen einzelne Wesensteile nicht gegeneinander Partei bilden, sondern in denen die unter allem einzelnen bestehende, nicht weiter benennbare Seinseinheit sich als unmittelbar enger assoziativer Zusammenhang des Seelischen äußert. Und nun ist das Merkwürdige, daß gerade die Geschlossenheit eines Daseins in sich eine stärkste, symbolische oder metaphysische Anweisung auf die Welttotalität außerhalb seiner oder deren Element es selbst ist, enthält.

Im absoluten Sinne besteht freilich nur eine einzige wirkliche Geschlossenheit, eben die der Welttotalität. Nur innerhalb des Ganzen des Daseins gibt es kein Element, das für seine Herkunft oder seine Hinkunft auf einen anderen Komplex hinweisen müßte, – denn einen anderen als die Gesamtheit der Dinge überhaupt gibt es ja nicht. Dieses logisch Notwendige, daß diese Gesamtheit eben nur eine sein kann, sprechen wir in der Voraussetzung unseres Weltbildes aus: daß in ihm jedes Element mit jedem in irgendeiner, irgendwie vermittelten Beziehung und Wechselwirkung steht. Eben darum sind die Erscheinungen in dem Maße, in dem sie sich der Geschlossenheit in sich nähern, Sinnbilder der Daseinstotalität oder stehen in einem besonderen, durch die relative Gleichheit der Form getragenen Verhältnis zu ihr. Dies ist die erste und prinzipielle Symbolik jedes Kunstwerkes: dadurch daß seine Teile ein in sich zurücklaufendes Ganzes bilden, – was sie ersichtlich auch in den Künsten zeitlichen Ablaufes tun, – daß seine Selbstgenugsamkeit alles Verflochtensein in die Existenz außerhalb seiner ablehnt, daß es sozusagen allein auf der Welt ist – dadurch wiederholt es die Form des Weltganzen. Das auf vielfache Weise Ausgedrückte: daß in jedem Kunstwerk irgendwie das ganze Dasein enthalten wäre, kann doch wohl nicht auf den Inhalt beider gehen, sondern nur auf die Form des Ganzseins, der Geschlossenheit, die jedes Element nur innerhalb dieses Ganzen seinen Sinn und sein Sichauswirken finden läßt. Sonst greift jeder einzelne Abschnitt der Natur, der Geschichte, des Menschenwerks über seine Grenzen hinaus, er verrät überall die Kräfte, die schaffend und erhaltend von anderswoher in ihn einströmen und weist auf alles Nächste hin, auf das er seine Kräfte ausströmen läßt. Aus diesem Befangensein in einem unabsehlichen Zusammenhang löst sich das Kunstwerk – das als bloßes Stück der äußeren Realität natürlich wie jedes andere den Beziehungen mit allen andern unterliegt – seinem inneren Sinne nach heraus und offenbart so innerhalb seines, anschaulichen oder ideellen, Rahmens seine Analogie mit dem Ganzen jenes kosmischen Zusammenhanges. Die zweite Erscheinung, deren tiefe Beziehung zu der Welttotalität von der Tatsache ihres Insichgeschlossenseins und also ihrer Analogie zu dieser getragen wird, ist die menschliche Seele. So sehr Reize von außen zur Bildung ihrer Inhalte anregen, so sehr ihre Bewegungen als unsere Handlungen nach außen treten mögen – als Seele ist sie eine Enklave in der Welt und die Erscheinungen in ihr sind als seelische von allem außerhalb ihrer brückenlos geschieden. Alle Elemente ihres vergangenen und gleichsam in ihr aufgespeicherten Lebens stehen in unaufhörlicher gegenseitiger Beeinflussung und Umordnung; die Einheit der Persönlichkeit offenbart sich an dem Material des seelischen Lebens, indem dieses sich in die Form der Geschlossenheit, des undurchbrechlich wirksamen Zusammenhanges von allem mit allem fügt. Und wiederum ist es diese Form ihrer Existenz, was die Seele von je als einen Spiegel des Universums, als im tiefsten metaphysischen Zusammenhang ihres Seins mit dem der Welttotalität, empfinden ließ.

Diese Gesamtform der Seelenhaftigkeit überhaupt aber umfaßt eine Stufenfolge seelischer Existenzen, in denen die innere Geschlossenheit in einem engeren und nun relativen Sinne ganz verschiedene Grade zeigen kann. Wir sprechen von gespaltenen, von dualistischen, von zusammenhangslosen Seelen im Gegensatz zu den geschlossenen, auch wenn innerhalb einer anderen Betrachtungsschicht, an anderen Gegensätzen gemessen, die Seele in jedem Fall ein in sich geschlossenes Gebilde ist. So vergleichsweise also gesprochen, erscheint die Frau als das in sich geschlossene Wesen, unbeschadet dessen, daß sie das hingebendere Wesen ist; denn einerseits ist die Hingebung selbst eines ihrer zu enger Einheitlichkeit verbundenen Wesenselemente, andrerseits ist es ein durchgehendes Gefühl, daß auch die vollkommenste Hingabe einer Frau ein heimliches Sichselbstgehören und Insichgeschlossensein ihrer Seele nicht auflöste; sie setzt zwar auch dieses in den Tausch ein, aber es öffnet sich nicht zu dem andern hin, sondern, obgleich ihm zu eigen geworden, beharrt es unentwurzelt in seinem seelischen Grunde. Ähnlich wie das Kunstwerk in der undurchbrechlichen Begrenztheit durch seinen Rahmen sich von der vielfältigen Zerstreutheit der Dinge scheidet, so stellt die Frau eine Einheit dem Manne gegenüber dar, der in die Vielheit des zersplitterten Lebens verflochten ist. Es ist zwar zunächst nur die Äußerlichkeit der Sitte, die ihr die weit ausholenden Bewegungen, die aggressiven Worte, das rücksichtslose Aussichheraustreten von jeher verbietet; darum ist sogar der Wortschatz sittsamer Frauen geringer als der der Männer, indem sie sich nicht nur der zweideutigen oder derberen Worte enthalten, sondern auch der heftigeren, stark ausladenden, aller, die ein einseitig entschiedenes Heraustreten der Persönlichkeit aus ihrer ruhigen, nichts verratenden Gleichgewichtslage in ein Extrem anzeigen. Allein *daß* dieses Vermeiden aller zentrifugalen Äußerungen, diese Zusammengehaltenheit des ganzen Seins die Form ihrer Sitte wurde, dies ist der historische Ausdruck für jene Wesensgeschlossenheit, die alle psychologischen Einzelzustände als ein Tieferes und Allgemeineres fundiert. Und darum gibt diese Daseinsform dem weiblichen Wesen die dunkel empfundene, die wunderlichsten Reaktionen veranlassende Beziehung zu dem Ganzen des Seins. Wie das Kunstwerk und wie die Seele, obgleich Teile der Welttotalität, doch durch ihre Geschlossenheit wie Gegenstücke zu ihr sind und damit auf ein nicht aussprechbares Metaphysisches unter ihnen hinweisen, das diese Gleichheit der Form trägt, so wird es auch diese Geschlossenheitsform des weiblichen Wesens sein, die von jeher einen Hauch von kosmischer Symbolik über die Frau gelegt hat – als hätte sie über alle greifbaren Einzelheiten hinweg eine Beziehung zu dem Grund und dem Ganzen der Dinge überhaupt. Neben aller Verachtung und Mißhandlung der Frauen bricht doch durch die ganze Kulturreihe, von den Primitiven an, das Gefühl hervor, daß sie noch etwas anderes wären als bloß Frauen, das heißt als bloße Korrelativwesen zu den Männern; indem sie dies zwar sind, hätten sie doch zugleich aus sich selbst Beziehungen zu den geheimen Mächten, als Sibyllen und Hexen, als Wesen, durch die hin ein Segen oder ein Fluch aus dem sonst unberührbaren Schoß der Dinge käme, und die man mystisch zu verehren, vorsichtig zu vermeiden oder wie Dämonen zu verfluchen hätte. All diese Brutalitäten oder poetischen Verklärungen gehen in ihrem letzten Grunde nicht von irgendeiner einzelnen Eigenschaft oder einem einzelnen Tun aus; obgleich sie zweifellos sämtlich auf ein tiefstes einheitliches Motiv zurückgehen, will es nicht gelingen, ein derartiges, singulär benennbares historisch aufzufinden. Es scheint vielmehr darin zu liegen, daß man ein Wesen, das so tief in seinem undifferenzierten Sein ruht, so wenig »aus sich heraus tritt« – eben in einer besonderen Nähe, in einer Art Identitätsverhältnis zu dem Sein überhaupt empfand, mag man dies nun als den Urgrund der Natur oder als das übernatürlich Mystische oder als das Metaphysische im reinen Sinne bezeichnen. Nach unseren bestehenden Denkgewohnheiten – wie asymptotisch oder symbolisch sie sich auch zur Wirklichkeit verhalten – müssen wir das Vielspältige, Bewegte, Einseitige von einer gleichsam ruhenden Einheit fundamentieren lassen, einer Einheit, die im männlichen Wesen von jenen dualistischen und differentiellen Lebensformen und Bewährungen sozusagen aufgesogen ist, im weiblichen aber als dessen fühlbare Substanz weiterbesteht. Und dieses Sein der Persönlichkeit, unberührt von allem Werden und Vergehen ihrer Einzeläußerungen, die es bei dem Manne in sich eingezogen und aufgelöst haben, scheint uns in einer nicht weiter bezeichenbaren Weise in die Einheit des Seins überhaupt eingesenkt oder von ihr nicht gelöst zu sein, und als wiederholte die Frau mit jeder Mutterschaft den Prozeß, der aus dem dunkeln ungeschiedenen Grunde des Daseins die Einseitigkeit und Bewegtheit des individuellen Gebildes abspaltete und heraushöbe.

So kann man sagen: je mehr und tiefer eine Frau in diesem, dem absoluten Sinne Frau ist, desto weniger ist sie in dem relativen, dem auf den Mann differentiell bezüglichen Sinne Frau; und dasselbe, nur als Paradoxie ausdrückbare Verhältnis gilt für den Mann; wenn es sein spezifisch Männliches ist, über dem gleichsam einreihigen subjektiven Leben an der Welt des Objektiven und Normativen zu bauen, von der aus gesehen die ganze männlich-weibliche Geschiedenheit etwas prinzipiell Zufälliges ist, so ist er gerade um so weniger Mann (im Sinne dieser sexuellen Relativität) je mehr er Mann im Sinne jener auf das Absolute gehenden, durchaus männlich eigenartigen Leistung ist. Das Besondere, das jedem der Geschlechter im absoluten Sinne zukommt, ist je ein in einem besonderen Sinne Allgemeines; das Allgemeine als Abstraktes, das hinter den Einzelheiten liegt, und das Allgemeine als substantiell Einheitliches, das vor den Einzelheiten liegt. Ich bin durchaus nicht geneigt, die Fülle des Lebens in eine symmetrische Systematik einzusperren. Will man aber für das hier erstrebte Bild der lebendigen Wirklichkeit zunächst einmal die anatomische Struktur gewinnen (und Skelette zeigen eben jene schematische Symmetrie und erst die physiologischen Prozesse heben diese in das Spiel des unendlich komplizierten, in keine einfache Gleichteilung mehr zu fassenden Lebens) – so scheint die Relation der Geschlechter, durch die sie sich gegenseitig ihre Eigenart gewähren, von diesem doppelten Absoluten umgeben; auf der einen Seite steht das Männliche als Absolutes, das mehr als Männliches ist, das die Objektivität, die um den Preis des Dualismus gewonnene normative Höhe über aller Subjektivität und aller Gegensätzlichkeit bedeutet – auf der anderen das Weibliche als Absolutes, das mehr als Weibliches ist, das die Einheit des menschlichen Wesens, gleichsam noch vor der Trennung in Subjekt und Objekt, in substantieller, ruhender Geschlossenheit trägt.

Zur Psychologie und Soziologie der Lüge

Sittliche Vorschriften verdanken ihre Eindringlichkeit und ihren Rang keineswegs nur ihrem Verhältnis zu dem rein sittlichen Ideal, keineswegs nur dem Maße rein sittlicher Güter, deren Formel sie aussprechen. Es können ihnen vielmehr Qualitäten eigen sein, die an sich ganz anderen Interessenprovinzen entstammen und dennoch ihre ethische Bedeutung erhöhend oder erniedrigend beeinflussen. Ob etwa die Anwendbarkeit eines moralischen Imperativs in allen Lebenslagen mit Sicherheit festzustellen ist, oder ob die Verwicklungen dieser das Recht seines Anspruchs häufig verdunkeln; ob die durchschnittlichen Daseinsbedingungen seine Ausführbarkeit gewährleisten, oder ob selbst der beste Wille ihm nur in Ausnahmefällen genügen kann; ob er im Umkreis unserer praktischen Interessen eine isolierte Stellung einnimmt, oder mit vielen derselben in Verbindung steht und an ihnen innere und äußere Hülfen seiner Verwirklichung findet – diese Fragen alle haben ersichtlich mit der Würde, dem Pflichtcharakter, der Bedeutung des Imperativs für die objektive Stufenfolge unserer Ideale garnichts zu thun; aber der Wert seiner praktischen Rolle hängt sehr erheblich von ihnen ab. So ist es ganz unvermeidlich, daß die Erkennbarkeit, die Eindeutigkeit, die Erfüllungschance einer Vorschrift dem Gefühle von ihrer inneren Bedeutung zu gute komme, daß ihr Inhalt als sittlich wertvoller oder wertloser gelte, je nach dem Charakter solcher Accidenzen, die ihr eigentlich von ganz andern Beziehungsrichtungen her kommen.

Es ist mir nicht unwahrscheinlich, daß der Wahrhaftigkeit die bedeutsame Rolle, die sie unter unsern Pflichten spielt, zum teil aus gewissen außer-ethischen Zügen und Vorzügen vor anderen Imperativen stammt, die rein ethisch betrachtet nicht ebenso hinter ihr zurückstehen. Vor allem aus der Unzweideutigkeit, mit der sie in jedem einzelnen Falle ihre Forderung geltend macht. Ob Mitleid und Wohlthätigkeit da, wo sie angerufen werden, auch am Platze sind, ist oft genug zweifelhaft; ob in einer gegebenen Situation die Tugend der Rücksicht oder der Mut der Rücksichtslosigkeit angebracht ist, wissen wir manchmal nicht zu entscheiden; zwischen der nahen, aber unbedeutenderen und der entfernteren, aber bedeutsameren Pflicht stehen wir oft in der peinlichsten Unkenntnis des rechten Weges. Dagegen in dem Augenblick, wo von uns eine Aussage verlangt wird, wissen wir so gut wie ausnahmslos, was die Moral von uns verlangt: Wahrhaftigkeit. Dazu kommt, gleichsam als Fortsetzung dieser Qualität, daß alle anderen Tugenden *Grade* haben, an deren ins Unendliche möglicher Steigerung jede erreichte Stufe als Unvollkommenheit erscheint; es giebt keinen Grad des praktischen Altruismus, noch der Vervollkommnung der eigenen Persönlichkeit, noch der religiösen Hingabe, über dem nicht ein noch höherer denkbar wäre. Das Ideal der subjektiven Wahrhaftigkeit dagegen kann unbedingt und restlos erreicht werden. Fast allein hier – von den Fällen selbstquälerischer Pedanterie abgesehen – kann der Mensch sich sagen, daß er seine Pflicht erfüllt habe, ohne ein noch höheres Maß ihrer Erfüllung übrig gelassen zu haben. Ihrer ethischen Bedeutsamkeit steht ferner ihre logische zur Seite. Die Richtigkeit und Widerspruchslosigkeit des Weltbildes, mit allen ihren intellektuellen und ästhetischen Reizen, wird zum großen Teil durch die Wahrhaftigkeit subjektiver Aussagen getragen und gewährleistet; aus den Gebieten dieser Werte strahlen selbst da, wo sie sich nicht mit dem ethischen decken, auf das Wahrhaftigkeitsgebot Lichter über, die dessen Glanz leuchtender machen. Endlich: die Struktur dieses Ideals gestattet die unbedingte Kontrolle des subjektiven Verhaltens an seinem objektiven Ergebnis und den unmittelbaren Zusammenhang beider, die uns auf anderen ethischen Gebieten oft fehlen. Von der besten Absicht, Andere glücklich zu machen, wissen wir dennoch oft nicht, ob sie ihr Ziel erreicht hat; alle religiöse Bemühung ist nicht im stande, uns des Heiles unserer Seele über bloßes Hoffen und Glauben hinaus sicher zu machen; die Kräfte, die das Gute wollen, schaffen unzählige Male das Böse, weil ihr Erfolg von Bedingungen außerhalb ihres eigenen Thuns abhängt. Dagegen, unseren eigenen Aussagen gegenüber ist der Wille zur Ehrlichkeit und Aufrichtigkeit seines Erfolges sicher, weil sich hier keine fremden Instanzen zwischen beide schieben, sondern die ungehemmte Absicht der Wahrhaftigkeit auch schon unmittelbar ihre restlose Verwirklichung ist. So fließen diesem Ideale Kräfte und Begünstigungen noch aus anderen Quellen, als seiner rein sittlichen Bedeutung zu und vereinigen sich mit dieser, ohne die Verschiedenheit ihres Ursprungs in das Bewußtsein hineinzutragen zu der eigentlich unvergleichbaren Würde, die die Forderung der Wahrhaftigkeit innerhalb der sittlichen Welt besitzt.

Kein Punkt derselben vielleicht scheint sich eines *so beweisbaren* Rechtes zu erfreuen; an keinem scheint das Zuwiderhandeln gegen das sittliche Gebot zugleich eine solche Selbstaufhebung in sich zu schließen. Kein Frevel, Grausamkeit, Ausschweifung widerspricht so unmittelbar wie die Lüge den Voraussetzungen nicht nur alles menschlichen Gemeinschaftslebens, sondern des Lügenden selbst: denn die Lüge würde zwecklos sein, wenn die Aussage nicht bestimmte Vorstellungen durch eine wirksame Verbindung hervorriefe, die der Lügner gerade zerstört, indem er sie benutzt. So ist die Lüge oft als die absoluteste aller Sünden erschienen, die Wahrhaftigkeit, nach Kants Ausdruck als »ein heiliges, unbedingt gebietendes, durch keine Konvenienzen einzuschränkendes Vernunftgebot«, von dem aller Wert des Menschen abhängt, so daß es, selbst wenn Tod und Verderben seine Folge sind, erfüllt werden muß. Nun ist es aber sehr merkwürdig, daß diese sittlich-absolute Bedeutung der Wahrhaftigkeit in ihrer geschichtlich-sozialen Rolle keineswegs zu durchgehendem Ausdruck kommt. Als sittliches Gebot macht sie sich erst auf einer ziemlich späten Entwicklungsstufe der Gesellschaft geltend und zwar – wie namentlich durch Ihering einleuchtend gemacht worden ist – in dem Maße, in dem die praktische Nötigung dazu vorlag. Ich bin zwar nicht der Meinung Iherings, daß das Ursprüngliche der menschlichen Aussagen überhaupt nicht die Wahrheit, sondern die Lüge gewesen sei, wofür er auf die jüdischen Erzväter, die griechischen Götter und Heroen, die mythischen Gestalten der Germanen hinweist, die ebenso und mit ebenso gutem Gewissen lügen und betrügen wie heute noch die Neger und die Südseeinsulaner. Ich glaube vielmehr, daß der primitive Geist diesen Unterschied in seiner Schärfe garnicht kennt. Wie wir von ihm wissen, daß er zwischen Wirklichkeit und Phantasiegebilde, zwischen logisch-konkretem und rein abergläubischem Vorstellen keinerlei Wertunterschied macht, so werden wohl auch seine Aeußerungen die gleiche Undifferenziertheit zeigen, das heißt, er wird Erklärungen so abgeben und Sachlagen so darstellen, wie das Interesse des Augenblicks ihn bewegt, ohne sich einer objektiven Wahrheit, die übereinstimmend oder widersprechend jenseits seiner Aussage steht, bewußt zu sein. Diese Verfassung reicht vielfach noch in unsere jetzige Entwicklungsstufe hinein. Mit der Beschuldigung der Lüge thun wir insbesondere Kindern oft Unrecht: sie acceptieren und äußern die Vorstellungen, wie sie ihnen nach psychologischer Verknüpfung, nach dem momentanen Anschein, nach dem Diktat des Interesses kommen, in einem naiven Indifferenzzustande, der überhaupt noch jenseits von Wahr und Falsch steht, auf den diese kritischen Kategorien noch keine Anwendung gefunden haben. Die Lüge fordert immer zwei Vorstellungsreihen: eine, die der Lügner selbst für die wahre hält, und eine davon abweichende, die er im Bewußtsein des Belogenen erzeugen will. Wir verkennen die Dumpfheit des primitiven Geistes, wenn wir ihn auf die Voraussetzung solcher Scheidungen hin verurteilen, die logisch zwar völlig scharf sind, für die er aber noch nicht die psychologische Schärfe besitzt. Die Epoche, in der die bewußte Lüge gang und gäbe war, ohne doch moralisch verurteilt zu werden, gehört deshalb schon einer höheren Entwicklung an. Es ist offenbar diejenige, in der das »Faustrecht« in jedem Sinne noch galt, d.h. in der noch kein äußeres oder inneres Gesetz dem Stärkeren verwehrte, sich mit jedem überhaupt anwendbaren Mittel durchzusetzen. Ob die Vergewaltigung eine physische, den körperlich Schwächeren gegenüber, war oder eine intellektuelle, durch Lüge und Betrug, den Unintelligenteren gegenüber, das begründet keinen Unterschied. Beides ist, vom Standpunkt sozialer Zweckmäßigkeit, in Zeiten zulässig, wo es sich um eine erste Organisierung der Gesellschaft handelt, die als Unterwerfung der Schwachen unter den Starken geschehen wird. Solange noch kein objektives Recht, über den Individuen stehend, die Einheit und Organisierung des Ganzen mit der Freiheit und Gleichberechtigung Aller vereinbar macht, wird die Vergewaltigung der Schwächeren durch die körperlich und geistig Ueberlegenen die Gruppe zunächst einmal zentralisieren, innerlich rangieren, ihr eine vorläufige Formung geben. Dieser Zustand braucht übrigens keineswegs immer der zeitlich erste zu sein, sondern kann sich oft am Ausgang einer ganz anders charakterisierten Epoche als Uebergang zu einer weiteren Entwicklungsstufe einstellen. Die Lüge, die sich durchsetzt, d.h. nicht durchschaut wird, ist zweifellos ein, wenngleich rohes Mittel, geistige Ueberlegenheit zum Ausdruck zu bringen und zur Lenkung, Unterdrückung und Ausbeutung der weniger Schlauen zu verwenden. Wo die soziale Kultur derartige Herrschaftsverhältnisse zweckmäßig macht – sei es als eine Selektion zur Züchtung der Kraft und Intelligenz, sei es, um einigen Wenigen, für die nun andere arbeiten, die Muße zur Produktion höherer Kulturgüter zu schaffen, sei es um den Gruppenkräften zur Abwehr innerer und äußerer Feinde einen Anführer zu geben – da werden auch Lug und Betrug, als Herrschaftsmittel des Klügeren, an ihrer Stelle sein – ungefähr wie wir uns doch auch jetzt nicht scheuen, gegen Tiere, deren

Körpersubstanz oder Kräfte wir begehren, List anzuwenden. Je mehr die Gesellschaft lernt, jene Zwecke mit Mitteln zu erreichen, die weniger unerwünschte Nebenwirkungen haben, also einen geringeren Abzug von ihrem Nützlichkeitsquantum erleiden, um so weniger wird sie der Lüge bedürfen und um so freier muß der Raum für das Bewußtsein ihrer ethischen Bedenklichkeit werden. Ja, wahrscheinlich wird diese moralische Betonung den logischen Begriff der Lüge geklärt und verschärft haben. Und dieser Prozeß ist noch keineswegs abgeschlossen; z. B., vielerlei Arten, Waren anzupreisen, die heute als rechtlich und moralisch unbedenklich gelten, aber logisch betrachtet zweifellos Lügen sind, werden voraussichtlich als solche erst dann bewußt werden, wenn Aenderungen in den kaufmännischen Verhältnissen, der Konkurrenz, dem Verkehr mit dem Publikum usw. dieselben praktisch entbehrlich machen.

Es kommt ein Umstand hinzu, der der Lüge überhaupt in vorgeschrittenen Zeiten eine viel verderblichere Bedeutung giebt, als sie sie in primitiven besitzt. Jene unterscheiden sich von diesen durch die Vielheit der Elemente, in deren wechselnden Zusammenfügungen das Leben verläuft. Von aller Qualität der Bedürfnisse, Interessen und Kenntnisse abgesehen, giebt schon die Vielheit und Komplikation derselben der Existenz des Kulturmenschen eine fundamental neue Färbung. Die Folge davon ist nämlich, daß von den vollständigen Reihen jener Elemente, in denen er sich bewegt, der Einzelne fast nur Bruchstücke selbst erleben und erfahren kann. Der primitive Mensch, in einer kleinen gesellschaftlichen Gruppe lebend, seine Bedürfnisse entweder durch Eigenproduktion oder durch unmittelbare Kooperation beschaffend, seine geistigen Interessen auf die engen Kreise eigner Erfahrbarkeit oder einfacher Tradition beschränkend, übersieht und kontrolliert das Material seines Daseins sehr viel vollständiger, als der Mensch höherer Kulturen, dessen äußeres und inneres Leben auf tausend Voraussetzungen steht, der durch Verbindungen mit unübersehbar vielen Nahe- und Fernstehenden die Inhalte desselben erhält und Unzähliges, das ihm ganz fernliegt, das er garnicht prüfen kann und das ihm doch von vitaler Bedeutung ist, auf Treu und Glauben hinnehmen muß. Daß die entwickelte Wirtschaft mehr und mehr Kreditwirtschaft wird, ist nichts als eine Seite der allgemeinen Thatsache, daß das Kulturleben immer mehr – und in viel weiterem Umfange, als man es sich klar zu machen pflegt – auf Treu und Glauben gestellt ist; sogar gerade die Vielheit der modernen Rechtssicherheiten und Garantieen ist ein Beweis dafür, denn ein Lebensstil, der seine Inhalte unvermittelter, kontrollierbarer, und in ihren einzelnen Richtungen gleichsam kompletter dem Individuum darbietet, bedarf so vielfachen Schutzes gegen Fälschung und Betrug nicht. Diese Verhältnisse also machen die Lüge in modernen Verhältnissen zu etwas viel verheerenderem, die Grundlagen des Lebens viel mehr in Frage stellendem, als es früher der Fall war. Wir bauen unsere wichtigsten Entschlüsse auf ein kompliziertes System von Vorstellungen, von denen wir immer nur einen ganz geringen Teil selbst feststellen oder prüfen können, deren Mehrzahl auf dem Vertrauen, daß wir nicht belogen worden sind, ruht. Wenn die Lüge noch heute als eine so läßliche Sünde erschiene wie früher, wenn nicht äußerste Strenge des Moralgebotes von ihr zurückschreckte, so wäre ein Aufbau des Lebens, wie wir ihn jetzt vor uns sehen, schlechthin unmöglich.

Zu diesem Zwecke hat die soziale Nützlichkeit eine auch sonst erprobte Empfindungsweise der Lüge gegenüber gezüchtet. Als das tiefste Motiv ihrer ethischen Perhorreszierung wird nämlich nicht der Schaden, den sie andern thut, sondern die persönliche Entwürdigung vorgestellt, die der Lügner sich selbst anthut. Der eigentlich altruistische Gesichtspunkt tritt hinter die auf das Subjekt selbst zurückschlagende Bedeutung der Lüge; an dieser selbst, als subjektiven That, und nicht erst an ihren Folgen haftet die ethische Verwerflichkeit; so daß es eigentlich der Ton eines unmittelbaren Eigeninteresses ist, mit dem sie sich dem Subjekte verbietet. Aehnlich verhält es sich mit der Bewahrung der Ehre: die Handlungen und Unterlassungen, die diese vorschreibt, dienen immer, wie sich nachweisen läßt, der Selbsterhaltung bestimmter sozialer Kreise, und doch ist sie mit einem Gefühlston ausgestattet, der sie als das Eigenste und Persönlichste des Menschen kennzeichnet, als etwas, dessen Verletzung als hauptsächlichste und schlimmste Konsequenz seine Entwertung in seinen eignen Augen mit sich bringt. Auch religiöse Imperative verhalten sich oft nicht anders; in ihrer reineren Form stellen sie die Pflicht gegen Gott als Pflicht des Menschen gegen sich selbst dar, ihre Erfüllung als das Höchste, was man im eigenen Interesse thun kann. Diese Deutung der Wahrhaftigkeit als eines Erfordernisses der Selbstachtung – eine ungeheure Verstärkung ihrer Triebfedern! – macht es verständlich, daß sie als grundlegendes Ideal erst in der Zeit eines hoch ausgebildeten Individualismus aufgetreten ist. Kant und insbesondere Fichte, äußerste Verkörperungen des Individualismus des 18. Jahrhunderts, für die das moralische Gesetz in einer Selbstgesetzgebung des vernünftigen Menschen besteht, die alles ethische Thun als Gehorsam gegen unser tiefstes und eigentliches Ich verstehen – sind deshalb die leidenschaftlichsten Feinde jeder Lüge. Dazu bewegen sie nicht die verderblichen Folgen derselben, ja, sie lassen sie selbst dann nicht zu, wenn durch sie, wie in den Fällen von »frommer Lüge«, Unheil abgewendet und Menschenleben gerettet werden können. Denn viel mehr als nach außen ist sie nach innen destruktiv, sie zerstört die Achtung des Menschen vor sich selbst, durch die die Mannigfaltigkeit seiner Bestrebungen und Interessen in ein einheitlich gerichtetes Lebensgefühl übergeleitet und zu einem in sich und auf sich ruhenden Ich zusammengeschlossen wird. Thatsächlich liegt auch der ungeheure psychologische Wert der Wahrhaftigkeit in der Ungebrochenheit der Kraft, die der Ehrliche bei seinem Handeln einzusetzen hat: er glaubt an sich selbst, indem in der ganzen Sphäre der Aeußerungen, die von ihm ausgehen, kein Punkt ist, an den er nicht selbst glaubte. In dem höchst gesteigerten Abscheu vor der Lüge, wie die Ausbildung des Individualismus ihn hervorgebracht hatte, hat die Wandlung der Wahrhaftigkeit aus einer sozialen Pflicht in eine Pflicht gegen uns selbst ihren höchsten Bewußtseinswert gewonnen.

Diese besondere Beziehung der Wahrhaftigkeit zum Ichgefühl wird sozusagen technisch noch durch die psychologische Struktur der Lüge getragen, die ich vorhin betonte. Der Lügner muß in jedem Augenblick zwei inhaltlich durchaus verschiedene Vorstellungsreihen in seinem Bewußtsein haben: seine eigene wirkliche Meinung und diejenige, die er nach außen repräsentiert, um andere daran glauben zu machen. Er spaltet seine Persönlichkeit also, und zwar gerade in seinen eigenen Augen, in zwei Parteien, von denen die eine bejaht, was die andere verneint. Sehr einheitliche Naturen können das von vornherein nicht ertragen, sie fühlen den Widerspruch *innerhalb* ihrer Persönlichkeit als einen Widerspruch *gegen* ihre Persönlichkeit und gerade solche sind es, die sogar die konventionellen und durch ihren sozialen Charakter das individuelle Gewissen entlastenden Lügen nicht mitmachen, sondern alle daraus resultierenden äußeren Nachteile für gering achten gegenüber der Rettung ihres einheitlichen, ungebrochenen Ichs. Nun ist aber andererseits nicht zu leugnen, daß der garnicht diskutablen Bedeutung der Wahrhaftigkeit, nicht nur für das objektiv-sittliche Ideal, sondern für den noch über die Sittlichkeit hinausliegenden absoluten Wert der Persönlichkeit – eine eigentümliche Bedeutsamkeit gerade der Lüge für die intellektuelle Verfassung des Lügners gegenübersteht. Jene Doppelheit der Vorstellungsreihen nämlich, die das psychologische Bild der Lüge charakterisiert, fordert eine besondere Beweglichkeit und Geschicklichkeit des Geistes, damit sich der Lügner nicht sogleich in Selbstwiderspruch verwickle und infolgedessen seinen Zweck verfehle. Denn von jener Reihe der objektiven Wahrheit, die der Lügner für sich behält, sind doch gewisse Teile, Grundlagen oder Folgen auch dem Geiste des zu Belügenden gegenwärtig. Der Lügner darf keine absolut neue Welt vor diesem aufbauen wollen, sondern muß seine zweite Reihe in Einklang mit den logischen Normen, den allgemein feststehenden und den dem andern speziell bekannten Thatsachen des fraglichen Gebietes halten; er muß diese nur so anzuordnen und abzuschleifen wissen, daß sie einen Inhalt in sich scheinbar widerspruchslos aufnehmen, dem sie doch ihrem Wesen nach widerstreben. Die erdichtete Vorstellung muß sich in den Zusammenhang thatsächlich wahrer einfügen, sie darf keine bemerkbare Ablenkung der letzteren fordern, sondern muß sich selbst vielmehr absolut biegsam erhalten und gleichsam in jedes Loch schlüpfen können, das die Ordnung der richtigen Vorstellungen ihr läßt. Jedem Einwand, der aus dieser stammt, muß der Lügner sogleich durch eine Modifikation der falschen Vorstellungen begegnen, die aber doch genau nur soviel zugiebt, wie sich mit dem Zweck seiner Lüge noch verträgt. Die Bedingung, diesen zu erreichen, und zwar angesichts der Verwebung von Wahrem und Falschem, in der selbst die erdichtete Reihe besteht – ist also eine völlig scharfe Sonderung der beiden Reihen im Bewußtsein des Lügners und eine außerordentlich leichte Beweglichkeit und Schlagfertigkeit, um dieses sachlich Getrennte doch dem Belogenen als Einheit erscheinen zu lassen. Wenn die populäre Spruchweisheit meint: »Wer einmal lügt, muß siebenmal zu lügen sich bequemen – denn sieben Lügen brauchts, um eine zu beschönen« – so bezeichnet sie sehr treffend die innere Konsequenz, die die Lüge ausbilden muß; sie baut ganze Welten auf, die mit der wirklichen, von jenen sehr abweichenden Welt dennoch die mannigfaltigsten Beziehungen haben – worin die Erdichtung ihre Verwandtschaft mit der Dichtung zeigt. Dies setzt nicht nur eine psychologische Kenntnis und Kunst voraus, die eine der wesentlichsten Waffen im Arsenal des Lügners ist, sondern es fordert und erzeugt offenbar eine Erfindungsgabe in materieller Hinsicht und eine Konsequenz in formeller, eine Objektivität, die beherrschend über den Dingen und den eigenen Impulsen steht, und macht dadurch – wenn wir nicht nur die vereinzelte Gelegenheitslüge, sondern die umfassenden, so viele Existenzen überhaupt fundamentierenden Lügensysteme in Betracht ziehen – den Geist so umsichtig und vorsichtig, so raffiniert und konzentriert, wie er in vielen Fällen nie geworden wäre, wenn sein Vorstellen immer nur geradlinig und sozusagen einreihig an der Wahrheit entlang fortschritte.

Diese intellektuelle Steigerung, die die Lüge züchtet und deren Abzüge wir erst nachher kennen lernen werden, ist nur ein Fall der allgemeinen Schärfung der Intelligenz, ohne die die Unsittlichkeit überhaupt in sehr vielen Fällen nicht auskommt. Es liegt durchaus im ethischen Interesse, sich hierüber nicht durch den wohlwollenden Glauben täuschen zu lassen, als müßten die höchsten menschlichen Interessen und Fähigkeiten auf jeder Stufe ihrer Ausbildung miteinander harmonieren. Man würde durch diese Weichlichkeit der Weltauffassung nicht nur das Ideal rücksichtsloser Wahrhaftigkeit schädigen, dem man gerade dadurch seine Würde retten wollte, sondern auch das der Sittlichkeit überhaupt, das seine eigentümliche Größe gerade durch seine Vereinbarkeit mit *allen* Graden der Intellektualität bewährt. Ja, die Ausbildung der Intelligenz als Hülfsmittel der Unsittlichkeit beweist, daß der menschliche Verkehr im allgemeinen auf eine überwiegende Sittlichkeit begründet ist. Denn das Motiv für sie ist, daß der Unsittliche gegen den Strom schwimmt und deshalb, unter sonst gleichen Umständen, mehr Kräfte und Gewandtheiten braucht, als der Sittliche, d.h. also, als derjenige, der sich in der Richtung des allgemeinen Lebens bewegt und von dessen Strömung getragen wird. Man kann direkt sagen, daß die sittlichen Ordnungen um so höhere Kräfte erweisen, je stärkere erforderlich sind, um sie zu bekämpfen oder sich ihnen zu entziehen. Das Aufrechterhalten einer Ausnahmestellung erfordert stets einen entsprechend gesteigerten intellektuellen Aufwand, weil es dazu anderer Mittel bedarf, als die typische Lebensform sie von selbst darbietet; und der Unsittliche nimmt eine Ausnahmestellung ein – nicht als ob Unsittlichkeit überhaupt etwas Seltenes wäre, sondern nur so, daß jede einzelne ihrem speziellen Inhalte nach nur in der Opposition gegen eine ungeheure Anzahl entgegengesetzt gerichteter Bewegungen ihr Wesen hat. Der

Unsittliche durchbricht die normale Ordnung der Dinge, die aber doch auf Schritt und Tritt seine Wege kreuzt; sie ist das widerstrebende Material, an dem er schließlich allein seine Absichten durchführen kann, denn wenn Alle in der gleichen Art unsittlich wären, so würde der Einzelne keine *besonderen* Vorteile mehr dadurch gewinnen. Um deshalb nicht von jener sittlich-typischen Ordnung beim ersten Schritt überwältigt zu werden, muß der Unsittliche die Handhaben erspähen, die sie ihm bietet, die Lücken, die sie ihm läßt, die spezifischen Kräfte, mit denen er sie angreifen und mit denen er sich gegen sie verteidigen kann. Der gefährlichste, ja der eigentlich typische Schurke ist deshalb der Kluge; der Hexenhammer von 1487 hebt besonders hervor, daß die Teufel von ausgezeichnetem Scharfsinn seien, und der »dumme Teufel« ist eine humoristische Figur wegen des Selbstwiderspruches, der in ihm liegt: die Teufelei bedarf so sehr der Schlauheit, daß sie sich durch den Mangel derselben selbst aufhebt. Schon der alte Varro empfiehlt, auf dem Sklavenmarkt Verbrecher und ähnliches billiges Material zu kaufen, da diese die intelligenteren seien.* Und wenn man meint, daß ehrlich am längsten währt, so bedeutet dies nur, daß in der Regel die intellektuellen und sonstigen Mittel der Unsittlichkeit nicht zureichen, um jene Ausnahmestellung dauernd aufrecht zu erhalten; aber es enthält zugleich die Voraussetzung, daß die Unehrlichkeit dieser Mittel bedürfe, um über Wasser zu bleiben, was die Ehrlichkeit von selbst thut, sofern nicht anderweitige Kräfte ihr entgegenwirken. Daß diese Lehre von der Ausnahmestellung der Unsittlichkeit, an der ihre ganze Bedeutung für die Intellektualität hängt, als Optimismus erscheint, liegt einerseits daran, daß das Oppositionelle und das Verderbliche einen soviel schärferen Eindruck macht, als das Normale, und daraufhin, durch ein ebenso begreifliches wie falsches Kausalurteil, den Anschein viel größerer quantitativer Bedeutung gewinnt; andererseits daran, daß man, hier ganz irrtümlich, als den Gegensatz des Unmoralischen das positiv sittliche Verdienst, die als Tugend bewährte Vortrefflichkeit zu verstehen pflegt, während es sich doch nur um die normalen, sozial gefesteten, die Breite des Lebens selbstverständlich beherrschenden Ordnungen handelt. Diesen gegenüber kann die Unsittlichkeit nur als eine relative Seltenheit ihren Inhalt und Zweck finden, aber eben deshalb muß sie sich die Klugheit an-

* velocior est animus hominum improborum.

züchten, als eine so wichtige Waffe, wie diese es – im Gegensatz zu den mehr instinktiven und gefühlsmäßigen Kräften – für alle Minoritäten und alle sehr individualistischen Tendenzen ist. Wo Unsittlichkeit mit Dummheit gepaart ist, pflegt sie sich in höheren, mehr auf den Geist als auf die Muskelkraft gestellten Verhältnissen nicht lange durchzusetzen, sondern offenbart durch die mangelhafte Berechnung ihrer Mittel und ihrer Folgen bald ihren Konflikt mit der sozialen Sittlichkeit in einer für sie verhängnisvollen Weise.

Die Intelligenz nun, die die Lebensbedingung der Lüge ist, erfährt in gewissen Erscheinungen derselben gerade eine bemerkenswerte Herabsetzung. Die Zweiheit jener Vorstellungsreihen bei der Lüge nämlich, deren Auseinanderhalten die Schärfe, Beweglichkeit und Objektivität des Geistes forderte und förderte, kann zu den entgegengesetzten Erfolgen führen, sobald sie aus irgend welchen Ursachen im Bewußtsein des Lügenden durcheinanderlaufen und ihre Trennung nicht mehr gelingt. Das wird in der Regel nicht bei Lügen der Fall sein, die auf eine bestimmte Gelegenheit und einen bestimmten Zweck beschränkt sind, wohl aber sehr häufig bei jenen durchgehenden, die sich viel weniger in Worten vollziehen, als in der gesamten Lebenshaltung, in der Meinung, die die Persönlichkeit als ganze von sich erweckt, in der Stellung, die sie einnimmt. Diese Lebenslügen sind es, die, ursprünglich wie jede andere nach außen gerichtet, schließlich oft zurückschlagen, die erlogenen Lebensinhalte in die Reihe, die der Betreffende selbst für die Wahrheit hält, hineinwachsen lassen und ihn zu dem betrogenen Betrüger machen, der selbst nicht mehr weiß, was eigentlich richtig und was falsch ist. Für den äußeren Erfolg der Lüge ist diese Metempsychose ihrer ja sehr zweckmäßig, denn sicher kann man andere niemals besser überzeugen, als wenn man selber überzeugt ist; vermöge der äußerst merkwürdigen und folgenreichen Fähigkeit des Ich, sich selbst in zwei Parteien zu spalten und sich selbst so wie Dritten gegenüberzustehen, wirkt die Energie, mit der man anderen eine bestimmte Vorstellung beibringen will, schließlich auf das Subjekt in gleichem Sinne und der Glaube, in den man so sich selbst hineingeredet hat, stärkt nun wechselwirkend wieder die Fähigkeit, ihn Anderen zu suggerieren. Die eigene Ueberzeugtheit gehört zu den Mitteln, die die Lüge, insbesondere in jenen fundamentalen und dauernden Formen sich beschafft. Zu dem gleichen Ergebnis wirkt der Umstand, daß die Lüge vielfach für den Lügner selbst unverträglich wäre, wenn er ihr nicht diesen Unterbau des eignen Glaubens an sie errichtete: er rettet sich dadurch vor Selbstverachtung und Selbstvernichtung. Wie man die Lüge in der Form der Heuchelei als eine Huldigung an die Tugend bezeichnet hat, so ist sie in der Form des Selbstbetruges eine Huldigung an das Wahrheitsbedürfnis. Jene Einheitlichkeit und Ungebrochenheit, die die Wahrhaftigkeit dem Menschen verschafft und die die Lüge durch die Zweiheit ihrer Vorstellungsreihen zerspalten hatte, findet der Selbstbetrüger nun so auf dem Boden der erlogenen Reihe wieder; es ist gleichsam die Form subjektiver Wahrhaftigkeit, die der erlogene Inhalt sich anbildet und die wenigstens einen Teil ihrer psychologischen Reflexe: Mut, gutes Gewissen, Gefühl innerer Einheit und Konsequenz auch so gewinnt. Ja, unter Umständen nicht nur mehr als einen Teil, sondern sogar mehr als das Ganze: denn gerade der sehr ehrliche Mensch wird oft von Skrupeln und Zweifeln der Gewissenhaftigkeit erschüttert und unsicher gemacht, die sich an die Sieghaftigkeit des Selbstbetruges nicht heranwagen. Nur die stärksten Naturen vertragen die volle Klarheit über die äußere Lebenslüge, ja sogar – das logisch Widerspruchsvolle und eigentlich Unmögliche dennoch psychologisch verwirklichend – über die innere: es giebt thatsächlich einen Selbstbetrug, mit allen geschilderten Konsequenzen desselben, über den dennoch, gleichsam in einer anderen Schicht des Bewußtseins, völlige Klarheit stattfindet. Weniger starke Naturen gehen über fundamentalen, vitalen Lügen zu Grunde oder sie flüchten sich in die dumpfe Unklarheit des Selbstbetruges.

Wo das nun aber der Fall ist – und es ist thatsächlich sehr viel häufiger der Fall, als die oberflächliche Beobachtung zeigt –, da wandelt sich die intellektuelle Steigerung durch die Lüge in ihr Gegenteil. Es ist ohne weiteres ersichtlich, wie das Verschmelzen beider Reihen nur subjektiv unbestimmte und objektiv unrichtige Vorstellungsbilder übrig lassen kann. In dem Augenblick, wo man an die Lüge selbst glaubt, geht nicht nur ihre formale Bedeutung für die Schärfung der Intelligenz verloren, sondern es beginnt eine verhängnisvolle Trübung derselben, ein Verrücken aller Kriterien, ein Durchkreuzen aller sachlichen Zusammenhänge des Denkens durch zügellos gewordene subjektive Interessen und Impulse. Es ist das tragische – und eben dadurch ethisch versöhnende – Entwicklungsschicksal der chronischen Lüge gegen andere, in Lüge gegen sich selbst überzugehen und damit der Intellektualität mehr zu nehmen, als die bewußte Lüge ihr geben konnte.

Soziologie der Mahlzeit

Es gehört zu den Verhängnissen des sozialen Daseins, daß die Wesenselemente, die allen Individuen eines beliebigen Kreises gleichmäßig einwohnen, sich fast niemals als die höchsten, oft aber als die niedrigsten Antriebe und Interessen dieser Individuen offenbaren. Denn nicht nur, daß innerhalb einer organischen Gattung diejenigen Formen und Funktionen am sichersten auf jedes Individuum vererbt werden, die von ihr am frühesten erworben sind, also die primitiven, noch nicht verfeinerten, mit der bloßen Notdurft des Lebens verknüpften; sondern das, was jeder besitzt, kann ersichtlich immer nur der Besitz des am wenigsten Besitzenden sein; und da es nun einmal das Los der Menschheit ist, daß wohl der Höhere zum Tieferen hinab, aber nicht ebenso leicht dieser zu jenem hinauf steigen kann – so wird im allgemeinen das Niveau, auf dem *alle* sich begegnen, dem Niveau des zuunterst Stehenden sehr nahe liegen müssen. Alles Höhere, Vergeistigte, Bedeutsame entwickelt sich nicht nur an erlesenen Individuen, sondern auch wo ein jedes Individuum solche Werte trägt, liegen sie doch bei einem jeden nach einer irgendwie besonderen Richtung, zweigen sich oberhalb des Gemeinsamen auseinander.

Von allem nun, was den Menschen gemeinsam ist, ist das Gemeinsamste: daß sie essen und trinken müssen. Und gerade dieses ist eigentümlicherweise das Egoistischste, am unbedingtesten und unmittelbarsten auf das Individuum Beschränkte: was ich denke, kann ich andere wissen lassen; was ich sehe, kann ich sie sehen lassen; was ich rede, können Hunderte hören – aber was der einzelne ißt, kann unter keinen Umständen ein anderer essen. In keinem der höheren Gebiete findet dies statt, daß auf das, was der eine haben soll, der andere unbedingt verzichten muß. Indem aber dieses primitiv Physiologische ein absolut allgemein Menschliches ist, wird es gerade zum Inhalt gemeinsamer Aktionen, das soziologische Gebilde der Mahlzeit entsteht, das gerade an die exklusive Selbstsucht des Essens eine Häufigkeit des Zusammenseins, eine Gewöhnung an das Vereinigtsein knüpft, wie sie durch höher gelegene und geistige Veranlassungen nur selten erreichbar ist. Personen, die keinerlei spezielles Interesse teilen, können sich bei dem gemeinsamen Mahle finden – in dieser Möglichkeit, angeknüpft an die Primitivität und deshalb Durchgängigkeit des stofflichen Interesses, liegt die unermeßliche soziologische Bedeutung der Mahlzeit. Die Kulte des Altertums, die sich im Gegensatz zu den Weltreligionen nur an begrenzte Kreise lokal Zusammengehöriger zu wenden pflegten, konnten sich deshalb im Opfermahl zusammenfassen. Insbesondere im semitischen Altertum bedeutet dies das brüderliche Verhältnis durch den gemeinsamen Zutritt zu der Tafel Gottes. Das gemeinsame Essen und Trinken, das selbst dem Araber den eben noch todfeindlichen Fremden in einen Freund verwandelt, löst eine ungeheure sozialisierende Kraft aus, die übersehen läßt, daß man ja gar nicht wirklich »dasselbe«, sondern völlig exklusive Portionen ißt und trinkt, und die primitive Vorstellung erzeugt, man stelle hiermit gemeinsames Fleisch und Blut her. Erst das christliche Abendmahl, das das Brot mit dem Leibe Christi identifiziert, hat auf dem Boden dieser Mystik die wirkliche Identität auch des Verzehrten und damit eine ganz einzige Verknüpfungsart unter den Teilhabenden geschaffen. Denn hier, wo nicht jeder ein dem andern versagtes Stück des Ganzen zu sich nimmt, sondern ein jeder das Ganze in seiner geheimnisvollen, jedem gleichmäßig zuteil werdenden Ungeteiltheit, ist das egoistisch Ausschließende jedes Essens am vollständigsten überwunden. Gerade weil die gemeinsame Mahlzeit ein Ereignis von physiologischer Primitivität und unvermeidlicher Allgemeinheit in die Sphäre gesellschaftlicher Wechselwirkung und damit überpersönlicher Bedeutung hebt, hat sie in manchen früheren Epochen einen ungeheuren sozialen Wert erlangt, dessen deutlichste Offenbarung die *Verbote* der Tischgemeinschaft sind. So bestimmt die Cambridge Guild im elften Jahrhundert eine hohe Strafe für den, der mit dem Mörder eines Gildebruders ißt und trinkt; so verordnet das Wiener Konzil von 1267 in seiner stark gegen die Juden gerichteten Tendenz noch besonders, daß Christen mit ihnen keine Gemeinschaft der Tafel haben sollten; so ist in Indien die Befleckung durch gemeinsames Essen mit einem der Kaste nach Niederen von gelegentlich tödlichen Folgen! Der Hindu speist oft allein, um *ganz* sicher zu sein, daß er keinen verbotenen Tischgenossen hat. Im ganzen mittelalterlichen Gildenwesen ist das gemeinsame Essen und Trinken ein Punkt von so vitaler Wichtigkeit, wie wir es heute gar nicht mehr nachfühlen können. Man möchte glauben, daß in der Unsicherheit und Fluktuierung des mittelalterlichen Daseins dies ein sozusagen anschaulich fester Punkt war, ein Symbol, an dem sich die Sicherheit des Zusammengehörens immer von neuem orientierte.

Und damit tut sich der Zusammenhang auf, der die bloße physische Äußerlichkeit der Ernährung dennoch an das Prinzip einer unendlich höher gelegenen Ordnung rühren läßt: in dem Maße, in dem die Mahlzeit eine soziologische Angelegenheit wird, gestaltet sie sich stilisierter, ästhetischer, überindividuell regulierter. Nun entstehen all die Vorschriften über Essen und Trinken, und zwar nicht in der hier unwesentlichen Hinsicht auf die Speise als Materie, sondern bezüglich der *Form* ihrer Konsumierung. Zunächst tritt hier die *Regelmäßigkeit* der Mahlzeiten auf. Von sehr tief stehenden Völkerschaften wissen wir, daß sie nicht zu bestimmten Stunden, sondern anarchisch, wenn ein jeder gerade Hunger hat, essen. Die Gemeinsamkeit des Mahles aber führt sogleich zeitliche Regelmäßigkeit herbei, denn nur zu vorbestimmter Stunde kann ein Kreis sich zusammenfinden – die erste Überwindung des Naturalismus des Essens. In gleicher Richtung liegt, was man die Hierarchie der Mahlzeit nennen könnte: daß nicht mehr beliebig und regellos in die Schüssel hineingelangt wird, sondern eine bestimmte Reihenfolge innegehalten wird, in der man sich bedient; in den englischen Trade Clubs, den Vorläufern der heutigen Gewerkvereine, wurde manchmal eine Strafe dafür bestimmt, daß jemand außer der Reihe trank. Mit all solchem wird eine formale Norm über die fluktuierenden Bedürfnisse des Einzelnen gestellt, die Sozialisierung der Mahlzeit hebt sie in eine ästhetische Stilisierung, die nun wieder auf jene zurückwirkt; denn wo man dem Essen außer dem Sättigungszweck auch noch eine ästhetische Befriedigung abverlangt, ist ein Aufwand erforderlich, den eine Gemeinschaft mehrerer nicht nur eher leisten kann als der einzelne, sondern die auch innerlich eher jene als diesen zum rechtmäßigen Träger hat. Endlich ist die Regulierung der Eßgebärde, ihre Normierung nach ästhetischen Prinzipien ein Erfolg der Sozialisierung der Mahlzeit. In den niederen Ständen, wo die Mahlzeit wesentlich um das Essen seinem Stoffe nach zentriert, bilden sich keine typischen Regulative der Eßgebärde aus. In den höheren, in denen der Reiz des Zusammenseins bis zu seiner – mindestens angeblichen – Kulminierung in der »Gesellschaft« die bloße Materie der Mahlzeit dominiert, entsteht das für diese bestimmte Benehmen, ein Kodex von Regeln von der Haltung von Messer und Gabel bis zu den angemessenen Themen der Tischunterhaltung. Gegenüber dem Bilde der Esser in einem Bauernhaus oder bei einem Arbeiterfeste erscheint ein Diner in gebildeten Kreisen den Bewegungen der Personen nach völlig schematisiert, überindividuell reguliert. Diese strenge Normierung und Gleichgestaltung hat gar keinen äußeren Zweck, sie bedeutet ausschließlich die Aufhebung oder Umbildung, die die materialistisch individuelle Selbstsucht durch den Übergang in die Sozialform der Mahlzeit erfährt. Schon das Essen mit einem Gerät hat diese Basis seines ästhetischeren Stiles. Das Essen aus der Hand hat etwas entschieden Individualistischeres als das mit Messer und Gabel, es verknüpft den einzelnen unmittelbarer mit der Materie und ist die Äußerung der reserveloseren Begierde. Indem das Eßgerät diese letztere in eine gewisse Distanz rückt, wird eine gemeinsame, den Zusammenschluß mehrerer begünstigende Form über den Vorgang gelegt, wie sie bei dem Essen aus der Hand gar nicht besteht. In der Hantierung mit dem Eßgerät steigert sich dies Motiv, indem sich hier die allgemein normierte Form zugleich als die freiere offenbart. Messer und Gabel mit der ganzen Faust zu umschließen, ist häßlich, weil dies die Freiheit der Bewegung hindert. Die Eßgebärden des Ungebildeten sind hart und ungelenk, aber ohne überpersönliche Reguliertheit; die des Gebildeten besitzen diese Regulative, indem sie beweglich und frei wirken – wie ein Symbol davon, daß die soziale Normierung ihr eigentliches Leben erst an der Freiheit des Individuums gewinnt, die sich auf diese Weise als das Widerspiel des naturalistischen Individualismus zeigt. Und noch einmal dokumentiert sich hier diese Synthese: gegenüber der Schüssel, aus der in primitiven Epochen ein jeder einfach herauslangt, ist der Teller ein individualistisches Gebilde. Er zeigt an, daß diese Eßportion ausschließlich für diese eine Person abgeteilt ist. Die Rundform des Tellers markiert dies; die Kreislinie ist die abschließendste, ihren Inhalt am entschiedensten in sich konzentrierende – wogegen die für alle bestimmte Schüssel eckig oder oval, also weniger eifersüchtig geschlossen sein mag. Der Teller symbolisiert die *Ordnung*, die dem Bedürfnis des Einzelnen gibt, was ihm als einem Teile des gegliederten Ganzen zukommt, aber ihn dafür auch nicht über seine Grenzen hinausgreifen läßt. Aber nun hebt der Teller diesen symbolischen Individualismus doch wieder in eine höhere formale Gemeinsamkeit auf; die Teller eines Eßtisches müssen jeweils in sich völlig gleichartig sein, sie vertragen keinerlei Individualität; verschiedene Teller oder Gläser für die verschiedenen Personen würden absolut sinnwidrig und häßlich sein. Jeder Schritt, der die Mahlzeit in den unmittelbaren und sinnbildlichen Ausdruck höherer, synthetischer sozialer Werte aufwärts führt, läßt sie eben damit einen höheren ästhetischen Wert gewinnen. Deshalb verschwindet die ästhetische Versöhntheit der physischen Tatsache des Essens in dem Augenblick, wo selbst bei äußerlich bewahrter guter Form das Sozialisierungsmoment verschwindet – was sich an der Widrigkeit der Table d'hôte offenbart. Hier begegnet man sich ausgesprochenermaßen nur des Essens wegen, das Zusammen wird nicht als eigener Wert gesucht, sondern umgekehrt ist es die Voraussetzung, daß man trotz des Zusammensitzens mit all diesen Leuten dadurch in keinerlei Beziehung zu ihnen tritt. Aller Tafelschmuck und alles gute Benehmen kann hier nicht über die materialistische Pointierung des Eßzweckes hinweghelfen: die Aversion jedes feineren Empfindens gegen die Table d'hôte erweist, daß ausschließlich die Sozialisierung diesen Zweck in eine höhere ästhetische Ordnung leiten kann; den Reizen dieser Ordnung fehlt da, wo das Zusammensein als solches keinen selbständigen Sinn hat, gewissermaßen die Seele, und sie können der Widrigkeit, ja Häßlichkeit des physischen Eßvorganges keine Dekkung mehr bieten.

Nur darf die Ästhetik der Mahlzeit es nie vergessen, *was* sie denn eigentlich zu stilisieren hat: eine in den Niederungen des organischen Lebens gelegene und deshalb schlechthin durchgängige Bedürfnisbefriedigung. Wenn sie deshalb das materiell Individualistische zum Gegenstand hat, so darf sie gerade darum selbst nicht in individuelle Differenziertheit aufsteigen, sondern nur ein seelisches Nivellement verschönern und verfeinern, bis zu der Grenze, die dieses gestattet. Das *individuelle* Aussehen einer Speise würde sich mit ihrem Zwecke, verzehrt zu werden, nicht vertragen: das wäre wie Menschenfresserei. Deshalb gehören auch auf den Eßtisch nicht die gebrochenen, nüancierten modernen Farben, sondern die breiten, glänzenden, an ganz primäre Reizbarkeiten anknüpfenden: Weiß und Silber. In dem Meublement des Eßzimmers meidet man im allgemeinen sehr ausladende, bewegte, herausfordernde Formen und Farben und sucht ruhige, dunkle, schwere. Von Bildern bevorzugt man Familienbilder, denen keine zugespitzte Aufmerksamkeit entspricht, sondern das Gefühl des Gewöhnten, Verläßlichen, in die Breite der Lebensfundamente Zurückreichenden. Die Ästhetik in Arrangement und Ausschmückung der Speisen ist selbst bei den raffiniertesten Diners von sonst längst überwundenen Prinzipien geleitet: Symmetrie, ganz kindliche Farbenreize, primitive Formgebungen und Symbole. Auch der gedeckte Tisch darf nicht als ein in sich geschlossenes Kunstwerk erscheinen, so daß man nicht wagen möchte, seine Form zu zerstören. Während die Schönheit des Kunstwerkes ihr Wesen in der Unberührtheit hat, die uns in Distanz hält, ist es das Raffinement der Tafel, daß ihre Schönheit doch einladend sei, in sie einzubrechen. Jene streng generelle Fixierung der Eßgebärden ist für die höheren Stände aus der Rangstellung des Gebietes heraus um so notwendiger, als in ihnen die Versuchung zur Individualistik besonders naheliegt. Im Essen individuell zu sein, wie man es doch in dem Gang und der Tracht, in der Sprechweise und aller sonstigen Gebärde sein mag, wäre völlig deplaciert, nicht nur ein innerer Widerspruch, sondern das wertmäßig Unangemessene, daß ein Höheres an ein Niederes, in einer ganz anderen Dimension Gelegenes gewendet wird, an dem es keinen Ansatzpunkt findet, sondern sich ins Leere verlaufen muß. Auch die Tischunterhaltung darf sich, wenn sie im Stil bleiben will, nicht über die allgemeinen, typischen Gegenstände und Behandlungsarten, in individuelle Tiefen begeben. Nun ist zwar dies alles auch aus physiologischer Zweckmäßigkeit zu erklären. Denn diese fordert Unabgelenktheit und Unaufgeregtheit beim Essen. Aber dies drückt nur in der Sprache des Körpers den tieferen sozialpsychologischen Zusammenhang aus, daß hier einem ganz primitiven Bedürfnis sein sicheres Verbreitetsein eine soziale Realisierung verschafft hat, durch die es in die Sphäre höheren und geistigen Reizes aufgestiegen, aber doch von seiner Basis nicht ganz gelöst ist. Über die Banalität der gewöhnlichen Tischgespräche zu klagen, ist deshalb ganz mißverständlich. Die graziöse, aber immer in einer gewissen Allgemeinheit und Unintimität sich haltende Tischunterhaltung darf jenes Fundament nie *völlig* unfühlbar machen, weil erst an dessen festgehaltenem Charakter die ganze auflösende Leichtigkeit und Anmut ihres Oberflächenspieles sich offenbart.

Es mag hier daran erinnert werden, daß in einer ganzen Reihe von Lebensgebieten die niedrigsten Erscheinungen, ja die negativen Werte nicht nur die Durchgangspunkte für die Entwickelung des Höheren sind, nicht nur Hintergründe, von denen dieses sich abhebt, sondern ihre Niedrigkeit ist gerade als solche der Grund, daß das Höhere entsteht. So bemerkt Darwin, daß die körperliche Schwäche des Menschen im Vergleich etwa mit den gleich großen Tieren wahrscheinlich das Motiv gewesen sei, das ihn von der isolierten Existenz zur sozialen geführt habe; diese aber habe alle die Fähigkeiten des Intellekts und des Willens zur Entfaltung gebracht, durch die er nun nicht nur seine physische Inferiorität ergänzt, sondern die – also gerade auf Grund dieser – seine Gesamtstärke zur Überlegenheit über alle seine Gegner gesteigert habe. Unter den Elementen der persönlichen Sittlichkeit ist die gleiche Form zu finden. Die Verführbarkeit und Verführtheit, die Sünde und Schuld stehen zwar an dem einen Pol der sittlichen Skala, die sie vielleicht nicht einmal durch gleitende Übergänge mit dem Guten und Reinen verbindet; und dennoch ist die äußerste sittliche Höhe unmittelbar durch jene Dunkelheiten und Tiefstände unseres Daseins bedingt. Wer würde von sittlichem Verdienst sprechen, wenn es nicht des Kampfes mit der Versuchung – die die Legende deshalb auch den Heilanden nicht erspart – bedürfte, des Emporringens aus der Schwäche, dem Sinnlichen, Egoistischen? Daß über den reuigen Sünder mehr Freude im Himmel ist als über zehn Gerechte, drückt doch nur diesen inneren Aufbau aus, in dem das Negative kein bloßer Schatten über unseren Werten ist, keine Gegenrichtung, die ihrem Sinne nach von diesen schlechthin wegführt; sondern aus ihm selbst entfaltet sich wie aus einer positiven Energie sein Gegenteil. Nur das Dunkle und Böse kann, gleichsam in sich selbst umschlagend, das Lichteste und Wertvollste erzeugen, das uns erreichbar ist. Die Gleichgültigkeit und Banalität des Gebietes, von dem diese Zeilen handeln, sollen nicht darüber täuschen, daß auch in ihm die paradoxe Tiefe dieses Typus lebt. Daß wir essen müssen, ist eine in der Entwickelung unserer Lebenswerte so primitiv und niedrig gelegene Tatsächlichkeit, daß sie jedem Individuum fraglos mit jedem anderen gemein ist. Dies eben ermöglicht das Sichzusammenfinden zur gemeinsamen Mahlzeit, und an der so vermittelten Sozialisierung entfaltet sich die Überwindung des bloßen Naturalismus des Essens. Wäre es nicht etwas so Niederes, so hätte es also diese Brücke nicht gefunden, über die hin es zur Bedeutsamkeit des Opfermahles, zu der Stilisierung und Ästhetisierung seiner schließlichen Formen aufsteigt. Wenn es das Wesen des Tragischen ist, daß das Hohe an sich selbst zerbricht, wenn seine erschütterndsten Gestaltungen die ideellen Werte gerade mit ideellen Werten kämpfen und dadurch in das Nichtige oder Negative sinken lassen, so ist die hier verfolgte Entwickelung das genaue Gegenstück dieses Schicksals. Denn hier ist das Niedrige und Nichtige durch sich selbst über sich selbst hinausgewachsen, die Tiefe hat gerade, weil sie Tiefe ist, sich in die Höhe des Geistigeren und Sinnvolleren gehoben. Hier wie sonst tritt die Bedeutsamkeit des Lebenstypus gerade daran hervor, daß er auch das Unbedeutsame nach sich zu bilden nicht verschmäht.

Zur Psychologie der Mode

Sociologische Studie

Die physiologische Grundlage unseres Wesens, die uns auf den Wechsel von Ruhe und Bewegung, von Receptivität und Bethätigung hinweist, enthält damit auch den Typus unserer geistigen Entwickelung. Wenn unser Erkennen von der Bestrebung nach der höchsten Verallgemeinerung und Abstraction ebenso gelenkt wird, wie von dem Bedürfnisse, das Einzelne und Speciellste zu beschreiben; wenn unser Gefühlsleben bald in ruhiger Hingabe an Menschen und Dinge, bald in energischer Bethätigung ihnen gegenüber sich befriedigt; wenn unser sittliches Wesen in der socialisierenden Verschmelzung mit unserer Gruppe und in der individuellen Heraushebung aus derselben seine Pole, die Grenzen seiner Schwingungen findet – so sind alles dies gleichsam die provinziellen Ausgestaltungen der großen gegensätzlichen Kräfte, in deren Kampf und Ausgleichung unser Schicksal besteht. Diese Quellen und letzten Wesensrichtungen alles Menschlichen sind selbst nicht mit Worten zu bezeichnen; nur an jenen einzelnen Erscheinungen, die sie in ihrer Lenkung der einzelnen Lebensinhalte ergeben, an denen sie sich verwirklichen, kann man auf sie hinweisen und sie wie gleiche Kräfte aus verschiedenen Wirkungsgebieten herauslösen – mögen sie sich nun, vor Jahrtausenden als der Gegensatz der Eleaten und Heraklits, oder im Augenblick als der von Socialismus und Individualismus verkörpern. Die wesentlichen Lebensformen innerhalb der Geschichte unserer Gattung zeigen durchweg die Wirksamkeit dieser antagonistischen Principien, jede stellt auf ihrem Gebiete eine besondere Art dar, das Interesse an der Dauer und dem Beharren mit dem an der Veränderung und dem Wechsel zu vereinen, zwischen der Tendenz zum Allgemeinen und Gleichartigen und der zum Besonderen und Einzigartigen eine Versöhnung zu stiften, die Hingabe an das sociale Ganze und die Durchsetzung der Individualität zu einem Compromiß zu bringen.

In den socialen Ausgestaltungen dieser Gegensätze wird die eine Seite derselben meistens von der psychologischen Tendenz zur *Nachahmung* getragen. Die Nachahmung gewährt uns zunächst den Reiz einer zweckmäßigen Kraftbewährung, die doch keine erhebliche persönliche, schöpferische Anstrengung fordert, sondern wegen der Gegebenheit ihres Inhaltes leicht und glatt abrollt. Zugleich aber gibt sie uns die Beruhigung, bei diesem Handeln nicht allein zu stehen, sie erhebt sich über den bisherigen Ausübungen derselben Thätigkeit wie auf einem festen Unterbau, der die jetzige von der Schwierigkeit, sich selbst zu tragen, entlastet. In der Nachahmung trägt die Gruppe den Einzelnen, dem sie einfach die Formen seines Verhaltens überliefert und den sie so von der Qual der Wahl und von der individuellen Verantwortlichkeit für dieselbe befreit. Aber eben nur *einer* der Grundrichtungen unseres Wesens entspricht die Nachahmung, nur derjenigen, die sich an der Gleichmäßigkeit, der Einheitlichkeit, der Einschmelzung des Einzelnen in die Allgemeinheit befriedigt, die das Bleibende im Wechsel betont. Nicht so derjenigen, die umgekehrt den Wechsel im Bleibenden sucht, die individuelle Differenzierung, die Selbständigkeit, das Sichabheben von der Allgemeinheit. Betrachtet man diese beiden antagonistischen Tendenzen unter dem Bilde ihrer biologischen Grundformen, so kann man die Nachahmung als eine psychologische Vererbung bezeichnen, während das Streben über sie hinaus, zu neuen und eigenen Lebensformen, der Variabilität entspricht.

Für die Mode ist nun das Folgende wesentlich. Sie genügt einerseits dem Bedürfnis nach socialer Anlehnung, insoferne sie Nachahmung ist; sie führt den Einzelnen auf der Bahn, die alle gehen; andererseits aber befriedigt sie auch das Unterschiedsbedürfnis, die Tendenz auf Differenzierung, Abwechslung, Sichabheben, und zwar sowohl durch den Wechsel ihrer Inhalte, der der Mode von heute ein individuelles Gepräge gegenüber der von gestern und morgen gibt, wie durch den Umstand, daß Moden immer Classenmoden sind, daß die Moden der höheren Schicht sich von denen der tieferen unterscheiden und in dem Augenblick verlassen werden, in dem diese letzteren sie sich aneignen. *Die Mode ist eine besondere unter jenen Lebensformen, durch die man ein Compromiß zwischen der Tendenz nach socialer Egalisierung und der nach individuellen Unterschiedsreizen herzustellen suchte.* In dieses Grundwesen der Mode ordnen sich die einzelnen psychologischen Züge ein, die wir an ihr beobachten.

In sociologischer Beziehung ist sie, wie erwähnt, ein Product classenmäßiger Scheidung. Gerade wie die Ehre ursprünglich Standesehre ist, d.h. ihren Charakter und vor allem ihre sittlichen Rechte daraus zieht, daß der Einzelne in seiner Ehre zugleich die seines socialen

Kreises, seines Standes repräsentiert und wahrt: so bedeutet die Mode einerseits den Anschluß an die Gleichgestellten, andererseits den Abschluß dieser als einer ganzen Gruppe gegen die Tieferstehenden. Die gesellschaftlichen Formen, die Kleidung, die ästhetischen Beurtheilungen, der ganze Stil, in dem der Mensch sich ausdrückt, sind in fortwährender Umbildung durch die Mode begriffen, indeß so, daß die »Mode«, d. h. die neue Mode in alledem nur den oberen Ständen zukommt. Diese schließen sich dadurch von den unteren ab, sie markieren damit die Gleichheit ihrer Angehörigen untereinander und im gleichen Moment die Differenz gegen die Tieferstehenden. Sobald daher diese letzteren sich die Mode anzueignen beginnen – weil sie eben immer nach oben sehen und streben und das noch am ehesten auf den der Mode unterworfenen Gebieten können – so wenden sich die oberen Stände von dieser Mode ab und einer neuen zu, durch die sie sich wieder von den breiten Massen differenzieren. Dieses Abscheidungsmoment, das neben dem Nachahmungsmoment das Wesen der Mode bildet, zeigt sich beim Mangel übereinander gelagerter Schichten sogar an nebeneinander geordneten. Von einigen Naturvölkern wird berichtet, daß eng benachbarte und unter den genau gleichen Bedingungen lebende Gruppen manchmal scharf gesonderte Moden ausbilden, durch die jede Gruppe den Zusammenschluß nach innen ebenso wie die Differenz nach außen markiert. Dies Moment des inneren Zusammenschlusses wird in ein besonderes Licht durch die Thatsache gestellt, daß die Mode so sehr oft von außen stammt. Sie wird innerhalb eines Kreises mit specieller Vorliebe als »Mode« geschätzt, wenn sie nicht innerhalb dieses selbst entstanden ist. Dadurch, daß die Mode von außen kommt, schafft sie die besondere Socialisierung, die durch die gemeinsame Beziehung zu einem außerhalb gelegenen Punkt eintritt. Es scheint manchmal, als ob die Socialelemente, wie die Augenachsen, am besten auf einem nicht zu nahe gelegenen Punkt convergierten. Und damit nun neben dem centripetalen, socialisierenden Erfolge auch dieses Factum der Mode eine Variabilität, eine Befriedigung des Veränderungstriebes zeige – so garantiert der Ursprung der Mode von außen her besonders ihre *Neuheit*, d. h. den Unterschied gegen den bisherigen Stand, den scharf absetzenden Wechsel, der sich oft in Gegensätzen bewegt, weil man sich erst an diesen seiner recht bewußt wird. Von den gegenstrebenden Tendenzen unseres Wesens, für die jede Seite der Mode eine besondere Vereinheitlichung darstellt, findet hier die eine an der socialen Form der Mode, die andere an ihrem Inhalt ihre Befriedigung. Wo eines von beiden Momenten fehlt: entweder Bedürfnis und Möglichkeit, sich abzusondern, oder Bedürfnis und Wunsch, sich zusammenzuschließen, da endet das Reich der Mode. Darum haben die unteren Stände sehr wenige und seltene specifische Moden, die als solche gewollt würden, darum sind die Moden der Naturvölker sehr viel stabiler, als die unsrigen; aus dem umgekehrten Grunde kommt es in einem Kreise, in dem jedes Individuum für sich etwas Bestimmtes bedeuten will und die Nachahmung perhorresciert wird, zu keiner Mode. In Florenz soll es um 1390 deshalb keine herrschende Mode der männlichen Kleidung gegeben haben, weil jeder sie auf besondere Weise zu tragen suchte. Das Wesen der Mode besteht darin, daß immer nur ein Theil der Gruppe sie übt, die Gesammtheit aber sich auf dem Wege zu ihr befindet. Sie ist nie, sondern wird immer. Sobald sie total durchgedrungen ist, d.h. sobald einmal dasjenige, was ursprünglich nur einige thaten, wirklich von allen ausnahmslos geübt wird, bezeichnet man es nicht mehr als Mode, z.B. gewisse Elemente der Kleidung, der Umgangsformen. Aus dieser Thatsache, daß die Mode als solche eben noch nicht allgemein verbreitet sein kann, quillt nun für den Einzelnen die Befriedigung, daß sie an ihm immerhin noch etwas Besonderes, Auffälliges darstellt, während er zugleich doch von der nach Gleichem strebenden Gesammtheit – nicht wie bei sonstigen socialen Befriedigungen von der Gleiches thuenden Gesammtheit – getragen wird. Deshalb ist die Gesinnung, der der Modische begegnet, eine wohlthuende Mischung von Billigung und Neid.

Die Mode ist so der eigentliche Tummelplatz für Individuen, welche innerlich und inhaltlich unselbständig, anlehnungsbedürftig sind, deren Selbstgefühl aber doch einer gewissen Auszeichnung, Aufmerksamkeit, Besonderung bedarf. Sie erhebt eben auch den Unbedeutenden dadurch, daß sie ihn zum Repräsentanten einer Gesammtheit macht, er fühlt sich von einem Gesammtgeist getragen. In dem Modenarren und Gigerl erscheint dies auf eine Höhe gesteigert, auf der es wieder den Schein des Individualistischen, Besonderen, annimmt. Das Gigerl treibt die Tendenz der Mode über das sonst innegehaltene Maß hinaus: wenn spitze Schuhe Mode sind, läßt er die seinigen in Schiffsschnäbel münden, wenn hohe Kragen Mode sind, trägt er sie bis zu den Ohren, wenn es Mode ist, Sonntags in die Kirche zu gehen, bleibt er von Morgens bis Abends darin usw. Das Individuelle, das er vorstellt, besteht in quantitativer Steigerung von Elementen, die ihrem Quale nach eben Gemeingut der Menge sind. Er geht den anderen voraus, wenngleich genau auf ihrem Wege. Scheinbar marschiert er an der Tête der Gesammtheit, da es eben die letzterreichten Spitzen des öffentlichen Geschmacks sind, die er darstellt; thatsächlich aber gilt von dem Modehelden, was allenthalben im Verhältnis des einzelnen zu seiner socialen Gruppe zu beobachten ist: daß der Führende im Grunde der Geführte ist. Der Modeheld repräsentiert so ein wirklich originelles Gleichgewichtsverhältnis zwischen socialem und individualisierendem Trieb, und aus dem Reize davon verstehen wir die äußerlich so abstruse Modenarrheit manches sonst verständigen und sogar bedeutenden Menschen. – In primitiven, aber auch in höheren Verhältnissen entsteht eine Mode oft dadurch, daß eine irgendwie hervorragende Persönlichkeit einen Modus der Kleidung, des Betragens, der Interessen usw. erfindet, durch den sie sich von den anderen abhebt; die so aufgetauchte Auszeichnung suchen diese anderen nun wegen der Bedeutung jenes so schnell wie möglich nachzuahmen. Die Befriedigung des ersten liegt offenbar in der Mischung des Individualgefühles, etwas Besonderes zu haben, und des Socialgefühles, von der Allgemeinheit nachgeahmt und so durch ihren Geist getragen zu werden. Obgleich beide Gefühle sich logisch zu widersprechen scheinen, so vertragen sie sich psychologisch durchaus und steigern sich sogar. Jeder Nachahmende nimmt, natürlich in abgeschwächten Graden, an dieser Gefühlsconstellation theil, bis die Mode völlig durchgedrungen ist, also das individuelle Moment wegfällt. Eine gleiche Combination jener beiden Tendenzen, wie sie durch extremen Gehorsam der Mode gegenüber erreicht wird, kann man aber auch durch Opposition ihr gegenüber gewinnen. Wer sich bewußt unmodern trägt oder benimmt, erreicht das damit verbundene Individualisierungsgefühl nicht eigentlich durch eigene, individuelle Qualification, sondern durch bloße Negation des socialen Beispiels: wenn Modernität Nachahmung dieses letzteren ist, so ist die absichtliche Unmodernität seine Nachahmung mit umgekehrten Vorzeichen, die aber nicht weniger Zeugnis von der Macht der socialen Tendenz ablegt, die uns in irgend einer Weise, positiver oder negativer, von sich abhängig macht. Es kann sogar in ganzen Kreisen innerhalb einer ausgedehnten Gesellschaft direct Mode werden, sich unmodern zu tragen – eine der merkwürdigsten sociologischen Complicationen, in der der

Trieb nach individueller Auszeichnung sich erstens, wie gesagt, mit einer bloßen Umkehrung der socialen Nachahmung begnügt und zweitens seinerseits wieder seine Stärke aus der Anlehnung an einen gleich charakterisierten engeren Kreis zieht: sociologisch also ganz analog dem Vereine der Vereinsgegner.

Die sociologische Bedeutsamkeit der Mode, die den Egalisierungs- und den Individualisierungstrieb, den Reiz der Nachahmung und den der Auszeichnung zu gleich betontem Ausdruck bringt, mag es erklären, daß die Frauen im allgemeinen der Mode besonders stark anhängen. So sehr wissenschaftliche Besonnenheit auch alle Urtheile über die Frauen im Plural scheuen soll, so darf man doch wenigstens als die allgemeine Meinung anführen, daß ihr psychologisches Wesen, soweit es sich von dem männlichen unterscheidet, in einem Mangel an Differenzierung besteht, in einer größeren Gleichheit untereinander, einer stärkeren Bindung an den socialen Durchschnitt; wodurch sich denn ihre enge Beziehung zur Sitte, zu der allgemein giltigen Form, die »sich ziemt«, unmittelbar erklärt. Auf dem festgehaltenen Boden der Sitte, des Durchschnittlichen, des allgemeinen Niveaus aber streben sie nun stark zu der relativen Individualisierung und Auszeichnung der Einzelpersönlichkeit, die sich mit jenen socialen Grenzen noch verträgt. Die Mode bietet ihnen diese Combination: einerseits ein Gebiet allgemeiner Nachahmung, ein Schwimmen im breitesten socialen Fahrwasser, andererseits doch eine Auszeichnung, Betonung, individuelle Geschmücktheit der Persönlichkeit.

Und noch wo sie sich mit den letztergreifbaren psychischen Bewegungen kreuzt, wahrt sie ihr typisches Gleichgewichtsverhältnis zwischen den entgegengesetzten Tendenzen: es ist ihr zwar wesentlich, daß sie alle Individualitäten über einen Kamm scheert; allein immer doch so, daß sie nicht den ganzen Menschen ergreift; sie bleibt ihm, wegen ihrer Veränderlichkeit, die gerade an der Beständigkeit des Ichgefühles ihren Maßstab hat, immer etwas relativ äußerliches, gegen das er seine Persönlichkeit als *pièce de résistance* empfindet, wenigstens im Nothfall empfinden kann. Und es ist nur eine Steigerung dieser Nuance, wenn feine und eigenartige Menschen die Mode als eine Maske benützen, eine bewußte und gewollte Reserve ihres persönlichsten Empfindens und Geschmacks, die sie durch blinden Gehorsam gegen die Normen der Allgemeinheit in allem Aeußerlichen erreichen; es ist eine feine Scham und Scheu, durch die Besonderheit des äußeren Auftretens vielleicht die Besonderheit ihres innerlichsten Wesens zu verrathen, was manche Naturen in das verhüllende Nivellement der Mode flüchten läßt. Und nun überträgt sich jener gleichzeitig befriedigte Dualismus egalisierender Vereinheitlichung und individuellen Sichabhebens in die inneren Verhältnisse der Einzelseele hinein – gemäß jenes eigenthümlichen Parallelismus, in dem sich so oft die Beziehungen von Individuen untereinander in denen der Vorstellungen des einzelnen Individuums wiederholen. Mit mehr oder weniger Absicht schafft sich oft das Individuum für sich selbst ein Benehmen, einen Stil, der sich durch den Rhythmus seines Auftauchens, Sichgeltendmachens und Abtretens als Mode charakterisiert. Namentlich junge Menschen zeigen oft eine plötzliche Wunderlichkeit in ihrer Art, sich zu geben, ein unvermuthet, sachlich unbegründet auftretendes Interesse, das ihren ganzen Bewußtseinskreis beherrscht und ebenso irrational wieder verschwindet. Man kann dies als Personalmode bezeichnen, die einen Grenzfall der Socialmode bildet. Sie wird durch das individuelle Unterscheidungsbedürfnis getragen und ersetzt das Nachahmungs- und Socialbedürfnis durch die Concentration des eigenen Bewußtseins darauf, die einheitliche Färbung, die das eigene Wesen dadurch erhält und die vielleicht eine noch engere Geschlossenheit, ein noch innigeres Getragenwerden dieses einzelnen durch die Gesammtinhalte des Ich bedeutet, als wenn es zugleich die Mode anderer wäre.

Dadurch, daß in der Mode sozusagen die verschiedenen Dimensionen des Lebens ein eigenartiges Zusammenfallen gewinnen, wird der Gesammtrhythmus, in dem die Individuen und die Gruppen sich bewegen, auch auf ihr Verhältnis zur Mode bestimmend einwirken. Wir bemerken, daß Conservatismus und Variabilität sich in ganz unregelmäßiger Weise über die verschiedenen Schichten einer politischen Gruppe vertheilen. Einerseits sind die unteren Massen schwerer beweglich und langsamer entwickelbar. Sie stellen vielfach – wie es z. B. in England gelegentlich der dänischen und normannischen Eroberung recht auffällig ist – die Continuität des Volkslebens her, weil sie an ihren primitiven Lebensformen zäh festhalten, während die oberen Stände, wie der Wipfel eines Baumes von den Bewegungen der Atmosphäre, am lebhaftesten durch neue Einflüsse getroffen und modificiert werden. Andererseits sind gerade die höchsten Stände bekanntlich die conservativen, ja oft genug archaistisch und nur in den schwerfälligsten Rhythmen fortentwickelt. Der *Mittelstand* ist der der eigentlichen Variabilität, und deshalb ist die Geschichte der socialen und culturellen Bewegungen auch in ein ganz neues Tempo gekommen, seit der *tiers état* die Führung übernommen hat. Und daraus verstehen wir, wieso die Mode, die Wechsel- und Gegensatzform des Lebens, für deren Inhalte der Augenblick der erreichten Höhe zugleich der des Herabsinkens ist, seit eben dieser Zeit, seit dem Dominieren des Bürgerthums, sich auf soviel mehr Gebiete erstreckt, in soviel rascheren und farbigeren Rhythmen erklingt, soviel breitere Geltung gewonnen hat. Unruhige, nach Abwechslung drängende Classen und Individuen finden in der Mode das Tempo ihrer eigenen psychischen Bewegungen wieder: sie hat eine sehr spitze Bewußtseinscurve. Gerade darin, daß sie die Aufmerksamkeit sehr stark zu sich hinruft, eine momentane Aufgipfelung des socialen Bewußtseins auf einen bestimmten Punkt bedeutet, liegt auch schon ihr Todeskeim, ihre Bestimmung zum Abgelöstwerden. Irgend etwas sonst in gleicher Weise Neues und plötzlich Verbreitetes in der Theorie oder in der Praxis ist doch nie für denjenigen eine »Mode«, der an den Weiterbestand und die Wahrheit davon glaubt; sondern nur der wird es so bezeichnen, der von seinem ebenso schnellen Verschwinden, wie sein Kommen war, überzeugt ist.

Nun aber bietet sie im Gegensatz dazu die merkwürdige Erscheinung, daß jede einzelne Mode auftritt, *als ob sie ewig leben wollte.* Wer sich heute ein Mobiliar kauft, das ein Vierteljahrhundert halten soll, kauft es sich nach der neuesten Mode und zieht die, die vor zwei Jahren galt, überhaupt nicht mehr in Betracht. Und doch hat offenbar nach ein paar Jahren der Reiz der Mode jenes ebenso verlassen, wie dieses und überläßt beides anderen Kriterien zur Beurtheilung. Es scheint hier ein dialektisch-psychologischer Proceß stattzufinden: daß es thatsächlich immer eine Mode gibt, daß also die Mode als allgemeiner Begriff unsterblich ist, reflectiert auf jede einzelne ihrer Ausgestaltungen, obgleich das Wesen jeder einzelnen gerade ist, *nicht* unvergänglich zu sein. Die Thatsache, daß der Wechsel dauert, gibt hier jedem der Gegenstände, an dem der Wechsel sich vollzieht, einen psychologischen Schimmer von Dauer.

Es liegt aber der eigenthümlich pikante, anregende Reiz der Mode in dem Contraste zwischen ihrer ausgedehnten, alles ergreifenden Verbreitung und ihrer schnellen und gründlichen Vergänglichkeit – der andererseits auch noch jener scheinbare Anspruch auf dauernde Geltung gegenübersteht. Er liegt nicht weniger in der Enge, mit der sie einen bestimmten Kreis schließt und dessen Zusammengehörigkeit ebenso als ihre Ursache wie als ihre Wirkung zeigt – wie in der Entschiedenheit, mit der sie ihn gegen andere Kreise abschließt. Er liegt endlich ebenso in dem Getragensein durch einen socialen Kreis, der seinen Mitgliedern gegenseitige Nachahmung auferlegt und damit den Einzelnen von aller Verantwortlichkeit – der ethischen wie der ästhetischen – entlastet, wie in der Möglichkeit, nun doch innerhalb dieser Schranken individuelle Steigerung und originelle Nuancierung der Elemente der Mode zu producieren. So erweist sich die Mode nur als ein einzelnes, besonders charakterisiertes unter jenen mannigfachen Gebilden, in denen die sociale Zweckmäßigkeit die entgegengesetzten Strömungen des Lebens zu gleichen Rechten objectiviert hat.

II. Formale Soziologie

Das Objekt der Soziologie

Herkunft der soziologischen Forschung. Ein Blick auf unser geistiges Leben lehrt uns die Bestimmtheit des Theoretischen durch das Praktische. Zuerst sind wir handelnde Menschen, dann reflektierende. Die Anforderungen des Lebens lassen uns praktisch handeln, wir halten dies und das für richtig. Und dann kommt, erst nachträglich, die Theorie. So hat die praktische Bedeutung sozialer Fragen die theoretisch-sozialen Spekulationen hervorgerufen; das Interesse der Masse war Anlaß zur soziologischen Forschung.

Umfang der Soziologie. Alles, was nicht Wissenschaft von der äußeren Natur ist, ist Wissenschaft von der Gesellschaft, denn nie ist man ohne Gesellschaft, nie losgelöst von ihren Einflüssen. Die einzelnen Wissenschaften betrachten immer nur einzelne Seiten ihrer Gegenstände, in Wirklichkeit leben diese aber nur in der Gesellschaft. Da nun die Soziologie diese Zusammenhänge der Gesellschaft zu verstehen sich bemüht, hat man sie für die Geisteswissenschaft überhaupt erklärt. Nun kommt noch ein zweites hinzu, was dazu beiträgt, ihre Grenzen über Gebühr zu erweitern: Die Soziologie ist noch neu, sie hat noch keine bestimmte Grenzen, darum strömt nun alles mögliche an Problemen an sie heran. »Wissenschaft von dem, was in der Gesellschaft vorgeht«, das heißt Wissenschaft von allem menschlichen. So weit können wir sie unmöglich fassen, denn dann wäre nur ein neuer Name gefunden, und alles, was er deckt, wäre schon in Behandlung. Es wäre keine neue Wissenschaft, denn sie hätte kein neues Objekt und keine neuen Methoden.

Bestimmung der Aufgabe der Soziologie. »Alles, was in der Gesellschaft vorgeht«; das ist also zu weit gefasst. Aber was will denn dann die Soziologie eigentlich? Versuchen wir es an einem Beispiel, dem der Entstehung der Kulturgebilde, zu zeigen. Bisher versuchte man diese Frage auf zwei Arten zu beantworten. Entweder man gab die Vernunft des Menschen als ihren Schöpfer an, oder aber man schrieb ihre Herkunft einem Gotte zu. So bezeichnete man die Sprache als eine Erfindung zum Zwecke der Verständigung, oder man nannte sie ein Geschenk Gottes. In der Religion sah man göttliche Offenbarung, oder die Erfindung schlauer Priester. Man stellte die Alternative zwischen

Mensch oder Gott, und meinte, was der Mensch, der einzelne Mensch nicht produziere, das müsse aus anderen, unerklärlichen Quellen fließen. Wir haben indessen dies Rückgreifen auf einen mystischen Ursprung nicht nötig; wir sehen jetzt ein Drittes, und das zeigt uns die Soziologie, nämlich, den Menschen im Zusammenhang mit seinesgleichen; die Wechselwirkung mehrerer, aller Menschen.

Von einem einzelnen kann freilich Staatsverfassung, Religion, Sprache nicht geschaffen worden sein, indessen hat man auch nicht die Annahme von einem unmittelbaren Eingreifen Gottes vonnöten: Diese Dinge erklären sich aus der gegenseitigen Wirkung der Menschen aufeinander. Es kann durch das Zusammenwirken vieler etwas entstehen, was jenseits des Individuums steht, und doch nichts Transzendentes ist. – Und zu dieser Einsicht hat uns jene soziologische Erkenntnis von der Wechselwirkung in der menschlichen Gesellschaft verholfen. Wir haben somit ein Hilfsmittel der Forschung gewonnen, den vielfachen Erscheinungen des Lebens beizukommen. Der erste Sinn der Soziologie ist also: Sie ist eine neue *Methode*. Keine neue Wissenschaft, so wie die Induktion keine neue Wissenschaft ist, sondern eine neue Methode zur Erkenntnis, ein neuer Schlüssel zu alten Schlössern, ein neues Brechinstrument für die alten Nüsse.

Wir wollen aber die Soziologie als Wissenschaft behandeln, folglich müssen wir ein *Objekt* haben, einen besonderen Gegenstand, den sie behandelt. Welcher kann das sein? (Wir wollen zunächst feststellen, daß dieser Gegenstand keine neue, noch nie betrachtete Substanz zu sein braucht. Nur eine besondere *Art* der Betrachtung ist die Soziologie. Es liegt ihr kein neues Objekt zugrunde, wie die Elektrizität den Elektrizitätswissenschaften, sondern nur eine neue Seite desselben Gegenstands in seiner Totalität; vielmehr ist jede Wissenschaft Abstraktion. Eine Seite nur wird abstrahiert und zusammen mit ähnlichen Seiten anderer Gegenstände betrachtet. Zum Beispiel, es gibt doch keine Seite des menschlichen Lebens, von der man sagen kann, sie ist nur wirtschaftlich; so daß allein die Wirtschaftswissenschaft diesen Gegenstand behandeln dürfte. Ebenso betrachtet die Soziologie nicht neue unerhörte Tatsachen, sondern eine besondere, und zeigt, daß diese das Recht hat, abstrahiert zu werden.)

Um nun zu dem Objekt der soziologischen Wissenschaft zu gelangen, wollen wir zwei Elemente in der Gesellschaft unterscheiden, aus denen sie sich immerfort zusammensetzt; nämlich *Form* und *Inhalt* der Gesellschaft. Was ist nun ihre Form, was ihr Inhalt? Zunächst, was ist überhaupt Gesellschaft? Gesellschaft existiert, wo mehrere Individuen in Wechselwirkung (für- oder miteinander oder gegeneinander) treten. (Diese Definition ist nicht vollständig, sie ist nur für unseren Gebrauch). Diese Wechselwirkung geschieht nun immer aus Trieben, welche *terminus a quo* (z. B. Liebe, Hunger, Spieltrieb etc.) oder *terminus ad quem* (Erwerb, Verteidigung, Nahrung, Belehrung) sind. Das Zusammenwirken dieser Triebe ist die Einheit der Menschen, die wir Gesellschaft nennen. Wir kennen empirisch keine anderen Einheiten, als solche Wechselwirkungen mehrere Elemente. Der »Organismus« ist eine Einheit, und zwar, weil alle seine Teile zusammenarbeiten. Die Gesellschaft ist eine Einheit, weil und sofern alle ihre Individuen wechselwirken. Die Triebe oder Zwecke, aus denen diese Wechselwirkung hervorgeht, nennt sich nun Materie oder *Stoff* der Gesellschaft. Es gibt höchst mannigfaltige Stoffe, um derentwillen die Menschen in Verkehr treten. Offenbar aber sind diese »Stoffe«, diese Triebe an sich noch nicht sozialer Natur; sie sind noch nicht Gesellschaft, sondern bilden erst solche, indem sie sich in den Menschen verwirklichen zu einer Wechselwirkung. Die Tatsache des Verkehrs dagegen, die Vergesellschaftung ist die *Form*, welche sich um die Interessen der Menschen kristallisiert. Natürlich gibt es niemals in Wirklichkeit eine geformte Wechselwirkung, eine Gesellschaft ohne »Stoff«; immer ist beides, Form und Inhalt, untrennbar miteinander verbunden.

Den Gegenstand unserer Betrachtungen werden nun die Formen der Gesellschaft bilden; zuvor wollen wir nur noch untersuchen, ob wir auch ein Recht zu dieser gesonderten Betrachtung besitzen. Das Recht dazu beruht auf zwei Voraussetzungen:

1) daß bei verschiedenen Inhalten die gleiche Form der Gesellschaft auftrete,

2) daß das gleiche materiale Interesse sich in verschiedene Formen kleide. Wir müssen hier gegenseitige Freiheit fordern. Erst dann dürfen wir unsere abstrahierende Linie ziehen, wenn es eine Form gibt, die die mannigfaltigsten Inhalte umfaßt, und wenn es einen Inhalt gibt, der die mannigfaltigsten Formen annimmt. Diese gegenseitige

Unabhängigkeit von Form und Inhalt läßt sich tatsächlich nachweisen. Arbeitsteilung, Parteibildung, Konkurrenz sind z. B. Formen der Vergesellschaftung, welche an den verschiedensten Inhalten stattfinden können, z. B. an Verschwörungen, religiösen Gemeinschaften, Familien u. s. w. Oder es ist ein stoffliches Interesse, realisiert durch so verschiedene Formen wie Abschluß oder Anschluß an andere Genossenschaften, Zusammenschluß oder Gegnerschaft und dergleichen. Es kann also eine Form verschiedene Inhalte haben und derselbe Inhalt verschiedene Formen annehmen. Und wenn auch in Wirklichkeit Stoff und Form untrennbar sind, so ist doch damit der Wissenschaft, die ja immer nur eine oder die andere Seite greifen kann, das Recht zur Abstraktion gegeben. Sie darf diese Formen also als ein besonderes Gebiet von eigenen Gesetzen zusammenschließend betrachten.

Erst hiermit ist beschrieben, was an einer Gesellschaft wirklich Gesellschaft ist. Gesellschaft hat zwei Bedeutungen: Einmal ist es der Komplex der Individuen, das gesellschaftlich geformte Menschenmaterial, die Summe der Menschen. Dann ist Gesellschaft aber auch die *Summe der Beziehungsformen*, vermöge deren aus den Individuen die Gesellschaft im vorigen Sinne wird. Denn ohne diese Formen wäre die Individuenssumme keine Gesellschaft. (Es ist wie bei einer Kugel: Die Kugel ist (1) das Stück Materie, Eisen oder Stein oder sonst etwas, (2) die Form, ohne welche es eben keine Kugel wäre.) Die Soziologie verhält sich zu den anderen Wissenschaften wie die Geometrie zu den physikalisch-chemischen. Geometrie und Soziologie beschäftigen sich nur mit Formen. Ihre Betrachtungen sind abstrakt.

Die Soziologie betrachtet die Formen, nicht die Inhalte des gesellschaftlichen Lebens. Die Forschungsmethode dieser Soziologie ist die reine induktive. Von einem Gesellschaftsbegriff können wir nicht ausgehen; denn Gesellschaft ist die Summe der Arten, auf die Menschen miteinander oder gegeneinander wirken. Erst, wenn wir alle dieser Arten kennen, haben wir den Gesellschaftsbegriff. Definitionen sind ohne Wert und leer.

Zur Soziologie der Familie

I

Neu auftretende Wissenschaften genießen den zweifelhaften Vorzug, für alle möglichen, in der Luft liegenden und nicht recht unterzubringenden Probleme eine vorläufige Heimstätte bieten zu müssen. Die unvermeidliche Unbestimmtheit und Unvertheidigtheit ihrer Grenzen lockt alle Heimathlosen an, bis ihr Wachsthum allmählich die nicht hineingehörigen Elemente wieder ausstößt, und sie in freilich enttäuschende, aber eben deshalb künftiger Enttäuschung vorbeugende Schranken einpaßt. So beginnt die wirre Masse von Problemen, die sich an die neue Wissenschaft der Soziologie herandrängten, sich zu lichten, sie fängt an, das Heimathsrecht in ihr nicht mehr wahllos auszutheilen, und wenngleich es noch nicht unbestritten ist, welche genauere Form denn die Umfangslinien ihres Bezirks haben, so sind doch allenthalben ernsthafte wissenschaftliche Bemühungen sichtbar, solche Linien überhaupt festzulegen. Eine Zeit lang schien Soziologie das Zauberwort, das allen Räthseln der Geschichte wie des praktischen Lebens, der Sittenlehre wie der Aesthetik, der Religion wie der Politik Erlösung winkte, und man hält z. B. in Frankreich daran noch ziemlich allgemein fest. In Deutschland und Nordamerika dagegen sind jene bescheidneren Theorien entstanden, die darauf verzichten, in einer einzigen Wissenschaft die Erkenntniß alles dessen zusammenzufassen, was sich je im Rahmen einer Gesellschaft abgespielt hat. Sie verstehen die neue Wissenschaft entweder als einen Zweig der Psychologie, derjenigen nämlich, die die sozial veranlaßten und sozial geäußerten Seelenvorgänge des Individuums behandelt, oder als die Wissenschaft von den gemeinsamen Voraussetzungen aller die Gesellschaft betreffenden Erkenntnisse, oder als die Philosophie des sozialen Geschehens, oder endlich als die Erforschung der Formen, in denen sich Menschen vergesellschaften, und die das gleiche Wesen und Entwicklung durch alle Mannigfaltigkeit der Zwecke und Inhalte hindurch zeigen, um die herum sich die Gesellschaften kristallisiren.

Für alle diese umgrenzteren Ziele der Soziologie ist die Geschichte der Familie ein Material von besonderer Bedeutung. Denn in ihr haben wir eine Sozialisirung weniger Personen, die sich innerhalb jeder größeren Gruppe unzählige Male in der genau gleichen Form wiederholt und aus einfachen, Jedem nachfühlbaren Interessen hervorgeht, aus diesen Ursachen also verhältnißmäßig leicht erkennbar ist; wir haben zudem eine außerordentliche Mannigfaltigkeit von Familienformen in den verschiedenen Kulturstufen, und da die Familie überhaupt eine dauernde Gruppirung bei allem Wechsel der sonstigen Lebensformen ist, so können wir an dem Einfluß dieser auf die ehelichen und verwandtschaftlichen Verhältnisse oft genau deren eigenes Wesen und Kraft prüfen; endlich vereinigt die Ehe und Familie trotz ihrer sehr einfachen Struktur eine große Fülle ganz verschiedener Interessen – erotischer wie ökonomischer, religiöser wie sozialer, Interessen der Macht wie der individuellen Ausbildung – und zeigt dadurch an einem durchsichtigen Beispiel, wie alle diese Momente, in ihrer Kombination und dem wechselnden Uebergewicht des einzelnen, auf das Zusammenleben der Menschen wirken. Von diesen Gesichtspunkten aus will ich hier einige Thatsachen und Ueberlegungen vortragen, die sich aus den neuesten Forschungen und sozialpsychologischen Analysen der Familiengeschichte ergeben.

Die nächstliegende historische Vermuthung ist, daß die Ehe sich aus einem Zustand thierisch ungeregelter, willkürlich wechselnder Beziehungen zwischen Mann und Weib herausgebildet habe. Feste Ordnungen, beschränkende Normen erscheinen uns allenthalben erst als spätere Stadien von Entwickelungen, die mit sinnlosem Chaos begonnen haben, und so schienen die bestimmten dauernden Beziehungen, die wir als Ehe und Familie bezeichnen, erst das Resultat sozialer Zucht, erprobter Zweckmäßigkeit sein zu können; denn als das Minimum von Ehe muß man doch diejenige Beziehung zwischen Mann und Weib bezeichnen, welche über die Geburt des Sprößlings hinausreicht und in der eine Gemeinsamkeit der Lebensfürsorge stattfindet. Die Hauptstütze fand diese Vorstellung einer ursprünglichen Ehelosigkeit in dem sogenannten Mutterrecht. Man hat bekanntlich vor einigen Jahrzehnten entdeckt, daß bei sehr vielen Naturvölkern und wahrscheinlich auch in früheren Stadien jetziger Kulturvölker nicht der Vater, sondern die Mutter das Zentrum der Familie bildete. Auch wo die Ehe schon existirt, gehört dennoch vielfach das Kind nicht zum Stamme des Vaters, sondern zu dem der Mutter, der Vater gilt nicht mit dem Kinde verwandt, es erbt auch nicht von ihm, sondern von dem Bruder der Mutter. Es lag am nächsten, dieses wunderliche Verhältniß als einen Erfolg und Rest früherer Zustände zu erklären, in denen der Vater überhaupt nicht bekannt war, weil kein bestimmtes Eheband bestand und Weibergemeinschaft herrschte. Nun hat man aber ganz neuerdings entdeckt, daß bei mehreren Völkergruppen gerade die allertiefststehenden Abtheilungen Vaterrecht haben, Abstammung und Erbschaft in väterlicher Linie kennen, während die höher entwickelten die Mutterfolge aufweisen, die sich doch gerade an die niedrigste Stufe anschließen und sie verrathen sollte. Bei den höchststehenden Indianern, die schon bei Ankunft der Europäer Getreide bauten und eine feste soziale Organisation besaßen, gilt durchgehends die weibliche Abstammungslinie; bei den tiefststehenden, denen jenes beides mangelt, die männliche. Genau dasselbe Verhältniß findet sich bei den Australnegern, ja, es scheint festzustehen, daß bei diesen das Vaterrecht die früheste vorhandene Familienform war, und sich aus diesem erst, aus noch unbekannten Gründen, die Mutterfolge entwickelt habe, d. h. die Zugehörigkeit des Kindes zu dem Stamme der Mutter – wenngleich auch dabei von Weibergemeinschaft und Unsicherheit der Vaterschaft nicht die Rede sei.

Jenes Hauptargument für einen ursprünglichen Mangel jedes individuellen und dauernden Verhältnisses zwischen Mann und Weib zeigt sich also als hinfällig. Es bietet sich hier übrigens ein interessanter Einblick in die Bedeutung aller derartiger Rekonstruktionen der frühesten Zustände aus den späteren. Aus den Folgen der Eifersucht konstruirt ein Forscher die Nothwendigkeit eines ursprünglich ganz freien, promiskuen Zustandes. Hätte nämlich von Anfang an ein Privatbesitz von Frauen bestanden, so wäre irgend eine Stammesbildung und Organisation unmöglich gewesen, denn die eifersüchtigen Gefühle der Männer würden jedes nahe Zusammenleben, – jede genossenschaftliche Vereinigung im Keime erstickt haben. Damit es also zu einer solchen, zur Bildung größerer und dauernder Gruppen käme, muß durchaus gegenseitige Duldung der erwachsenen Männer, Freiheit von Eifersucht, d. h. also Unbeschränktheit der Beziehungen zwischen jedem Mann und jedem Weib vorausgesetzt werden. Ganz umgekehrt schließt ein anderer Gelehrter: Gerade bei den letztgenannten Zuständen mußte fortwährende Eifersucht entstehen. So lange nicht geregelte Beziehungen zwischen den Geschlechtern existiren, und der Mann in der Frau einen ausschließlichen, für die andern gar nicht in Frage kommenden Besitz hätte, müsse der Kampf um das Weib – da doch nicht alle gleich begehrenswerth wären – die Quelle fortwährender Entzweiung der männlichen Individuen untereinander sein. Erst wenn die Beziehungen dieser zu den Frauen gesondert und gesichert waren, wenn der Besitz von Frauen zwar begrenzt, aber dafür auch den anderen gegenüber geschützt war, konnte es zu dem inneren Frieden innerhalb einer Gruppe und damit zu den größeren und bestandfähigeren Organisationen kommen. Die Thatsachen also, daß wir solche vor uns sehen und daß das Gefühl der Eifersucht die Männer auseinander hält, bringen den einen zu dem Schlusse, daß am Anfang der Entwicklung nur regellose, den anderen, daß nur geregelte Zustände geherrscht haben können.

Einen weiteren Beweis für den ursprünglichen Mangel an bestimmten ehelichen Verhältnissen hat man darauf gegründet, daß bei manchen Völkern die Bezeichnungen für Neffe und Nichte die gleichen sind wie für Sohn und Tochter, diejenigen für Kousin und Kousine dieselben wie für Bruder und Schwester. Solche Benennungen könnten nur in dem Falle entstanden sein, daß jedes Weib mit allen Männern ihrer Gruppe, also auch mit ihren eigenen Brüdern, in ehelichen Beziehungen stand; der Vater und der Mutterbruder, und in Folge dessen der Sohn und der Neffe waren unter diesen Umständen oft identisch, oder konnten wenigstens nicht unterschieden werden. Wenn nun auch dieser Zustand jetzt nirgends mehr auffindbar wäre, so bewiese doch jene Benennung, daß er einstmals bestanden haben müsse; denn derartige Namensysteme entständen immer nur als Ausdruck für real existirende Verhältnisse, lebten aber freilich weiter, nachdem sie durch die Weiterentwickelung der letzteren längst sinnlos geworden seien. Auch diese Begründung eines ursprünglichen Ehekommunismus hat sich als unzulänglich erwiesen, insbesondere seit wir die soziale Verfassung der Australneger besser kennen und aus ihr gesehen haben, daß die Bezeichnung als Vater oder Sohn bei primitiven Völkerschaften überhaupt keinen Hinweis auf irgend eine Verwandtschaft, sondern nur auf einen Altersunterschied zu geben braucht, gerade wie noch bei uns derartige Sprachgebräuche im Schwange sind. Der Australneger theilt den Lebenslauf jedes Individuums in drei Abschnitte: Kind, junger Mann, alter Mann, bezw. Frau. Ursprünglich entschied ausschließlich diese Schichtung nach Generationen, welcher Verwandtschaftsausdruck für die einzelnen Personen galt: d.h. die Mitglieder der älteren Schicht wurden unterschiedslos als »Väter« oder »Mütter« der jüngeren bezeichnet, die der höchsten als Großeltern der jüngsten. Die Ausdrükke Vater oder Mutter, Sohn oder Tochter bedeuten also durchaus nicht das physiologische, blutsverwandtschaftliche Verhältniß, das wir mit dem entsprechenden Wort verbinden, sondern nur Unterscheidungen zwischen Alt und Jung. Nichtsdestoweniger kennt der Australier ganz genau seinen wirklichen Vater und seine Mutter, nur hat er kein besonderes Wort, das diese begrifflich von den anderen Mitgliedern derselben Schicht unterschiede. Wie sehr hier thatsächlich nur ein Mangel der Begriffs- und Sprachbildung vorliegt, nicht aber ein Mangel an thatsächlichem Unterscheidungsvermögen, beweist die Thatsache, daß manche Stämme nicht einmal ein besonderes Wort für Vater und ein anderes für Mutter haben; wollen sie den Unterschied der Geschlechter innerhalb der älteren Schicht bezeichnen, so müssen sie zu dem gemeinsamen Ausdruck für beide noch das Wort Mann oder Weib hinzufügen. So wenig man also hier behaupten kann, daß der Mangel eines unterscheidenden Ausdrucks auf eine Unmöglichkeit oder ein Unterbleiben der Unterscheidung deute, so wenig kann man aus der unterschiedslosen Bezeichnung aller älteren Männer als Vater deduziren, daß hier eine wirkliche oder ehemalige Unbekanntheit des Vaters, also ein Ehekommunismus vorliege.

Wir sind so durch keine feststellbare Thatsache genöthigt, die monogamische oder überhaupt eine bestimmte, durch Sitte und Gesetz geregelte Eheform aus einem früheren Zustand völliger Zügellosigkeit entspringen zu lassen. Es wäre vielmehr möglich, daß der Mensch, ebenso wie manche Thiere – insbesondere die meisten Vögel – von Natur monogamisch sei und nur durch besondere Umstände, wie sie auf allen Gebieten die natürlichen Bestrebungen modifiziren und beirren, in Ungebundenheit der Beziehungen, in Polyandrie oder Polygynie gefallen sei. Hierfür sprechen manche Erwägungen. Zunächst findet sich völlige, regellose Willkür in dem Verhältniß zwischen Mann und Weib bei keinem bekannten Volk der Erde, und wo sie theilweise besteht, zeigen merkwürdige Gegensätze darin, daß sie nicht als allgemein giltige Phasen menschlicher Entwicklung anzusehen ist. So giebt es z. B. einige Naturvölker, bei denen die jungen Mädchen absolute Freiheit genießen, ja, wo es ihnen zum besonderen Ansehen gereicht, recht viele Liebhaber zu besitzen, weil dies die Stärke ihrer Reize beweise – während sie vom Augenblick der Eheschließung an ihrem Gatten absolut treu sind. Von anderen wird das direkte Gegentheil berichtet: strengste Keuschheit der Mädchen und unbedingte Abenteuerlust der Frauen. Daß die Vielweiberei keine typische Eheform sein kann, folgt aus der einfachen Thatsache, daß es allenthalben nur ungefähr soviel Frauen wie Männer giebt, der Besitz mehrer Frauen also immer nur ein Privilegium weniger, der großen Menge aber versagt sein muß. Auch Vielmännerei findet nur unter ganz besonderen Umständen statt, z. B. im Hochlande von Tibet, wo die Ernährungsschwierigkeit eine so große ist, daß die Ehe den Männern als ein lästiges und schwieriges Engagement erscheint, in das sich deshalb mehrere theilen. Auch haben sich die meisten Fälle von Vielmännerei nicht eigentlich als Eheform, sondern als eine Einehe mit mehreren Liebhabern herausgestellt. Es finden sich neben diesen Formen nun mancherlei Mischformen, z. B. die sogenannten Dreiviertelsehen, die man in einem arabischen Stamm beobachtet hat. Dort verpflichtet sich nämlich das Mädchen beim Eingehen der Ehe, ihrem Gatten eine bestimmte Anzahl von Wochentagen treu zu sein – –. Ein Reisender beschreibt sehr ergötzlich, wie die Brautgeschenke des Werbers von den Schwiegereltern geprüft und zuerst so unbedeutend gefunden werden, daß dafür nicht mehr als zwei Tage Treue in der Woche versprochen werden könnten, bis endlich nach leidenschaftlichem Hin- und Herfeilschen die Schwiegermutter das erlösende Wort spricht: »Meine Tochter soll dir Montags, Dienstags, Donnerstags und Freitags treu sein!« Eine andere Mischform bilden die Zeitehen der schiitischen Mohammedaner. Dies sind legale, von vorgeschriebenen Bedingungen abhängige Ehen, die meistens von den Priestern geschlossen werden, aber nur auf eine vorher festgesetzte Zeit – von einer Stunde bis zu 99 Jahren. Die Kinder einer solchen rechtlich völlig anerkannten Ehe sind gleichfalls legitim, wie die einer lebenslänglichen. Endlich findet sich eine wunderliche Eheform bei den äußerst tiefstehenden, momentan die unterste Entwickelungsstufe unserer Art darstellenden Australnegern: Ihre Stämme sind größtentheils in Heirathsklassen eingetheilt; es finden sich also z. B. bei den Kamilaroi zwei Klassen, in deren einer die Männer Ippai, die Frauen Ippata heißen, in der andern die Männer Cubbi, die Frauen Cubbota. Nun darf ein Ippai ausschließlich eine Cubbota, ein Cubbi nur eine Ippata heirathen, und jede Heirath etwa des ersteren mit einer Ippata, auch wenn sie ihm absolut nicht blutverwandt ist, ist streng verboten. Dafür aber gilt er mit allen überhaupt vorhandenen Cubbotas sozusagen als potentiell verheirathet, und wenn er in einem ganz entlegenen Dorfe eine Cubbota antrifft, die er nie zuvor gesehen hat, so ist es ihnen ganz natürlich, in ein eheliches, wenn auch flüchtiges Verhältniß zu treten. – Alle diese mannichfaltigen Formen der Beziehung zwischen Mann und Weib charakterisiren sich als Ergebnisse besonderer historischer Umstände, und keine einzige enthüllt uns einen »Urzustand«, auf den ein natürlicher, überall gleichmäßig vorauszusetzender Trieb führte. Soll es dennoch durchaus einen solchen geben, so ist der monogamische in keiner Weise schlechter bezeugt, als der der Regellosigkeit. Ja, die Entwickelung der Ehe strebt allenthalben aus polygamischen und polyandrischen Formen zur Monogamie. Von den ersteren wird fast allgemein berichtet, daß *eine* Frau eine legal oder gewohnheitsmäßig führende Stellung unter den verschiedenen Frauen eines Mannes einnehme: entweder die zuerst heimgeführte, oder die vornehmste, oder die Lieblingsfrau. Aus diesem Grunde streben sogar z. B. die Zulufrauen, ihren Männern aus ihren Ersparnissen eine zweite Frau zu kaufen: weil diese der ersten gegenüber die Stelle einer Magd hat. Die Stellung des *primus inter pares*, die die Hauptfrau in der Polygamie einnimmt, pflegt sich, wie es dieser Stellung überhaupt eigen ist, zu der des *primus* schlechthin zu entwickeln: es kommt vor, daß die Kinder auch der Nebenfrauen die Oberfrau als ihre rechte Mutter betrachten. Je bedeutsamer nun innerlich und äußerlich die Stellung dieser *einen* Frau wird, desto tiefer wird die der anderen Frauen herabgedrückt, bis dieser soziologische Scheidungsprozeß damit endet, daß überhaupt nur eine Ehefrau existirt und alle daneben stehenden Beziehungen zu Frauen illegitim oder verboten sind. Man könnte also jene andersartigen Verhältnisse sehr wohl als Zwischenstufen auffassen, denen gegenüber der monogamische Instinkt sowohl die vorangehenden wie die folgenden Zustände beherrschte. Es wäre dies nur einer der häufigen Fälle, in denen die höchste Entwicklungsstufe die Form der niedrigsten wiederholt, nur geläutert, gesichert, vervollkommnet. Allein diese unbezweifelbare Möglichkeit ist allerdings noch nicht Wahrscheinlichkeit. Als solche erscheint mir vielmehr die Vorstellung, daß der unendlichen Verschiedenheit der Eheformen auch eine Verschiedenheit der ursprünglichen Anlagen und Instinkte entsprochen habe. Wie innerhalb desselben Gesellschaftskreises die Individuen bei aller Gleichheit der äußeren Umstände sich dennoch in dieser Hinsicht äußerst verschieden verhalten, entschieden monogame Naturen neben entschieden polygam veranlagten stehen, so können ebenso ganze Gruppen schon an den frühsten Punkten ihrer Entwicklung ganz entgegengesetzte Instinkte und also Zustände aufgewiesen haben. Hier wie bei vielen anderen Fragen ist es eine falsche Nachgiebigkeit gegenüber dem Einheitstrieb unseres Denkens, der Verschiedenheit der historischen Erscheinungen um jeden Preis eine Gleichheit des prähistorischen Anfangs unterbauen zu wollen.

II

Mag man sich die primitiven Ehe- oder Uneheverhältnisse denken wie man will; unzweifelhaft scheint mir allerdings, daß der feste Kern, um den die Familie herumgewachsen ist, nicht das Verhältniß zwischen Mann und Weib, sondern zwischen Mutter und Kind ist. Dies ist der ruhende Pol in der Flucht der Erscheinungen des Ehelebens, die im wesentlichen überall gleiche Beziehung, während die zwischen den Gatten unendlicher Wandlungen fähig ist. Deshalb ist bei vielen primitiven Völkern das Verhältniß des Familienvaters zu den Kindern keineswegs das unmittelbare, natürlich begründete, wie bei uns. Das Kind gehört der Mutter; dem Vater nur insoweit, als die Mutter ihm gehört – wie die Früchte des Baumes dem gehören, der der Eigenthümer des Baumes ist. Als Ursache oder als Folge hiervon treffen wir vielfach eine uns fast unverständliche Gleichgiltigkeit dagegen an, wer denn der wirkliche physische Vater des Kindes ist; sobald die Mutter einem bestimmten Manne gehört, ist das Kind eben das seinige, gleichviel, ob er weiß, daß nicht sein Blut in dessen Adern fließt. Daher das häufige Verborgen und Vertauschen der Frauen bei Naturvölkern. Was die frühen Familienformen charakterisirt, ist deshalb nicht, wie man gemeint hat, die Unbekanntheit des Vaters, sondern die Gleichgiltigkeit dagegen, wer der Vater im physiologischen Sinne ist. Ich führe einige auffallende Beispiele dafür an, wie sehr der Begriff des Vaters ein blos rechtlicher, der Frage der Blutszugehörigkeit ganz fremder sein kann. Bei einigen Völkern werden unreife Knaben mit erwachsenen Mädchen verlobt, welche bis zum Heranwachsen jener mit anderen Männern, oft mit dem Schwiegervater in Beziehungen treten. Die Kinder dieser Verbindungen gelten dann ganz fraglos für die Kinder des Knaben, der der rechtliche Besitzer des Mädchens ist. Bei den Kaffern erbt der Sohn die Weiber seines Vaters. Er selbst hält sich von ihnen fern, leiht sie aber an andere aus und die so erzeugten Kinder sind seine eigenen; d.h. – die hier fragliche Vorstellung noch verstärkend – sie gelten als Kinder des Verstorbenen, wie bei der Leviratsehe, und da aller Besitz dieses auf den Sohn übergeht, so gehören ihm nun auch diese Kinder, und zwar unmittelbar, nicht etwa erst durch einen Adoptions- oder besonderen Anerkennungsakt. Der schlagendste Fall aber ist die häufige Erscheinung in primitiven Stämmen, daß die Männer direkt danach streben, ihre Frauen mit dem Häuptling, dem Priester oder sonst hervorragenden Männern in Verkehr treten zu lassen, weil sie glauben, daß die Kinder, die ungeachtet dessen eben die ihrigen sind, die ausgezeichneten Eigenschaften ihrer Erzeuger erben werden und dies ihnen und ihrer Familie zu gute kommt. Hier haben wir also das klar und folgenreich bewußte Erzeugerthum in so scharfer Abtrennung vom Vaterthum, wie wir, denen gerade die Einheit von beiden das Selbstverständliche ist, sie kaum mehr nachfühlen können. Der Begriff des Vaters mußte eine lange Entwicklung durchmachen, ehe sein ursprünglicher Sinn, der nur den Besitz des Kindes vermittels des Besitzes der Mutter einschloß, zu dem eines direkten und individuellen Verhältnisses zwischen dem Erzeuger und dem Kind aufgewachsen war.

Diese Entwicklung knüpft sich aller Wahrscheinlichkeit nach an die des Privateigenthums. Als der Mann einen persönlichen, umfänglicheren Besitz mit Kampf und Arbeit erworben und vertheidigt hatte, wünschte er ihn einem Erben seines eigenen Blutes zu hinterlassen. An dem Begriff der Gütervererbung ist, wie ich glaube, der der Blutsvererbung nach ihrer hier betrachteten Seite erwachsen und erstarkt. Es kam sozusagen auf die Vaterschaft noch nicht so sehr an, so lange noch keine erheblichen Konsequenzen in Bezug auf den Besitz damit verknüpft waren. Sobald aber dies Interesse auftritt, bringt es die Forderung der unbedingten ehelichen Treue seitens der Frau mit sich – wenngleich die des Mannes, wie ersichtlich, nicht aus der gleichen Wurzel entspringt und auch thatsächlich sich sehr viel langsamer zu der gleichen Strenge entwickelt. Diese Forderung an den Mann findet wahrscheinlich nur in dem Maße wachsender Gleichberechtigung der Frauen mit den Männern statt, in Folge deren diejenigen Beschränkungen, denen die Frauen unterworfen sind, auch den Männern als Gebote einfacher Gerechtigkeit erscheinen – auch wenn die reale Veranlassung, die sie für jene entstehen ließ, für diese gar nicht in Frage kommt.

Allein eben dieser Entstehungsgrund der ehelichen Treue – natürlich nur einer unter vielen zusammenwirkenden – bringt uns die als sicher anzusehende Thatsache nahe, daß die individuelle Liebe, die jetzt, wenigstens der allgemeinen Meinung nach, das Fundament der Ehe und der Bestimmungsgrund ihrer Qualitäten und ihres Verlaufs ist, ursprünglich gar nichts mit ihr zu thun hatte, sondern daß umgekehrt die einzelnen Bestimmungen und Inhalte der Ehe aus gesonderten, oft genug sehr äußerlichen Ursachen hervorgingen und ihrerseits erst die Liebe als ein individuelles Herzensverhältniß entstehen ließen. Zunächst ist die strenge Monogamie in der Ehe wohl nur aus dem Siege des demokratischen Prinzips hervorgegangen. Ich erwähnte schon, daß überall die Masse der Männer thatsächlich auf *eine* Frau angewiesen ist, weil eben nicht mehr auf jeden kommt; wo also auch Vielweiberei gesetzlich gestattet ist, da finden wir sie doch durchgehends nur als einen Vorzug der Fürsten, der Reichen, der irgendwie Hervorragenden. In dem Maße nun, in dem die große Masse den Herrschenden gegenüber zu Rechten kommt – nicht nur zu politischen, sondern auch zu moralischen –, prägt sie ihre eignen Lebensnormen zu sittlich sozialen Gesetzen aus, denen nun auch jene ursprünglich Ausgenommenen unterliegen; die Monogamie, die uns in so vielen ethnologischen Thatsachen als eine erzwungene äußerliche Beschränkung derer, die es eben nicht besser haben können, entgegentritt, wird mit wachsender sozialer Nivellirung ein innerliches, moralisches Gebot für Alle. Es ist dies dasselbe Erklärungsprinzip, aus dem man das Fasten als Zeichen der Trauer, wie es schon bei vielen Naturvölkern vorkommt, hergeleitet hat. Die Furcht vor dem spukenden Geist des Verstorbenen bewog die Hinterbliebenen, ihn durch reichliche Nahrungsopfer zu versöhnen. Da nun die Lebensmittel sehr oft nur gerade zureichten, so mußte durch die Totenopfer Mangel entstehen, ein nothgedrungenes Fasten, das schließlich als sittlich-religiös nothwendige Folge jedes Todesfalls erschien. Nachdem die Monogamie einmal durchgehende Eheform geworden war, schlossen sich an sie nun auch die subjektiven Gefühle an, die überall das Ergebniß lange andauernder Zustände sind und die vollzogene Anpassung der Individuen an diese bezeugen. Was man jetzt noch manchmal sagt, um Konvenienzheirathen zu rechtfertigen: Die Liebe käme schon in der Ehe – das hat für die historische Entwicklung unsres Geschlechts zweifellose Wahrheit. Es hat hier eine Umkehrung stattgefunden, die die Soziologie an vielen und wichtigen

Punkten feststellen kann: was für die Gattung Ursache war, ist für das Individuum Wirkung, und *vice versa.* Die Geltung der Einehe, wie sie aus ökonomischen und sozialen Umständen hervorgegangen ist, hat es überhaupt erst zu dem spezifischen Gefühl der Liebe und Treue für das Leben kommen lassen; und nun ist umgekehrt für den einzelnen die Entstehung dieses Gefühls die Veranlassung, eine Ehe zu schließen.

In einer ähnlichen Umkehrung entwickelt sich das Verhältniß der Eltern zur Nachkommenschaft. Wenn alle öffentlichen und dauernden Institutionen auf irgend einen Zweck und Nutzen für die soziale Gruppe zurückgehen, so muß man auch fragen: was ist eigentlich der ursprüngliche Zweck der Ehe, d.h. des Zusammenbleibens der Eltern über die Geburt des Sprößlings hinaus? Was bewog die Menschen, statt nur zu momentaner Befriedigung der Leidenschaft, zu einem dauernden, pflichtenvollen, oft einengenden Bunde zu schreiten? Die soziale Nützlichkeit, die hierzu trieb, war vielleicht zunächst die größere Festigkeit, der innere Halt, den die Gesellschaft aus dauernden Verbindungen zog; eine Gruppe, deren Elemente gegenseitig in festen Bindungen, zuverlässigen Verhältnissen stehen, wo eines an dem andern einen bleibenden Halt hat, der eine Kette von Pflichten durch den ganzen Kreis hindurch spannt, – eine solche Gruppe wird sich im Kampfe ums Dasein als haltbarer und widerstandsfähiger zeigen, als eine andere, deren Elemente keine gegenseitigen Pflichten, sondern nur momentane, willkürliche, stets wieder zersplitternde Bindungen kennen. Allein der hauptsächliche soziale Zweck einer festen Ehe war offenbar die bessere Fürsorge für die Nachkommenschaft, die sie garantirte, und die schon in der Thierwelt zu eheähnlichen Verbindungen führt. Die Ehe bringt eine Arbeitstheilung zwischen Mann und Weib mit sich, die im Wesentlichen den Kindern zu gute kommt: die Frau nährt die Kinder, und der Mann versorgt die Frau mit Nahrung; oder der Mann schafft das Nahrungsmaterial herbei, und die Frau bereitet es für ihn und die Kinder zu. Das vereinte oder wetteifernde Interesse der Eltern an der Wohlfahrt der Kinder muß die nächste Generation körperlich und geistig kräftiger machen, als es in einer Gruppe ohne gemeinsame elterliche Fürsorge, also ohne Ehe, möglich wäre; die Ehe schafft dadurch auf die Länge der Zeit eine unmittelbare Ueberlegenheit der Gruppe gegenüber einer ehelosen, in denen die jüngste Generation immer nur den isolirten Kräften der Mutter oder einer kommunistischen, des persönlichen Interesses entbehrenden Fürsorge überlassen ist. Diese soziale Zweckmäßigkeit der Ehe läßt uns einen bemerkenswerthen Zug in ihrer Entwicklung verstehen. Bei den verschiedensten Völkern der Erde gilt die Ehe erst von dem Augenblick an als giltig und rechtskräftig geschlossen, in dem ein Kind geboren ist oder erwartet wird. Bei manchen Stämmen – in Asien, Afrika und Amerika – bleibt die Frau bis zu diesem Termin im Hause ihrer Eltern, auf den Philippinen und in einem Distrikt Süd-Indiens findet vorher überhaupt keine bindende Verlobung statt, bei einem senegambischen Stamm wird erst dann die Hochzeit gefeiert. Kurz, der Ursprung der Ehe aus dem sozialen Zwecke, daß sie um der Kinder willen da ist, macht sie in der Entwicklung unserer Gattung – deren betreffende Stufe noch jene primitiven Völker aufweisen – zu einer Folge der Erzeugung der Nachkommenschaft. Wie die Liebe eine Konsequenz der Ehe war, bis die Ehe eine Konsequenz der Liebe wurde, so ist die Ehe ihrerseits eine Konsequenz der Produktion der nächsten Generation, bis die jetzige umgekehrte Verfassung eintrat. An beiden Umkehrungen zeigt es sich deutlich, wie die historische Entwickelung von dem Sozialinteresse und der sozialen Norm mehr und mehr zu dem Interesse am Individuum als dem maßgebenden führt: die Ehe ist das soziale Interesse gegenüber dem individuellen der Liebe, innerhalb einer anderen Kategorie ist die Existenz und Versorgung der nächsten Generation soziales Interesse gegenüber der persönlichen Angelegenheit der Ehe. Darum sind auf den früheren Stufen die erstgenannten Momente die Ursache der letzteren, während sich auf den späteren die ursächliche Verbindung umkehrt.

Eine andere Entwicklung, die in ähnlicher Weise an der Umkehrung ihres Ausgangspunktes mündet, führt ebenso auf das Hervorgehen der Liebe aus der Ehe. Eine der allerhäufigsten Formen, in denen wir die Eheschließung auf früheren Kulturstufen antreffen, ist die Kauf-Ehe. Die Frau ist vor allem ein Arbeitsthier, so gut wie der Sklave, ja, auf dem niedrigsten Kulturniveau, das noch keine Sklaverei kennt, das einzige, auf das man dauernd rechnen kann. Der Wunsch, sich eine Arbeitskraft zu verschaffen, ist fast das einzige wirklich individuelle Interesse, aus dem der Naturmensch zur Ehe schreitet. Daneben steht nur das – übrigens nicht überall vorhandene – Verlangen nach Kindern. Daß beides zusammenhängt, zeigt die häufiger angetroffene Sitte, daß, wo der Brautpreis kreditirt wird, die Kinder aus der Ehe den Schwiegereltern gehören, bis er voll bezahlt ist. Die Frau ist ein ökonomischer Werthgegenstand, und deshalb geben ihre Angehörigen, die ihre Arbeitskraft bisher für sich ausgenutzt haben, sie nicht umsonst fort, sondern fordern eine annähernde Kapitalisirung ihres Arbeitswerthes. Der Kauf der Frau weist zunächst auf eine niedrige Stellung ihrer in der Ehe hin. Schon die Thatsache des Verkauftwerdens bedeutet in den meisten Fällen, daß sie keinen eigenen Willen hat, sondern daß seitens ihrer Angehörigen mit ihr wie mit einem Objekt umgegangen wird; und unter diesem Aspekt tritt sie in die Ehe ein. In dieser handelt es sich nun für den Mann darum, sie möglichst viel arbeiten zu lassen, um den Kaufpreis herauszuschlagen. Allein das ist nur die äußerliche Seite der Ehegestaltung durch den Kauf. Was ich durch Geld erworben habe, besitze ich ganz und gar, bedingungsloser, als jeden durch freien Willen mir zugefallenen Besitz; nach jeder Seite haftet an solchem Erwerb weniger Verpflichtung, weniger Rücksicht. Dies wird minder schroff hervortreten, wo der Preis in persönlichen Arbeitsdiensten des Werbers für die Eltern der Braut besteht. Hier ist wenigstens eine individuelle Leistung, ein Einsetzen der Persönlichkeit, das dem damit gewonnenen Gegenstand einen Hauch von Eigenwerth läßt, ihn nicht ganz in die Kategorie der »Sache« herabstößt. Dies aber findet statt, wo die Frauen für Geld oder unmittelbaren Geldeswerth – Vieh, Holz, Bekleidungsgegenstände – gekauft werden. Von allen Werthen, die das praktische Leben ausgebildet hat, ist das Geld der unpersönlichste. Weil es als Aequivalent für die entgegengesetztesten Dinge dient, ist es selbst vollständig farblos, alle persönlichen Werthe, alle Individualisierungen des Lebens enden am Gelde, weshalb man treffend sagt, daß in Geldsachen die Gemüthlichkeit aufhört; es besitzt keine Qualitäten außer seiner Quantität, und seiner unvergleichlichen Bedeutung für alle Aeußerlichkeiten des Lebens entspricht deshalb seine völlige Beziehungslosigkeit zu allen innerlichen, personalen Werthen desselben. Dieses Wesen des Geldes beeinflußt nun die Schätzung aller der Dinge, die für Geld erworben werden. Das ganz Besondere, Vornehme, das sich der Besitznahme durch den ersten besten entzieht, bezeichnen wir als »unbezahlbar«. Daß eine Frau sich verkauft, sei es in die Ehe mit einem ihr gleichgiltigen Manne, sei es in flüchtigeren Formen, erscheint uns deshalb so besonders widrig, weil damit das Allerpersönlichste, was der Mensch zu geben hat, für einen so unpersönlichen Werth, wie Geld, in Tausch gegeben wird. Das Entsprechende zeigt sich nun auf niedrigen Stufen. Die Frauen werden im Allgemeinen da besonders schlecht behandelt, wo sie für Geld gekauft werden, ihre Stellung hebt sich mit dem Verschwinden dieser Eheform.

Allein dieselbe muß nun auch die entgegengesetzte psychologische Wirkung entwickeln. Gerade daß die Frauen ein nutzbarer Besitzgegenstand sind, daß Opfer ihretwegen gebracht sind, läßt sie schließlich als werthvoll erscheinen. Ueberall, so hat man gesagt, erzeugt der Besitz Liebe zum Besitz. Man bringt nicht nur Opfer für das, was man gern hat, sondern auch umgekehrt: man liebt das, wofür man Opfer gebracht hat. Wenn die Mutterliebe der Grund unzähliger Aufopferungen für die Kinder ist, so sind doch auch die Mühen und Sorgen, die die Mutter für das Kind auf sich nimmt, ein Band, das sie immer fester an dieses knüpft; woraus man versteht, daß gerade kranke oder sonst zu kurz gekommene Kinder, die die aufopferndste Hingabe seitens der Mutter fordern, oft am leidenschaftlichsten von ihr geliebt werden. Die Kirche hat sich nie gescheut, die schwersten Opfer um der Liebe zu Gott willen zu verlangen, weil sie wohl wußte, daß wir um so fester und inniger an ein Prinzip gebunden sind, je größere Opfer wir dafür gebracht, ein je größeres Kapital wir sozusagen darin investirt haben. Es ist deshalb psychologisch wahrscheinlich, daß grade der Frauenkauf, wie er einerseits die Frau zunächst deklassirte, sie andererseits in der Schätzung des Mannes gehoben haben muß. Ganz entfernt ist dieses soziologische Moment vielleicht auch nicht aus der modernen Familie. Der verhältnißmäßig guten Stellung der Frau in dieser entspricht, durch die Unterhaltungspflicht seitens des Mannes, ein materielles Opfer desselben, das verhältnißmäßig weit bedeutender ist, als der Kaufpreis der Frauen bei rohen Völkern. Aber dadurch, daß diese materielle Opferpflicht über das Ganze des Lebens vertheilt ist und vor allem dadurch, daß sie der Frau selbst und nicht, wie früher, ihrer Familie zugute kommt – den Uebergang hierzu bildete, daß die Eltern in späteren Zeiten das Kaufgeld dem Mädchen als Heirathsgut überließen – sind gerade diejenigen Seiten des Opfers konservirt, welche den Werth des damit Gewonnenen zu steigern geeignet sind. Das Opfer für den Erwerb der Frau, das ursprünglich ihre Unterdrückung, ihre Ausbeutung, ihren Sachencharakter ausdrückte und steigerte, enthielt so schon das psychologische Moment, dessen Ausbildung zu einer direkten Umwerthung ihrer Stellung führte.

Zur Soziologie der Religion

Die vieldeutige Dämmerung, die den Ursprung und das Wesen der Religion für uns umgiebt, wird sich nicht lichten, solange man in ihr nur *ein* Problem, das *eines* Lösungswortes bedürfte, zu sehen glaubt. Niemand vermochte bisher eine Definition zu geben, die uns, ohne vage Allgemeinheit und doch alle Erscheinungen einschließend, sagte, was »Religion« ist, die letzte Wesensbestimmtheit, die den Religionen der Christen und der Südseeinsulaner, Buddhas und Vitzliputzlis gemeinsam ist. Weder gegen blos metaphysische Spekulation auf der einen Seite, noch gegen Gespensterglauben auf der anderen, ist sie sicher begrenzt, nicht einmal so, daß ihre reinsten und tiefsten Erscheinungen davor geschützt wären, auf den Beisatz dieser Elemente hin geprüft zu werden. Solcher Unbestimmbarkeit ihres Wesens entspricht die Vielheit der psychologischen Motive, aus denen das Nachdenken sie entspringen ließ. Mag man die Furcht oder die Liebe, die Ahnenverehrung oder die Selbstvergötterung, die moralischen Triebe oder das Abhängigkeitsgefühl als die innere Wurzel der Religion ansehen – ganz irrig ist jede dieser Theorieen sicher nur dann, wenn sie *den* Ursprung, berechtigt aber, wenn sie *einen* Ursprung der Religion anzugeben behauptet. Darum wird man sich der Lösung des Problems nur so nähern, daß man alle Impulse, Ideen, Verhältnisse, die auf diesem Gebiet wirksam werden, inventarisirt, aber mit dem ausdrücklichen Verzicht darauf, die Bedeutung einzelner Motive über die Fälle ihrer Festgestelltheit hinaus zu allgemeinen Gesetzen des religiösen Wesens zu erweitern. Und nicht nur dieses Vorbehaltes bedarf es für den Versuch, aus Aeußerungen des sozialen Lebens, die ganz jenseits aller Religion liegen, dennoch für diese ein Verständniß zu gewinnen; sondern auf das entschiedenste muß betont werden, daß, auf welche sehr irdische, sehr empirische Weise auch das Zustandekommen der Vorstellungen vom Ueberirdischen und Ueberempirischen erklärt werde, dadurch weder der subjektive Gefühlswerth der zustandegekommenen Vorstellung noch die Frage nach ihrem objektiven Wahrheitswerth überhaupt berührt wird. Das Reich beider Werthe liegt jenseits der Grenzen, an denen unsere nur genetische, nur psychologische Untersuchung ihr Ziel findet.

Wenn wir so versuchen, die Ansatzpunkte für das religiöse Wesen in Beziehungen der Menschen untereinander, die an sich noch garnicht Religion sind, zu finden, so folgen wir damit nur einer sonst schon anerkannten Methode. In Bezug auf die Wissenschaft ist längst zugegeben, daß sie nur eine Steigerung, Durchbildung, Verfeinerung aller der Erkenntnißmittel ist, deren niedrigere und trübere Grade uns auch zu den Einsichten und Erfahrungen des täglichen, praktischen Lebens verhelfen. Zu einem genetischen Verständniß der Kunst werden wir erst kommen, wenn wir die ästhetischen Momente in den Lebensgestaltungen, die selbst noch nicht Kunst sind, analysirt haben werden: in der Sprache, im konkreten Empfinden, im praktischen Handeln, in den sozialen Formungen. Alle solche hohen und reinen Gestaltungen treten zunächst gleichsam versuchsweise, keimhaft, in Verwebung mit anderen Formen und Inhalten auf; aber in diesen unausgebildeten Stadien müssen wir sie aufsuchen, um sie in ihren höchsten und selbständigen zu begreifen. Ihr psychologisches Verständniß hängt daran, daß man ihren Platz in einer Reihe finde, deren Glieder durch allmählige Entwicklung in einander übergehn, gleichsam mittels eines organischen Wachsthums durch eine Mannigfaltigkeit von Stufen hindurch, so daß das Neue und Eigne in jeder als die Entfaltung von Keimen in der vorangehenden erscheint. So mag es uns zur Einsicht in das Entstehen und in den Bestand der Religion verhelfen, wenn wir in allerhand Beziehungen und Interessen, die jenseits, oder vielmehr diesseits ihrer stehen, gewisse religiöse Momente entdecken, die Ansatzpunkte zu demjenigen, was als »Religion« Selbständigkeit und Geschlossenheit erlangt hat. Ich glaube nicht, daß die religiösen Gefühle und Impulse sich nur in der Religion äußern; vielmehr, daß sie sich in vielerlei Verbindungen finden, als ein bei vielerlei Gelegenheiten mitwirkendes Element, in dessen Aufgipfelung und Isolirung nur die Religion als selbständiger Lebensinhalt, als ein Gebiet eigenster Begrenzung besteht. Um nun die Punkte zu finden, wo innerhalb der Wechselbeziehungen zwischen Menschen Fragmente des religiösen Wesens – sozusagen: der Religion, bevor sie Religion ist – entstehen, bedarf es des Umweges über einige, auf den ersten Blick ganz abseits liegende Erscheinungen.

Es ist schon lange bekannt, daß die soziale Lebensform in niedrigeren Kulturverhältnissen die Sitte ist. Eben dieselben Lebensbedingungen der Gesellschaft, die später einerseits als Recht kodifizirt und von der Staatsgewalt erzwungen werden, andererseits der Freiheit des kultivirten und gezüchteten Menschen überlassen sind – werden in engeren und primitiven Kreisen durch jene eigenthümliche, unmittelbare Aufsicht der Umgebung über den Einzelnen garantirt, die man Sitte nennt. Sitte, Recht, freie Sittlichkeit des Einzelnen sind verschiedene Verbindungsarten der sozialen Elemente, die alle ganz dieselben Gebote zum Inhalt haben können, und bei verschiedenen Völkern und zu verschiedenen Zeiten auch haben.* So können manche Normen und Resultate des öffentlichen Lebens gleichmäßig von dem freien Spiel konkurrirender Kräfte wie von der reglementirenden Bevormundung niederer Elemente durch höhere getragen werden; so werden vielerlei soziale Interessen zu Zeiten von der Familienorganisation gewahrt, um später oder anderswo von den rein beruflichen Vereinigungen oder der staatlichen Verwaltung übernommen zu werden. Allgemein ausgedrückt: die Wechselbeziehungen, die das Leben der Gesellschaft ausmachen, erheben sich immer auf Grund bestimmter Zwecke, Ursachen, Interessen; und indem diese letzteren, gleichsam die Materie des sozialen Lebens, beharren, können die Beziehungsformen, in denen sie verwirklicht werden, sehr verschiedene sein – wie andererseits die gleiche Form und Art der sozialen Wechselwirkung die mannigfaltigsten Inhalte in sich aufnehmen kann. Es scheint mir, als ob unter diesen Formen, die die Beziehungen der Menschen unter einander annehmen und die die Träger sehr verschiedener Inhalte sein können, sich eine befände, die man nur als die religiöse bezeichnen kann – freilich eine Bezeichnung, die den Namen des reifen Gebildes für seine Anfänge und Vorbedingungen vorwegnimmt. Denn nicht von schon bestehender Religion soll auf jene Beziehungen die Färbung überstrahlen, die ihr Recht, so genannt zu werden, begründet; sondern die Menschen entwickeln in ihren Berührungen, in dem rein Psychologischen ihrer Wechselwirkung, den bestimmten Ton, dessen gesteigerte, losgelöste, zu eigner Wesenheit erwachsene Entwicklung Religion heißt.

Wir können nämlich feststellen, daß vielerlei Verhältnisse von Menschen untereinander ein Element des Religiösen enthalten. Die Beziehung des pietätvollen Kindes zu seinen Eltern, des enthusiastischen Patrioten zu seinem Vaterland oder des enthusiastischen Kos-

* Dieser funktionelle Unterschied kann natürlich von sehr großer Bedeutung sein: Sokrates mußte darüber sterben, weil er dieselben sittlichen Lebensinhalte, die das Alt-Griechenthum durch die Strenge von Sitte und Konvention schützte, durch das frei prüfende Gewissen der Einzelnen realisirt wissen wollte.

mopoliten zur Menschheit; die Beziehung des Arbeiters zu seiner sich emporringenden Klasse oder des adelsstolzen Feudalen zu seinem Stand; die Beziehung des Unterworfenen zu seinem Beherrscher, unter dessen Suggestion er steht, und des rechten Soldaten zu seiner Armee – alle diese Verhältnisse mit so unendlich mannigfaltigem Inhalt, können doch auf die Form ihrer psychischen Seite hin angesehen, einen gemeinsamen Ton haben, den man als religiös bezeichnen muß. Alle Religiosität enthält eine eigenartige Mischung von selbstloser Hingabe und eudämonistischem Begehren, von Demuth und Erhebung, von sinnlicher Unmittelbarkeit und unsinnlicher Abstraktion; damit entsteht ein bestimmter Spannungsgrad des Gefühles, eine specifische Innigkeit und Festigkeit des inneren Verhältnisses, eine Einstellung des Subjektes in eine höhere Ordnung, die es doch zugleich als etwas Innerliches und Persönliches empfindet. Dieses religiöse Moment scheint mir in den oben genannten Verhältnissen und manchen anderen enthalten zu sein; es verleiht ihnen eine Note, die sie von den auf reinen Egoismus oder reine Suggestion oder rein äußerliche oder sogar rein moralische Kräfte gegründeten Beziehungen noch unterscheidet. Selbstverständlich tritt dieses Element in größerer oder geringerer Stärke auf, es kann jene Beziehungen nur wie ein leichter Oberton begleiten, es kann ihnen aber auch die entscheidende Färbung verleihen. In vielen und wichtigen Fällen wird dadurch ein Entwicklungsstadium von Verhältnissen charakterisirt werden; d.h. eben derselbe Inhalt, der vorher und nachher von anderen Formen der Beziehung zwischen Menschen getragen wird, nimmt in einer Periode die Form der religiösen Beziehung an. Am deutlichsten wird dies bei Gesetzgebungen, die zu gewissen Zeiten oder an gewissen Orten theokratischen Charakter zeigen, völlig unter religiöser Sanktion stehen, um anderwärts von der Staatsgewalt oder von der Sitte garantirt zu werden. Ja, es scheint, daß die nothwendige Ordnung der Gesellschaft vielfach von einer ganz undifferenzirten Form ausgegangen wäre, in der die moralischen, die religiösen, die juristischen Sanktionen noch in ungeschiedener Einheit geruht hätten; so das Dharma der Inder, die Themis der Griechen, das *fas* der Lateiner – und daß dann, je nach den verschiedenen historischen Umständen, bald die eine bald die andere Bildungsform sich zum Träger solcher Ordnungen entwickelt habe. Auch im Verhältniß des Einzelnen zur Gesammtgruppe bemerken wir solchen Wechsel: in Zeiten eines erregten Patriotismus nimmt dies Verhältniß eine Weihe, Innigkeit und Hingebung an, die wir als religiös bezeichnen, während es zu andern Zeiten von der Konvention oder vom Staatsgesetz geleitet wird. Für uns ist das Wichtige, daß es sich hier doch überall nur um Beziehungen zwischen Menschen handelt, und daß es nur eine Aenderung gleichsam des Aggregatzustandes dieser Beziehungen ist, wenn sie aus dem rein konventionellen in den religiösen, von dem religiösen in den rechtlichen, von dem rechtlichen in den Zustand freier Sittlichkeit übergehen; wie denn thatsächlich viele sozial schädliche Unsittlichkeiten erst durch die Ahndung innerhalb der kirchlichen Gemeinschaft hindurch ihre Stelle im Strafgesetzbuch gefunden haben; oder wie der Antisemitismus uns zeigt, daß eine sozial-ökonomische oder rassenhafte Beziehung zwischen gewissen Abtheilungen der Gruppe in die religiöse Kategorie gehoben werden kann, ohne doch inhaltlich etwas anderes als ein soziales Verhältniß zu werden; oder wie vermuthet wird, daß die Kultprostitution nur die religiöse Formung einer früher oder anderwärts durch reine Konvention getragenen Ordnung des Sexuallebens war.

Nun ist angesichts dieser Beispiele ein vorhin angedeutetes Mißverständniß ausführlicher abzuwehren. Nicht das ist der Sinn der hier auseinanderzusetzenden Theorie, daß gewisse soziale Interessen und Vorgänge dem für sich schon bestehenden religiösen Wesen unterstellt werden. Das kommt zwar oft genug vor, schafft Kombinationen von der größten historischen Wichtigkeit und besitzt solche auch für die angeführten Beispiele. Allein was ich meine, ist gerade die umgekehrte, freilich viel unscheinbarere und schwerer herauszulösende Verknüpfung: daß in jenen Beziehungen der Sozialelemente die Färbung, welche wir nachher oder wegen der Analogie mit anderwärts bestehender Religiosität religiös nennen, spontan auftritt, als eine rein sozialpsychologische Konstellation, eine der möglichen Verhaltungsweisen des Menschen zu anderen. Die Religion, als ein selbständiges, an die Vorstellung eigenartiger Substanzen und Interessen angebautes Gebiet, ist dem gegenüber erst etwas Abgeleitetes, ungefähr wie der Staat im römischen und im modernen Sinne, als ein objektives und für sich bestehendes Wesen, etwas sekundäres ist gegenüber den ursprünglichen Wechselwirkungen, Bindungen und Ordnungen, die zwischen den Sozialelementen unmittelbar herrschten und die die Bewahrung und Exekutive ihres Inhaltes erst allmählig auf das besondere, nun jenseits ihrer stehende Gebilde, den Staat, projizirt oder abgegeben haben. Die ganze Geschichte des gesellschaftlichen Lebens wird von diesem Prozeß durchzogen: daß die unmittelbar gegenseitigen Bestimmungen der Individuen, mit denen ihr Zusammenleben beginnt, zu gesonderten und selbständigen Organen aufwachsen. So entstehen aus den zur Selbsterhaltung der Gruppe erforderlichen Verhaltungsweisen einerseits das Recht, das sie kodifizirt, andrerseits der Richterstand, dem die Anwendung desselben arbeitstheilig obliegt. So bildet sich aus der gesellschaftlich nothwendigen Arbeit, die zuerst in unmittelbarer Kooperation Aller und nach der rohen Empirie des Tages geleistet wurde, einerseits die Technik heraus, als ein ideales System von Erkenntnissen und Regeln, andrerseits der Arbeiterstand, der nun der differenzirte Träger der entsprechenden Leistungen ist. In ähnlicher Weise – obgleich in diesen unendlich komplizirten Dingen die Analogie immer von unzähligen Abweichungen umspielt wird – mag es sich mit der Religion verhalten. Der Einzelne in einer Gemeinschaft verhält sich zu anderen oder zu der Gesammtheit in jener beschriebenen Weise, seine Beziehung hat jenen charakteristischen Grad von Erhebung, Hingabe, Weihe, Innerlichkeit. Daraus kann sich einerseits ein idealer Inhalt entwickeln: Götter, welche die Beschützer der so gestimmten Beziehungen sind, welche als die Erreger dieser Gemüthsverfassungen erscheinen, welche durch ihr Wesen das gleichsam gesondert darstellen, was bis dahin als bloße Beziehungsform und in Verschmelzung mit realeren Lebensinhalten existirt hatte. Und dieser Komplex von Ideen oder Phantasievorstellungen gewinnt nun in der Priesterschaft gleichsam eine Exekutive und arbeitstheiligen Träger, wie das Recht im Richterstand oder die Erkenntnißinteressen im Gelehrtenstand. Ist diese Verselbständigung und Substantialisirung der Religion erst erfolgt, so wirkt sie von sich aus auf die unmittelbaren psychischen Verhältnisse der Menschen untereinander zurück und giebt ihnen die nun bewußte und benannte Färbung der Religiosität. Damit giebt sie ihnen aber nur zurück, was sie ihnen ursprünglich selbst verdankt. Und man kann vielleicht sagen, daß die oft so wunderlichen und abstrusen religiösen Vorstellungen ihre Macht in den menschlichen Verhältnissen garnicht hätten erlangen können, wenn sie nicht die bloße Formel oder Verkörperung schon vorher vorhandener Verhältnißformen wären, für die das Bewußtsein nur noch keinen geschickteren Ausdruck gefunden hat.

Das Gedankenmotiv dieser Erörterung ist ein sehr allgemeines und läßt sich als eine weitgreifende Regel ausdrücken, von der die materialistische Geschichtsauffassung einen Einzelfall darstellt. Indem diese die gesammten Inhalte des historischen Lebens aus den Formen der Wirthschaft herleitet und Sitte wie Recht, Kunst wie Religion, Wissenschaftsbetrieb wie sozialen Aufbau von der Art bestimmt sein läßt, in der die Gruppe ihre materiellen Existenzbedingungen produzirt – so wird damit eine Theilerscheinung eines sehr umfassenden Prozesses zum alleinigen Inhalt desselben übertrieben. Die Entwicklung nämlich der Formen und Inhalte des sozialen Lebens, durch alle Mannigfaltigkeit ihrer Gebiete und Erscheinungsweisen hindurch, erfolgt derart, daß der gleiche Inhalt in vielerlei Formen, die gleiche Form an vielerlei Inhalten sich auslebt. Die Ereignisse der Geschichte ordnen sich so, *als ob* in ihr die Tendenz herrschte, mit jeder gegebenen Summe von Momenten solange wie möglich auszukommen. Dies ist ersichtlich der Grund, aus dem die Geschichte nicht in eine Summe aphoristischer Momente auseinanderfällt, der vielmehr das Nebeneinander wie das Nacheinander verwandtschaftlich verbindet. Daß die einzelne Form des Lebens – des sozialen, literarischen, religiösen, personalen – ihre Verbindung mit einem einzelnen Inhalt überlebt, und sich auch dem neuen ungeändert leiht; daß der einzelne Inhalt seinen wesentlichen Bestand durch eine Fülle einander ablösender Formen hindurchretten kann – das eben läßt die Continuität im historischen Geschehen nicht reißen, das verhindert es, daß irgendwo ein unverständlicher Sprung, ein Abbrechen des Zusammenhanges mit allem Früheren geschehe. Da nun die Entwicklung der Gattung im Allgemeinen vom Sinnlichen und Aeußerlichen zu der Betonung des Geistigen und Innerlichen vorschreitet, – um dann freilich diese Richtung der Beeinflussung oft wieder umzukehren – so werden Momente des ökonomischen Lebens sehr häufig in die Form der Abstraktheit und Geistigkeit aufsteigen, die Formen, die die wirthschaftlichen Interessen ausgebildet haben, werden sich in ganz anders geartete Lebensinhalte hineinerstrecken. Aber das ist doch nur *einer* der Fälle, in denen sich die Continuität und das Sparsamkeitsprinzip in der Geschichte darstellen. Wenn sich etwa die Form des Staatsregimentes in der Familienverfassung wiederholt; wenn die herrschende Religion den künstlerischen Leistungen Stimmung und Ideen leiht; wenn häufige Kriege den Einzelnen auch im Frieden brutal und offensiv machen; wenn die Linie, die die politischen Parteien trennt, sich auch durch ganz unpolitische Gebiete hindurch fortsetzt und die divergenten Tendenzen des Kulturlebens an jene Parteien auftheilt – so sind dies Aeußerungen des hervorgehobenen Charakters alles geschichtlichen Lebens, von dem die materialistische Geschichtstheorie nur eine einzelne Seite beleuchtet. Und eben dieser bezeichnet die Entwicklung, die uns hier beschäftigt: Formen der sozialen Beziehungen verdichten oder vergeistigen sich zu einer religiösen Vorstellungswelt, oder leiten der schon bestehenden neue Elemente zu; oder anders angesehen: ein spezifischer Gefühlsinhalt, in der Form inter-individueller Wechselwirkung entstanden, überträgt sich auf das Verhältniß zu einer transscendenten Idee; diese bildet die neue Kategorie, an der sich Formen oder Inhalte ausleben, die in den Beziehungen zwischen Menschen ihren Ursprung haben. – Ich will versuchen, diesen allgemeinen Gedanken an einigen speziellen Seiten des religiösen Wesens zu bewähren.

Der *Glaube*, den man als das Wesentliche und als die Substanz der Religion angesprochen hat, tritt zunächst als ein Verhältnis *zwischen Menschen* auf: denn es handelt sich um den *praktischen* Glauben, der keineswegs nur eine Unterstufe oder Abschwächung des theoretischen Fürwahrhaltens ist. Wenn ich sage: ich glaube an Gott – so bedeutet dieses Glauben etwas völlig anderes als in den Sätzen, daß ich an die Existenz des Lichtäthers, an die Bewohntheit des Mondes oder an die Unveränderlichkeit der Menschennatur glaube. Es bedeutet nicht nur, daß ich das Dasein Gottes, obgleich es nicht streng beweisbar sei, dennoch annehme; sondern es bedeutet zugleich ein bestimmtes innerliches Verhältniß zu ihm, eine Hingebung des Gefühls an ihn, eine Dirigirung des Lebens auf ihn zu; in alledem eine einzigartige Mischung des Glaubens, im Sinne einer Erkenntnißart, mit praktischen Impulsen und Empfindungszuständen. Und nun die Analogie dazu in der Vergesellschaftung der Menschen. Wir bauen unsere gegenseitigen Beziehungen keineswegs nur auf dem auf, was wir von einander beweisbar wissen. Vielmehr, unsre Gefühle und Suggestionen drücken sich in gewissen Vorstellungen aus, die man nur als glaubensmäßige bezeichnen kann, und die ihrerseits wieder auf die praktischen Verhältnisse zurückwirken. Es ist eine ganz spezifische, schwer zu definirende psychologische Thatsache, die wir damit bezeichnen, daß wir an jemanden glauben: das Kind an die Eltern, der Untergebene an den Vorgesetzten, der Freund an den Freund, der Einzelne an sein Volk, der Unterthan an seinen

Fürsten. Die soziale Rolle dieses Glaubens ist noch garnicht untersucht, aber soviel steht fest, daß ohne ihn die Gesellschaft auseinanderfallen würde. Auf ihn gründet sich z. B. vielfach der Gehorsam. Das Gehorsamsverhältniß beruht unzählige Male nicht auf dem bestimmten Wissen von Recht und Ueberlegenheit, aber auch nicht auf der bloßen Liebe oder Suggestion, sondern auf jenem psychischen Zwischengebilde, das wir den Glauben an einen Menschen oder an eine Kollektivität von Menschen nennen. Man hat oft die Unbegreiflichkeit davon betont, daß Individuen und ganze Klassen sich unterdrücken und ausbeuten lassen, während sie Kraft genug zu ihrer Befreiung hätten. Das eben bewirkt der gutwillige, unkritische *Glaube* an die Macht, das Verdienst, die Ueberlegenheit und Güte der Uebergeordneten, der sich keineswegs nur als eine ungesicherte theoretische Annahme, sondern als ein eigenartiges, aus Wissen, Instinkt und Gefühl zusammengewachsenes Gebilde darstellt, das man einheitlich und einfach als den Glauben an jene bezeichnet. Daß wir, entgegen allen verstandesmäßigen Beweisen, allem noch so nachdrücklichen gegentheiligen Scheine an dem Glauben an einen Menschen festhalten – das ist eins der festesten Bänder, die die menschliche Gesellschaft zusammenhalten. Dieser Glaube ist nun entschieden religiösen Charakters. Ich meine das nicht so, daß Religion vorhanden wäre, von der dann jene soziologischen Verhältnisse ihren Charakter borgten. Ich glaube vielmehr, daß dieser ohne jede Rücksicht auf religiöse Daten entsteht, als eine rein inter-individuelle psychologische Beziehungsform, die sich dann in dem religiösen Glauben ganz rein und abstrakt darstellt. In dem Glauben an Göttliches hat sozusagen der reine Prozeß des Glaubens sich verkörpert, losgelöst von seiner Bindung an einen sozialen Gegenpart; aus dem subjektiven Glaubensprozeß wächst hier umgekehrt erst sein Objekt heraus. Der Glaube, der an den Verhältnissen der Menschen, als eine soziale Nothwendigkeit lebt, wird nun selbständige, typische Funktion des Menschen, die sich spontan, von innen heraus bewährt; wie es denn auch sonst keine seltene Erscheinung ist, daß erst ein bestimmtes Objekt in uns einen bestimmten psychischen Vorgang produzirt, nachher aber dieser Vorgang, selbständig geworden, sich ein entsprechendes Objekt selbst bildet. Die Praxis des menschlichen Verkehrs in seinen alltäglichen wie in seinen höchsten Inhalten, zeigt so vielfach die psychologische Form des Glaubens als ihren Träger, daß in ihr wohl das Bedürfniß, überhaupt zu »glauben« aufwächst und sich an eignen, dadurch und dazu kreirten Objekten eine Bewährung schafft – ungefähr wie der Trieb der Liebe oder der Verehrung sich aus sich selbst heraus auf Objekte werfen kann, die an sich solche Gefühle keineswegs hervorrufen würden, sondern deren Qualifizirung hierzu nur von dem Bedürfniß des Subjektes auf sie reflektirt; oder wie, von der anderen Seite gesehen, der weltschaffende Gott als das Produkt des menschlichen Kausalbedürfnisses bezeichnet worden ist. Mit dieser letzteren Behauptung ist natürlich in keiner Weise geleugnet, daß diese Vorstellung auch objektive Wahrheit besäße, eine Wirklichkeit ihr entspräche; nur das Motiv, aus dem sie von innen heraus als Vorstellung entstanden ist, steht in Frage. Man nimmt an, daß die unendlich häufige Anwendung der Kausalität auf ihrem Ursprungsgebiet, dem empirisch-relativen, das Bedürfniß nach ihr schließlich zu dem alleinherrschenden gemacht habe; so daß sie sich die Befriedigung, die ihr auf dem Gebiet des Absoluten eigentlich versagt ist, mit der Idee des absoluten Wesens, das die Ursache der Welt sei, selbst verschafft habe. Der gleiche Prozeß mag den Glauben über sein soziales Ursprungsgebiet zu einem gleichsam organischen Bedürfniß steigern und ihm in der Vorstellung des Göttlichen seinen absoluten Gegenstand erzeugen.

Eine zweite Seite des sozialen Wesens, die sich zu einer entsprechenden innerhalb des religiösen Wesens emporbildet, liegt im Begriffe der *Einheit.* Daß wir die zusammenhangslose Mannigfaltigkeit der Eindrücke von den Dingen nicht einfach hinnehmen, sondern nach ihren Verbindungen und Wechselwirkungen suchen, die sie zu einer Einheit zusammenschlössen; ja, daß wir das Vorhandensein höherer Einheiten und Zentren der Einzelerscheinungen eigentlich überall voraussetzen, um uns durch das Gewirr der Erscheinungen hindurchzufinden – das ist sicher eine an den sozialen Wirklichkeiten und Nothwendigkeiten großgewordene Eigenschaft. Nirgends stellt sich so unmittelbar und so fühlbar aus einzelnen Elementen ein Ganzes her, nirgends wird die Getrenntheit und freie Beweglichkeit derselben so energisch von der dennoch vorhandenen Zentralisation beherrscht, wie es in der Gens, in der Familie, im Staate, in jedem Zweckverbande geschieht. Wenn primitive Vereinigungen so oft als Zehentschaften organisirt sind, so deutet dies vernehmlich an, daß das Verhältniß der Gruppenelemente dem der Finger gleicht: eine relative Freiheit und selbständige Beweglichkeit des Einzelnen, der dennoch mit den andern in einer Einheit des Zusammenwirkens und Untrennbarkeit der Existenz verbunden ist. Indem alles soziale Leben Wechselwirkung ist, ist es eben damit Einheit; denn was anderes heißt Einheit, als daß das Viele gegenseitig verbunden sei und das Schicksal jedes Elementes kein anderes unberührt lasse. Gerade die Thatsache, daß gegen diese Einheit der Gesellschaft gelegentlich angekämpft wird, daß die Freiheit des Individuums sich ihr zu entziehen trachtet, daß sie sich selbst bei den engsten und naivsten Bindungen nicht so selbstverständlich durchsetzt, wie die Einheit eines Organismus in seinen Bestandtheilen – gerade das muß sie in das menschliche Bewußtsein emporgetrieben haben, als eine besondere Form und einen besonderen Werth des Seins. Die Einheit der Dinge und der Interessen, die uns zunächst auf dem sozialen Gebiete nahegebracht wird, findet ihre reine und gleichsam von aller Materie gelöste Darstellung in der Idee des Göttlichen – am vollkommensten natürlich in der monotheistischen, relativ aber auch in den niedrigeren Religionen. Es ist das tiefste Wesen der Gottesidee, daß in ihr die Mannigfaltigkeit und Entgegengesetztheit der Dinge Zusammenhang und Einheit findet – mag es nun die absolute Einheit des *einen* Gottes, oder mögen es die partiellen, auf einzelne Provinzen des Seins bezüglichen Einheiten des Polytheismus sein. So hat z.B. die soziale Lebensform der Alt-Araber mit ihrem allbeherrschenden Einfluß der Stammeseinheit, schon den Monotheismus präformirt; bei semitischen Völkern, wie den Juden, Phöniziern, Kanaaniten hat die Art ihrer sozialen Vereinheitlichung und deren Wandlungen sich deutlich in dem Charakter ihres göttlichen Prinzips gespiegelt: so lange die Familieneinheit die herrschende Lebensform war, bedeutete Baal nur den Vater, zu dem die Menschen wie Kinder gehören; in dem Maaße, in dem die soziale Gemeinschaft fremdere, nicht blutsverwandte Zweige zusammenschließt, wird er der in objektiver Höhe thronende Herrscher; sobald die *soziale* Einheit den Charakter der Verwandtschaftlichkeit verliert, thut es auch die religiöse, so daß diese gleichsam als die reine abgelöste Form jener erscheint. Ja sogar die Vereinheitlichung, die sich über der Differenzirung der Geschlechter erhebt, bildet einen besonderen religiösen Typus. Das psychologische Verwischen der Geschlechtsgegensätze, das im sozialen Leben der Syrer, Assyrer und Lyder bedeutsam auftrat, vollendete sich in der Vorstellung von Gottheiten, die diese Gegensätze in sich einheitlich zusammenfaßten: der halbmännlichen Astarte, des mann-weiblichen Sandon, des Sonnengottes Melkarth, der mit der Mondgöttin die Symbole des Geschlechtes austauscht. Es handelt sich hier nicht um den trivialen Satz, daß sich der Mensch in seinen Göttern malt, der in seiner Allgemeinheit nicht erst eines Beweises bedarf; sondern darum, die einzelnen Züge des Menschlichen aufzusuchen, deren Entwicklung und Steigerung über das Maaß des Menschlichen hinaus die Götter schafft. Und es gilt zu erkennen, daß die Götter nicht nur in einer Idealisirung individueller Eigenschaften, der Kraft, der sittlichen oder auch unsittlichen Charakterzüge, der Neigungen und Bedürfnisse der Einzelnen bestehen, sondern daß die inter-individuellen Formen des sozialen Lebens vielfach den religiösen Vorstellungen ihren Inhalt geben. Indem gewisse Seiten und gewisse Intensitätsgrade der sozialen Funktionen ihre reinste, abstrakteste und zugleich doch verkörperte Gestaltung annehmen, bilden sie die Objekte der Religion, so daß man sagen kann, Religion bestehe, – außer allem, was sie sonst etwa ist – in sozialen Beziehungsformen, die in ihr, von ihren empirischen Inhalten gelöst, verselbständigt und auf eigene Substanzen projizirt werden.

Wie sehr gerade die *Einheit* der Gruppe zu den religiös auszugestaltenden Funktionen gehört, können noch zwei Ueberlegungen klar machen. Daß die Gruppe eine Einheit bildet, das wird, insbesondere in primitiveren Epochen, durch die Kampf- und Konkurrenzlosigkeit innerhalb ihrer, im Gegensatz zu allem Verhältniß zu Außerhalbstehenden, bewirkt oder markirt. Es giebt nun vielleicht kein Einzelgebiet, auf dem diese Existenzform des konkurrenzlosen Nebeneinander, die Gleichheit der Ziele und Interessen, sich so rein und restlos darstellte, wie auf dem religiösen. Der hervorgehobene Friedenscharakter des inneren Gruppenlebens ist doch nur ein relativer. Mit der Mehrzahl der Strebungen auch innerhalb dieser ist doch auch die Bemühung verbunden, Mitstrebende von dem gleichen Ziel auszuschließen, das Mißverhältniß zwischen Wünschen und Befriedigungen möglichst, wenn auch auf Kosten Anderer, zu verbessern, zum Mindesten in dem Unterschied gegen Andere den Werthmaaßstab eigenen Thuns und Genießens zu suchen. Fast allein auf religiösem Gebiet können die Energieen der Einzelnen sich voll ausleben, ohne miteinander in Konkurrenz zu gerathen, weil nach dem schönen Worte Jesu, für Alle Platz in Gottes Hause ist. Obgleich das Ziel Allen gemeinsam ist, gewährt es doch Allen die Möglichkeit der Erreichung und hat nicht ein gegenseitiges Sich-Ausschließen, sondern im Gegentheil ein Sich-Aneinander-Anschließen zur

Folge. Ich erinnere an die tiefsinnige Art, in der die Kommunion es zum Ausdruck bringt, daß die Religion ein für Alle gleiches Ziel mit einem für Alle gleichen Mittel erreichen will, ich erinnere vor allem an die Feste, die die Einheit aller in der gleichen religiösen Erregung Befaßten zur äußerlichen Sichtbarkeit bringen – von den rohen Festen primitiver Religionen, wo die Verschmelzung zur Einheit sich schließlich zur sexuellen Orgie aufzugipfeln pflegt, bis zu jenem reinsten und über die Einzelgruppe weithinausreichenden Ausdruck des *Pax hominibus.* Die Konkurrenzlosigkeit, die die Einheit als die Lebensform der Gruppe bedingt, in ihr aber immer nur relativ und partiell herrscht, hat auf dem religiösen Gebiet absolute und intensivste Verwirklichung gefunden. Man könnte hier, wie beim Glauben, sagen, daß die Religion das in Substanz darstelle, ja gewissermaßen in der Substantialisirung dessen bestände, was als Form und Funktion das Gruppenleben regulirt. Und dies gewinnt nun wieder personale Form im Priesterthum, das, trotz seiner historischen Verbindung mit bestimmten Ständen, doch seinem Grundgedanken nach über *allen* Einzelnen steht, eben dadurch den Schnittpunkt und die Einheit ihrer idealen Lebensinhalte bildend. So befreit der katholische Zölibat die Priester von jeder *speziellen* Beziehung zu diesem und jenem Elemente und Elementenkomplex, um ihm so die gleichmäßige Beziehung zu jedem zu ermöglichen – wie die »Gesellschaft« oder der »Staat« über allen Einzelnen als die abstrakte Einheit steht, die die Verbindungen unter jenen an sich gezogen hat. Und um etwas ganz Einzelnes zu nennen: die Kirche bot das ganze Mittelalter hindurch allen Wohlthätigkeitstrieben die große Bequemlichkeit, daß sie das Reservoir war, in dem jede milde Spende fraglos einmündete. Wer sich zu Gunsten Andrer eines Besitzes entäußern wollte, hatte nicht noch zu überlegen, in welcher Weise es am besten geschähe, sondern es war dazu ein allumfassendes Zentralorgan zwischen den Spendenden und den Bedürftigen da. Die Wohlthätigkeit, eine Form der sozialen Beziehung innerhalb der Gruppe, gewann in der Kirche eine über-individuelle Organisation und Einheit.

Gleichsam die Rückseite dieses Zusammenhanges, aber auf den gleichen Kern hinweisend, bildet das Verhalten zu den »Ketzern«. Was namentlich große Massen in den Haß und die moralische Verurtheilung den Ketzern gegenüber treibt, ist gewiß nicht der Unterschied in dem dogmatischen Inhalte der Lehre, den sie unzählige Male gar nicht verstehen – sondern die Thatsache der *Opposition*

Einzelner gegen die Gesammtheit. Die Verfolgung der Ketzer und Dissidenten entspringt dem Instinkte für die nothwendige *Einheit* der Gruppe. Besonders bezeichnend aber ist es nun, daß in vielen Fällen dieser Art die religiöse Abweichung sehr wohl mit der Einheit der Gruppe in allen vitalen Angelegenheiten zusammenbestehen könnte. Allein der soziale Einheitstrieb hat in der Religion so reine, abstrakte und zugleich substantielle Gestalt angenommen, daß es der Verbindung mit realen Interessen nicht mehr bedarf, sondern das Dissidententhum die Einheit, d.h. die Lebensform der Gruppe als solche und ihrer Idee nach zu bedrohen scheint. Wie ein Palladium oder ein sonstiges Symbol der Gruppeneinheit mit dieser direkt garnichts zu thun hat, dennoch aber jeder Angriff auf dasselbe die heftigste Reaktion hervorruft, so ist die Religion die reinste und über alle konkrete Einzelheit erhobne Einheitsform der Gesellschaft, die diesen Charakter durch die Energie beweist, mit der jede inhaltlich noch so irrelevante Ketzerei bekämpft wird.

Und endlich bieten diejenigen inneren Verknüpfungen zwischen dem Individuum und seiner Gruppe, die man die moralischen nennt, so tiefe Analogieen mit dem Verhältniß zu seinem Gott dar, als wäre dieses nichts anderes als Verdichtung und Umformung jener. Die ganze geheimnißvolle Fülle der ersteren spiegelt sich in der Vielfältigkeit der Wirkungen, in denen wir das Göttliche empfinden. Die zwingenden und strafenden Götter, der liebende Gott, der Gott Spinozas, der unsre Liebe nicht erwiedern kann, der Gott, der uns die Direktive des Handelns und zugleich die Kraft zu ihrer Befolgung verleiht oder nimmt – das eben sind ja die Zeichen, unter denen auch das ethische Verhältniß zwischen der Gruppe und ihren Individuen seine Kräfte und seine Gegensätze entfaltet. Ich hebe etwa das Gefühl der Abhängigkeit heraus, in dem man das Wesen aller Religion erblickt hat. Das Individuum fühlt sich an ein Allgemeines, Höheres gebunden, aus dem es fließt und in das es fließt, aber von dem es auch Hebung und Erlösung erwartet, von dem es verschieden und doch auch mit ihm identisch ist. Alle diese Empfindungen, die sich in der Vorstellung Gottes wie in einem Brennpunkt begegnen, lassen sich auf das Verhältniß zurückführen, das der Einzelne zu seiner Gattung besitzt, und zwar einerseits zu den vergangenen Generationen, die ihm die hauptsächlichen Formen und Inhalte seines Wesens überliefert haben, andrerseits zu der mitlebenden, die ihm die Gestaltung derselben und das Maaß ihrer Entfaltung bestimmt.

Wenn die Theorie richtig ist, nach der alle Religion vom Ahnenkultus ausgeht, von der Verehrung und Versöhnung der weiterlebenden Seele des Vorfahren, insbesondere des Helden und des Anführers – so mag sie diesen Zusammenhang bestätigen: denn wir hängen inderthat von dem ab, was vor uns war, und was sich am unmittelbarsten in der Autorität der Väter über die Nachkommenschaft konzentrirt. Die Vergötterung der Vorfahren, und insbesondere der thatkräftigsten und wirkungsreichsten ist gleichsam der zweckmäßigste Ausdruck für die Abhängigkeit des Individuums von dem zeitlich vorangegangenen Leben der Gruppe – so andre Motive dafür auch das Bewußtsein der Völker zeigen mag. So läßt sich jene Demuth, in der der Fromme, alles was er ist und hat, Gott zu verdanken bekennt, in ihm die Quelle seines Wesens und seiner Kraft erblickt, richtig auf das Verhältniß des Einzelnen zur Gesammtheit übertragen. Denn auch nicht schlechthin nichts ist der Mensch Gott gegenüber, sondern nur ein Staubkorn, eine schwache, aber immerhin doch nicht völlig nichtige Kraft, ein Gefäß, das jenem Inhalt aufnahmefähig entgegenkommt. Wenn eine geklärte Gottesidee ihr Wesen darin hat, daß alle bunten Mannigfaltigkeiten, alle Gegensätze und Verschiedenheiten des Seins und des Wollens und insbesondere unserer inneren Lebensinteressen in ihm ihren Ursprung und zugleich ihre Einheit finden, so können wir ohne Weiteres die soziale Gesammtheit an seine Stelle setzen; denn sie ist es, aus der die ganze Fülle der Triebe fließt, die sie uns als Resultate wechselnder Anpassungen vererbt, die Mannigfaltigkeit der Verhältnisse, in denen wir stehen, die Ausbildung der Organe, mit denen wir die verschiedenen und oft schwer zu vereinigenden Seiten der Welt auffassen – und doch ist die soziale Gruppe etwas hinreichend Einheitliches, um als realer Einheitspunkt dieser divergenten Ausstrahlungen angesehen zu werden. So ist ferner der göttliche Ursprung der Fürsten nur der Ausdruck für die völlige Konzentrirung der Gewalt in ihren Händen; sobald die soziale Vereinheitlichung, die Objektivirung des Ganzen dem Einzelnen gegenüber einen gewissen Grad erreicht hat, erscheint sie diesem als überirdische Macht, und ihr gegenüber, mag sie noch unmittelbar als soziale bewußt sein oder sich schon in das Gewand der Gottesidee gehüllt haben, erhebt sich in genau gleicher Weise das Problem, wieviel der Einzelne thun könne oder müsse, um seinem Sollen zu genügen, und wieviel von dem ihm jenseitigen Prinzip dazu geschieht. Die Selbständigkeit des Individuums im Verhältniß zu der Macht, von der es doch die Kraft der Selbständigkeit empfangen hat und die dieser Ziele und Wege bestimmt, ist hier wie dort die Frage. So versetzt Augustin das Individuum in eine historische Entwicklung, der gegenüber es ebenso unselbständig und ohnmächtig ist, wie es nach ihm Gott gegenüber ist; so geht die Frage des Synergismus durch die ganze Kirchengeschichte ebenso hindurch, wie sie die Geschichte der inneren Politik bestimmt. Wie nach der streng religiösen Auffassung der Einzelne nur ein Gefäß der Gnade oder des Zornes Gottes ist, so nach der sozialistischen ein Gefäß der von der Allgemeinheit ausgehenden Wirkungen; beide Fälle wiederholen die gleiche ethische Grundfrage nach dem Wesen und dem Rechte des Individuums, und in beiden Formen bietet die Hingabe desselben an das ihm jenseitige Prinzip oft die letzte noch mögliche Befriedigung, wenn die auf sich selbst angewiesene Individualität keine innere Bestandsfähigkeit mehr besitzt.*

Es ist für diese Rangirung der religiösen und der ethisch-sozialen Vorstellungen sehr bezeichnend, daß Gott direkt als Personifikation derjenigen Tugenden aufgefaßt wird, die er von den Menschen verlangt; die Eigenschaften der Güte, der Gerechtigkeit, der Langmuth usw. *hat* er weniger, als daß er sie *ist*; er ist, wie wir es ausgedrückt finden, die Vollkommenheit in Substanz vorgestellt, er ist »die Güte selbst«, »die Liebe selbst« usw. Die Sittlichkeit, die Imperative über das Verhalten der Menschen zu einander, haben in ihm sozusagen Dauerform gewonnen. Wie der praktische Glaube ein Verhältniß zwischen Menschen ist, das über diese Relationsform hinaus ein Absolutes bildet; wie die Einheit eine Beziehungsform zusammenlebender Menschen ist, die sich zu jener Einheit der Dinge in personaler Form steigert, als die das Göttliche auftritt; so enthält die Moral jene Formen des Verhaltens von Mensch zu Mensch, die das Interesse der Gruppe sanktionirt hat, so daß der Gott, der die relativen Inhalte in absoluter Gestalt darstellt, einerseits die Rolle der fordernden und gewährenden Gruppe dem Einzelnen gegenüber repräsentirt, andrerseits die ethisch-sozialen Verhaltungsweisen, die der Einzelne zu leisten hat, der Relativität entrückt und in absoluter Substantialität in sich vorstellt. Die Verhältnisse der Menschen zu einander, den mannigfaltigsten Interessen entsprossen, von den entgegengesetztesten Kräften getragen, in die verschiedensten Formen gegossen,

* Ich entnehme diese Ausführung meiner *Einleitung in die Moralwissenschaft*, 1. Bd., [in: GSG 3].

gelangen eben auch in den Aggregatzustand, dessen Verselbständigung und Beziehung auf ein außerhalb stehendes Wesen wir Religion nennen – indem sie abstrakt und doch zugleich konkret werden, in welcher Doppelentwicklung eben die Stärke beruht, mit der die Religion auf jene Verhältnisse zurückwirkt. Die alte Vorstellung, daß Gott das Absolute wäre, während alles Menschliche relativ ist, kommt hier zu einem neuen Sinn: es sind die Relationen zwischen den Menschen, die in der Vorstellung des Göttlichen ihren substantiellen und idealen Ausdruck finden.

Wenn solche, auf die Fundamente des Weltbildes hinstrebende Untersuchungen sonst der Wunsch begleitet, daß ihr Geltungsbereich nur umfassend genug verstanden werde, so muß hier umgekehrt die Sorge sein, daß die behaupteten Zusammenhänge nicht als Prätendenten auf Nachbargebiete, jenseits ihrer sehr bestimmt gezogenen Grenzen, aufzutreten scheinen. Den historischen Hergang der Religionsschöpfung können sie nicht beschreiben, sondern nur eine ihrer vielen Quellen aufweisen, völlig dahingestellt, ob dieselbe, mit anderen sich begegnend, die gleichfalls den Gebieten des Noch-Nicht-Religiösen entspringen, nun durch den Zusammenfluß mit diesen Religion erzeugt; oder ob diese ihr Wesen und ihren Bestand schon gefunden hat, wenn die hier betrachteten Quellen des religiösen Wesens als Nebenflüsse in ihren Strom einmünden – ihre Wirksamkeit ist an keinen bestimmten historischen Moment gebunden. Auch ist Religion als seelische Wirklichkeit ja kein fertiges Ding, keine feste Substanz, sondern ein lebendiger Prozeß, den, bei aller Unerschütterlichkeit überlieferter Inhalte, doch jede Seele und jeder Augenblick selbst hervorbringen muß; gerade in dieser Anforderung, das religiös Gegebne fortwährend in den Fluß des Gefühles zu ziehen, dessen Bewegungen es stets neu zu formen haben, wie die stets wechselnden Wassertröpfchen doch das feste Bild des Regenbogen erzeugen – darin liegt die Kraft und Tiefe der Religion. Deshalb darf ihre genetische Erklärung nicht nur den historischen Ursprung ihrer Traditionen umfassen, sondern auch die Kräfte jeder Gegenwart, die uns, was wir an religiösen Schätzen von den Vätern geerbt haben, erwerben lassen, um es zu besitzen; so daß es in diesem Sinne wirklich »Ursprünge« der Religion giebt, deren Auftreten und Wirksamkeit lange nach der Zeit des »Ursprunges« der Religion liegt.

Wichtiger aber noch, als die Insinuation einer historischen Entstehungstheorie hier abzuwehren, ist es für diese Untersuchungen, jegliche Frage nach der objektiven Wahrheit der Religion von ihren Zusammenhängen auszuschließen. Wenn es gelingt, das Zustandekommen der Religion als eines Ereignisses im Leben der Menschen aus den inneren Bedingungen eben dieses Lebens zu begreifen, so ist insoweit das Problem noch gar nicht berührt, ob die sachliche, außerhalb des menschlichen Denkens gelegne Wirklichkeit das Gegenstück und die Bestätigung jener psychischen Wirklichkeit enthalte oder nicht. So sucht die Psychologie des Erkennens begreiflich zu machen, wieso unser Weltbild ein räumlich ausgedehntes, nach drei Dimensionen sich erstreckendes ist, und überläßt es ganz andersartigen Untersuchungen, auszumachen, ob jenseits unseres Vorstellens eine Welt der Dinge an sich in den gleichen Formen bestehe oder nicht. Freilich mag überall ein Punkt erreicht werden, an dem die Erklärung der inneren Thatsächlichkeit aus bloß inneren Bedingungen nicht mehr zulangt, sondern erst eine äußere Wirklichkeit den Ursachenkreis der inneren zu schließen vermag. Allein diese Möglichkeit oder Nothwendigkeit muß nur denjenigen treffen, der Wesen und Entstehung der Religion in Vollständigkeit ergründen will, nicht aber uns, die wir nur einen der Strahlen, die sich im Fokus der Religion treffen, in seiner Richtung zu verfolgen hatten.

Und endlich das Wichtigste: die Gefühlsbedeutung der Religion, das heißt, die in das innerste Gemüth zurückstrahlende Wirkung der Vorstellungen vom Göttlichen ist völlig unabhängig von allen Annahmen über die Art, wie diese Vorstellungen zustande gekommen seien. Das ist der Punkt des stärksten Mißverständnisses aller historisch-psychologischen Herleitung idealer Werthe. Noch immer empfinden weite Kreise so, als wäre der Reiz eines Ideals entblättert, die Würde eines Gefühls deklassirt, wenn seine Entstehung nicht mehr ein unbegreifliches Wunder, eine Schöpfung aus dem Nichts ist – als ob das Begreifen des Werdens den Werth des Gewordnen in Frage stellte, als ob die Niedrigkeit des Ausgangspunktes die erreichte Höhe des Zieles herabzöge, und als ob die reizlose Einfachheit der einzelnen Elemente die Bedeutsamkeit des Produktes zerstörte, die in dem Zusammenwirken, der Formung und Verwebung dieser Elemente besteht. Das ist die thörichte und verworrene Gesinnung, die die Menschenwürde entheiligt glaubte, weil der Mensch von einer niederen Thierart abstamme; als ob diese Würde nicht auf dem beruhte, was er in Wirklichkeit *ist*, ganz gleichgültig dagegen, von welchem Anfange aus er es geworden ist; es ist dieselbe, die sich immer dagegen sträuben wird, das Verständniß der Religion aus Elementen heraus zu gewinnen, die für sich noch nicht Religion sind. Grade ihr aber, die die Würde der Religion durch Zurückweisen ihrer historisch-psychologischen Ableitung aufrecht zu erhalten glaubt, wird man Schwäche des religiösen Bewußtseins vorwerfen können. Denn die innere Festigkeit und Gefühlstiefe desselben kann nur eine geringe sein, wenn es sich durch die Erkenntniß seines Werdeganges gefährdet, ja überhaupt nur berührt glauben kann. Denn wie die echte und tiefste Liebe zu einem Menschen durch die nachträgliche Klarheit über ihre Entstehungsgründe nicht angefochten wird, ja, ihre triumphirende Kraft darin zeigt, daß sie den Fortfall all jener einstmaligen Entstehungsgründe ungebrochen überlebt – so wird alle Stärke des subjektiven religiösen Gefühls erst durch die Sicherheit erwiesen, mit der es in sich ruht und seine Tiefe und Innigkeit ganz jenseits aller Ursprünge stellt, auf die die Erkenntniß es zurückleiten mag.

Die Gesellschaft zu zweien

Wenn die soziologische Wissenschaft den Folgen der Tatsache gilt, daß der einzelne Mensch nicht allein auf der Welt ist, sondern durch das Mitdasein anderer bestimmt wird – so darf ihr Blick sich nicht auf die großen Kollektivgebilde beschränken, die durch die Politik und die Wirtschaft, durch das Recht und die Kirche, durch die Familie und die allgemeine Kultur umschrieben sind. Sondern er muß sich auch auf jene feineren, flüchtigeren, aber in tausend Verwebungen unser Leben bestimmenden Beziehungen richten, die sich zwischen Person und Person entspinnen, oft fallen gelassene, wieder aufgenommene, wieder anders verlaufende Fäden, an denen schließlich die innere Lebendigkeit und Festigkeit unseres Daseins mit anderen haftet.

Wie ein Verhältnis daraus seinen Charakter zieht, daß es gerade nur zwei Teilnehmer einschließt, zeigen ganz alltägliche Erfahrungen: wie ganz anders ein gemeinsames Los, ein Unternehmen, ein Einverständnis, ein geteiltes Geheimnis zweier jeden der Teilnehmer bindet, als wenn auch nur drei daran teilhaben. Vielleicht ist dies für das Geheimnis am charakteristischsten, indem die allgemeine Erfahrung zu beweisen scheint, daß dieses Minimum, mit dem das Geheimnis die Grenze des Fürsichseins überschreitet, zugleich das Maximum ist, mit dem seine Bewahrung einigermaßen gesichert ist. Eine geheime kirchlich-politische Gesellschaft, die sich Anfang des neunzehnten Jahrhunderts in Frankreich und Italien bildete, hatte verschiedene Grade, derart, daß die eigentlichen Bundesgeheimnisse nur den höheren von diesen bekannt waren; besprochen aber durften sie immer nur zwischen je zwei Angehörigen jener Hochgrade werden. Als so entscheidend also wird die Grenze der Zwei empfunden, daß sie, wo sie schon dem Wissen nach nicht eingehalten werden kann, doch dem Aussprechen nach bewahrt wird! – Den allgemeinsten Unterschied der Zweierverbindungen gegen alle mehrgliedrigen bedeutet es, daß das Verhältnis als Ganzes, als höhere Einheit aus seinen Individuen, jedem von diesen anders gegenübersteht, als Gebilde aus mehreren Teilnehmern den ihrigen. In jenem nämlich sieht ein jedes Mitglied sich nur dem andern, aber nicht einer über ihn hinausreichenden Kollektiveinheit gegenüber.

Das Sozialgebilde ruht unmittelbar auf dem einen und auf dem andern. Der Austritt jedes einzelnen würde das Ganze zerstören, so daß es nicht zu jener überpersönlichen Existenz desselben kommt, die der einzelne als von sich unabhängig fühlt; wogegen selbst schon in einer Vergesellschaftung von dreien bei Ausscheiden eines einzelnen noch immer eine Gruppe weiterbestehen kann.

Diese Abhängigkeit der Zweiergruppen von der reinen Individualität des einzelnen Gliedes läßt die Vorstellung ihrer Existenz in näherer und fühlbarerer Weise von der ihres Endes begleitet sein, als es bei anderen Vereinigungen der Fall ist, von denen jegliches Mitglied weiß, daß sie nach seinem Ausscheiden oder seinem Tode weiterexistieren können. Wie nun das Leben des Individuums durch seine Vorstellung von seinem Tode in bestimmter Weise gefärbt wird, so auch das Leben der Vereinigungen. Unter »Vorstellung« ist hier nicht nur der theoretische, bewußte Gedanke verstanden, sondern ein Teil oder eine Modifikation unseres Seins. Der Tod steht nicht wie ein Schicksal vor uns, das in irgendeinem Augenblick eintreten wird, vorher aber nur als Idee oder Prophezeiung, als Furcht oder Hoffnung da ist, ohne in die Realität des Lebens bis zu ihm hin einzugreifen. Sondern, daß wir sterben werden, ist eine von vornherein dem Leben einwohnende Qualität, in all unserer lebendigen Wirklichkeit ist etwas, was nachher als unser Tod nur seine letzte Phase oder Offenbarung findet: wir sind, von unserer Geburt an, solche, die sterben werden. Und so ist es mit den Gruppen. Jede vielgliedrige Gruppe kann ihrer Idee nach unsterblich sein, und dies gibt jedem ihrer Mitglieder als solchem, mag es im Persönlichen zum Tode stehen wie es will, ein ganz bestimmtes soziologisches Gefühl. Daß aber eine Vereinigung von zweien zwar nicht ihrem Leben nach, aber ihrem Tode nach von jedem ihrer Elemente für sich allein abhängt – denn zu ihrem Leben bedarf sie des zweiten, zu ihrem Tode aber nur des einen –, das muß die innere Gesamtattitüde des einzelnen zu ihr, wenn auch nicht immer bewußt und nicht immer gleichmäßig, mitbestimmen. Es muß diesen Verbindungen für das Gefühl einen Ton von Gefährdung und von Unersetzlichkeit geben, den sie zu dem eigentlichen Ort einerseits einer echten soziologischen Tragik, andererseits einer Sentimentalität und elegischen Problematik macht.

Um der gleichen Struktur willen sind eigentlich auch nur Verhältnisse zu zweien der eigentümlichen Färbung oder Entfärbung, die wir als Trivialität bezeichnen, ausgesetzt. Denn nur, wo der Anspruch an eine Individualität der Erscheinung oder Leistung vorliegt, erzeugt deren Ausbleiben das Gefühl der Trivialität. Es ist noch kaum hinreichend beobachtet, wie Verhältnisse, bei völlig ungeändertem Inhalt, durch die mitschwebende Vorstellung gefärbt werden, wie häufig oder wie selten gleichgeartete sind. Es sind keineswegs nur erotische Beziehungen, die durch die Vorstellung: ein solches Erlebnis habe es überhaupt noch nicht gegeben – einen besonderen und bedeutsamen Timbre, ganz über ihren sonst angebbaren Inhalt und Wert hinaus, bekommen. Wie es vielleicht kaum einen Gegenstand äußeren Besitzes gibt, dessen Wert – nicht nur sein wirtschaftlicher Wert – nicht von der Seltenheit oder Häufigkeit von seinesgleichen mitbestimmt würde, so ist auch vielleicht kein Verhältnis in seiner inneren Bedeutung für seine Träger von dem Faktor des Wievielmal unabhängig; wobei dieses Wievielmal auch die Repetitionen der gleichen Inhalte, Situationen, Erregungen innerhalb des Verhältnisses selbst bedeuten kann. Mit der Empfindung der Trivialität begleiten wir ein gewisses Maß von Häufigkeit, von Bewußtsein der Wiederholtheit eines Lebensinhaltes, dessen Wert gerade durch ein Maß von Seltenheit bedingt ist. Nun scheint es, als ob das Leben einer größeren gesellschaftlichen Einheit oder das Verhältnis des einzelnen zu ihr sich dieser Frage überhaupt nicht stellte, als ob hier, wo der inhaltliche Sinn der Beziehung sich über die Individualität erhebt, auch ihre Individualität im Sinne der Einzigkeit oder Seltenheit keine Rolle spielte und ihr Ausbleiben deshalb nicht als Trivialität wirkte. Daß gerade den Verhältnissen zu zweien, der Liebe, der Ehe, der Freundschaft – oder auch solcher mehrgliedriger, die kein höheres Gebilde ergeben, wie oft die Geselligkeit – der Ton der Trivialität oft zur Verzweiflung und zum Verhängnis wird, beweist, wie sehr die soziologische Form hier an der Individualität ihrer Elemente festgehalten ist und wie sehr an sie die Forderung eines individuellen Wertes ergeht, die der mehrgliedrigen gegenüber erlischt.

Daß das soziologische Geschehen so innerhalb des persönlichen Aufeinanderangewiesenseins verbleibt, ohne zur Bildung eines die Elemente überwachsenden Ganzen aus ihnen vorzuschreiten, ist weiterhin die Basis der »Intimität«. Diese Charakteristik von Verhältnissen scheint mir auf die zunächst individuelle Neigung zurückzugehen: daß der Mensch gern dasjenige, was ihn von anderen unterscheidet, das qualitativ Individuelle, als den Kern, Wert und Hauptsache seiner Existenz ansieht – eine keineswegs immer gerechtfertigte Voraussetzung, da an vielen umgekehrt gerade das Typische, das mit vielen

Geteilte ihr Wesentliches und die Wertsubstanz ihrer Persönlichkeit ist. Dies wiederholt sich an Vereinigungen. Auch ihnen liegt es nahe, das ganz Spezifische ihrer Inhalte, das ihre Teilnehmer nur miteinander, aber mit niemand außerhalb dieser Gemeinschaft teilen, zum Zentrum und zur eigentlichen Erfüllung dieser Gemeinschaft werden zu lassen. Das ist die Form der Intimität. Wohl in jedem Verhältnis mischen sich irgendwelche Bestandteile, die seine Träger eben nur in dieses und in kein anderes hineingeben, mit solchen, die nicht gerade diesem Verhältnis eigen sind, sondern die das Individuum in gleicher oder ähnlicher Weise auch noch mit anderen Personen teilt. Sobald nun jenes erste, die Binnenseite des Verhältnisses, als dessen Wesentliches empfunden wird, sobald seine gefühlsmäßige Struktur es auf dasjenige stellt, was jeder nur diesem einzigen anderen und niemand sonst gibt oder zeigt – so ist die eigentümliche Färbung gegeben, die man Intimität nennt. Es ist nicht der Inhalt des Verhältnisses, auf dem diese ruht. Zwei Verhältnisse mögen in bezug auf die Mischung der individuell-exklusiven und der auch nach anderen Seiten hin ausstrahlenden Inhalte ganz gleich stehen: intim ist nur dasjenige von ihnen, in dem die ersteren als die Träger oder als die Achse des Verhältnisses erscheinen. Wenn umgekehrt gewisse äußere oder Stimmungslagen uns relativ fremden Menschen gegenüber zu sehr persönlichen Äußerungen und Konfessionen, wie sie sonst nur dem Nächsten vorbehalten sind, veranlassen, so fühlen wir dennoch, daß dieser »intime« Inhalt der Beziehung sie hier zu keiner intimen macht; denn unser Gesamtverhältnis zu eben diesen Menschen ruht in seiner Substanz und seinem Sinn doch nur auf seinen allgemeinen, unindividuellen Bestandteilen, und jener sonst vielleicht niemals offenbarte, ihm ausschließlich eigene Inhalt läßt das Verhältnis, weil er nicht zur Basis seiner Form wird, außerhalb der Intimität. Daß dies das Wesen der Intimität ist, macht sie so häufig zu einer Gefahr für enge Zweierverbindungen, vielleicht am meisten für die Ehe. Daß die Gatten die gleichgültigen »Intimitäten« des Tages, die Liebenswürdigkeiten oder Unliebenswürdigkeiten der Stunde, die allen anderen sorgfältig verborgenen Schwächen teilen – das legt es nahe, den Akzent und die Substanz des Verhältnisses gerade in dieses zwar völlig Individuelle, sachlich aber doch ganz Irrelevante zu verlegen und dasjenige, was man auch mit anderen teilt, und was vielleicht das Wichtigste der Persönlichkeiten ist, das Geistige, Großzügige, den allgemeinen Interessen Zugewandte, Objektive – als eigentlich außerhalb der Ehe liegend zu betrachten, es allmählich aus ihr herauszuschieben.

Dennoch scheint gerade die monogamische Ehe von dem hier wesentlich gewordenen soziologischen Charakter der Zweiergruppierungen: der durch das Ausbleiben der überpersönlichen Einheit gegeben ist – eine Ausnahme machen zu müssen. Die gar nicht seltene Tatsache, daß es zwischen durchaus wertvollen Persönlichkeiten entschieden schlechte Ehen und zwischen recht mangelhaften sehr gute gibt, weist zunächst darauf hin, daß dieses Gebilde, so sehr es von jedem Teilnehmer abhängig ist, doch einen Charakter haben kann, der mit dem seines Teilnehmers zusammenfällt. Wenn etwa jeder der Gatten an Wirrnissen, Schwierigkeiten, Unzulänglichkeiten leidet, aber diese gleichsam auf sich zu lokalisieren versteht, während er in das eheliche Verhältnis nur sein Bestes und Reinstes hineingibt und es von allen Abzügen der Person freihält – so mag dies zwar zunächst nur dem Gatten als Person gelten, aber es erhebt sich daraus doch das Gefühl, daß die Ehe etwas Überpersönliches ist, etwas an sich Wertvolles und Heiliges, das jenseits der Unheiligkeit jedes ihrer Elemente steht. Indem sich innerhalb eines Verhältnisses der eine nur nach der dem anderen zugewandten Seite hin empfindet, sich nur mit Rücksicht auf ihn benimmt, gewinnen seine Eigenschaften, obgleich sie natürlich immer die seinigen sind, doch eine ganz andere Färbung, Stellung, Bedeutung, als wenn sie, auf das eigene Ich bezogen, sich in den Gesamtkomplex dieses verweben. Daraufhin kann für das Bewußtsein jedes der beiden das Verhältnis zu einer Wesenheit außerhalb seiner kristallisieren, die Mehr und Besseres – unter Umständen auch Schlechteres – ist als er selbst, gegen die er Verpflichtungen hat, und von der ihm wie von einem objektiven Sein Güter und Schicksale kommen.

Es scheint, als ob die moderne Kultur, indem sie den Charakter der einzelnen Ehe immer mehr individualisiert, doch die Überindividualität, die in ihrem soziologischen Wesen liegt, ganz unberührt läßt, ja in mancher Hinsicht steigert. Die Mehrfachheit der Eheartten, entweder zur Wahl der Kontrahenten gestellt oder auf ihre besonderen sozialen Positionen verteilt, wie sie in Halbkulturen und hohen, vergangenen Kulturen vorkommt, erscheint zunächst als eine individuellere Form, die der Differenziertheit der einzelnen Fälle besonders nachgiebig ist. In Wirklichkeit liegt es umgekehrt: jede dieser verschiedenen Arten ist dennoch etwas durchaus Unindividuelles, sozial Vorgeformtes und ist durch ihren Ansatz von Besonderung viel enger und gewalttätiger als eine ganz allgemeine und durchgehend festgehaltene Eheform, deren abstrakteres Wesen notwendig den persönlichen Differenziertheiten größeren Spielraum gestatten muß.

Die eigentümliche Verschlingung des subjektiven und des objektiven Charakters, des Persönlichen und des Überpersönlich-Generellen, die die Ehe bietet, liegt schon in dem Fundamentalvorgang, der physiologischen Paarung, der allein allen historisch bekannten Eheformen gemeinsam ist, während vielleicht keine einzige weitere Bestimmung sich ausnahmslos an allen findet. Dieser Vorgang wird einerseits als das Intim-Persönlichste empfunden, andererseits aber doch als das absolute Generelle, das die Persönlichkeit gerade in dem Dienst der Gattung, in der allgemein organischen Forderung der Natur untertauchen läßt. In diesem Doppelcharakter des Aktes als des ganz Persönlichen und des ganz Überpersönlichen liegt sein psychologisches Geheimnis, und aus ihm wird verständlich, wie gerade dieser Akt die Basis des Eheverhältnisses werden konnte, die auf höherer soziologischer Stufe eben diese Doppelheit wiederholt. Nun aber tritt gerade an der Beziehung der Ehe zur sexuellen Betätigung eine höchst eigenartige formale Komplikation auf. So unmöglich nämlich angesichts jener historischen Heterogeneität der Ehearten eine positive Definition der Ehe sei, so kann doch bestimmt werden, welche Beziehung zwischen Mann und Weib jedenfalls noch nicht Ehe ist: die rein sexuelle. Was auch die Ehe sein mag, sie ist immer und überall mehr als der sexuelle Verkehr; so divergent die Richtungen sein mögen, nach denen die Ehe über diesen hinausgeht – daß sie über ihn hinausgeht, macht die Ehe erst zur Ehe. Dies ist eine soziologisch fast einzige Formung: daß derjenige Punkt, der allein allen Eheformen gemeinsam ist, zugleich gerade derjenige ist, über den sie hinausgehen müssen, um eine Ehe zu ergeben. Nur ganz entfernte Analogien hierzu scheinen auf andern Gebieten stattzufinden: so müssen die Künstler, wie heterogene, stilistische oder auch phantastische Tendenzen sie auch verfolgen, die natürlichen Erscheinungen aufs genaueste kennen, nicht um bei ihnen zu verharren, sondern um in jenem Hinausgehen über sie ihre spezifisch künstlerische Aufgabe zu erfüllen. Innerhalb der soziologischen Formungen aber scheint die Ehe die einzige oder mindestens die reinste dieses Typus zu sein: daß alle Fälle eines sozialen Formbegriffs nur ein einziges, wirklich allen gemeinsames Element enthalten, aber gerade daraufhin noch nicht zu Realisierungen dieses Begriffs werden, sondern dies erst, wenn sie jenem Allgemeinen etwas Weiteres, also unvermeidlich Individuelles, in Verschiedenen Verschiedenes hinzufügen.

Soziologie der Geselligkeit

Der alte Streit um das Wesen der Gesellschaft, in dem sie bald eine mystisch gesteigerte Bedeutung besitzt, alles menschliche Leben gleichsam erst mit Wirklichkeit tränkend, bald ein nur abstrakter Begriff sein soll, mit dem der Betrachter die Realitäten der Einzelexistenzen nachträglich zusammenfaßt, wie man Bäume und Bäche, Häuser und Wiesen als »eine Landschaft« bezeichnet – dieser Streit muß der Gesellschaft jedenfalls eine Realität in doppeltem Sinne lassen. Einmal die Individuen in ihrer unmittelbaren sinnlichen Existenz, die Träger der Vergesellschaftungsprozesse, die durch diese zu der höheren Einheit, die man »eine Gesellschaft« nennt, zusammengeschlossen werden. Und dann: die Interessen, die, in den Individuen lebendig, solchen Zusammenschluß motivieren: ökonomische und ideale Interessen, kriegerische und erotische, religiöse und karitative. Um solchen Trieben zu genügen, solche Zwecke zu erreichen, erwachsen die unübersehbar mannigfaltigen Formen des sozialen Lebens, all das Miteinander, Füreinander, Ineinander, Gegeneinander, Durcheinander in Staat und Gemeinde, in Kirche und Wirtschaftsgenossenschaft, in Familie und Vereinen. Wie die Energiewirkungen, die die Stoffteilchen auf einander ausüben, die Materie in die Formen bringen, die wir als die Zahllosigkeit der einzelnen »Dinge« vorfinden, so bewirken die Impulse und Interessen, die der Mensch in sich vorfindet, und die ihn über sich hinaus zum andern drängen, all die Vereinigungsformen, durch die aus einer bloßen Anzahl neben einander bestehender Wesen jedesmal eine »Gesellschaft« wird.

Innerhalb der so angedeuteten Konstellation oder aus ihr heraus, entwickelt sich nun ein besonderes soziologisches Gebilde, entsprechend jenen der Kunst und des Spieles, die aus den geformten Wirklichkeiten ihre Form heraus ziehen und ihre Wirklichkeit hinter sich lassen. Es bleibe dahingestellt, ob der Begriff des Spieltriebes oder Kunsttriebes einen wirklichen Erklärungswert besitzt; jedenfalls weist er darauf hin, daß in jeder einzelnen spielenden oder künstlerischen Betätigung ein von den Unterschieden ihrer Inhalte nicht berührtes Allgemeines enthalten ist. Irgend eine Gleichmäßigkeit der Befriedigung liegt im gymnastischen Spiel wie im Kartenspiel, oder auch in der Musik und der Plastik, die mit der Besonderheit der Musik als solcher oder der Plastik als solcher nichts zu tun hat, sondern nur damit, daß jedes von beiden Kunst oder jedes von jenen ersteren Spiel ist. Ein Gemeinsames, Gleichartiges an seelischer Reaktion und seelischem Bedürfnis knüpft sich an all diese Mannigfaltigkeiten, sehr wohl zu unterscheiden von dem speziellen Interesse, das gerade ihren Verschiedenheiten gilt. In dem gleichen Sinne nun kann man von einem *Geselligkeitstriebe* der Menschen reden. Sicherlich ist es der Erfolg spezieller Notwendigkeiten und Interessen, wenn die Menschen sich in Wirtschaftsvereinigungen oder Blutsbrüderschaften, in Kultgenossenschaften oder Räuberbanden zusammentun. Allein jenseits dieser besonderen Inhalte werden alle diese Vergesellschaftungen von einem Gefühl dafür, von einer Befriedigung daran begleitet, daß man eben vergesellschaftet ist, daß die Einsamkeit des Individuums in ein Zusammen, eine Vereinigung mit anderen aufgehoben ist. Gewiß kann dieses Gefühl in individuellen Fällen durch seelische Gegeninstanzen aufgehoben, die Form der Vergesellschaftung kann als eine bloße leidige Notwendigkeit für unsere sachlichen Zwecke empfunden werden. Typischer Weise aber verwebt sich in alle realen Veranlassungen zur Gesellschaftsbildung ein Gefühl für den Wert der Gesellschaftsbildung als solcher, ein Trieb, der auf diese Form der Existenz drängt und manchmal erst seinerseits jene realen Inhalte herbeiruft, die die einzelne Vergesellschaftung tragen. Und wie nun das, was ich den Kunsttrieb nannte, aus den Ganzheiten der erscheinenden Dinge ihre Form gleichsam herauszieht und zu einem besonderen, eben diesem Trieb korrespondierenden Gebilde gestaltet, so löst der Geselligkeitstrieb gleichsam in reiner Wirksamkeit aus den Realitäten des sozialen Lebens die Form des Miteinander, des bloßen Gesellschaftsprozesses als einen Wert und ein Glück heraus und konstituiert damit, was wir Geselligkeit im engeren Sinne nennen. Es ist kein bloßer Zufall des Sprachgebrauchs, daß alle Geselligkeit, auch die ganz naturalistische, wenn sie irgend welchen Sinn und Bestand haben soll, einen so großen Wert auf die *Form* legt, auf die gute Form. Denn Form ist gegenseitiges Sich-Bestimmen, Wechselwirken der Elemente, wodurch sie eben eine Einheit bilden; und da nun für die Geselligkeit die konkreten, an die Zwecksetzungen des Lebens angeknüpften Motivierungen der Vereinheitlichung in Wegfall kommen, so muß die reine Form, der sozusagen freischwebende, wechselwirkende Zusammenhang der Individuen umso stärker und mit umso größerer Wirksamkeit akzentuiert werden.

Und was die Kunst mit dem Spiele verbindet, tritt an der Analogie beider mit der Geselligkeit hervor. Der gegebenen Realität des Lebens entnimmt das Spiel seine großen formalen Motive: das Jagen und Erlisten, die Bewährung der physischen und der geistigen Kraft, den Wettbewerb und das Gestelltsein auf die Chance und die Gunst der unbeeinflußbaren Lebensmächte. Von der Materie entlastet, durch die diese Bewegtheiten den Ernst des Lebens ausmachen, gewinnt das Spiel seine Heiterkeit, aber auch jene symbolische Bedeutsamkeit, die es von allem bloßen Spaß unterscheidet. Und eben dies wird sich mehr und mehr als das Wesen der Geselligkeit enthüllen: daß sie sich aus unzähligen fundamentalen Formen der ernsthaften Beziehungen unter den Menschen *ihren* Körper baut, dem zwar die Reibungswiderstände der Realität erspart sind: aber aus seiner Formbeziehung zu dieser gewinnt die Geselligkeit, je vollkommener sie gerade als Geselligkeit ist, auch für den tieferen Menschen eine symbolisch spielende Fülle des Lebens und eine Bedeutsamkeit, die ein oberflächlicher Rationalismus immer nur in den konkreten *Inhalten* sucht; so daß er, da er diese hier nicht findet, die Geselligkeit nur als eine hohle Läppischkeit abzutun weiß, jenem Gelehrten analog, der einem Kunstwerk gegenüber fragte: Qu'est-ce que cela prouve? Es ist doch nicht bedeutungslos, daß in vielen, vielleicht in allen europäischen Sprachen Gesellschaft schlechthin eben das *gesellige* Zusammensein bezeichnet. Die staatliche, die wirtschaftende, die durch irgend einen Zweckgedanken zusammengehaltene Gesellschaft ist doch durchaus »Gesellschaft«. Aber nur die gesellige ist eben »eine Gesellschaft« ohne weiteren Zusatz, weil sie die reine, prinzipiell über jeden spezifischen Inhalt erhobene Form all jener einseitig charakterisierten »Gesellschaften« in einem gleichsam abstrakten, alle Inhalte in das bloße Spiel der Form auflösenden Bilde darstellt.

Von den soziologischen Kategorien her betrachtend, bezeichne ich also die Geselligkeit als die *Spielform der Vergesellschaftung* und als – mutatis mutandis – zu deren inhaltsbestimmter Konkretheit sich verhaltend, wie das Kunstwerk zur Realität. Es kommt zunächst das große, wenn man will: das größte Problem der Gesellschaft innerhalb der Geselligkeit zu einer nur innerhalb ihrer möglichen Lösung: welches Maß von Bedeutung und Akzent dem Individuum als solchem in und gegenüber dem sozialen Umkreis zukomme. Indem die Geselligkeit in ihren reinen Gestaltungen keinen sachlichen Zweck hat, keinen Inhalt und kein Resultat, das sozusagen außerhalb des geselligen Augenblicks als solchen läge, ist sie gänzlich auf die Persönlichkeiten gestellt, nichts als die Befriedigtheit dieses Momentes – allenfalls noch mit einem Nachklang von ihr – soll erreicht werden, und so bleibt der Vorgang in seinen Bedingungen, wie in seinem Ertrage ausschließlich auf seine personalen Träger beschränkt; die persönlichen Eigenschaften der Liebenswürdigkeit, Bildung, Herzlichkeit, Anziehungskräfte jeder Art entscheiden über den Charakter des rein geselligen Beisammenseins. Aber gerade darum, weil hier alles auf die Persönlichkeiten gestellt ist, dürfen die Persönlichkeiten sich nicht gar zu individuell betonen; wo reale Interessen, kooperierend oder kollidierend, die Sozialform bestimmen, sorgen sie schon, daß das Individuum seine Besonderheiten und Einzigkeiten nicht allzu unbeschränkt und eigengesetzlich präsentiere. Wo aber diese Bedingtheit fortfällt, muß eine andere, nur aus der Form des Beisammenseins entspringende Herabsetzung der persönlichen Zugespitztheit und Selbstherrlichkeit stattfinden, damit ein Beisammensein überhaupt möglich sei. Darum ist in der Gesellschaft das *Taktgefühl* von so besonderer Bedeutung, weil dies die Selbstregulierung des Individuums in seinem persönlichen Verhältnis zu anderen leitet, wo keine äußeren oder unmittelbar egoistischen Interessen die Regulative übernehmen. Und vielleicht ist es die spezifischste Leistung des Taktes, den individuellen Impulsivitäten, Betonungen des Ich, geistigen und äußeren Ansprüchen die Grenze zu ziehen, die das Recht des anderen fordert. Eine sehr merkwürdige soziologische Struktur kommt hier auf. In die Geselligkeit hat nicht einzutreten, was die Persönlichkeit etwa an objektiven Bedeutungen besitzt, an solchen, die ihr Zentrum außerhalb des aktuellen Kreises haben; Reichtum und gesellschaftliche Stellung, Gelehrsamkeit und Berühmtheit, exzeptionelle Fähigkeiten und Verdienste des Individuums haben in der Geselligkeit keine Rolle zu spielen, höchstens als eine leichte Nuance von jener Immaterialität, mit der allein die Realität überhaupt in das soziale Kunstgebilde der Geselligkeit hineinragen darf. Ebenso aber wie dies Objektive, das um die Persönlichkeit herum ist, muß nun auch gerade das rein und zutiefst Persönliche aus ihrer Funktion als Element der Geselligkeit ausscheiden: das Allerpersönlichste des Lebens, des Charakters, der Stimmung, des Schicksals hat gleichfalls im Rahmen der Geselligkeit keinen Platz. Es ist taktlos, bloß persönliche Stimmung und Verstimmung, Aufgeregtheiten und Depressionen, Licht und Dunkelheit des tiefsten Lebens in die Geselligkeit mitzubringen. Wo eine gesellig begonnene Vereinigung – und keineswegs nur eine oberflächlich gesellschaftliche und konventionelle – schließlich um so individuelle Werte zentriert, verliert sie den Charakter der eigentlichen Geselligkeit und wird zu einem durch einen *Inhalt* bestimmten Zusammensein – nicht anders als ein geschäftliches oder kirchliches, für welches das Zusammen, der Austausch, das Gespräch nur der Träger für anderweitige Zwecke ist, während für die Geselligkeit diese Formen eben den ganzen Sinn und Inhalt des soziologischen Ereignisses ausmachen. Bis in das Äußerlichste hinein reicht dieser Ausschluß des Persönlichen: eine Dame würde in einem wirklich persönlichen, intim freundschaftlichen Beisammensein mit einem oder wenigen Männern nicht so dekolletiert erscheinen mögen, wie sie es ganz unbefangen in einer großen Gesellschaft tut. Sie fühlt sich in dieser eben nicht in dem Maße wie dort als Individuum engagiert und kann sich deshalb wie unter der unpersönlichen Freiheit der Maske preisgeben, da sie ja zwar nur sie selbst, aber doch nicht ganz sie selbst ist, sondern nur ein Element in einer formal zusammengehaltenen Vereinigung.

Der Mensch als ganzer ist sozusagen ein noch ungeformter Komplex von Inhalten, Kräften, Möglichkeiten und je nach den Motivierungen und Beziehungen des wechselnden Daseins gestaltet er sich daraus zu einem differenzierten, grenzbestimmten Gebilde. Als wirtschaftender und als politischer Mensch, als Familienmitglied und als Repräsentant eines Berufes ist er sozusagen je ein ad hoc konstruiertes Elaborat, sein Lebensmaterial ist jedesmal, von einer besonderen Idee bestimmt, in eine besondere Form gegossen, deren relativ selbständiges Leben freilich von der gemeinsamen, unmittelbar aber nicht zu bezeichnenden Kraftquelle des Ich gespeist wird. In diesem Sinne nun ist auch der Mensch als geselliger ein eigentümliches, in keiner anderen Beziehung so vorkommendes Gebilde. Er hat einerseits alle Sachbedeutungen der Persönlichkeit abgetan und tritt nur mit den Fähigkeiten, Reizen, Interessen seiner reinen Menschlichkeit in die Geselligkeitsform ein. Andererseits aber macht dies Gebilde vor dem ganz und gar Subjektiven und rein Innerlichen der Persönlichkeit halt. Die Diskretion, die dem anderen gegenüber ein erstes Erfordernis der Geselligkeit ist, ist ebenso dem eigenen Ich gegenüber erforderlich, weil ihre Verletzung in beiden Fällen die soziologische Kunstform der Geselligkeit in einen soziologischen Naturalismus ausarten läßt. Man kann also von einer oberen und unteren *»Geselligkeitsschwelle«* für die Individuen sprechen. Sowohl in dem Augenblick, in dem diese ihr Zusammensein auf einen objektiven Inhalt und Zweck stellen, wie in dem anderen, wo das absolut Personale und Subjektive des Einzelnen rückhaltlos in die Erscheinung tritt, ist die Geselligkeit nicht mehr das zentrale und formende, sondern höchstens noch das formalistische und äußerlich vermittelnde Prinzip.

Zu dieser negativen Bestimmung des Geselligkeitswesens durch Grenzen und Schwellen aber kann man vielleicht das positive Formmotiv finden. *Kant* hat es als das Prinzip des Rechts aufgestellt, daß ein jeder dasjenige Maß von Freiheit haben solle, das mit der Freiheit jedes anderen zusammen bestehen kann. Bleibt man einmal bei dem Geselligkeitstriebe als dem Quell oder auch der Substanz der Geselligkeit stehen, so ist nun das Prinzip, nach dem sie konstituiert ist: jeder solle so viel Befriedigung dieses Triebes haben, wie es mit der Befriedigung eben dieses für alle anderen vereinbar ist. Drückt man dies, statt von dem Triebe, vielmehr von dem Erfolge her aus, so formuliert sich das Prinzip der Geselligkeit so: jeder soll dem anderen dasjenige Maximum an geselligen Werten (von Freude, Entlastung, Lebendigkeit) *gewähren*, das mit dem Maximum der von ihm selbst *empfangenen* Werte vereinbar ist. Wie nun das Recht auf jener Kantischen Basis ein durchaus demokratisches ist, so zeigt dies Prinzip die demokratische Struktur aller Geselligkeit, die freilich jede Gesellschaftsschicht nur in sich selbst realisieren kann, und die eine Geselligkeit unter Angehörigen ganz verschiedener sozialer Klassen so oft zu etwas Widerspruchsvollem und Peinlichem macht. Aber auch innerhalb der gesellschaftlich Gleichstehenden ist die Demokratie ihrer Geselligkeit eine *gespielte*. Die Geselligkeit schafft, wenn man will, eine ideale soziologische Welt: denn in ihr ist – das sprechen jene Prinzipien aus – die Freude des Einzelnen durchaus daran gebunden, daß auch die anderen froh sind, hier kann prinzipiell niemand auf Kosten ganz entgegengesetzter Empfindungen des anderen seine Befriedigung finden – wie die anderen Lebensgestaltungen es zwar durch über sie gestellte ethische Imperative, aber nicht durch ihr unmittelbar eigenes und inneres Prinzip ausschließen. Aber diese Welt der Geselligkeit, die einzige, in der eine Demokratie der Gleichberechtigten ohne Reibungen möglich ist, ist eine *künstliche* Welt, aufgebaut aus Wesen, die sowohl auf das Objektive, wie auf das ganz Persönliche der Lebensintensität und -extensität verzichtet haben, um jene ganz reine, durch keinen gleichsam materialen Akzent debalancierte Wechselwirkung unter einander herzustellen. Wenn wir jetzt die Vorstellung haben, in die Geselligkeit kämen wir rein »als Menschen«, als das, was wir wirklich sind, unter Abwerfung all der Belastungen, der Hin- und Hergerissenheiten, des Zuviel und Zuwenig, womit das reale Leben die Reinheit unseres Bildes entstellt, so liegt das daran, daß das moderne Leben mit objektivem Inhalt und Sachforderungen überlastet ist. Diese im geselligen Kreise von uns abtuend, glauben wir zu unserem natürlich-persönlichen Sein zurückzukehren und übersehen dabei, daß auch dies Persönliche nicht in seiner ganzen Besonderheit und naturalistischen Vollständigkeit, sondern nur in einer gewissen Reserve und Stilisierung den geselligen Menschen ausmacht. In früheren Zeiten, als dieser Mensch noch nicht so vielem Sachlichem, objektiv Inhaltlichem abgewonnen werden mußte, machte sich sein Formgesetz mehr und deutlicher seinem *persönlichen Sein* gegenüber geltend: daher war das persönliche Benehmen in der Geselligkeit früherer Zeiten viel zeremonieller, steifer und strenger überindividuell reguliert als heute. Diese Reduktion der personalen Peripherie auf das Bedeutungsmaß, das die homogene Wechselwirkung mit anderen dem Einzelnen konzediert, schwingt bis in das entgegengesetzte Extrem: ein spezifisches Verhalten in der Gesellschaft ist die Courtoisie, mit der der Starke, Hervorragende, nicht nur den Schwächeren sich gleichstellt, sondern sogar die Attitüde annimmt, als sei jener der Wertvollere und Überlegene. Wenn Vergesellschaftung überhaupt Wechselwirkung ist, so ist es deren reinster und sozusagen stilisiertester Fall, wenn sie unter Gleichen vor sich geht, wie Symmetrie und Gleichgewicht die einleuchtendsten künstlerischen Stilisierungsformen anschaulicher Elemente sind. Indem Geselligkeit also die mit dem Charakter der Kunst oder des Spieles vollzogene Abstraktion der Vergesellschaftung ist, fordert sie die reinste, durchsichtigste, am leichtesten ansprechende Art der Wechselwirkung, *die unter Gleichen*; sie muß sich, um ihrer fundamentalen Idee willen, Wesen fingieren, die von ihrem objektiven Inhalt so viel abgeben, die nach ihrer äußeren wie inneren Bedeutung so modifiziert werden, daß sie als gesellige gleich sind und ein jedes die Geselligkeitswerte für sich nur unter der Bedingung gewinnen kann, daß die anderen, mit ihm wechselwirkenden, sie ebenso gewinnen. Sie ist das Spiel, in dem man »so tut«, als ob alle gleich wären, und zugleich, als ob man jeden besonders ehrte. Dies ist so wenig Lüge, wie das Spiel oder die Kunst mit all ihrer Abweichung von der Realität Lügen sind. Dazu wird es erst in dem Augenblick, in dem das Tun und die Rede der Geselligkeit in die Absichten und Geschehnisse der praktischen Realität eintritt – wie das Gemälde zur Lüge wird, wenn es panoramahaft die Realität vortäuschen will. Was innerhalb des eigengesetzlichen, nur in dem immanenten Spiel seiner Formen betätigten Lebens der Geselligkeit durchaus richtig und in der Ordnung ist, wird zur Lüge, wenn diese Erscheinung ein bloßer Schein ist, der in Wirklichkeit von Zwecken ganz anderer als geselliger Art gelenkt wird oder diese unsichtbar machen soll – wozu freilich die tatsächliche Verflechtung der Geselligkeit in die Reihen des realen Lebens leicht verführen mag.

Dieser Zusammenhang legt nahe, daß in der Geselligkeit alles das unterkommen wird, was man schon von sich aus als soziologische Spielform bezeichnen kann: vor allem das eigentliche Spiel selbst, das in der Geselligkeit aller Epochen einen breiten Raum einnimmt. Der Ausdruck des »*Gesellschafts*spieles« ist in dem tieferen Sinne bedeutsam, auf den ich vorher hinwies. Die ganzen Wechselwirkungs- oder Vergesellschaftungsformen zwischen den Menschen: das Übertreffenwollen und der Tausch, die Parteibildung und das Abgewinnenwollen, der Wechsel zwischen Gegnerschaft und Kooperation, das Überlisten und die Revanche – alles dieses, im Ernste der Wirklichkeit von Zweckinhalten erfüllt, führt im Spiel ein vom Reize dieser Funktionen selbst und allein getragenes Leben. Denn selbst wo das Spiel sich um einen Geldpreis dreht, ist nicht dieser, der doch auch auf viele andere Weisen zu erwerben wäre, das Spezifische des Spieles, sondern dessen Attraktionen liegen für den richtigen Spieler in der Dynamik und den Chancen jener soziologisch bedeutsamen Betätigungsformen selbst. Das Gesellschaftsspiel hat den tieferen Doppelsinn, daß es nicht nur in einer Gesellschaft als seinem äußeren Träger gespielt wird, sondern daß mit ihm tatsächlich »Gesellschaft« »gespielt« wird. Weiterhin hat, in der Soziologie der Geschlechter, die Erotik ihre Spielform ausgebildet: die *Koketterie*, die innerhalb der Geselligkeit ihre leichteste, spielendste, aber auch weiteste Realisierung findet. Dreht sich die erotische Frage zwischen den Geschlechtern um Gewähren und Versagen (deren Gegenstände natürlich unendlich mannigfaltig und abgestuft, und keineswegs nur radikaler oder gar nur physiologischer Natur sind), so ist es das Wesen der weiblichen Koketterie, ein andeutendes Gewähren und ein andeutendes Versagen wechselnd gegeneinander zu spannen, den Mann anzuziehen, ohne es zu einer Entscheidung kommen zu lassen, ihn zurückzuweisen, ohne ihm alle Hoffnung zu nehmen. Die Kokette steigert ihren Reiz auf das Höchste, indem sie dem Manne die Gewährung sozusagen ganz nahe rückt, ohne daß es ihr schließlich damit Ernst wäre; ihr Verhalten pendelt zwischen dem Ja und dem Nein, ohne auf einem Halt zu machen. Sie zeichnet damit gleichsam spielend die bloße und reine Form der erotischen Entscheidungen und kann deren polare Entgegengesetztheiten in einem ganz einheitlichen Benehmen zusammenbringen, da der entschiedene und entscheidende Inhalt, der sie auf einem von beiden festlegte, prinzipiell in die Koketterie nicht eintritt. Und diese Entlastung von aller Schwere fester Inhalte und bleibender Realitäten gibt der Koketterie jenen Charakter des Schwebenden, der Distanz, des Ideellen, dessentwegen man mit einem gewissen Recht von der »Kunst« – nicht nur von den »Künsten« – der Koketterie spricht. Damit sie sich aber auf dem Boden der Geselligkeit als ein so heimisches Gewächs ausbreiten könne, wie die Erfahrung es zeigt, muß ihr von Seiten des Mannes ein ganz besonderes Verhalten begegnen. So lange der Mann sich dem Reize der Koketterie versagt, oder so lange er umgekehrt ihr bloßes Opfer ist, das von ihren Schwingungen zwischen dem halben Ja und dem halben Nein willenlos mitgeschleift wird, – so lange hat die Koketterie noch nicht die der Geselligkeit eigentlich adäquate Gestalt. Es fehlt ihr jene freie Wechselwirkung und Äquivalenz der Elemente, die das Grundgesetz der Geselligkeit ist. Diese tritt erst dann ein, wenn der Mann nach nicht mehr als nach diesem frei schwebenden Spiele verlangt, das nur wie ein fernes Symbol irgend welchen erotischen Definitivums anklingt, und wenn er nicht erst aus dem Begehren oder aus der Befürchtung eines solchen den Reiz jener Andeutungen und Präliminarien zieht. Die Koketterie, wie sie gerade auf den Höhen der geselligen Kultur ihre Anmut entfaltet, hat die Wirklichkeit des erotischen Begehrens, Gewährens oder Versagens hinter sich gelassen und ergeht sich in dem Wechselspiele der Schattenbilder dieser Ernsthaftigkeiten. Wo diese letzteren eintreten oder dahinter stehen, wird das ganze Geschehen sozusagen zu einer Privatangelegenheit der beiden Personen, die nun in der Ebene der Realität abläuft; unter dem soziologischen Zeichen der Geselligkeit aber, in die die eigentliche, das volle Leben in sich bindende Zentralität der Personen überhaupt nicht eintritt, ist Koketterie das neckische oder auch ironische Spiel, mit dem die Erotik gleichsam die reinen Schemata ihrer Wechselwirkungen von ihrem stofflichen oder ganz individuellen Inhalt gelöst hat. Wie die Geselligkeit die Formen der Gesellschaft spielt, so spielt die Koketterie die Formen der Erotik – eine Wesensverwandtschaft, die diese eben gewissermaßen zum Element jener prädeterminiert.

In welchem Maße die Geselligkeit so die Abstraktion der sonst durch ihren Inhalt bedeutsamen soziologischen Wechselwirkungsformen vollzieht und ihnen, die nun gleichsam um sich selbst kreisen, einen Schattenkörper leiht, dies offenbart sich schließlich an dem breitesten Träger aller menschlichen Gemeinsamkeit, am *Gespräch*. Das Entscheidende ist hier als die ganz banale Erfahrung auszudrükken: daß im Ernst des Lebens die Menschen um eines Inhaltes willen reden, den sie mitteilen oder über den sie sich verständigen wollen – in der Geselligkeit aber das Reden zum Selbstzweck wird; im rein geselligen Gespräch ist sein Stoff nur noch der unentbehrliche Träger der Reize, die der lebendige Wechseltausch der Rede als solcher entfaltet. Alle die Formen, mit denen dieser Tausch sich verwirklicht: der Streit und der Appell an die von beiden Parteien anerkannten Normen; der Friedensschluß durch Kompromiß und das Entdecken gemeinsamer Überzeugungen; das dankbare Aufnehmen des Neuen und das Ablenken von dem, worüber doch keine Verständigung zu hoffen ist – alle diese Formen gesprächhafter Wechselwirkung, sonst im Dienste unzähliger Inhalte und Zwecke des menschlichen Verkehrs, haben hier ihre Bedeutung in sich selbst, das heißt in dem Reize des Beziehungsspieles, das sie, bindend und lösend, siegend und unterliegend, gebend und nehmend, zwischen den Individuen stiften; der Doppelsinn des »Sich-Unterhaltens« tritt in seine Rechte. Damit dieses Spiel sein Genügen an der bloßen Form bewahre, darf der Inhalt kein Eigengewicht bekommen: sobald die Diskussion sachlich wird, ist sie nicht mehr gesellig; sie dreht ihre teleologische Spitze um, sobald die Eruierung einer Wahrheit – die durchaus ihren *Inhalt* bilden kann – zu ihrem *Zwecke* wird. Damit zerstört sie ihren Charakter als gesellige Unterhaltung ebenso, wie wenn sie sich zu einem ernsthaften Streite zuspitzt. Die *Form* des gemeinsamen Suchens des Richtigen, die *Form* des Streites mag bestehen; aber sie darf den Ernst ihres jeweiligen Inhaltes so wenig zu ihrer Substanz werden lassen, wie man in ein perspektivisch wirkendes Gemälde ein Stück der dreidimensionalen Wirklichkeit seines Gegenstandes hineinfügen dürfte. Nicht als ob der Inhalt der gesellschaftlichen Unterhaltung gleichgültig sei: er soll durchaus interessant, fesselnd, ja bedeutend sein – nur daß er nicht an sich den Zweck der Unterhaltung bilde, daß diese nicht dem objektiven Resultat gelte, das sozusagen ideell außerhalb der Unterhaltung bestünde. Äußerlich mögen deshalb zwei Unterhaltungen ganz gleich verlaufen, *gesellig*, dem inneren Sinne nach ist nur diejenige, in der jene Inhalte, mit all ihrem Werte und Reize, doch nur an dem funktionellen Spiele der Unterhaltung als solcher ihr Recht, ihren Platz, ihren Zweck finden, an der Form des Redetausches mit ihrer besonderen und eigengesetzlichen Bedeutsamkeit. Darum gehört zum Wesen der geselligen Unterhaltung, daß sie ihren Gegenstand leicht und rasch wechseln könne; denn da der Gegenstand hier nur Mittel ist, kommt ihm die ganze Austauschbarkeit und Zufälligkeit zu, die überhaupt den Mitteln gegenüber dem feststehenden Zwecke eignet. So also bietet, wie gesagt, die Geselligkeit den vielleicht einzigen Fall, in dem das Reden legitimer Selbstzweck ist. Denn dadurch, daß es schlechthin zweiseitig ist, ja vielleicht mit Ausnahme des »Sich-Ansehens« die reinste und sublimierteste Zweiseitigkeitsform unter allen soziologischen Erscheinungen überhaupt, wird es zur adäquatesten Erfüllung einer Relation, die sozusagen nichts als Relation sein will, in der also das, was sonst bloße Form der Wechselwirkung ist, zu deren selbstgenugsamem Inhalt wird. Es ergibt sich aus diesen gesamten Zusammenhängen, daß auch das Erzählen von Geschichten, Witzen, Anekdoten, so oft es auch ein Lückenbüßer und Armutszeugnis sein mag, doch auch einen feinen Takt zeigen kann, in dem alle Motive der Geselligkeit anklingen. Denn zunächst wird damit die Unterhaltung auf einer Basis gehalten, die jenseits aller individuellen Intimität, jenseits jenes rein Personalen steht, das sich nicht in die Kategorien der Geselligkeit fügen will. Aber dennoch ist dieses Objektive nicht um seines Inhaltes, sondern um des Geselligkeitsinteresses willen vorgebracht; daß dieser gesagt und aufgenommen wird, ist kein Selbstzweck, sondern ein bloßes Mittel für die Lebendigkeit, das Sichverstehen, das Gemeinsamkeitsbewußtsein des Kreises. Es ist damit nicht nur ein Inhalt gegeben, an dem alle gleichmäßig teilhaben können, sondern es ist die Gabe eines Einzelnen an die Gesamtheit, aber eine solche, hinter der der Gebende sozusagen unsichtbar wird: die feinste gesellig erzählte Geschichte ist die, bei der der Erzählende seine Person völlig zurücktreten läßt; die ganz vollendete hält sich in dem glücklichen Gleichgewichtspunkt der sozusagen geselligen Ethik, in dem sowohl das subjektiv Individuelle, wie das objektiv Inhaltliche sich völlig in den Dienst an der reinen Geselligkeitsform aufgelöst haben.

Es ist hiermit angedeutet, daß die Geselligkeit die Spielform auch für die ethischen Kräfte der konkreten Gesellschaft ist. Die großen, diesen Kräften gestellten Probleme: daß der einzelne sich in einen Gesamtzusammenhang einzuordnen und für ihn zu leben habe, daß ihm aber aus diesem wieder Werte und Erhöhungen zurückfließen müssen, daß das Leben des Individuums ein Umweg für die Zwecke des Ganzen, das Leben des Ganzen aber ein Umweg für die Zwecke des Individuums sei – den Ernst, ja die vielfache Tragik dieser Forderungen überträgt die Geselligkeit in das symbolische Spiel ihres Schattenreiches, in dem es keine Reibungen gibt, weil Schatten sich eben nicht aneinander stoßen können. Wenn es ferner die ethische Aufgabe der Vergesellschaftung ist, das Sichzusammenfinden und das Sichlösen ihrer Elemente zum genauen und aufrichtigen Ausdruck ihrer inneren, durch die Ganzheit ihres Lebens bestimmten Relationen zu machen, so löst sich innerhalb der Geselligkeit diese Freiheit und Adäquatheit von ihren konkreten und inhaltlich tieferen Bedingnissen ab; wie sich in einer »Gesellschaft« Gruppen bilden und sich spalten, wie das Zwiegespräch in ihr sich rein nach Impuls und Gelegenheit entspinnt, vertieft, lockert, abschließt, dies ist ein Miniaturbild des Gesellschaftsideales, das man die Freiheit der Bindung nennen könnte. Wenn alles Miteinander und Auseinander das streng angemessene Phänomen innerer Wirklichkeiten sein soll, so sind diese letzteren hier fortgefallen, und nur jene Erscheinung ist geblieben, deren den eigenen Formgesetzen gehorsames Spiel, deren in sich geschlossene Anmut jene Angemessenheit *ästhetisch* repräsentiert, die der Ernst der Realitäten sonst von dieser Entscheidung *ethisch* fordert.

Diese Gesamtdeutung der Geselligkeit wird von gewissen historischen Entwicklungen anschaulich realisiert. Im früheren deutschen Mittelalter finden wir ritterliche Bruderschaften, die von befreundeten Patrizierfamilien gebildet waren. Die religiösen und praktischen Zwecke dieser Einungen scheinen sich aber ziemlich früh verloren zu haben, und im vierzehnten Jahrhundert sind die *ritterlichen* Interessen und Verhaltungsweisen ihr allein übrig gebliebenes inhaltliches Spezifikum. Bald nachher aber verschwindet auch dieses, und es verbleiben nur noch rein gesellige Vereinigungen aristokratischer Schichten. Hier entwickelt sich also die Geselligkeit offensichtlich als das Residuum einer inhaltsbestimmten Gesellschaft – als das Residuum, das, weil der Inhalt verloren gegangen ist, nur aus der Form und den Formen des Miteinander und Füreinander bestehen kann. Daß der Eigenbestand dieser Formen nur das innere Wesen des Spieles oder, tiefergreifend, der Kunst zeigen kann, tritt noch sichtbarer an der Hofgesellschaft des Ancien Régime hervor. Hier waren aus dem Wegfall der konkreten Lebensinhalte, die der französischen Aristokratie gewissermaßen durch das Königtum ausgesogen waren, freischwebende Formen entstanden, zu denen das Bewußtsein dieses Standes kristallisiert war – Formen, deren Kräfte, Bestimmtheiten, Relationen rein gesellig waren und keineswegs etwa Symbole oder Funktionen der realen Bedeutungen und Intensitäten der Personen und Institutionen. Das Etikettenwesen der höfischen Geselligkeit war zum Selbstzweck geworden, es etikettierte keinen Inhalt mehr, sondern hatte immanente Gesetze ausgebildet, jenen der Kunst vergleichbar, die nur aus dem Gesichtspunkt der Kunst heraus gelten und durchaus nicht den Zweck haben, die Wirklichkeit der Modelle, der Dinge außerhalb der Kunst, treuer und treffender in ihr nachzubilden.

Mit dieser Erscheinung erreicht die Geselligkeit zwar ihren souveränsten, aber zugleich in die Karikatur übergehenden Ausdruck. Gewiß ist es ihr Wesen, aus den realistischen Wechselbeziehungen der Menschen die Realität auszuscheiden und nach den Formgesetzen dieser in sich bewegten, jetzt keinen Zweck außerhalb ihrer anerkennenden Relationen ihr luftiges Reich zu errichten. Allein die tief strömende Quelle, aus der dieses Reich seine Bewegtheiten speist, ist dennoch nicht in jenen sich selbst normierenden Formen, sondern nur in der Lebendigkeit der realen Individuen, in ihren Empfindungen und Attraktionen, in der Fülle ihrer Impulse und Überzeugungen zu suchen. Alle Geselligkeit ist nur ein *Symbol* des Lebens, wie es sich in dem Flusse eines leicht beglückenden Spieles zeichnet, aber eben doch ein Symbol des *Lebens*, dessen Bild nur so weit verändernd, wie die hier zu ihm gewonnene Distanz es fordert; gerade wie auch die freieste und phantastischste, von aller Wirklichkeitskopie entfernteste Kunst sich von einem tiefen und treuen Verhältnis zur Wirklichkeit nährt, wenn sie nicht hohl und verlogen wirken soll. Schneidet die Geselligkeit die Fäden, die sie mit der Lebenswirklichkeit verbinden und aus denen sie ihr freilich ganz anders stilisiertes Gewebe spinnt, völlig ab, so wird sie aus einem Spiele zu einer

Spielerei mit leeren Formen, zu einem unlebendigen und auf seine Unlebendigkeit stolzen Schematismus.

Aus diesem Zusammenhange wird ersichtlich, daß die Menschen über die *Oberflächlichkeit* des gesellschaftlichen Verkehrs mit Recht und mit Unrecht klagen. Es gehört nämlich zu den wirkungsvollsten Tatsachen der geistigen Existenz, daß, wenn wir aus der Ganzheit des Seins irgend welche Elemente zu einem eigenen Reich zusammenschließen, das nach eigenen Gesetzen und nicht nach denen des Ganzen verwaltet wird, dieses Reich freilich in einer völligen Abschnürung von dem Leben des Ganzen, bei aller inneren Vollendung, ein ausgehöhltes und in der Luft schwebendes Wesen zeigen kann: dann aber, oft nur durch Imponderabilien verändert, gerade in diesem Abstand von aller unmittelbaren Realität, deren tiefstes Wesen vollständiger, einheitlicher, sinngemäßer zeigen kann, als irgend ein Versuch, es realistischer und ohne Distanznahme zu ergreifen. Je nachdem diese oder jene Empfindung vorliegt, wird das eigene und unter eigenen Normen ablaufende Leben, das die Oberflächen der gesellschaftlichen Wechselwirkungen in der Geselligkeit gewonnen haben, für uns eine formelhafte, bedeutungslose Unlebendigkeit sein – oder ein symbolisches Spiel, in dessen ästhetischen Reiz alle feinste, sublimierte Dynamik des gesellschaftlichen Daseins überhaupt und seines Reichtums gesammelt ist. Wir sind in der ganzen Kunst, in der ganzen Symbolik des religiösen und kirchlichen Lebens, großenteils sogar in den Formulierungskomplexen der Wissenschaft auf diesen Glauben, auf dieses Gefühl angewiesen, daß die Eigengesetzlichkeiten bloßer Erscheinungsteile, die Kombination ausgewählter Oberflächenelemente eine Beziehung zu der Tiefe und Ganzheit der vollen Realität besitzen, die, wenn auch oft nicht formulierbar, jene zum Träger und Vertreter des unmittelbar wirklichen und fundamentalen Daseins macht. Wir verstehen daraus die erlösende und beglükkende Wirkung mancher dieser, aus den bloßen Formen des Daseins aufgebauten Reiche; denn in ihnen sind wir zwar vom Leben erlöst, aber wir haben es doch. Wie uns der Anblick des Meeres innerlich befreit, nicht obgleich, sondern weil in seinem Aufrauschen, um abzufließen, Abfließen, um wieder aufzurauschen, in dem Spielen und Gegenspielen seiner Wellen das ganze Leben zu dem einfachsten Ausdruck seiner Dynamik stilisiert ist, ganz frei von aller erlebbaren Wirklichkeit und aller Schwere der Einzelschicksale, deren letzter Sinn dennoch in dieses bloße Bild einzufließen scheint –, so offenbart etwa die Kunst das Geheimnis des Lebens: daß wir uns nicht durch einfaches Wegsehen von ihm erlösen, sondern gerade indem wir in dem scheinbar ganz selbstherrlichen Spiel seiner Formen den Sinn und die Kräfte seiner tiefsten Wirklichkeit, aber ohne diese Wirklichkeit selbst, gestalten und erleben. Für so viel tiefe und den Druck des Lebens in jedem Augenblick fühlende Menschen würde die Geselligkeit nicht dies Befreiende, erlösend Heitere enthalten können, wenn sie wirklich nur das Sichflüchten vor diesem Leben, die bloß momentane Aufhebung seines Ernstes wäre. Sie mag oft genug dies nur Negative sein, ein Konventionalismus und innerlich lebloser Austausch von Formeln; so vielleicht vielfach im Ancien Régime, wo die dumpfe Angst vor einer bedrohlichen Wirklichkeit die Menschen in jenes bloße Wegsehen hineintrieb, in jene Abschnürung von den Mächten des tatsächlichen Lebens. Das Befreiende und Erleichternde aber, das gerade der tiefere Mensch in der Geselligkeit findet, ist: daß das Zusammensein und der Einwirkungstausch, in denen die ganzen Aufgaben und die ganze Schwere des Lebens sich vollzieht, hier in gleichsam artistischem Spiel genossen werden, in jener gleichzeitigen Sublimierung und Verdünnung, in der die inhaltbegabten Kräfte der Wirklichkeit nur noch wie aus der Ferne anklingen, ihre Schwere in einen Reiz verflüchtigend.

Die Ueberstimmung
Eine soziologische Studie

Das Wesen der Gesellschaftsbildung, aus dem die Unvergleichlichkeit ihrer Erfolge wie die Ungelöstheit ihrer inneren Probleme gleichmäßig hervorgeht, ist dies: daß aus in sich geschlossenen Einheiten – wie die menschlichen Persönlichkeiten es mehr oder weniger sind – eine neue Einheit werde. Man kann doch sonst nicht ein Haus aus Häusern bauen, es entsteht doch kein Baum aus Bäumen; das Ganze und Selbständige erwächst nicht aus Ganzheiten, sondern aus unselbständigen Teilen. Ganz allein die Gesellschaft macht das Ganze und in sich Zentrierende zum bloßen Gliede eines übergreifenden Ganzen. All die ruhelose Evolution der gesellschaftlichen Formen im großen wie im kleinen ist im letzten Grunde nur der immer erneute Versuch, die nach innen hin orientierte Einheit und Totalität des Individuums mit seiner sozialen Rolle als eines Teiles und Beitrages zu versöhnen, die Einheit und Totalität der Gesellschaft vor der Sprengung durch die Selbständigkeit ihrer Teile zu retten. Indem nun jeder Konflikt zwischen den Gliedern einer Gesamtheit deren Weiterbestand zweifelhaft macht, ist es der Sinn der Abstimmung, in deren Resultat auch die Minorität sich zu fügen einwilligt, daß die Einheit des Ganzen über den Antagonismus der Überzeugungen und Interessen unter allen Umständen Herr bleiben soll. Sie ist, in all ihrer scheinbaren Einfachheit, eines der genialsten unter den Mitteln, den Widerstreit der Individuen in ein schließlich einheitliches Resultat münden zu lassen.

Aber diese Form, auch den Dissentierenden einzuschließen, mit der jeder, an der Abstimmung teilnehmend, ihr Resultat praktisch akzeptiert, es sei denn, daß er auf dies Resultat hin überhaupt aus dem Kreise austritt – diese Form ist keineswegs immer so selbstverständlich gewesen, wie sie uns heute vorkommt. Teils eine geistige Ungelenkheit, die die Herstellung einer sozialen Einheit aus dissentierenden Elementen nicht begreift, teils ein starkes Individualgefühl, das sich keinem Beschluß ohne volle eigene Zustimmung fügen mag, haben in vielerlei Gemeinschaften das Majoritätsprinzip nicht zugelassen, sondern für jeden Beschluß Einstimmigkeit gefordert. Die Entscheidungen der deutschen Markgenossenschaft mußten einstimmig sein; was keine Einstimmigkeit erreichen konnte, unterblieb. Bis tief in das Mittelalter hinein hat der englische Edle, der bei der Bewilligung einer Steuer dissentiert hatte oder nicht anwesend war, sich oft geweigert, sie zu bezahlen. Wo für die Erwählung eines Königs oder Führers Einstimmigkeit gefordert wird, ist jenes Individualitätsgefühl wirksam; von dem, der den Herrn nicht selbst gewählt hat, wird auch nicht erwartet oder verlangt, daß er ihm gehorche. Im Stammesrat der Irokesen, wie im polnischen Reichstag war kein Beschluß gültig, bei dem auch nur eine Stimme dissentiert hatte. Dennoch hat das Motiv: daß es widerspruchsvoll wäre, eine Gesamtheitsaktion mitzumachen, der man als Individuum widerspricht – solche Forderung von Einstimmigkeit noch nicht zur logischen Folge, denn wenn ein Vorschlag bei nicht völliger Stimmeneinheit als zurückgewiesen gilt, so ist damit zwar die Vergewaltigung der Minorität verhindert, aber nun ist umgekehrt die Majorität durch diese vergewaltigt. Auch das Unterlassen einer von einer Majorität gebilligten Maßregel pflegt etwas durchaus Positives, von fühlbaren Folgen Begleitetes zu sein, und eben dies wird der Gesamtheit, vermöge des Prinzips notwendiger Einstimmigkeit, durch die Minorität oktroyiert. Abgesehen von dieser Majorisierung der Majorität, mit der das Einstimmigkeitsprinzip die erstrebte individuelle Freiheit prinzipiell negiert, ist es grade im Historisch-Praktischen oft genug in denselben Erfolg ausgelaufen. Für die spanischen Könige gab es gar keine günstigere Situation für die Unterdrückung der aragonesischen Cortes als eben diese »Freiheit«: bis 1592 konnten die Cortes keinen Beschluß fassen, wenn auch nur ein Mitglied der vier Stände widersprach – eine Lähmung ihrer Aktionen, die deren Ersatz durch eine weniger behinderte Instanz direkt forderte. Wo nun das Fallenlassen eines Antrages, der Verzicht auf ein praktisches Resultat nicht möglich ist, sondern das letztere unter allen Umständen gewonnen werden muß, wie bei dem Verdikt einer Jury, da ruht die Forderung ihrer Einstimmigkeit, der wir z. B. in England und Amerika begegnen, auf der mehr oder weniger unbewußt wirkenden Voraussetzung, daß die objektive Wahrheit auch immer subjektiv überzeugend sein müsse, und daß umgekehrt die Gleichheit der subjektiven Überzeugungen das Kennzeichen des objektiven Wahrheitsgehaltes sei. Ein bloßer Majoritätsbeschluß enthalte also wahrscheinlich noch nicht die volle Wahrheit, da es ihm sonst gelungen sein müßte, die Gesamtheit der Stimmen auf sich zu vereinigen. Der, trotz seiner scheinbaren

Klarheit, im Grunde mystische Glaube an die Macht der Wahrheit, an das schließliche Zusammenfallen des Logisch-Richtigen mit dem Psychologisch-Wirklichen vermittelt hier also die Lösung jenes prinzipiellen Konfliktes zwischen den individuellen Überzeugungen und der Forderung an sie, ein einheitliches Gesamtresultat zu ergeben. In seinen praktischen Folgen biegt dieser Glaube nicht weniger als jene individualistische Begründung der Stimmeneinheit seine eigne Grundtendenz um: wo die Jury eingesperrt bleibt, bis sie zu einem einstimmigen Verdikt gelangt ist, liegt für eine etwaige Minorität die Versuchung fast unüberwindlich nahe, entgegen ihrer Überzeugung, die sie nicht durchzusetzen hoffen kann, sich der Majorität anzuschließen, um damit das sinnlose und eventuell unaushaltbare Verlängern der Sitzung zu vermeiden.

Wo umgekehrt Majoritätsbeschlüsse gelten, kann die Unterordnung der Minorität auf zwei Motive hin geschehen, deren Unterscheidung von äußerster soziologischer Bedeutung ist. Die Vergewaltigung der Minorität kann nämlich, erstens, von der Tatsache ausgehen, daß die vielen mächtiger sind als die wenigen. Obgleich, oder vielmehr, weil die einzelnen bei einer Abstimmung als einander gleich gelten, würde die Majorität – mag sie sich durch Urabstimmung oder durch das Medium einer Vertreterschaft als solche herausstellen – die physische Macht haben, die Minorität zu zwingen. Die Abstimmung dient dem Zwecke, es zu jenem unmittelbaren Messen der Kräfte nicht kommen zu lassen, sondern dessen eventuelles Resultat durch die Stimmzählung zu ermitteln, damit sich die Minorität von der Zwecklosigkeit eines realen Widerstandes überzeuge. Es stehen sich also in der Gruppe zwei Parteien wie zwei Gruppen gegenüber, zwischen denen die Machtverhältnisse, repräsentiert durch die Abstimmung, entscheiden. Die letztere tut hier die gleichen methodischen Dienste wie diplomatische oder sonstige Verhandlungen zwischen Parteien, die die *ultima ratio* des Kampfes vermeiden wollen. Schließlich gibt auch hier, Ausnahmen vorbehalten, jeder einzelne nur nach, wenn der Gegner ihm klar machen kann, daß der Ernstfall für ihn eine mindestens ebenso große Einbuße bringen würde. Die Abstimmung ist, wie jene Verhandlungen, eine Projizierung der realen Kräfte und ihrer Abwägung auf die Ebene der Geistigkeit, eine Antizipation des Ausgangs des konkreten Kämpfens und Zwingens in einem abstrakten Symbole. Immerhin vertritt dieses die tatsächlichen Machtverhältnisse und den Unterordnungszwang, den sie der Minorität antun. Manchmal aber sublimiert sich dieser aus der physischen in die ethische Form. Wenn im späteren Mittelalter oft das Prinzip begegnet: Minderheit soll der Mehrheit folgen, so ist damit offenbar nicht nur gemeint, daß die Minderheit praktisch mittun soll, was die Mehrheit beschließt; sondern sie soll, wenn auch nachträglich, auch den *Willen* der Mehrheit annehmen, soll anerkennen, daß diese das Rechte gewollt hat. Die Einstimmigkeit herrscht hier nicht als Tatsache, sondern als sittliche Forderung, die gegen den Willen der Minorität erfolgte Aktion soll durch nachträglich hergestellte Willenseinheit legitimiert werden. Die altgermanische Realforderung der Einstimmigkeit ist so zu einer Idealforderung abgeblaßt, in der freilich ein ganz neues Motiv anklingt: von einem inneren Rechte der Majorität, das über das Übergewicht der Stimmenzahl und über die äußere Übermacht, die durch dieses symbolisiert wird, hinausgeht. Die Majorität erscheint als die natürliche Vertreterin der Gesamtheit und hat teil an jener Bedeutung der Einheit des Ganzen, die, jenseits der bloßen Summe der Individuen stehend, nicht ganz eines überempirischen mystischen Tones entbehrt. Wenn später Grotius behauptet, die Majorität habe *naturaliter jus integri*, so ist damit jener innerliche Anspruch an die Minorität fixiert; denn ein Recht muß man nicht nur, sondern man *soll* es anerkennen. Daß aber die Mehrheit das Recht des Ganzen »von Natur«, d.h. durch innere, vernunftmäßige Notwendigkeit habe, dies leitet die jetzt hervorgetretene Nuance des Überstimmungsrechtes zu dessen zweitem, bedeutsamen Hauptmotiv über. Die Stimme der Mehrheit bedeutet jetzt nicht mehr die Stimme der größeren Macht innerhalb der Gruppe, sondern das Zeichen dafür, daß der einheitliche Gruppenwille sich nach dieser Seite entschieden hat. Das Verhältnis zwischen Majorität und Minorität erzeugt jetzt nicht mehr den Gruppenwillen, sondern macht ihn nur kenntlich. Die Forderung der Einstimmigkeit ruhte durchaus auf individualistischer Basis. Das war die ursprüngliche soziologische Empfindung der Germanen: Die Einheit des Gemeinwesens lebte nicht jenseits der einzelnen, sondern ganz und gar in ihnen; daher war der Gruppenwille nicht nur nicht festgestellt, sondern er bestand überhaupt nicht, solange noch ein einziges Mitglied dissentierte. Aber auch wo Überstimmung gilt, hat sie noch eine individualistische Begründung, wenn ihr Sinn ist, daß die vielen mächtiger sind als die wenigen, und daß die Abstimmung nur das eventuelle Ergebnis der realen Messung der Kräfte ohne diese Messung selbst erreichen soll. Demgegenüber ist es nun eine prinzipiell neue Wendung, wenn eine objektive Gruppeneinheit mit einem ihr eigenen einheitlichen Willen vorausgesetzt wird, sei es bewußt, sei es, daß die Praxis so verläuft, *als ob* ein solcher für sich seiender Gruppenwille bestünde. Der Wille des Staates, der Gemeinde, der Kirche, des Zweckverbandes besteht nun ebenso jenseits des Gegensatzes der in ihm enthaltenen Individualwillen, wie er jenseits des zeitlichen Wechsels seiner Träger besteht. Er muß, da er nur einer ist, in bestimmter, einheitlicher Weise agieren, und da dem die Tatsache der antagonistischen Wollungen seiner Träger entgegensteht, so löst man diesen Widerspruch durch die Annahme, daß die Majorität diesen Willen besser kennt oder repräsentiert als die Minorität. Die Unterordnung der letzteren hat hier also einen ganz anderen Sinn als vorher, denn sie ist prinzipiell nicht aus- sondern eingeschlossen, und die Majorität agiert nicht im Namen ihrer eigenen größeren Macht, sondern in dem der idealen Einheit und Gesamtheit, und nur dieser, die durch den Mund der Majorität spricht, ordnet sich die Minorität unter, weil sie ihr von vornherein zugehört. Dies ist das innere Prinzip der parlamentarischen Abstimmungen, insofern jeder Abgeordnete sich als der Beauftragte des ganzen Volkes fühlt, im Gegensatz zu Interessenvertretungen, für die es schließlich immer auf das individualistische Prinzip der Kräftemessung herausläuft. Wo dagegen der einheitliche Gruppenwille supponiert wird, da dissentieren die Elemente der Minorität sozusagen als bloße Individuen, nicht als Gruppenglieder. Dies allein kann der tiefere Sinn der Lokkeschen Theorie über den Urvertrag sein, der den Staat begründen soll. Dieser muß, weil er das absolute Fundament der Vereinigung bildet, durchaus einstimmig abgeschlossen sein. Allein er enthält nun seinerseits die Bestimmung, daß jeder den Willen der Majorität als den seinigen ansehen werde. Indem das Individuum den Sozialvertrag schließt, ist es noch absolut frei, kann also keiner Überstimmung unterworfen werden. Hat es ihn aber geschlossen, so ist es nun nicht mehr freies Individuum, sondern Gesellschaftswesen und als solches ein bloßer Teil einer Einheit, deren Wille seinen entscheidenden Ausdruck in dem Willen der Mehrheit findet. Es ist nur eine entschiedenere Formulierung dafür, wenn Rousseau in der Überstimmung deshalb keine Vergewaltigung erblickt, weil nur ein Irrtum des Dissentierenden sie provozieren könne; er habe etwas für die *volonté générale* gehalten, was sie nicht sei. Es liegt dem eben auch die Überzeugung zu Grunde, daß man als Gruppenelement nichts andres wollen könne als den Willen der Gruppe, über den sich wohl der einzelne, aber nicht die Mehrheit der einzelnen täuschen könne. Darum trennt er sehr fein die formale Tatsache der Stimmabgabe von deren jeweiligem Inhalt, und erklärt, daß man schon durch jene an und für sich an der Bildung des Gemeinwillens teilnähme. Man verpflichtet sich dadurch, so könnte man den Rousseauschen Gedanken explizieren, sich der Einheit dieses Willens nicht zu entziehen, sie nicht zu zerstören, indem man den Eigenwillen der Mehrheit entgegensetze. So ist die Unterordnung unter die Majorität nur die logische Konsequenz der Zugehörigkeit zu der sozialen Einheit, die man durch die Stimmabgabe deklariert hat. Die Praxis steht dieser abstrakten Theorie nicht völlig fern. Über die Föderation der englischen Gewerkvereine sagt ihr bester Kenner, daß Majoritätsbeschlüsse in ihnen nur in soweit berechtigt und praktisch möglich waren, als die Interessen der einzelnen Konföderierten gleichartige wären. Sobald aber die Meinungsverschiedenheiten der Majorität und der Minorität aus einer wirklichen Interessenverschiedenheit hervor gingen, so führte jeder durch Überstimmung ausgeübte Zwang unvermeidlich zu einer Trennung der Teilnehmer; d.h. also, daß eine Abstimmung nur dann Sinn hat, wenn die vorhandenen Interessen zu einer Einheit zusammengehen können. Verhindern auseinandergehende Bestrebungen diese Zentralisierung, so wird es widerspruchsvoll, einer Majorität die Entscheidung anzuvertrauen, da der Einheitswille, den sie sonst freilich besser als die Minderheit zu erkennen vermöchte, sachlich nicht vorhanden ist. Es besteht der scheinbare Widerspruch, der aber gerade das Verhältnis von seinem Grunde her beleuchtet: daß gerade, wo eine überindividuelle Einheit besteht oder vorausgesetzt wird, Überstimmung möglich ist; wo sie fehlt, bedarf es der Einstimmigkeit, die jene prinzipielle Einheit durch die tatsächliche Gleichheit von Fall zu Fall praktisch ersetzt. Es ist ganz in diesem Sinn, wenn das Stadtrecht von Leiden 1266 bestimmt, daß zur Aufnahme von Auswärtigen in die Stadt die Genehmigung der acht Stadtschöffen erforderlich ist, für Gerichtsurteile aber nicht Einstimmigkeit, sondern nur einfache Majorität unter diesen verlangt wird. Das Gesetz, nach dem die Richter urteilen, ist ein für alle Mal einheitlich bestimmt, und es handelt sich nur darum, das Verhältnis des einzelnen Falles zu *erkennen*; was der Mehrheit voraussichtlich richtiger als der Minderheit gelingt. Die Aufnahme eines neuen Bürgers aber berührt all die mannigfaltigen und auseinanderliegenden Interessen innerhalb der Bürgerschaft, so daß ihre Bewilligung nicht aus der abstrakten Einheit derselben, sondern nur aus der Summe aller Einzelinteressen heraus, d.h. bei Einstimmigkeit, ausgesprochen werden kann.

Diese tiefere Begründung der Überstimmung, nur den sozusagen ideell bereits bestehenden Willen einer maßgebenden Einheit zu offenbaren, hebt indes praktisch die Schwierigkeit nicht, die der Majorität als bloßem, vergewaltigendem Machtplus anhaftete. Denn der Konflikt darüber, was denn nun der Willensinhalt jener abstrakten Einheit wäre, wird oft nicht leichter zu lösen sein als der der unmittelbaren, realen Interessen. Die Vergewaltigung der Minorität ist keine geringere, auch wenn sie auf diesem Umwege und unter einem anderen Titel geschieht. Wenigstens müßte dem Begriff der Majorität noch eine ganz neue Dignität zugefügt werden: denn es mag zwar plausibel sein, ist aber keineswegs von vornherein sicher, daß die bessere Erkenntnis auf Seiten der Mehrheit ist. Insbesondere wird dies da zweifelhaft sein, wo die Erkenntnis und das ihr folgende Handeln auf die Selbstverantwortlichkeit des einzelnen gestellt ist wie in den vertiefteren Religionen. Die ganze christliche Religionsgeschichte hindurch lebt die Opposition des individuellen Gewissens gegen die Beschlüsse und Aktionen der Majoritäten. Als im zweiten Jahrhundert die christlichen Gemeinden eines Bezirkes Versammlungen zur Beratung religiöser und äußerer Angelegenheiten einführten, waren ausdrücklich die Resolutionen der Versammlung für die dissentierende Minderheit nicht verbindlich. Allein mit diesem Individualismus trat die Einheitsbestrebung der Kirche in einen nicht lösbaren Konflikt. Der römische Staat wollte nur eine einheitliche Kirche anerkennen, sie selbst suchte sich durch Imitation der staatlichen Einheit zu festigen – so wurden die ursprünglich selbständigen christlichen Gemeinden zu einem Gesamtgebilde verschmolzen, dessen Konzilien mit Stimmenmehrheit über die Glaubensinhalte entschieden. Dies war eine unerhörte Vergewaltigung der Individuen oder mindestens der Gemeinden, deren Einheit bisher nur in der Gleichheit der von jedem für sich besessenen Ideale und Hoffnungen bestanden hatte. Eine Unterwerfung in Glaubenssachen mochte es aus inneren oder persönlichen Gründen geben; daß aber die Majorität als solche die Unterwerfung forderte und jeden Dissentierenden für einen Nichtchristen erklärte – das ließ sich nur, wie ich andeutete, durch die Hinzunahme einer ganz neuen Bedeutung der Majorität rechtfertigen: man mußte annehmen, daß Gott immer mit der Majorität wäre! Dieses Motiv durchzieht, als unbewußt grundlegendes Gefühl oder irgendwie formuliert die ganze spätere Entwicklung der Abstimmungsformen. Daß eine Meinung nur deshalb, weil ihre Träger ein größeres Quantum ausmachen als die einer andern Meinung, den Sinn der überindividuellen Einheit aller treffen sollte, ist ein ganz unerweisliches Dogma, ja, von vornherein so wenig begründet, daß es ohne Zuhilfenahme einer mehr oder weniger mystischen Beziehung zwischen jener Einheit und der Majorität eigentlich in der Luft schwebt oder auf dem etwas kläglichen Fundament ruht, daß eben doch irgendwie gehandelt werden muß, und daß, wenn man auch schon von der Majorität nicht annehmen darf, sie wisse als solche das Richtige, doch erst recht kein Grund vorliegt, dies von der Minorität anzunehmen.

Alle diese Schwierigkeiten, die die Forderung der Einstimmigkeit wie die Unterordnung der Minorität von verschiedenen Seiten her bedrohen, sind nur der Ausdruck für die fundamentale Problematik der ganzen Situation: eine einheitliche Willensaktion aus einer Gesamtheit zu extrahieren, die aus verschieden gerichteten Individuen besteht. Diese Rechnung kann nicht glatt aufgehen, so wenig man aus schwarzen und weißen Elementen ein Gebilde herstellen kann mit der Bedingung, daß das Gebilde als Ganzes schwarz oder weiß sei. Selbst in jenem günstigsten Fall einer supponierten Gruppeneinheit jenseits der Individuen, für deren Tendenzen die Stimmzählung nur Erkenntnismittel ist – bleibt es nicht nur unausgemacht, daß die sachlich notwendige Entscheidung mit der aus der Stimmzählung folgenden identisch sei; sondern, selbst angenommen, die Elemente der Minorität dissentierten wirklich nur als Individuen, nicht als Elemente jener Gruppeneinheit, so sind sie doch als Individuen *vorhanden*, gehören doch jedenfalls der Gruppe im weiteren Sinne an und sind nicht vor dem Ganzen schlechthin ausgelöscht. Irgendwie ragen sie doch auch als Individuen mit ihrem Dissens in das Ganze der Gruppe hinein. Die Trennung des Menschen als Sozialwesen von ihm als Individuum ist zwar eine nötige und nützliche Fiktion, mit der aber die Wirklichkeit und ihre Forderungen keineswegs erschöpft sind. Es charakterisiert die Unzulänglichkeit und das Gefühl des inneren Widerspruchs der Abstimmungsmethoden, daß an manchen Stellen, zuletzt wohl noch im ungarischen Reichstag bis in die dreißiger Jahre des 19. Jahrhunderts, die Stimmen nicht gezählt, sondern gewogen wurden; so daß der Vorsitzende auch die Meinung der Minorität als Ergebnis der Abstimmung verkünden konnte! Es erscheint unsinnig, daß ein Mensch sich einer für falsch gehaltenen Meinung unterwirft, bloß weil andre sie für richtig halten – andre, von denen jeder einzelne, grade nach der Voraussetzung der Abstimmung, ihm gleichberechtigt und gleichwertig ist; aber die Forderung der Einstimmigkeit, mit der man diesem Widersinn begegnen will, hat sich als nicht weniger widerspruchsvoll und vergewaltigend gezeigt. Und dies ist kein zufälliges Dilemma und bloß logische Schwierigkeit, sondern es ist nur eines der Symptome der tiefen und tragischen Zwiespältigkeit, die jede Gesellschaftsbildung, jede Formung einer Einheit aus Einheiten, in ihrem Grunde durchzieht. Das Individuum, das aus einem inneren Fundament heraus lebt, das sein Handeln nur verantworten kann, wenn seine eigene Überzeugung es lenkt, soll nicht nur seinen Willen auf die Zwecke anderer einstellen – dies bleibt, als Sittlichkeit, immer Sache des eigenen Willens und quillt aus dem Innersten der Persönlichkeit; sondern es soll mit seinem auf sich ruhenden Sein zum Gliede einer Gesamtheit werden, die ihr Zentrum außerhalb seiner hat. Es handelt sich nicht um einzelne Harmonien oder Kollisionen dieser beiden Forderungen; sondern darum, daß wir innerlich unter zwei gegeneinander fremden Normen stehen, daß die Bewegung um das eigene Zentrum, die etwas völlig anderes ist, als Egoismus, ebenso etwas Definitives und der entscheidende Sinn des Lebens zu sein verlangt, wie die Bewegung um das soziale Zentrum dieses fordert. In die Abstimmung über die Aktion der Gruppe nun tritt der einzelne nicht als Individuum, sondern in jener gliedmäßigen, überindividuellen Funktion ein. Aber der Dissens der Stimmen verpflanzt auf diesen schlechthin sozialen Boden noch einen Abglanz, eine sekundäre Form der Individualität und ihrer Besonderheit. Und selbst diese Individualität, die nichts als den Willen der überindividuellen Gruppeneinheit zu erkennen und darzustellen verlangt, wird durch die Tatsache der Überstimmung noch verneint. Selbst hier muß die Minorität, zu der zu gehören die unvermeidbare Chance eines jeden bildet, sich unterwerfen, und zwar nicht nur in dem einfachen Sinne, in dem auch sonst Überzeugungen und Bestrebungen von entgegengesetzten Mächten verneint und ihre Wirkung ausgelöscht wird: sondern in dem sozusagen raffinierteren, daß der Unterlegene, weil er in der Gruppeneinheit befaßt ist, die Aktion positiv mitmachen muß, die gegen seinen Willen und seine Überzeugung beschlossen ist, ja, daß er durch die Einheitlichkeit der schließlichen Entscheidung, die keine Spur seines Dissenses enthält, als Mitträger derselben gilt. Dadurch wird die Überstimmung, über die einfache praktische Vergewaltigung des einen durch die vielen hinaus, zu dem übersteigertsten Ausdruck des in der Erfahrung oft harmonisierten, im Prinzip aber unversöhnlichen und tragischen Dualismus zwischen dem Eigenleben des Individuums und dem des gesellschaftlichen Ganzen.

Das Geheimnis

Eine sozialpsychologische Skizze

Das Geheimnis – das durch positive oder negative Mittel getragene Verbergen von Wirklichkeiten – ist eine der größten geistigen Errungenschaften der Menschheit. Gegenüber dem kindischen Zustand, in dem jede Vorstellung sofort ausgesprochen wird, jedes Unternehmen allen Blicken zugänglich ist, wird durch das Geheimnis eine ungeheure Erweiterung des Lebens erreicht, weil viele seiner Inhalte bei völliger Publizität überhaupt nicht auftauchen könnten. Das Geheimnis bietet sozusagen die Möglichkeit einer zweiten Welt neben der offenbaren, und diese wird von jener aufs stärkste beeinflußt. Es charakterisiert jedes Verhältnis zwischen zwei Menschen oder zwischen zwei Gruppen, ob und wieviel Geheimnis in ihm ist. Die Entwicklung der Gesellschaft ist in vielen Teilen dadurch bezeichnend, daß früher Offenbares in den Schutz des Geheimnisses tritt und, umgekehrt, früher Geheimes dieses Schutzes entbehren kann – vergleichbar jener anderen Evolution des Geistes: daß zuerst bewußt Ausgeführtes zu unbewußt mechanischer Übung herabsinkt, und andererseits früheres Unbewußt-Instinktives in die Helle des Bewußtseins aufsteigt. Wie sich dies auf die verschiedenen Formungen des privaten und des öffentlichen Lebens verteilt; wie jene Evolution zu immer zweckmäßigeren Zuständen führt, indem das Geheimnis zuerst oft, ungeschickt und undifferenziert, viel zu weit ausgedehnt wird, andererseits für vieles der Nutzen der Verborgenheit erst spät erkannt wird – das läßt schon als bloße Frage die soziale Bedeutung des Geheimnisses hervorleuchten. Es ist eine soziologische Form, die völlig neutral auch über den ethischen Bedeutungen ihrer Inhalte steht. Sie nimmt einmal die höchsten Werte in sich auf: so die feine Scham der vornehmen Seele, die gerade ihr Bestes verbirgt, um es sich nicht durch Lob und Lohn bezahlen zu lassen; denn hiernach besitzt man zwar das Entgelt, aber nicht den eigentlichen Wert selbst mehr. Dann aber steht das Geheimnis zwar nicht mit dem Bösen, aber das Böse mit dem Geheimnis in unmittelbarem Zusammenhang. Denn aus naheliegenden Gründen versteckt sich das Unsittliche – wenngleich die klassische Sentenz: niemand sei so schlecht, daß er auch noch schlecht scheinen wolle, den Tatsachen widerstreitet. Denn Trotz und Zynismus lassen es allerdings oft nicht zur Verhüllung der Schlechtigkeit kommen, ja sie können sie zu einer Steigerung der Persönlichkeit ausnutzen, bis zur Prahlerei mit gar nicht vorhandenen Immoralitäten.

Nicht ganz so offenbar wie die Verwendung des Geheimnisses als einer Technik, ohne die man innerhalb eines sozialen Milieus gewisse Zwecke überhaupt nicht erreichen kann, sind die Reize und Werte, die es über seine Bedeutung als Mittel hinaus besitzt, die eigentümliche Attraktion des formal geheimnisvollen Verhaltens. Zunächst gibt der stark betonte Ausschluß aller Draußenstehenden ein entsprechend stark betontes *Eigentums*gefühl. Für viele Naturen gewinnt eben der Besitz seine rechte Bedeutung nicht schon durch das Haben, sondern durch das Bewußtsein, daß andere ihn entbehren müssen. Und da das Ausgeschlossensein der andern von einem Besitz insbesondere bei großem Werte desselben eintreten wird, liegt psychologisch die Umkehrung nahe, daß das vielen Versagte etwas besonders Wertvolles sein müsse. So gewinnt auch das innere Eigentum einen entschiedeneren Wertakzent durch die Form des Geheimnisses, vor dem die inhaltliche Bedeutung der verschwiegenen Tatsachen oft genug ganz zurücktritt. Unter Kindern gründet sich oft ein Stolz und Sich-Berühmen darauf, daß das eine zum andern sagen kann: »Ich weiß doch was, was du nicht weißt.« Von den kleinsten bis zu den größten Verhältnissen zeigt sich diese Eifersucht auf das Wissen um eine anderen verborgene Tatsache. Die englischen Parlamentsverhandlungen waren lange geheim, und noch unter Georg III. wurden Mitteilungen über sie durch die Presse strafrechtlich verfolgt, und zwar ausdrücklich als Verletzung der parlamentarischen Privilegien. Das Geheimnis gibt der Persönlichkeit eine Ausnahmestellung, es wirkt als ein sozial bestimmter Reiz, der von seinem jeweiligen Inhalt prinzipiell unabhängig ist, aber natürlich in dem Maße steigt, in dem das besessene Geheimnis bedeutsam und umfassend ist. Und auch hierzu wirkt wieder eine psychologische Umkehrung. Jede höhere Persönlichkeit und alle höheren Leistungen haben für den Durchschnitt der Menschen etwas Geheimnisvolles. Gewiß quillt alles menschliche Sein und Tun aus unenträtselten Kräften. Allein bei durchschnittlicher Gleichheit des Niveaus von Qualitäten und Werten macht dies noch nicht den einen zum Problem für den anderen, insbesondere, weil auf jene Gleichheit hin ein gewisses unmittelbares, nicht vom Intellekt getragenes, gegenseitiges Verstehen stattfindet.

Zu diesem aber läßt es wesentliche Ungleichheit nicht kommen, und in der Form des individuellen Unterschiedes wird sogleich jene generelle Rätselhaftigkeit wirksam – ungefähr wie man, immer in derselben Landschaft lebend, gar nicht auf das Problem unserer Beeinflußtheit durch das landschaftliche Milieu kommen mag, das sich aber aufdrängt, sobald wir die Umgebung wechseln und der Unterschied des Lebensgefühles uns jetzt auf dieses verursachende Moment des letzteren überhaupt aufmerksam macht. Aus dem Geheimnis nun, das alles Tiefere und Bedeutende beschattet, wächst die typische Irrung: alles Geheimnisvolle ist etwas Wesentliches und Bedeutsames. Der natürliche Idealisierungstrieb und die natürliche Furchtsamkeit des Menschen wirken dem Unbekannten gegenüber zu dem gleichen Ziele, es durch die Phantasie zu steigern und ihm einen Aufmerksamkeitston zuzuwenden, den die offenbarte Wirklichkeit meistens nicht gewonnen hätte.

Mit diesen Attraktionen des Geheimnisses vereinigen sich nun eigentümlicherweise die seines logischen Gegensatzes: des Verrates. Das Geheimnis enthält eine Spannung, die im Augenblick der Offenbarung ihre Lösung findet. Dieser bildet die Peripetie in der Entwicklung des Geheimnisses, in ihm sammeln und gipfeln sich noch einmal dessen ganze Reize – wie der Moment des Verschwendens den Wert des Objektes in äußerster Zuspitzung genießen läßt: das mit dem Geldbesitz gegebene Machtgefühl konzentriert sich für die Seele des Verschwenders am vollständigsten und lustvollsten in dem Augenblick, wo er diese Macht aus Händen gibt. Auch das Geheimnis ist getragen von dem Bewußtsein, es verraten zu können und damit die Macht zu Schicksalswendungen und Überraschungen, zu Freuden und Zerstörungen, wenn auch vielleicht nur zur Selbstzerstörung, in der Hand zu haben. Darum umspielt Möglichkeit und Versuchung des Verrates das Geheimnis, und mit der äußeren Gefahr des Entdecktwerdens verschlingt sich die innere des Sichentdeckens, die der Anziehungskraft des Abgrundes gleicht. Und so findet die praktische Bedeutung des Geheimnisses ihr Maß, den Modus ihrer Verwirklichung, erst an der Fähigkeit oder Neigung der Subjekte, es auch bei sich zu behalten – und an ihrem Widerstand oder ihrer Schwäche gegenüber der Versuchung zum Verrat. Wenn jede Beziehung zwischen Menschen eine ihrer Charakterisierungen daran hat, wieviel Geheimnis in ihr oder um sie ist, so bestimmt sich ihre Weiterentwicklung in dieser Hinsicht nach dem Mischungsmaß der festhaltenden und der nachlassenden Energien – jene getragen durch das praktische Interesse und die formalen Reize des Geheimnisses, diese durch die Unfähigkeit, die Anspannung des Geheimhaltens länger zu leisten, oft aber auch durch die Lust der Beichte, die das Machtgefühl des Geheimnisses in negativer und perverser Form, als Selbsterniedrigung und Zerknirschung, enthalten kann.

Die »geheimen Gesellschaften«, deren Verbreitung durch die ganze, uns bekannte Sozialgeschichte an allen Orten und zu allen Zeiten eine ungeheure, noch kaum je auch nur quantitativ gewürdigte ist – mußten deshalb die mannigfaltigsten Mittel ausbilden, um die Verschwiegenheit ihrer Mitglieder psychologisch zu sichern. Vom Eid und der Strafandrohung braucht hier nicht gesprochen zu werden. Interessant aber ist die öfters begegnende Technik, den Novizen überhaupt erst einmal systematisch schweigen zu lehren. Angesichts namentlich der leicht ansprechenden Verbindung, die auf primitiven geistigen Stufen zwischen Gedanken und Äußerung besteht – bei Kindern und bei vielen Naturvölkern ist Denken und Sprechen fast eins – bedarf es tatsächlich zunächst des Schweigen-Lernens überhaupt, ehe das Verschweigen einzelner bestimmter Vorstellungen erwartet werden kann. So hören wir von einem Geheimbund auf der Molukkeninsel Ceram, daß dem aufnahmesuchenden Jüngling nicht nur Schweigen über alles, was er beim Eintritt erlebt, auferlegt wird, sondern er darf wochenlang überhaupt mit niemand, auch in seiner Familie, ein Wort sprechen. Hier wirkt sicher nicht nur das erzieherische Moment des durchgehenden Schweigens, sondern es entspricht eben der seelischen Undifferenziertheit dieser Stufe, in einer Periode, wo etwas Bestimmtes verschwiegen werden soll, das Sprechen überhaupt zu verbieten – mit demselben Radikalismus, mit dem unentwickelte Völker leicht zur Todesstrafe greifen, wo später für eine partielle Sünde eine partielle Strafe gesetzt wird. Wenn dagegen der Geheimbund der Pythagoreer für den Novizen ein mehrjähriges Schweigen vorschrieb, so griff die Absicht wahrscheinlich auch hier über die bloße Erziehung zum Verschweigen der Bundesgeheimnisse hinaus, aber nur nicht wegen jener primitiven Ungeschicklichkeit, der noch die differenzierte Technik für die einzelne Aufgabe fehlt; sondern gerade weil man die besondere Aufgabe in ihrer eigenen Richtung erweiterte: nicht nur Bestimmtes zu verschweigen, sollte der Adept lernen, sondern überhaupt sich zu beherrschen. Der Bund ging auf eine strenge Selbstdisziplin und stilisierte Reinheit des Lebens, und wer es über sich brachte, jahrelang zu schweigen, war wohl noch anderen Verführungen als denen der Schwatzhaftigkeit gewachsen.

In dem weitesten Umfange aber markiert das Geheimnis die Stadien sozialer Kultur, wenn man auf sein Verhältnis zu der Größe des gesellschaftlichen Milieus achtet. In einem kleinen und eng geschlossenen Kreise wird Ausbildung und Bewahrung von Geheimnissen schon technisch erschwert sein, weil die Menschen einander zu nahe stehen und die Häufigkeit ihres Sich-Berührens zuviel Verführungen zur Enthüllung mit sich bringt. Es bedarf aber hier auch nicht des Geheimnisses in erheblichem Maße, weil der Struktur eng begrenzter Kreise jene Besonderheiten des Seins, Tuns und Habens widerstreben, deren Konservierung so oft die Form des Geheimnisses verlangt, die aber erst in merklich erweiterten Kreisen hervorzutreten pflegen. Hier wie sonst offenbaren die Verhältnisse der Geldwirtschaft am deutlichsten die spezifischen Züge des großen Kreises. Seit sich der ökonomische Verkehr mittels des Geldes vollzieht, ist in ihm eine sonst unerreichbare Heimlichkeit möglich geworden. Drei Eigenschaften der Geldform der Werte werden hier wichtig: seine Komprimierbarkeit, die es gestattet, jemand mit einem Scheck, den man unbemerkt in seine Hand gleiten läßt, zum reichen Manne zu machen; seine Abstraktheit und Qualitätslosigkeit, vermöge deren Erwerb und Besitzwechsel in einer Weise versteckt und unkenntlich gemacht werden können, wie sie bei extensiven, unzweideutig greifbaren Objekten untunlich ist; endlich seine Fernwirkung, durch die man es in den entferntesten und in fortwährend wechselnden Werten investieren und es so dem Auge der nächsten Umgebung ganz entziehen kann. Die Verbergungsmöglichkeiten, in dem Maß der Vergrößerung geldwirtschaftlicher Verhältnisse sich ergebend und ihre Gefahren besonders bei dem Wirtschaften mit fremdem Gelde entfaltend, haben als Schutzmaßregel die Öffentlichkeit in den Finanzgebarungen der Aktiengesellschaften und der Staaten hervorgerufen. Dies deutet auf die oben berührte Entwicklungsformel zurück: daß mit fortschreitender Kultur ursprünglich Offenbares geheim wird, ursprünglich Geheimes seine Verhüllung abwirft. Tatsächlich scheint es, als ob die Angelegenheiten der Allgemeinheit immer öffentlicher, die der Individuen immer sekreter würden. In unentwickelteren Zuständen können sich die Verhältnisse der Einzelpersonen nicht so vor dem gegenseitigen Hineinsehn und Sich-Hineinmischen schützen, wie innerhalb des modernen Lebensstiles, insbesondere des großstädtischen. Dagegen pflegen die Träger der öffentlichen Interessen sich im Staatswesen früherer Zeit in eine mystische Autorität zu hüllen, während ihnen in reiferen Verhältnissen durch die Ausdehnung ihres Herrschaftsbezirkes, durch die Sachlichkeit ihrer Technik, durch die Distanz von jeder Einzelperson eine Sicherheit und Würde zuwächst, die sie die Öffentlichkeit ihres Gebarens vertragen läßt. Jene Heimlichkeit der öffentlichen Angelegenheiten aber zeigte ihren inneren Widerspruch darin, daß sie sogleich die Gegenbewegungen des Verrates und der Spionage erzeugte. Noch im 17. und 18. Jahrhundert verschwiegen die Regierungen aufs ängstlichste die Beträge der Staatsschulden, die Steuerverhältnisse, die Kopfzahl des Militärs – infolge wovon die Gesandten vielfach nichts besseres zu tun hatten, als zu kundschaften, Briefe zu unterschlagen, Personen, die irgend etwas »wußten«, bis zum Dienstpersonal herunter, zum Ausplaudern zu bringen. Im 19. Jahrhundert aber erobert sich die Publizität die Staatsangelegenheiten in dem Maße, daß nun die Regierungen selbst die Daten offiziell veröffentlichen, ohne deren Geheimhaltung bis dahin überhaupt kein Regime möglich schien. So haben Politik, Verwaltung, Gericht ihre Heimlichkeit und Unzugänglichkeit in demselben Maße verloren, in dem das Individuum die Möglichkeit immer vollständigerer Reserviertheit gewann, in dem das moderne Leben eine Technik der Diskretion, der Sekretierung von Privatangelegenheiten inmitten der großstädtischen Zusammengedrängtheit ausbildete, wie sie früher allein durch räumliche Einsamkeit herstellbar war. Angesichts dieser Entwicklungen könnte man auf die paradoxe Idee kommen, das menschliche Zusammensein bedürfe unter sonst gleichen Umständen eines bestimmten Maßes von Geheimnis, als einer Form, die nur ihren Inhalt wechsle: indem das Geheimnis das eine Gebiet verlasse, ergreife es das andere und erhalte unter diesem Tausch die Unveränderlichkeit seines Maßes.

Der Brief

Aus einer Soziologie des Geheimnisses

Die Schriftlichkeit hat ein aller Geheimhaltung entgegengesetztes Wesen. Vor dem allgemeinen Gebrauch der Schrift mußte jede noch so einfache rechtliche Transaktion vor Zeugen abgeschlossen werden. Die schriftliche Form ersetzt dies, indem sie eine, zwar nur potentielle, aber dafür unbegrenzte »Öffentlichkeit« einschließt; sie bedeutet, daß nicht nur die Zeugen, sondern überhaupt ein jeder wissen kann, daß dies Geschäft abgeschlossen ist. Unserem Bewußtsein steht hierbei die eigentümliche Form zur Verfügung, die man als »objektiven Geist« bezeichnen kann: Naturgesetz und sittliche Imperative, Begriffe und künstlerische Gestaltungen, die für jeden, der sie ergreifen kann und will, gleichsam bereitliegen, in ihrer zeitlosen Gültigkeit aber davon unabhängig, ob, wann, von wem dieses Ergreifen geschieht. Von dieser unermeßlich bedeutsamen Kategorie ist die Schriftlichkeit ein Symbol oder ein sinnlicher Träger. Der geistige Inhalt, einmal niedergeschrieben, hat damit eine objektive Form erhalten, eine prinzipielle Zeitlosigkeit seines Da-Seins, einer Unbeschränktheit von Reproduktionen im subjektiven Bewußtsein zugängig, ohne aber seine Bedeutung oder Gültigkeit, da sie nun fixiert ist, von dem Kommen oder Ausbleiben der seelischen Realisierung durch Individuen abhängig zu machen. So besitzt das Geschriebene eine objektive Existenz, die auf jede Garantie des Geheimbleibens verzichtet. Aber diese Ungeschütztheit gegen jede beliebige Kenntnisnahme läßt vielleicht die Indiskretion gegen den *Brief* als etwas ganz besonders Unedles empfinden, so daß für feinere Gefühlsweisen gerade die Wehrlosigkeit des Briefes zu einer Schutzwehr seines Geheimbleibens wird. An diesem Punkte strömen die eigentümlichen Gegensätze zusammen, die überhaupt den Brief als soziologisches Phänomen tragen. Die Form der brieflichen Äußerung bedeutet eine Objektivierung ihres Inhalts, die hier eine besondere Synthese einerseits mit dem Bestimmtsein für ein einzelnes Individuum bildet, anderseits mit dem Korrelate dieses: der Personalität und Subjektivität, mit der sich der Briefschreiber, im Unterschiede vom Schriftsteller, gibt. Und gerade in der letzteren Hinsicht ist der Brief als Verkehrsform etwas ganz Einzigartiges. Bei unmittelbarer

Gegenwärtigkeit gibt jeder Teilnehmer des Verkehrs dem anderen mehr, als den bloßen Inhalt seiner Worte; indem man sein Gegenüber sieht, in die mit Worten gar nicht auszudrückende Stimmungssphäre desselben eintaucht, die tausend Nuancen im Rhythmus und in der Betonung seiner Äußerungen fühlt, erfährt der logische oder der gewollte Inhalt seiner Worte eine Bereicherung und Modifikation, für die der Brief nur äußerst dürftige Analogien bietet; und auch diese werden im ganzen nur aus Erinnerungen des persönlichen Verkehrs erwachsen. Es ist der Vorzug oder Nachteil des Briefes, prinzipiell nur den reinen Sachgehalt unseres momentanen Vorstellungslebens zu geben und das zu verschweigen, was man nicht sagen kann oder will. Und nun ist das Charakteristische, daß der Brief, wenn er sich nicht etwa nur durch seine Ungedrucktheit von einer Abhandlung unterscheidet, dennoch etwas ganz Subjektives, Augenblickliches, nur Persönliches ist, und zwar keineswegs nur, wenn es sich um lyrische Expektorationen, sondern auch wenn es sich um durchaus konkrete Mitteilungen handelt. Diese Objektivierung des Subjektiven, diese Entkleidung des letzteren von allem, was man gerade jetzt von der Sache und von sich selbst nicht offenbaren will, ist nur in Zeiten hoher Kultur möglich, wo man die psychologische Technik hinreichend beherrscht, um den momentanen Stimmungen und Gedanken, die auch nur als momentane, der aktuellen Anforderung und Situation entsprechende, gedacht und aufgenommen werden, dennoch Dauerform zu verleihen. Wo eine innere Produktion den Charakter des »Werkes« hat, ist diese Dauerform durchaus adäquat; im Brief aber liegt ein Widerspruch zwischen dem Charakter des Inhalts und dem der Form, den zu produzieren, zu ertragen und auszunutzen es einer beherrschenden Objektivität und Differenziertheit bedarf.

Diese Synthese findet ihre weitere Analogie in der Mischung von Bestimmtheit und Unbestimmtheit, die der schriftlichen Äußerung, zuhöchst dem Briefe, eigen ist. Es handelt sich nicht einfach um das Mehr oder Weniger, das der eine von sich dem anderen zu erkennen gibt, sondern darum, daß das Gegebene für den Empfänger mehr oder weniger deutlich ist und daß dem Mangel an Deutlichkeit, wie zum Ausgleich, eine proportionale Mehrheit möglicher Deutungen entspricht. Sicher gibt es kein irgend dauernderes Verhältnis zwischen Menschen, in dem nicht die wechselnden Maße der Deutlichkeit und der Deutbarkeit der Äußerungen eine wesentliche Rolle spielen. Die schriftliche Äußerung erscheint zunächst als die sichere, als die einzige, von der sich »kein Jota rauben läßt«. Allein diese Prärogative des Geschriebenen ist die bloße Folge eines Mangels: daß ihr die Begleiterscheinungen des Stimmklanges und der Akzentuierung, der Gebärde und der Miene fehlen, die für das gesprochene Wort ebenso eine Quelle der Verundeutlichung wie der Verdeutlichung sind. Tatsächlich aber pflegt sich der Empfangende nicht mit dem rein logischen Wortsinn zu begnügen, den der Brief freilich unzweideutiger als die Rede überliefert, ja, unzählige Male *kann* er dies gar nicht, weil, um auch nur den logischen Sinn zu begreifen, es mehr als des logischen Sinnes bedarf. Darum ist der Brief, trotz oder richtiger wegen seiner Deutlichkeit, viel mehr als die Rede der Ort der Mißverständnisse und der »Deutungen«. Entsprechend dem Kulturniveau, auf dem überhaupt eine auf schriftlichen Verkehr gestellte Beziehung möglich ist, sind deren Bestimmungen in scharfer Differenziertheit auseinandergetreten: was an menschlichen Äußerungen ihrem Wesen nach deutlich ist, ist am Brief deutlicher als an der Rede, das, was an ihnen prinzipiell vieldeutig ist, ist dafür am Brief vieldeutiger als an der Rede. Drückt man dies mit den Begriffen der Freiheit und der Gebundenheit aus, die der Empfangende gegenüber der Äußerung besitzt: so ist sein Verständnis in bezug auf ihren logischen Sinn durch den Brief gebundener, in bezug auf ihren tieferen und persönlichen Sinn aber freier als gegenüber der Rede. Man kann sagen, daß die Rede durch alles das, was sie an Sichtbarem, aber nicht Hörbarem und an Imponderabilien des Sprechers selbst umgibt, sein Geheimnis offenbart, der Brief es aber verschweigt. Der Brief ist deshalb deutlicher, wo es auf das Geheimnis des anderen nicht ankommt, undeutlicher und vieldeutiger aber, wo dies der Fall ist. Unter dem Geheimnis des anderen verstehe ich seine logisch nicht ausdrückbaren Stimmungen und Seinsqualitäten, auf die wir doch unzählige Male zurückgreifen, selbst um die eigentliche Bedeutung ganz konkreter Äußerungen zu verstehen. Bei der Rede sind diese Deutungshülfen mit dem Inhalt so verschmolzen, daß sich eine völlige Einheit des Verständnisses ergibt; vielleicht ist dies der entscheidenste Fall der allgemeinen Tatsache, daß der Mensch das, was er wirklich sieht, hört, erfährt, und das, was seine Interpretation durch Zusetzen, Abziehen, Umformen daraus macht, überhaupt nicht auseinanderzuhalten imstande ist. Es gehört zu den geistigen Erfolgen des schriftlichen Verkehrs, daß er aus dieser naiven Einheitlichkeit eines ihrer Elemente – eben den bloßen Sachgehalt der Äußerung – herausdifferenziert und dadurch die Vielheit dieser prinzipiell geschiedenen Faktoren veranschaulicht, die unser scheinbar so einfaches gegenseitiges »Verstehen« ausmachen.

Der Mensch als Feind
Zwei Fragmente aus einer Soziologie

I.

Von einer natürlichen Feindseligkeit zwischen Mensch und Mensch reden die skeptischen Moralisten, für die *homo homini lupus* ist und »im Unglück unserer besten Freunde etwas ist, was uns nicht völlig mißfällt«. Aber auch die völlig entgegengesetzte moralphilosophische Gesinnung, die die sittliche Selbstlosigkeit von den transzendenten Grundlagen unseres Wesens herleitet, entfernt sich damit gar nicht so sehr weit von jenem Pessimismus. Denn sie gesteht doch ein, daß sich in der Erfahrbarkeit und Berechenbarkeit unserer Wollungen die Hingabe an das Du nicht auffinden läßt. Empirisch, verstandesmäßig ist danach der Mensch schlechthin Egoist, und jede Umbiegung dieser natürlichen Tatsache kann nicht mehr durch die Natur selbst, sondern nur duch den *deus ex machina* eines metaphysischen Seins in uns geschehen. So scheint sich eine naturgegebene Gegnerschaft als eine Form oder Grundlage der menschlichen Beziehungen zum mindesten neben die andere, die Sympathie zwischen Menschen, zu stellen. Das merkwürdig starke Interesse z. B., das der Mensch gerade am *Leiden* anderer zu nehmen pflegt, ist nur aus einer Mischung beider Motivierungen zu erklären. Auf die mit unserem Wesen gegebene Antipathie weist auch die nicht seltene Erscheinung des »Widerspruchsgeistes« hin, die keineswegs nur in jenen prinzipiellen Nein-Sagern wohnt, wie sie in Freundes- wie in Familienkreisen, in Komitees wie unter dem Theaterpublikum die Verzweiflung ihrer Umgebung sind; er feiert auch keineswegs auf dem politischen Gebiet seine charakteristischsten Triumphe, in den Oppositionsmännern, deren klassischen Typus Macaulay in Robert Ferguson beschreibt: *His hostility was not to Popery or to Protestantism, to monarchical government or to republican government, to the house of Stuarts or to the house of Nassau, but to whatever was at the time established.* All solche Fälle, die man für Typen der »reinen Opposition« hält, *brauchen* dies wenigstens nicht zu sein; denn derartige Opponenten pflegen sich als Verteidiger bedrohter Rechte zu geben, als Verfechter des objektiv Richtigen, ritterliche Beschützer der Minorität als solcher. Viel weniger markante Vorkommnisse scheinen mir einen abstrakten Oppositionstrieb deutlicher zu verraten: der leise, oft kaum bewußte, oft sogleich verfliegende Anreiz, einer Behauptung oder Anforderung, namentlich wenn sie uns in kategorischer Form entgegentritt, die Verneinung entgegenzusetzen. Selbst in durchaus harmonischen Verhältnissen, bei manchen durchaus nachgiebigen Naturen tritt dieser Oppositionsinstinkt mit der Unvermeidlichkeit einer Reflexbewegung auf und mischt sich, wenn auch ohne bemerkbaren Erfolg, in das Gesamtverhalten ein. Und wenn man dies etwa wirklich als einen Schutzinstinkt bezeichnen wollte – wie manche Tiere auf bloße Berührung hin ihre Schutz- oder Angriffsvorrichtungen automatisch hervorstrecken –, so würde dies gerade den primären, fundamentalen Charakter der Opposition beweisen; denn es hieße, daß die Persönlichkeit, selbst wo sie gar nicht angegriffen wird, sondern rein objektiven Aeußerungen anderer gegenüber, sich nicht anders als durch Opposition behaupten kann, daß der erste Instinkt, mit dem sie sich bejaht, die Verneinung des anderen ist.

Vor allem scheint man auf einen apriorischen Kampfinstinkt nicht verzichten zu können, wenn man auf die unglaublich kleinlichen, ja läppischen Veranlassungen der ernsthaftesten Kämpfe achtet. Ein englischer Historiker erzählt, daß vor nicht langer Zeit zwei irische Parteien durch das ganze Land hin sich wütend gerauft hätten, deren Gegnerschaft aus einem Streit über die Farbe einer Kuh entstanden sei. In Indien fanden vor einigen Jahrzehnten gefährliche Aufstände statt infolge der Fehde zweier Parteien, die nichts voneinander wußten, als daß sie die Partei der rechten und der linken Hand waren. Und nur sozusagen am andern Ende tritt diese Nichtigkeit der Streitveranlassungen daran hervor, daß der Streit auch oft in gleich kindischen Erscheinungen mündet. Mohammedaner und Hindus leben in Indien in steter, latenter Feindschaft und markieren diese darin, daß die Mohammedaner ihr Obergewand nach rechts knöpfen, die Hindus nach links, daß bei gemeinsamen Mahlzeiten jene im Kreise, diese in Reihen sitzen, daß die armen Mohammedaner eine Seite eines bestimmten Blattes als Teller benutzen, die armen Hindus aber die andere. In den menschlichen Gegnerschaften stehen Ursache und Wirkung oft so außer Zusammenhang und vernünftiger Proportion, daß man nicht recht unterscheiden kann, ob der angebliche Gegenstand des Streites wirklich dessen Veranlassung oder nur ein Ausläufer schon bestehender Gegnerschaft ist; mindestens gegenüber vielen Einzelvorgängen der Kämpfe zwischen den römischen und griechischen Zirkusparteien, der Parteiungen von ὁμοούσιος und ὁμοιούσιος, der Kriege der roten und der weißen Rose setzt uns die Unauffindbarkeit eines irgend rationalen Kampfgrundes in diesen Zweifel. Im ganzen hat man den Eindruck, daß die Menschen sich niemals um solcher Kleinigkeiten und Nichtigkeiten willen liebten, wie sie sich hassen.

Endlich scheint mir auf ein ganz primäres Feindseligkeitsbedürfnis die oft unheimlich leichte Suggerierbarkeit der feindseligen Stimmung hinzuleiten. Es gelingt dem Durchschnittsmenschen im allgemeinen sehr viel schwerer, einem anderen ebensolchen Zutrauen und Neigung für einen Dritten, bisher Gleichgültigen, einzuflößen, als Mißtrauen und Abneigung. Besonders bezeichnend erscheint hier, daß dieser Unterschied namentlich da relativ kraß ist, wo es sich um niedere Maße von beiden, um die ersten Ansätze der Stimmung und des Vorurteils für oder gegen jemanden handelt; über die höheren, zur Praxis führenden Grade entscheidet dann nicht mehr diese flüchtige, aber den Grundinstinkt verratende Geneigtheit, sondern bewußtere Abwägungen. Es zeigt dieselbe Grundtatsache, nur wie in einer anderen Wendung, daß uns jene leichten, unser Bild eines anderen nur wie ein Schatten überfliegenden Präjudizierungen auch von ganz indifferenten Persönlichkeiten suggeriert werden können, während ein *günstiges* Vorurteil schon eines autoritativen oder uns gemütlich nahestehenden Veranlassers bedarf. Vielleicht würde ohne diese Leichtigkeit oder Leichtsinn, mit dem der Durchschnittsmensch gerade auf Suggestionen *ungünstiger* Art reagiert, das *aliquid haeret* seine tragische Wahrheit nicht gewinnen. Die Beobachtung mancher Antipathien und Parteiungen, Intrigen und offenen Kämpfe könnte allerdings die Feindseligkeit unter jene primären menschlichen Energien einreihen lassen, die nicht durch die äußere Wirklichkeit ihrer Gegenstände entfesselt werden, sondern sich von sich aus ihre Gegenstände schaffen. So hat man gesagt, der Mensch habe nicht Religion, weil er an Gott glaube, sondern weil er Religion, als eine Stimmung der Seele, habe, so glaube er an einen Gott. Für die Liebe ist dies wohl allgemein anerkannt, daß sie, insbesondere in jungen Jahren, nicht die bloße Reaktion unserer Seele ist, die durch ihren Gegenstand so hervorgerufen wird, wie es eine Farbenempfindung in unserem optischen Apparat wird; sondern die Seele hat das Bedürfnis, zu lieben und ergreift nun von sich aus irgendeinen Gegenstand, der diesem genugtue, indem sie ihn sogar unter Umständen erst von sich aus mit den Eigenschaften bekleidet, die scheinbar die Liebe hervorriefen. Es spricht nichts dagegen, daß dies – mit der gleich hervorzuhebenden Einschränkung – nicht auch die Entwicklung des entgegengesetzten Affekts sein könne, daß die Seele nicht auch ein in ihr autochthones Bedürfnis, zu hassen und zu kämpfen besäße, das oft erst seinerseits auf die Gegenstände, die es für sich designiert, deren haßerregende Eigenschaften projiziert. Daß dieser Fall nicht so flagrant hervortritt wie der entsprechende der Liebe, mag daran liegen, daß der Liebestrieb, durch seine ungeheure physiologische Zuspitzung in der Jugend, ganz unverkennlich seine Spontaneität, seine Bestimmtheit von dem *terminus a quo* her dokumentiert. Der Haßtrieb hat in sich wohl nur ausnahmsweise so akute Stadien, durch die sein subjektiv-spontaner Charakter in gleicher Weise bewußt würde.

Wenn nun wirklich ein formaler Feindseligkeitstrieb als Gegenstück des Sympathiebedürfnisses im Menschen besteht, so scheint er mir doch historisch einem jener seelischen Destillationsprozesse zu entstammen, in denen innere Bewegungen schließlich die ihnen gemeinsame Form als einen selbständigen Trieb in der Seele zurücklassen. Interessen jeder Art zwingen so häufig zum Kampf um bestimmte Güter, zur Opposition gegen bestimmte Persönlichkeiten, daß als Residuum davon sehr wohl ein Reizzustand, von sich aus zu antagonistischen Aeußerungen drängend, in das vererbliche Inventar unserer Gattung mag übergegangen sein. Das gegenseitige Verhältnis primitiver Gruppen ist bekanntlich und aus oft erörterten Gründen fast durchgehends ein feindseliges. Das entschiedenste Beispiel geben vielleicht die Indianer, bei denen jeder Stamm prinzipiell als im Kriegszustande mit jedem anderen befindlich galt, mit dem er keinen ausdrücklichen Friedensvertrag geschlossen hatte. Es ist aber nicht zu vergessen, daß in frühen Kulturzuständen der Krieg fast die einzige Form bildet, in der es überhaupt zu einer Berührung mit fremden Gruppen kommt. Solange der interterritoriale Handelsverkehr unentwickelt, individuelle Reisen unbekannt waren, geistige Gemeinsamkeiten noch nicht über die Gruppengrenzen hinausgriffen, gab es außer dem Krieg gar keine soziologische Beziehung zwischen den verschiedenen Gruppen. Hier zeigt das Verhältnis der Gruppenelemente zueinander und das der – primitiven – Gruppen zueinander völlig entgegengesetzte Form. Innerhalb des geschlossenen Kreises bedeutet Feindschaft in der Regel den *Abbruch* von Beziehungen, das Sichzurückziehen und Vermeiden von Berührungen; von diesen negativen Erscheinungen wird hier selbst die leidenschaftliche Wechselwirkung des offenen Kampfes begleitet. Dagegen liegen die charakterisierten Gruppen als ganze gleichgültig nebeneinander, solange Frieden ist, und gewinnen erst im Kriege eine aktive Bedeutung füreinander. Deshalb kann ebenderselbe Expansions- und Wirksamkeitstrieb, der im Innern einen unbedingten Frieden als Grundlage der Interessenverschlingung und unbehinderten Wechselwirkungen fordert, nach außen hin als kriegerische Tendenz auftreten.

II.

Ein Kampf, der sich auf der Basis einer Einheit und Gleichheit erhebt, pflegt in vielerlei Fällen leidenschaftlicher und radikaler zu sein, als wo er keinerlei vorhergehende oder gleichzeitig bestehende Zusammengehörigkeit der Parteien vorfindet. Wo das altjüdische Gesetz Bigamie gestattet, verbietet es doch die Ehe mit zwei Schwestern (obgleich man nach dem Tode der einen die andere heiraten darf); denn diese wäre besonders dazu angetan, Eifersucht zu erregen! Es wird also ohne weiteres als Erfahrungstatsache vorausgesetzt, daß auf dem Boden der verwandtschaftlichen Gemeinsamkeiten sich ein stärkerer Antagonismus erhebt als unter Fremden. Der gegenseitige Haß ganz kleiner Nachbarstaaten, deren ganzes Weltbild, deren lokale Beziehungen und Interessen unvermeidlich höchst ähnlich sind, ja vielfach zusammenfallen müssen, ist oft viel leidenschaftlicher und unversöhnlicher als der zwischen großen Nationen, die räumlich wie sachlich einander völlig fremd sind. Das war das Verhängnis von Griechenland und dem nachrömischen Italien, und noch eine Steigerung davon erschütterte England, bevor es nach der normannischen Eroberung zur Verschmelzung beider Rassen kam. Der Haß dieser beiden, die auf demselben Territorium durcheinander wohnten, durch fortwährend wirksame Lebensinteressen aneinandergebunden, von einem einheitlichen Staatsgedanken zusammengehalten – und doch innerlich sich völlig fremd, in der ganzen Wesensart ohne gegenseitiges Verständnis und in den Machtinteressen einander absolut feindlich – dieser Haß war, wie man mit Recht betonte,

erbitterter, als er zwischen äußerlich und innerlich getrennten Stämmen überhaupt aufkommen kann. Kirchliche Verhältnisse geben mit die stärksten Beispiele, weil in ihnen die kleinste Divergenz wegen ihrer dogmatischen Fixierung sogleich eine logische Unversöhnlichkeit erhält: wenn überhaupt Abweichung da ist, so ist es begrifflich gleichgültig, ob sie groß oder klein ist. So in den konfessionalistischen Streitigkeiten zwischen Lutheranern und Reformierten, namentlich im 17. Jahrhundert. Kaum war die große Absonderung gegen den Katholizismus geschehen, so spaltet sich das Ganze um der nichtigsten Dinge willen in Parteien, die man öfters äußern hört, man könnte eher mit den Papisten Gemeinschaft halten als mit denen von der andern Konfession! Und als 1875 in Bern eine Schwierigkeit über den Ort des katholischen Gottesdienstes stattfand, erlaubte der Papst nicht, daß er in der Kirche, die die Altkatholiken benutzten, abgehalten würde, wohl aber in einer reformierten Kirche.
Zwei Arten von Gemeinsamkeit kommen als Fundamente eines ganz besonders gesteigerten Antagonismus in Betracht: die Gemeinsamkeit der Qualitäten und die Gemeinsamkeit durch Befaßtsein in *einem* sozialen Zusammenhang. Das erstere geht ausschließlich auf die Tatsache zurück, daß wir Unterschiedswesen sind. Eine Gegnerschaft muß das Bewußtsein um so tiefer und heftiger erregen, von einer je größeren Gleichheit unter den Parteien sie sich abhebt. Bei friedlicher oder liebevoller Gesinnung ist dies eine ausgezeichnete Schutzvorrichtung der Vereinigung, vergleichbar der Warnungsfunktion des Schmerzes innerhalb des Organismus; denn gerade die energische Bewußtheit, mit der sich die Dissonanz bei sonst durchgehender Harmonie des Verhältnisses geltend macht, mahnt sogleich zur Beseitigung des Streitgrundes, so daß er nicht erst im Halbbewußten sich weiter und bis zu dem Fundament der Beziehung durchnage. Wo es aber an dieser Grundabsicht, sich unter allen Umständen schließlich zu vertragen, fehlt, wird das an der sonstigen Gleichheit geschärfte Bewußtsein des Antagonismus ihn selbst verschärfen. Menschen, die viel Gemeinsames haben, tun sich oft schlimmeres, ungerechteres Unrecht als ganz Fremde. Manchmal, weil das große gemeinsame Gebiet zwischen ihnen selbstverständlich geworden ist und deshalb nicht dies, sondern das momentan Differente ihre gegenseitige Stellung bestimmt; hauptsächlich aber, weil eben nur weniges zwischen ihnen different ist, so daß jeder kleinste Antagonismus eine ganz andere relative Bedeutung hat als zwischen Fremde-

ren, die beiderseitig von vornherein auf alle möglichen Differenzen gefaßt sind. Daher die Familienkonflikte um die wunderlichsten Kleinigkeiten, daher die Tragik der »Lappalie«, um die völlig zusammenstimmende Menschen manchmal auseinanderkommen. Dies beweist keineswegs immer, daß die harmonisierenden Kräfte schon vorher in Verfall geraten sind; es kann gerade aus einer so großen Gleichheit der Eigenschaften, Neigungen, Ueberzeugungen hervorgehen, daß das Auseinandergehen an einem ganz unbedeutenden Punkte sich durch die Schärfe des Gegensatzes als etwas ganz Unerträgliches fühlbar macht. Es kommt dies dazu: dem Fremden, mit dem man weder Qualitäten noch weitere Interessen teilt, steht man objektiv gegenüber, man reserviert die eigene Persönlichkeit, deshalb nimmt die einzelne Differenz nicht so leicht den ganzen Menschen mit. Mit dem sehr Verschiedenen begegnet man sich eben gerade nur an den Punkten einer einzelnen Verhandlung oder Interessenkoinzidenz, und deshalb wird die Austragung eines Konflikts auch auf diese selbst beschränkt. Je mehr wir als ganze Menschen mit einem andern gemein haben, desto leichter wird sich unsere Ganzheit jeder einzelnen Beziehung zu ihm assoziieren. Daher die ganz unverhältnismäßige Heftigkeit, zu der sich sonst durchaus beherrschte Menschen manchmal gerade ihren Intimsten gegenüber fortreißen lassen. Das ganze Glück und die Tiefe in den Beziehungen zu einem Menschen, mit dem wir uns sozusagen identisch fühlen, daß keine einzelne Beziehung, kein einzelnes Wort, kein einzelnes gemeinsames Tun oder Leiden wirklich einzeln bleibt, sondern jedes ein Gewand für die ganze Seele ist, die sich in ihm ohne Rest gibt und empfangen wird – eben dies macht unter solchen einen entstehenden Zwist oft so verhängnisvoll leidenschaftlich und gibt das Schema zu dem verhängnisvollen: »Du – überhaupt.« Einmal so verbundene Menschen sind zu sehr gewöhnt, in die Seite, der sie sich gerade zuwenden, die Totalität ihres Seins und Fühlens hineinzulegen, um nicht auch den Streit mit Akzenten und gleichsam mit einer Peripherie auszustatten, durch die er weit über seine Veranlassung und ihre objektive Bedeutung hinauswächst und die Gesamtpersönlichkeiten in die Entzweiung hineinreißt. Auf der höchsten geistigen Ausbildungsstufe mag dies vermieden werden; denn dieser ist es eigen, die völlige Hingabe der Seele an eine Person doch mit einer völligen gegenseitigen Sonderung der Elemente der Seele zu verbinden; während die undifferenzierte Leidenschaft die Totalität des Menschen mit der Erregung eines Teiles oder Momentes verschmilzt, läßt die Bildung keinen solchen über sein eigenes, fest umschriebenes Recht hinausgreifen und gewährt dadurch der Beziehung harmonischer Naturen den Vorteil, daß sie sich gerade an dem Konflikt bewußt werden, wie geringfügig er im Verhältnis zu den verbindenden Kräften ist. Abgesehen hiervon wird aber gerade bei tiefen Naturen die verfeinerte Unterschiedsempfindlichkeit Zu- und Abneigungen dadurch um so leidenschaftlicher machen, daß sie sich von der entgegengesetzt gefärbten Vergangenheit abheben; und zwar bei einmaligen, unwiderruflichen Entscheidungen ihres Verhältnisses, ganz unterschieden von dem Hin- und Herpendeln in den Alltäglichkeiten eines im ganzen unfraglichen Zusammengehörens. Zwischen Männern und Frauen ist eine ganz elementare Aversion, ja ein Haßgefühl, nicht auf bestimmte Gründe hin, sondern als die gegenseitige Repulsion des ganzen Seins der Personen – manchmal ein erstes Stadium von Beziehungen, dessen zweites leidenschaftliche Liebe ist. Man könnte auf die paradoxe Vermutung kommen, daß bei Naturen, die zu dem allerengsten Gefühlsverhältnis bestimmt sind, dieser Turnus durch eine instinktive Zweckmäßigkeit hervorgerufen wäre, um dem definitiven Gefühl durch sein entgegengesetztes Präludium – wie durch einen Anlaufrückschritt – die leidenschaftlichste Zuspitzung und Bewußtsein dessen, was man nun gewonnen hat, zu verschaffen. Die gleiche Form zeigt die entgegengesetzte Erscheinung: der tiefste Haß wächst aus gebrochener Liebe. Hier ist wohl nicht nur die Unterschiedsempfindlichkeit entscheidend, sondern vor allem das Dementi der eigenen Vergangenheit, das in einem solchen Gefühlswechsel liegt. Eine tiefe Liebe – und zwar nicht nur eine sexuelle – als einen Irrtum und eine Instinktlosigkeit zu erkennen, ist eine solche Bloßstellung vor uns selbst, ein solcher Bruch durch die Sicherheit und Einheit unseres Selbstbewußtseins, daß wir unvermeidlich den Gegenstand dieser Unerträglichkeit für sie büßen lassen. Das geheime Gefühl der eigenen Schuld an ihr überdecken wir sehr zweckmäßigerweise durch den Haß, der es uns leicht macht, die ganze Schuld dem andern zuzuschieben.

Soziologie der Konkurrenz

Aus Entzweiung und Kampf ist unserer Art so viel Leiden und Elend erwachsen, daß das Ideal des *pax hominibus* aufwachsen konnte, als die Vollendung des menschlichen Seins. Denn fast unvermeidlich gilt unsere Wertung eines Lebenselementes seinem Gesamtbegriff, und nur schwer erkennt sie die völlige Entgegengesetztheit der Bedeutungen an, die einem und demselben je nach seinem Maß, seiner Ausnutzung, seinen Mitwirksamkeiten zu teil wird. Denn das Friedensideal verleugnen nicht nur die des Kampfes frohen Naturen, die in diesem einen definitiven, durch sich selbst gerechtfertigten Wert fühlen; nicht nur der Psychologe, der im Kampf die Äußerung ununterdrückbarer Triebe, ein nicht auszuscheidendes Element des seelischen Lebens, mit all seinen Höhen und Schönheiten erkennt; sondern auch der Soziologe, für den eine Gruppe, die schlechthin zentripetal und harmonisch, bloß »Vereinigung« wäre, nicht nur empirisch unwirklich ist, sondern auch keinen eigentlichen Lebensprozeß aufweist; die Gesellschaft der Heiligen, die Dante in der Rose des Paradieses erblickt, mag sich so verhalten, aber sie ist auch jeder Veränderung und Entwickelung enthoben, während schon die heilige Versammlung der Kirchenväter in Raffaels *Disputa* sich, wenn nicht als wirklicher Streit, so doch als eine erhebliche Verschiedenheit von Stimmungen und Denkrichtungen darstellt, aus der die ganze Lebendigkeit und der wirkliche, organische Zusammenhang jenes Zusammenseins quillt. Wie der Kosmos »Liebe und Haß«, attraktive und repulsive Kräfte braucht, um eine Form zu haben, so braucht auch die Gesellschaft irgend ein quantitatives Verhältnis von Harmonie und Disharmonie, Assoziation und Konkurrenz, Gunst und Mißgunst, um zu einer bestimmten Gestaltung zu gelangen. Diese Entzweiungen sind keineswegs bloße soziologische Passiva, negative Instanzen, sodaß die definitive, wirkliche Gesellschaft nur durch die andern und positiven sozialen Kräfte zustande käme, und zwar immer nur so weit, wie jene es nicht verhindern. Diese gewöhnliche Auffassung ist ganz oberflächlich. Die Gesellschaft, wie sie gegeben ist, ist das Resultat beider Kategorieen von Wechselwirkungen, die insofern beide völlig positiv auftreten. In Wirklichkeit braucht, was zwischen Individuen, in bestimmter Richtung laufend und isoliert betrachtet, etwas Negatives und Abträgliches ist, innerhalb der

Totalität der Beziehung keineswegs ebenso zu wirken; denn hier gibt es mit anderen, von ihm nicht berührten Wechselwirkungen zusammen ein ganz neues Bild, in dem das Negative und Dualistische nach Abzug dessen, was es etwa an singulären Beziehungen zerstört hat, seine durchaus positive Rolle spielt. Es würde keineswegs immer ein reicheres und volleres Gemeinschaftsleben ergeben, wenn die repulsiven und, im einzelnen betrachtet, auch destruktiven Energieen in ihm verschwänden – wie es ein qualitativ ungeändertes und reicheres Vermögen ergibt, wenn seine Passiva wegfielen – sondern ein ebenso verändertes und oft ebenso unrealisierbares Bild wie nach Wegfall der Kräfte der Kooperation und Zuneigung, der Hülfeleistung und Interessenharmonie. Wie sich der Kampf in das gesellschaftliche Leben verwebt, wie er als eine besondere Art der Wechselwirkung die Einheitlichkeit der Gesellschaft beeinflußt, die nichts als eine Summe von Wechselwirkungen ist – das wollen diese Betrachtungen für eine eigentümliche Form des Kampfes, für die Konkurrenz, deutlich machen.

Für das soziologische Wesen der Konkurrenz ist es zunächst bestimmend, daß der Kampf ein indirekter ist. Wer den Gegner unmittelbar beschädigt oder aus dem Wege räumt, konkurriert insofern nicht mehr mit ihm. Der Sprachgebrauch verwendet vielmehr im allgemeinen das Wort nur für solche Kämpfe, die in den parallelen Bemühungen beider Parteien um einen und denselben Kampfpreis bestehen. Die Unterschiede derselben gegen andere Kampfarten lassen sich näher etwa so bezeichnen. Die Form des Konkurrenzkampfes ist vor allem nicht Offensive und Defensive – deshalb nicht, weil der Kampfpreis sich nicht in der Hand eines der Gegner befindet. Wer mit einem andern kämpft, um ihm sein Geld oder sein Weib oder seinen Ruhm abzugewinnen, verfährt in ganz anderen Formen, mit einer ganz anderen Technik, als wer mit einem anderen darum *konkurriert*, wer das Geld des Publikums in seine Tasche leiten, wer die Gunst einer Frau gewinnen, wer durch Taten oder Worte sich den größeren Namen machen solle. Während in vielen anderen Kampfarten deshalb die Besiegung des Gegners nicht nur den Siegespreis unmittelbar einträgt, sondern der Siegespreis selbst ist, treten bei der Konkurrenz zwei andere Kombinationen auf: wo die Besiegung des Konkurrenten die zeitlich erste Notwendigkeit ist, da bedeutet diese Besiegung an sich eben noch gar nichts, sondern das Ziel der ganzen Aktion wird erst durch das Sich-Darbieten eines von jenem Kampf an sich ganz unabhängigen Wertes erreicht. Der Kaufmann, der seinen Konkurrenten erfolgreich beim Publikum der Unsolidität verdächtigt hat, hat damit noch nichts gewonnen, wenn die Bedürfnisse des Publikums etwa plötzlich von der Warensorte, die er anbietet, abgelenkt werden; der Liebhaber, der seinen Nebenbuhler verscheucht oder unmöglich gemacht hat, ist damit noch keinen Schritt weiter, wenn die Dame nun auch ihm ihre Neigung vorenthält; einer Konfession, die um den Gewinn eines Proselyten streitet, braucht dieser noch lange nicht darum anzuhängen, daß sie die konkurrierende durch den Nachweis ihrer Unzulänglichkeit aus dem Felde geschlagen hat – wenn ihr nicht aus dem Gemüte jenes Bedürfnisse, die sie positiv befriedigen kann, entgegenkommen. Der Konkurrenzkampf erhält bei diesem Typus seine Färbung dadurch, daß die Entscheidung des Kampfes für sich noch nicht den Zweck des Kampfes realisiert, wie überall da, wo Zorn oder Rache, Strafe oder der ideale Wert des Sieges als solchen den Kampf motiviert. Noch mehr vielleicht unterscheidet sich der zweite Typus der Konkurrenz von anderen Kämpfen. Bei diesem besteht der Kampf überhaupt nur darin, daß jeder der Bewerber für sich auf das Ziel zustrebt, ohne eine Kraft auf den Gegner zu verwenden. Der Wettläufer, der nur durch seine Schnelligkeit, der Kaufmann, der nur durch den Preis seiner Ware, der Proselytenmacher, der nur durch die innere Überzeugungskraft seiner Lehre wirken will, exemplifizieren diese merkwürdige Art des Kampfes, die an Heftigkeit und leidenschaftlichem Aufgebot aller Kräfte jeder anderen gleichkommt, zu dieser äußersten Leistung auch nur durch das wechselwirkende Bewußtsein von der Leistung des Gegners gesteigert wird, und doch, äußerlich angesehen, so verfährt, als ob kein Gegner, sondern nur das Ziel auf der Welt wäre. So verschlingt sich in dieser Form aufs wunderbarste die Subjektivität des Endzieles mit der Objektivität des Endergebnisses, eine überindividuelle Einheit sachlicher oder sozialer Natur schließt die Parteien und ihren Kampf ein, man kämpft mit dem Gegner, ohne sich gegen ihn zu wenden, sozusagen ohne ihn zu berühren; so führt uns die subjektive antagonistische Triebfeder zur Verwirklichung objektiver Werte, und der Sieg des Kampfes ist nicht eigentlich der Erfolg eines Kampfes, sondern eben der Wertverwirklichungen, die jenseits des Kampfes stehen.

Darin liegt nun der ungeheure Wert der Konkurrenz für den sozialen Kreis, falls die Konkurrenten von einem solchen umfaßt sind.

Während die anderen Kampftypen: bei denen entweder der Kampfpreis ursprünglich sich in den Händen der einen Partei befindet, oder wo die subjektive Feindseligkeit und nicht der Gewinn eines Preises das Kampfmotiv bildet – während diese Typen die Werte und Kräfte der Kämpfer sich gegenseitig verzehren lassen, und als Resultat für die Gesamtheit oft nur verbleibt, was die einfache Subtraktion der schwächeren Kraft von der stärkeren übrig läßt, wirkt umgekehrt die Konkurrenz, wo sie sich von der Beimischung der anderen Kampfformen frei hält, durch ihre unvergleichliche Kombination meistens wertsteigernd: da sie, vom Standpunkt der Gruppe aus gesehen, subjektive Motive als Mittel darbietet, um objektive soziale Werte zu erzeugen und, vom Standpunkt der Partei, die Produktion des objektiv Wertvollen als Mittel benutzt, um subjektive Befriedigungen zu gewinnen.

Dies ist ein sehr reiner Fall des häufigen Typus: daß für die Gattung, für die Gruppe, kurz für das umfassende Gebilde Mittel ist, was für das Individuum Endzweck ist, und umgekehrt. Zu höchst gilt dies in weitem Umfang für das Verhältnis des Menschen zu der metaphysischen Totalität, zu seinem Gott. Wo die Idee eines göttlichen Weltplanes aufwächst, da sind die Endzwecke des Einzelwesens nichts als Stufen und Mittel, die das absolute Endziel aller irdischen Bewegungen, wie es in dem göttlichen Geiste gesetzt ist, verwirklichen helfen; für das Subjekt aber, in der Unbedingtheit seines Ich-Interesses, ist nicht nur die empirische, sondern auch jene transzendente Wirklichkeit nur ein Mittel für seinen Zweck: sein Wohlergehen auf Erden oder sein Heil im Jenseits, das Glück ruhiger, erlöster Vollkommenheit oder ekstatischer Gotterfülltheit sucht es durch den Gott, der ihm dies alles vermittle; wie Gott als das absolute Sein auf dem Umwege über den Menschen zu sich selbst kommt, so der Mensch zu sich selbst auf dem Umwege über Gott. Für das Verhältnis zwischen dem Individuum und seiner Gattung im biologischen Sinn ist dies längst bemerkt; der erotische Genuß, für jenes ein sich selbst rechtfertigender Endzweck, ist für die Gattung nur ein Mittel, durch das sie sich ihre Fortsetzung über jeden momentanen Bestand hinaus sichere; diese Erhaltung der Gattung, die mindestens gleichnisweise als ihr Zweck gilt, ist für das Individuum oft genug nur das Mittel, sich selbst in seinen Kindern fortzusetzen, seinem Besitz, seinen Eigenschaften, seiner Vitalität eine Art Unsterblichkeit zu verschaffen. In den sozialen Beziehungen kommt das, was man als Harmonie der Interessen zwischen der Gesellschaft und dem Einzelnen bezeichnet, eben darauf hinaus. Das Tun des Einzelnen wird normiert und vorgespannt, um die rechtlichen und sittlichen, die politischen und kulturellen Verfassungen der Menschen zu tragen und zu entwickeln; was aber im ganzen nur dadurch gelingt, daß die eigenen eudämonistischen und sittlichen, materiellen und abstrakten Interessen des Individuums sich jener überindividuellen Werte als Mittel bemächtigen; so ist etwa die Wissenschaft ein Inhalt der objektiven Kultur und als solcher ein selbstgenugsamer Endzweck der gesellschaftlichen Entwickelung, der sich durch das Mittel des individuellen Erkenntnistriebes verwirklicht; für das Individuum aber ist die ganze vorliegende Wissenschaft samt dem von ihm selbst erarbeiteten Teile ihrer ein bloßes Mittel für die Befriedigung seines persönlichen Erkenntnistriebes. Nun sind allerdings diese Verhältnisse keineswegs immer von so harmonischer Symmetrie; sie beherbergen vielmehr oft genug den Widerspruch, daß zwar sowohl das Ganze wie der Teil sich als Endzweck und demnach den anderen als Mittel behandeln, keines von beiden aber diese Rolle als Mittel akzeptieren will. Daraus ergeben sich Reibungen, die an jedem Punkt des Lebens fühlbar sind und die Zwecke des Ganzen wie der Teile nur unter gewissen Abzügen sich verwirklichen lassen. Das gegenseitige Sich-Aufreiben der Kräfte, das dem positiven Ergebnis nicht zu Gute kommt, und die Unbelohntheit und Ungenütztheit der als schwächer erwiesenen bilden derartige Abzüge innerhalb der Konkurrenz, die sonst jene Symmetrie einander entgegenlaufender Zweckreihen so deutlich zeigt.

Allein die inhaltliche Förderung, die der Konkurrenz durch ihre eigentümlich vermittelte Wechselwirkungsform gelingt, ist hier nicht so wichtig wie die soziologische. Indem der Zielpunkt, um den innerhalb einer Gesellschaft die Konkurrenz von Parteien stattfindet, doch wohl durchgängig die Gunst eines oder vieler dritter Personen ist – drängt sie jede der beiden Parteien, zwischen denen sie stattfindet, mit außerordentlicher Enge an jene dritten heran. Man pflegt von der Konkurrenz ihre vergiftenden, zersprengenden, zerstörenden Wirkungen hervorzuheben und im übrigen nur jene inhaltlichen Werte als ihre Produkte zuzugeben. Daneben aber steht doch diese ungeheure vergesellschaftende Wirkung: sie zwingt den Bewerber, der einen Mitbewerber neben sich hat und häufig erst hierdurch ein eigentlicher Bewerber wird, dem Umworbenen entgegen- und nahezukommen, sich ihm zu verbinden, seine Schwächen und Stärken zu erkunden und sich ihnen anzupassen, alle Brücken aufzusuchen oder zu schlagen, die sein Sein und seine Leistungen mit jenem verbinden könnten. Freilich geschieht dies oft um den Preis der persönlichen Würde und des sachlichen Wertes der Leistung; vor allem bewirkt die Konkurrenz zwischen den Produzenten der höchsten geistigen Leistungen, daß diejenigen, die zur Leitung der Masse bestimmt sind, sich ihr unterordnen: um überhaupt nur zur wirksamen Ausübung ihrer Funktion als Lehrer oder Parteiführer, als Künstler oder Journalist zu gelangen, bedarf es des Gehorsams gegen die Instinkte oder Launen der Masse, sobald diese auf Grund der Konkurrenz die Auswahl unter den Bewerbern hat. Dadurch wird freilich *inhaltlich* eine Umkehrung der Rangordnung und der sozialen Lebenswerte geschaffen, aber das vermindert nicht die formale Bedeutung der Konkurrenz für die Synthesis der Gesellschaft. Ihr gelingt unzählige Male, was sonst nur der Liebe gelingt: das Ausspähen der innersten Wünsche eines anderen, bevor sie ihm noch selbst bewußt geworden sind. Die antagonistische Spannung gegen den Konkurrenten schärft bei dem Kaufmann die Feinfühligkeit für die Neigungen des Publikums bis zu einem fast hellseherischen Instinkt für die bevorstehenden Wandlungen seines Geschmacks, seiner Moden, seiner Interessen; und doch nicht nur bei dem Kaufmann, sondern auch bei dem Zeitungsschreiber, dem Künstler, dem Buchhändler, dem Parlamentarier. Die moderne Konkurrenz, die man als den Kampf aller gegen alle kennzeichnet, ist doch zugleich der Kampf aller um alle. Niemand wird die Tragik davon in Abrede stellen, daß die Elemente der Gesellschaft gegen einander, statt mit einander arbeiten, daß unzählige Kräfte in dem Kampf gegen den Konkurrenten verschwendet werden, die zu positiver Arbeit verwendbar wären, daß endlich auch die positive und wertvolle Leistung ungenutzt und unbelohnt ins Nichts fällt, sobald eine wertvollere oder wenigstens anziehendere mit ihr konkurriert. Aber alle diese Passiva der Konkurrenz in der sozialen Bilanz stehen doch nur *neben* der ungeheuren synthetischen Kraft der Tatsache, daß die Konkurrenz in der Gesellschaft doch Konkurrenz um den Menschen ist, ein Ringen um Beifall und Aufwendung, um Einräumungen und Hingebungen jeder Art, ein Ringen der wenigen um die vielen wie der vielen um die wenigen; kurz, ein Verweben von tausend soziologischen Fäden durch die Konzentrierung des Bewußtseins auf das Wollen und Fühlen und Denken der Mitmenschen, durch die Adaptierung der Anbietenden an die Nachfragenden, durch die raffiniert vervielfältigten Möglichkeiten, Verbindung und Gunst zu gewinnen. Seit die enge und naive Solidarität primitiver sozialer Verfassungen der Dezentralisation gewichen ist, die der unmittelbare Erfolg der quantitativen Erweiterung der Kreise sein mußte, scheint das Sich-Bemühen des Menschen um den Menschen, das Sich-Anpassen des einen an den andern eben nur um den Preis der Konkurrenz möglich, also des gleichzeitigen Kampfes gegen einen Nebenmann um den dritten – gegen welch' letzteren man übrigens vielleicht in irgend einer anderen Beziehung um jenen konkurriert. Jene Interessen, die den Kreis schließlich von Glied zu Glied zusammenhalten, scheinen bei der Weite und Individualisierung der Gesellschaft nur lebendig zu sein, wenn die Not und die Hitze des Konkurrenzkampfes sich dem Subjekte aufdrängt. Auch zeigt sich die sozialisierende Kraft der Konkurrenz keineswegs nur in diesen gröberen, sozusagen öffentlichen Fällen. In unzähligen Kombinationen des Familienlebens wie der Erotik, der gesellschaftlichen Plauderei wie der auf Überzeugung gerichteten Disputation, der Freundschaft wie der Eitelkeitsbefriedigungen begegnet uns die Konkurrenz zweier um den dritten, oft freilich nur in Andeutungen, gleich fallen gelassenen Ansätzen, als Seiten oder Teilerscheinungen eines Totalvorganges. Überall aber, wo sie auftritt, entspricht dem Antagonismus der Konkurrenten ein Darbieten oder Verlocken, ein Versprechen oder Sich-Anschließen, das jeden von beiden mit dem dritten in eine Beziehung bringt; diese ist zwar zunächst eine einseitige, gewinnt aber bei dem Sieger oft eine Intensität, zu der es ohne die eigentümliche, nur durch die Konkurrenz ermöglichte, fortwährende Vergleichung der eigenen Leistung mit einer andern und ohne die Erregung durch die Chancen der Konkurrenz nicht gekommen wäre. Je mehr der Liberalismus außer in die wirtschaftlichen und die politischen auch in die familiären und geselligen, die kirchlichen und freundschaftlichen, die Rangordnungs- und allgemeinen Verkehrsverhältnisse eingedrungen ist, das heißt also: je weniger diese vorbestimmt und durch allgemeine historische Normen geregelt, je mehr sie dem labilen, von Fall zu Fall sich herstellenden Gleichgewicht oder Verschiebungen der Kräfte überlassen sind – desto mehr wird ihre Gestaltung von fortwährenden Konkurrenzen abhängen; und der Ausgang dieser wiederum in den meisten Fällen von dem Interesse, der Liebe, den Hoffnungen, die

die Konkurrenten in verschiedenem Maße in dem oder den dritten, den Mittelpunkten der konkurrierenden Bewegungen, zu erregen wissen. Das wertvollste Objekt für den Menschen ist der Mensch, unmittelbar wie mittelbar. Letzteres, weil in ihm die Energieen der untermenschlichen Natur aufgespeichert sind, wie in dem Tiere, das wir verzehren oder für uns arbeiten lassen, die des Pflanzenreiches, und wie in diesem die von Sonne und Erdboden, Luft und Wasser. Der Mensch ist das kondensierteste und in der Ausnutzung ergiebigste Gebilde und in dem Maße, in dem die Sklaverei, d.h. das mechanische Sich-seiner-Bemächtigen aufhört, wächst die Notwendigkeit, ihn seelisch zu gewinnen. Der Kampf *mit* dem Menschen, der ein Kampf um ihn und seine Versklavung war, wandelt sich deshalb in die kompliziertere Erscheinung der Konkurrenz, in der freilich auch ein Mensch mit dem andern, aber um einen dritten kämpft. Und der Gewinn dieses dritten, tausendfach nur durch die soziologischen Mittel der Überredung oder Überzeugung, der Über- oder Unterbietung, der Suggestion oder Drohung, kurz, durch den seelischen Konnex zu erreichen, bedeutet auch in seinem Erfolge ebenso oft nur einen solchen, nur die Stiftung einer Verbindung, von der momentanen des Kaufes im Ladengeschäft bis zur Ehe. Mit der kulturellen Steigerung der Intensität und Kondensierung der Lebensinhalte muß der Kampf um dieses kondensierteste aller Güter, die menschliche Seele, immer größeren Raum einnehmen und damit die zusammenführenden Wechselwirkungen, die seine Mittel wie seine Ziele sind, ebenso vermehren wie vertiefen.

Hierin liegt schon angedeutet, wie sehr die soziologische Struktur der Kreise sich nach dem Maße und den Arten der Konkurrenz, die sie zulassen, unterscheidet. Zunächst tritt die Differenz auf: ob der Interesseninhalt des Kreises von sich aus ihm eine neue Form aufnötigt, die die Konkurrenz verbietet oder einschränkt – oder ob er, an sich der Konkurrenz wohl zugänglich, nur durch die besondere historische Formung seines Inhaltes, durch allgemeine oder jenseits der fraglichen Interessen stehende Prinzipien an ihr behindert wird. Das erstere ist unter zwei Voraussetzungen möglich. Tritt Konkurrenz dann ein, wenn ein nicht für alle Bewerber ausreichendes oder überhaupt zugängliches Gut nur dem Sieger eines Wettbewerbes unter ihnen zufällt – so ist sie ersichtlich ausgeschlossen, wo entweder die Elemente eines Kreises überhaupt nicht auf ein Gut zustreben, das ihnen gleichmäßig erwünscht wäre – oder wo dieses zwar der Fall ist, das Gut aber für alle gleichmäßig ausreicht. Für jenes spricht die Vermutung überall da, wo die Vergesellschaftung nicht von einem gemeinsamen *terminus ad quem*, sondern einem gemeinsamen *terminus a quo*, einer einheitlichen Wurzel, ausgeht. So vor allem die Familie. In ihr mögen freilich gelegentliche Konkurrenzen vorkommen: die Kinder können um die Liebe oder um die Erbschaft der Eltern, oder auch die Eltern unter sich um die Liebe der Kinder konkurrieren. Diese sind aber durch personale Zufälligkeiten bestimmt – nicht anders als wenn etwa zwei Brüder kaufmännische Konkurrenten sind – und ohne Beziehung zu dem *Prinzip* der Familie. Dieses Prinzip ist vielmehr das eines organischen Lebens; der Organismus aber ist Selbstzweck, er weist als solcher nicht über sich hinaus auf ein ihm äußeres Ziel, um dessen Gewinn seine Elemente zu konkurrieren hätten. Die rein personale, aus der Antipathie der Naturen entspringende Feindseligkeit ist freilich dem Friedensprinzip, ohne das die Familie auf die Dauer nicht bestehen kann, entgegengesetzt genug, allein gerade die Enge des Miteinanderlebens, die soziale und ökonomische Zusammengefaßtheit, die einigermaßen gewalttätige Präsumtion der Einheit – alles dies bewirkt gerade besonders leicht Reibungen, Gespanntheiten, Oppositionen; ja der Familienkonflikt ist eine Streitform *sui generis*. Seine Ursache, seine Zuspitzung, seine Ausbreitung auf die Unbeteiligten, die Form des Kampfes wie die der Versöhnung ist durch seinen Verlauf auf der Basis einer organischen, durch tausend innere und äußere Bindungen erwachsenen Einheit völlig eigenartig, mit keinem sonstigen Konflikt vergleichbar. Aber die Konkurrenz fehlt in diesem Komplex von Symptomen, weil der Familienkonflikt sich unmittelbar von Person zu Person spinnt und die Indirektheit der Richtung auf ein objektives Ziel, die der Konkurrenz eigen ist, wohl zufällig hinzutritt, aber nicht aus seinen spezifischen Energieen entspringt. Den anderen soziologischen Typus des Konkurrenzausschlusses exemplifiziert die religiöse Gemeinde. Hier richten sich allerdings parallele Bestrebungen aller auf ein für alle gleiches Ziel, allein zu einer Konkurrenz kommt es nicht, weil die Erreichung dieses Zieles durch den einen nicht den andern von ihm ausschließt. Zum mindesten nach der christlichen Vorstellung ist in Gottes Hause Platz für alle. Wenn die Gnadenwahl diesen Platz dennoch einigen vorenthält und ihn anderen gewährt, so ist damit gerade die Nutzlosigkeit jeder Konkurrenz ausgesprochen. Dies ist vielmehr eine eigentümliche Form und

Schicksal parallel laufender Bewerbungen, das man als passive Konkurrenz bezeichnen könnte; die Lotterie und das Hazardspiel sind reine Erscheinungen eben derselben. Es ist zwar ein Wettbewerb um einen Preis, aber es fehlt das Wesentliche der Konkurrenz: die Differenz der individuellen Energieen als Grund des Gewinnes. Der Erfolg ist zwar an irgend eine Vorleistung, aber seine Verschiedenheit nicht an die Verschiedenheit dieser geknüpft. Dies ergibt unter den Individuen des durch eine derartige Chance vergemeinsamten Kreises eine durchaus eigenartige Beziehung, der eigentlichen Konkurrenz gegenüber eine ganz neue Mischung von Gleichheit und Ungleichheit der Bedingungen. Wo eine Anzahl von Menschen den genau gleichen Einsatz leisten und unter den genau gleichen Chancen des Erfolges stehen, aber wissen, daß eine von ihnen nicht beeinflußbare Macht diesen Erfolg ganz versagt oder ganz gewährt, da wird einerseits eine Gleichgültigkeit unter ihnen herrschen, ganz anders als bei der Konkurrenz, bei der der Erfolg von dem Vergleiche der Leistungen abhängt; andrerseits wirkt das Bewußtsein, auf Grund der Leistungsqualität den Preis zu verdienen oder einzubüßen, beruhigend, objektivierend auf das Gefühl für den andern, während hier, wo dies fehlt, Neid und Erbitterung ihren eigentlichen Platz haben. Den Auserwählten in einer Gnadenwahl, den Gewinner im *Trente-et-quarante* wird der Unterlegene nicht hassen, sondern beneiden; wegen der gegenseitigen Unabhängigkeit der Leistung haben beide eine größere Distanz und apriorische Gleichgültigkeit gegen einander als die Konkurrenten eines wirtschaftlichen oder Sportkampfes; und bei einem solchen wird gerade die Verdientheit des Mißerfolges leicht den charakteristischen Haß erzeugen, der in der Projizierung des eigenen Unzulänglichkeitsgefühles auf denjenigen besteht, der uns zu ihm verhilft. Das – übrigens immer sehr lockere – Verhältnis jener Kreise also, insoweit eine Gnadenwahl göttlicher oder schicksalsmäßiger oder menschlicher Instanzen ihre Gemeinsamkeit ausmacht, ist eine spezifische Verschlingung von Gleichgültigkeit und latentem Neide, der nach der Entscheidung, zugleich mit den entsprechenden Gefühlen der Sieger, aktuell wird. So sehr dies also von den wechselwirkenden Gefühlen der Konkurrenz abweicht, so ist doch wahrscheinlich auch in jeder echten Konkurrenz ein geringerer oder stärkerer Beisatz dieses Verhältnisses durch gemeinsame Chancen, irgend ein Appell an ein Etwas in der Macht über den Parteien, das sich von sich aus und nicht von den Leistungen dieser aus entscheidet. Das sehr wechselnde Maß dieses fatalistischen Beisatzes ergibt eine ganz besondere Graduierung der Konkurrenzverhältnisse bis zu dem Typus der Gnadenwahl, in dem er allein herrschend geworden und das aktive und Differenzierungsmoment, das die Konkurrenz als solche bezeichnet, völlig ausgeschieden ist.

Als eine zweite scheinbare Konkurrenz in der religiösen Gruppe tritt die eifersüchtige Leidenschaft hervor, es andern in der Gewinnung der höchsten Güter zuvorzutun, die die Leistungen vielfach steigern mag, die Gebotserfüllungen und verdienstlichen Werke, die Devotionen und die Askese, die Gebete und Spenden. Allein hierbei fehlt das weitere Charakteristikum der Konkurrenz: daß der Gewinn, weil er dem einen zufällt, dem andern versagt bleiben muß. Hier liegt ein soziologisch beachtenswerter Unterschied vor, den man als den zwischen Wettbewerb und Wetteifer bezeichnen mag. Bei jedem Wettbewerb, selbst um die idealen Güter der Ehre und Liebe, wird die Bedeutung der Leistung durch das Verhältnis bestimmt, das sie zu der Leistung des Nebenmannes hat; die Leistung des Siegers würde, genau dieselbe bleibend, doch einen völlig anderen sachlichen Ertrag für ihn ergeben, wenn die des Konkurrenten größer statt kleiner als sie wäre. Diese Abhängigkeit des absoluten Erfolges von dem relativen (anders ausgedrückt: des sachlichen von dem personalen) motiviert die ganze Konkurrenzbewegung, fehlt aber gänzlich innerhalb jenes religiösen Wetteifers. Denn hier trägt das Tun des Einzelnen seine Frucht ganz unmittelbar, der absoluten Gerechtigkeit der höchsten Instanz würde es unwürdig sein, den Lohn des individuellen Tuns irgendwie davon abhängen zu lassen, ob das Verdienst irgend welcher anderen Individuen ein höheres oder ein niedereres ist; es wird vielmehr jedem nur nach *seinen* Werken, wie sie sich an den transzendenten Normen messen, vergolten, während der Wettbewerb jedem eigentlich nach den Werken des Nebenmannes – nach der Relation zwischen jenem und diesen – vergilt. Es fällt also bei dem Typus des religiösen Wetteifers der Sachverhalt, der die Konkurrenz sachlich motiviert, hinweg, und der Wunsch, es dem anderen auch hier zuvorzutun, wo das Übertreffen als solches keinen andern Ertrag bringt, als er der Leistung so wie so zufällt – ist nur der Schatten der Konkurrenz, der den gleichen äußeren Umriß wie sie selbst, aber ohne ihren Inhalt, darbietet. Insofern das Ziel, dem die Mitglieder eines Kreises als solche zustreben, die religiöse, d.h. unbeschränkte und von ihrer Relation unter einander unabhängige Möglichkeit des Gewährens besitzt, wird der Kreis keine Konkurrenz ausbilden. Dies ist demnach auch der Fall bei allen Vereinigungen, die schlechthin auf Rezeptivität gestellt sind und individuell unterschiedenen Aktivitäten überhaupt keinen Raum geben: also wissenschaftliche oder literarische Vereine, die nur Vorträge veranstalten, Reisegesellschaften, Vereinigungen zu bloß epikureischen Zwecken.

Entsprangen in all diesen Fällen also aus den besonderen Zweckinhalten der Gruppe soziologische Formungen, die die Konkurrenz ausschlossen, so können nun weiterhin Gründe, die jenseits der inhaltlichen Interessen und ihres Charakters stehen, dem Gruppenleben den Verzicht, sei es auf die Konkurrenz überhaupt, sei es auf bestimmte ihrer Mittel, auferlegen. Das erstere findet in dem Maße statt, in dem das sozialistische Prinzip der einheitlichen Organisation aller Arbeit und das mehr oder weniger kommunistische der Gleichheit der Arbeitserträge zur Herrschaft gelangen. Die Konkurrenz ruht, formal betrachtet, auf dem Prinzip des Individualismus; allein sobald sie innerhalb einer Gruppe stattfindet, ist ihr Verhältnis zu dem Sozialprinzip: der Unterordnung alles Individuellen unter das einheitliche Interesse der Gesamtheit – nicht ohne weiteres klar. Der einzelne Konkurrent ist sich freilich Selbstzweck, er setzt seine Kräfte für den Sieg *seiner* Interessen ein. Allein da der Kampf der Konkurrenz vermittelst objektiver Leistungen geführt wird und ein für dritte irgendwie wertvolles Resultat zu ergeben pflegt, so kann das rein soziale Interesse, dieses Resultat als Endziel konstituierend, das für die Konkurrenten selbst nur Nebenprodukt ist – die Konkurrenz nicht nur zulassen, sondern direkt hervorrufen. Sie ist also keineswegs, wie man leicht meint, solidarisch mit dem individualistischen Prinzip verbunden, für das der Einzelne: sein Glück, seine Leistung, seine Vollkommenheit, den absoluten Sinn und Zweck alles geschichtlichen Lebens bildet. In bezug auf die Frage nach dem Endzweck hat sie vielmehr die Indifferenz jeder bloßen Technik. Sie findet also ihren Gegensatz und ihre Negierung nicht an dem Prinzip des allein herrschenden Sozialinteresses, sondern nur an einer andern *Technik*, die dieses sich bildet, und die man als Sozialismus im engeren Sinn bezeichnet. Im allgemeinen nämlich ist die Wertung des Ganzen gegenüber den Einzelschicksalen, die Tendenz der Einrichtungen oder wenigstens der Gedanken auf das allen Gemeinsame und alle Einschließende, dem jedes Individuelle zu dienen hätte – diese ist mit der Richtung auf *Organisierung* aller Einzelarbeiten verbunden; d.h. man sucht diese Arbeiten von einem einheitlichen, vernunftmäßigen Plane aus zu leiten, der jede Reibung zwischen den Elementen, jeden Kraftverbrauch durch Wettkampf, jeden Zufall bloß persönlicher Initiative ausschließt; der Erfolg für das Ganze wird also nicht durch das antagonistische Sich-Messen spontan eingesetzter Kräfte erreicht, sondern durch die Direktive von einem Zentrum aus, die von vornherein alle zu einem Ineinandergreifen und Sich-Ergänzen organisiert, wie es am vollkommensten an der Beamtenschaft eines Staates oder dem Personal einer Fabrik erreicht ist. Diese sozialistische Form der Produktion ist nichts als eine Technik, um die materialen Zwecke des Glücks und der Kultur, der Gerechtigkeit und der Vervollkommnung zu erreichen – und muß deshalb der freien Konkurrenz überall da weichen, wo diese als das praktisch geeignetere Mittel erscheint. Es handelt sich dabei keineswegs nur um politische Parteizugehörigkeit; sondern die Frage, ob die Befriedigung eines Bedürfnisses, die Schaffung eines Wertes, der Konkurrenz individueller Kräfte oder ihrer rationellen Organisierung, ihrem Gegeneinander oder ihrem Miteinander überlassen werden soll – diese Frage will in tausend partiellen oder rudimentären Formen beantwortet werden, bei Verstaatlichungen und Kartellierungen, bei Preiskonkurrenzen und Kinderspielen; sie meldet sich bei dem Problem, ob Wissenschaft und Religion den tieferen Lebenswert erzeugen, wenn sie in ein harmonisches System geordnet sind, oder gerade wenn jede von beiden die Lösungen, die die andre gewährt, zu überbieten sucht und diese Konkurrenz beide zu höchster Steigerung zwingt; sie wird für die Entscheidungen der Schauspielregie wichtig: ob es für den Gesamteffekt richtiger ist, jeden Schauspieler seine volle Individualität entfalten und durch den Wettstreit der selbständigen Beeiferungen das Ganze steigern und beleben zu lassen, oder ob von vornherein das künstlerische Gesamtbild die Individualitäten zu gefügigem Sich-Anpassen herabsetzen solle; sie spiegelt sich innerhalb des Individuums, wenn wir einmal den Konflikt ethischer und ästhetischer Impulse, intellektueller und instinktiver Beschlüsse als die Bedingung derjenigen Entscheidungen fühlen, die unser eigentliches Sein am wahrsten und lebendigsten ausdrücken, und ein andres Mal diesen entgegengesetzten Einzelkräften nur so weit das Wort verstatten, wie sie sich in ein einheitliches, von *einer* Tendenz geführtes Lebenssystem einordnen. Man wird den

Sozialismus in seinem gewöhnlichen Sinne als ökonomisch-politische Tendenz nicht völlig verstehen, wenn man ihn nicht als die vervollständigte und rein herausgelöste Gestaltung einer Lebenstechnik erkennt, die und deren Gegensatz sich in Ansätzen und unkenntlicheren Verwirklichungen über das ganze Problemgebiet des Schaltens mit einer Vielfältigkeit erstreckt. Obgleich nun mit der Einsicht in den bloß technischen Charakter dieser Ordnungen die sozialistische Ordnung ihren Anspruch als sich selbst rechtfertigendes Ziel und letzte Wertinstanz aufgeben muß und mit der individualistischen Konkurrenz, soweit auch sie ein Mittel für überindividuelle Zwecke ist, in rechnerische Abwägung treten müßte, so ist doch nicht zu leugnen, daß solche Abrechnung sich unsern intellektuellen Mitteln häufig versagt und die Entscheidung von den Grundinstinkten der einzelnen Naturen abhängt. Aus diesen entspringt freilich, rein abstrakt betrachtet, nur das Setzen der Endziele, während die Mittel durch objektiv-theoretische Einsicht bestimmt werden; in der Praxis aber ist die Einsicht nicht nur so unvollkommen, daß die subjektiven Impulse an ihrer Stelle die Wahl vollziehen müssen, sondern auch oft so unkräftig, daß sie der Überredungskraft dieser nicht widersteht. So wird sehr oft jenseits aller verstandesmäßigen Rechtfertigung die unmittelbare Anziehungskraft der einheitlich organisierten, innerlich ausgeglichenen, alle Reibung ausschließenden Gruppenform, wie sie sich jetzt zum Sozialismus sublimiert hat, den Sieg über die Rhapsodik, die Kraftverschwendung, die Vielspältigkeit und Zufälligkeit der *Konkurrenzform* der Produktion davontragen; insoweit die Individuen sich dieser Stimmung nähern, werden sie die Konkurrenz selbst auch auf den Gebieten ausschließen, deren Inhalt sich ihr nicht widersetzen würde.

Ähnlich verhält es sich, wo nicht die organische Einheit des Ganzen, sondern die mechanische Gleichheit der Teile in Frage steht. Den reinsten Fall des Typus bildet die Zunftverfassung, soweit sie auf dem Prinzip ruht, daß jeder Meister »die gleiche Nahrung« haben sollte. Das Wesen der Konkurrenz ist es, daß die Gleichheit jedes Elementes mit dem andern fortwährend nach oben oder nach unten verschoben wird. Von zwei konkurrierenden Produzenten zieht eben jeder der Halbierung des Gewinnes, die ihm bei genauer Gleichheit des Angebotes sicher ist, die unsichere Chance der Differenzierung vor: indem er anderes oder anders anbietet, kann er allerdings vielleicht viel weniger haben als die Hälfte der Konsumenten, vielleicht aber auch viel mehr. Das Prinzip der Chance, das durch die Konkurrenz realisiert wird, widerspricht derart dem Prinzip der Gleichheit, daß die Zunft die Konkurrenz durch alle Mittel niederhielt: durch die Verbote, mehr als eine Verkaufsstelle und mehr als eine sehr beschränkte Zahl von Gehülfen zu halten, anderes als das eigene Fabrikat zu verkaufen, andere Quantität, Qualitäten und Preise zu bieten, als die Zunft festgesetzt hatte. Wie wenig die Bedingungen der Sache diese Einschränkungen forderten, haben ihre sehr bald dennoch eintretenden Sprengungen gezeigt; es war eben das einerseits abstrakte, andrerseits personale Prinzip der Gleichheit des Gewinnes, was der Produktion die Konkurrenzform verbot. Es bedarf hierfür keiner weiteren Beispiele. Die Alternative, die unzählige Provinzen und Einzelfälle des menschlichen Verhaltens bestimmt: ob man um einen Wert kämpfen oder ihn gütlich teilen will – tritt hier an der besonderen Kampfform der Konkurrenz hervor; da hier die Parteien nicht unmittelbar mit einander ringen, sondern um den Erfolg ihrer Leistungen bei einer dritten Instanz, so besteht das Teilen des Wertes in der freiwilligen Gleichheit dieser Leistungen. Der Entschluß auch zu dieser hängt keineswegs nur von dem Wahrscheinlichkeitskalkül ab, der bald die zwischen dem Alles und dem Nichts pendelnde Chance der Konkurrenz, bald die sichere, aber beschränktere der Leistungsgleichheit als die größere zeigen wird; vielmehr wird die Stimmung der sozialen Epochen oder das Temperament der Individuen oft genug ganz jenseits aller Rechnung des Verstandes sich für das eine oder für das andre entscheiden, und schon aus diesem gefühlsmäßigen und also generellen Charakter der Entscheidung heraus den Verzicht auf die Konkurrenz auch dorthin erstrekken können, wo die Sache selbst ihn keineswegs bedingt.

Andre Modifikationen sozialer Wechselwirkung zeigen sich, sobald der Verzicht nicht die Konkurrenz als solche, sondern, unter Weiterbestand ihrer, nur gewisse ihrer Mittel betrifft. Es handelt sich hier um Stadien der Entwickelung, in der die absolute Konkurrenz des animalischen Kampfes ums Dasein in die relative übergeht; d.h. in der allmählich alle diejenigen Reibungen und Kraftparalysierungen ausgeschaltet werden, deren es für die Zwecke der Konkurrenz nicht bedarf. Nicht nur der Ertrag, sondern auch die Intensität der Konkurrenz bleibt dabei unberührt; die letztere soll nur wirklich auf den *Ertrag* hin geformt und ihrer Verirrung in Kanäle vorgebaut werden, in denen sie die Kräfte *beider* Parteien und damit sowohl den subjektiven wie den objektiven Nutzeffekt herabsetzt. Dies ergibt zwei Formen, die man als die interindividuelle und die überindividuelle Beschränkung der Konkurrenzmittel bezeichnen kann. Die eine findet statt, wo eine Anzahl von Konkurrenten freiwillig dahin übereinkommen, auf bestimmte Praktiken, mit denen der eine den andern übertrumpfen könnte, zu verzichten: der Verzicht des einen ist hier nur so lange gültig, wie der andere sich an den gleichen bindet; so die Ausmachung der Sortimentsbuchhändler eines Ortes, auf die Ladenpreise nicht mehr als 10 oder 5 Prozent oder gar keinen Rabatt zu gewähren; oder eine Vereinbarung der Ladenbesitzer, die Geschäfte um 9 oder um 8 Uhr zu schließen, u. ä. Hier entscheidet ersichtlich nur egoistische Utilität; der eine verzichtet auf die angedeuteten Mittel des Kundengewinnes, weil er weiß, daß der andre sie ihm sogleich nachmachen würde, und das Plus an Gewinn, das sie so zu teilen hätten, dem Plus an Spesen, das sie gleichfalls zu teilen hätten, nicht gleichkäme. Worauf hier verzichtet wird, ist also nicht eigentlich die Konkurrenz – die immer irgend welche Ungleichheit fordert – sondern gerade solche Punkte, in denen keine Konkurrenz möglich ist, weil in ihnen sofort und unvermeidlich Gleichheit aller Konkurrenten entsteht. Dieser Formtypus, obgleich bisher nicht allzu häufig realisiert, ist dennoch von größter Bedeutung, weil er eine Vereinigung der Konkurrenten auf dem Gebiet der Konkurrenz selbst, aber ohne diese irgendwie zu verringern, als möglich zeigt; durch die Aufzeigung eines Koinzidenzpunktes der Interessen wird deren Antagonismus um so intensiver auf die Punkte geführt, an denen er sich rein ausleben kann, und diese interindividuelle Beschränkung der Mittel kann ins Unbestimmbare weitergehen, um die Konkurrenz von allem zu entlasten, was nicht wirklich Konkurrenz ist, weil es sich gegenseitig ohne Effekt aufrechnet. Da nun die Mittel der Konkurrenz größtenteils in Vorteilen, die einem dritten geboten werden, bestehen, so wird in eben dem Maße dieser dritte die Kosten der Verständigung über den Verzicht auf jene zu tragen haben, innerhalb der Wirtschaft also der Konsument; ja es ist damit direkt der Weg zur Kartellierung eingeschlagen. Hat man erst einmal eingesehen, daß man sich von den Praktiken der Konkurrenz so und so viele ohne Schaden sparen kann, wenn nur der Konkurrent das Gleiche tut, so kann dies neben der schon hervorgehobenen Folge einer immer zugespitzteren und reineren Konkurrenz gerade die entgegengesetzte haben: daß man die Vereinbarung bis zur Aufhebung der Konkurrenz überhaupt treibt, bis zu einer Organisierung der Betriebe, die nicht mehr um den Markt kämpfen, sondern ihn nach einem gemeinsamen Plan versorgen. Dieser Konkurrenzverzicht hat einen ganz anderen soziologischen Sinn als der an der Zunft hervorgehobene: da diese die Individuen in Selbständigkeit beließ, forderte ihre Gleichheit die Herabsetzung auch des Leistungsfähigsten auf dasjenige Niveau, auf dem auch der Schwächste mit ihm konkurrieren konnte; dies wird die unvermeidliche Form sein, in der selbständige Elemente eine mechanische Gleichheit erreichen können. Bei der Kartellierung aber ist von vorn herein gar nicht die Lage der Subjekte, sondern die objektive Zweckmäßigkeit des Betriebes der Ausgangspunkt. In ihr gipfelt sich nun diejenige Einschränkung der Konkurrenzmittel auf, die die den Zwecken der Konkurrenz nicht dienenden entfernt und nun auch den noch bleibenden den Konkurrenzcharakter nimmt, weil die vollständige Beherrschung des Marktes und dadurch gewonnene Abhängigkeit des Konsumenten die Konkurrenz als solche überflüssig macht.

Endlich geschieht die Einschränkung der Konkurrenzmittel, die den Weiterbestand der Konkurrenz selbst unberührt läßt, durch Instanzen, welche ganz jenseits der Konkurrenten und ihrer Interessensphäre stehen: durch Recht und Moral. Das Recht versagt der Konkurrenz im allgemeinen nur diejenigen Mittel, die auch in den sonstigen Beziehungen von Menschen untereinander verpönt sind: Gewalttat und Sachbeschädigung, Betrug und Verleumdung, Drohung und Fälschung. Im übrigen ist die Konkurrenz derjenige Kampf, dessen Formen und Folgen viel weniger Gegenstände rechtlicher Verbote sind als die anderer. Wenn man die ökonomische, soziale, familiäre, ja physische Existenz jemandes durch unmittelbaren Angriff derart zerstören würde, wie es durch Konkurrenz geschehen kann – indem nur eine Fabrik neben der seinigen errichtet, eine Amtsbewerbung neben der seinigen angebracht, eine Preisschrift neben der seinigen eingereicht wird – so würde sogleich das Strafgesetz eingreifen. Weshalb die durch die Konkurrenz dem Ruin ausgesetzten Güter nicht vor ihr geschützt werden, scheint freilich ganz klar. Zunächst, weil den Konkurrenten jeder Dolus fehlt. Keiner von ihnen will etwas anderes als mit seiner Leistung den Preis davontragen, und daß der andere darüber zu Grunde geht, ist ein Nebenerfolg, der dem Sieger völlig irrelevant, ja vielleicht bedauerlich ist. Und ferner, weil der Konkurrenz das Moment der eigentlichen Vergewaltigung fehlt, Niederlage wie Sieg vielmehr nur der zutreffende und gerechte Ausdruck für die beiderseitigen Kraftmaße ist: der Sieger hat sich den genau gleichen Chancen ausgesetzt wie der Besiegte, und dieser hat seinen Ruin ausschließlich seiner eigenen Unzulänglichkeit zuzuschreiben. Allein, was das erstere betrifft, so fehlt der gegen die Person des Geschädigten gerichtete Dolus ebenso bei einer großen Zahl der strafrechtlichen Delikte, eigentlich bei allen, die nicht aus Rache, Bosheit oder Grausamkeit hervorgegangen sind: der Bankrotteur, der Vermögensstücke beiseite schafft, will auch nur für sich ein gewisses Gut retten, und daß dadurch die Ansprüche seiner Gläubiger geschädigt werden, mag eine ihm selbst bedauerliche *conditio sine qua non* sein; wer bei Nacht mit Gejohle durch die Straßen zieht, wird wegen Störung der öffentlichen Ruhe bestraft, auch wenn er nur seiner übermütigen Stimmung Ausdruck geben wollte und der Gedanke, daß er andern damit die Nachtruhe raubt, ihm gar nicht gekommen ist. Zum mindesten also würde demjenigen, der durch seine eigene Bewerbung einen andern Menschen ruiniert, die fahrlässige Veranlassung hiervon zur Last fallen. Und die Exkulpierung durch die Gleichartigkeit der Bedingungen, die Freiwilligkeit der ganzen Aktion und die Gerechtigkeit, mit der der Erfolg der Konkurrenz den eingesetzten Kräften folgt – diese wäre gegen die Bestrafung fast aller Arten von Zweikämpfen ebenso gut anzuführen. Wenn in einer von beiden Seiten freiwillig und unter gleichen Bedingungen begonnenen Rauferei der eine Teil schwer verletzt wird, so ist die Bestrafung des andern insoweit durchaus nicht logisch konsequenter, als die eines Kaufmannes wäre, der mit loyalen Mitteln seinen Konkurrenten zu Grunde gerichtet hat. Daß diese nicht erfolgt, hat teils rechtstechnische Gründe, hauptsächlich aber wohl den sozial-utilitarischen: daß die Gesellschaft nicht auf die Vorteile verzichten mag, die die Konkurrenz der Individuen ihr bringt, und die weit den Abzug überwiegen, den sie durch die gelegentliche Vernichtung von Individuen im Konkurrenzkampfe erleidet. Dies ist der selbstverständliche Vorbehalt bei dem Rechtsgrundsatz des *code civil*, auf dem sich die ganze juristische Behandlung der *concurrence déloyale* aufbaut: *tout fait quelconque de l'homme qui cause à autrui un dommage oblige celui par la faute duquel il est arrivé à le réparer.* Die Gesellschaft würde nicht zugeben, daß ein einzelner einen andern einzelnen unmittelbar und nur zu seinem eigenen Vorteil in der eben charakterisierten Weise beschädigte; aber sie duldet es, weil diese Schädigung auf dem Umwege über eine objektive Leistung geschieht, die für eine unbestimmbare Zahl von Individuen wertvoll ist – gerade wie unser Staat auch das Offiziersduell nicht zugeben würde, wenn hier wirklich nur das persönliche Interesse eines einzelnen die Vernichtung eines andern forderte, und nicht die innere Kohärenz des Offizierkorps aus diesem Ehrbegriff eine Kraft zöge, deren Vorteil für den Staat das Opfer des einzelnen aufwiegt.

Die Gesetzgebung Frankreichs und Deutschlands ist nun allerdings seit einiger Zeit dazu übergegangen, die Konkurrenzmittel im Interesse der Konkurrenten selbst einzuschränken. Die Grundabsicht ist dabei, den einzelnen Handeltreibenden vor solchen Vorsprüngen seiner Konkurrenten zu schützen, welche derselbe durch moralisch unzulässige Mittel gewinnen könnte. Es werden also z. B. alle Reklamen untersagt, die durch unwahre Angaben den Käufer zu dem irrigen Glauben verführen sollen, daß dieser Kaufmann ihm vorteilhaftere Bedingungen als irgend ein anderer böte – und zwar selbst dann, wenn eine tatsächliche Überteuerung des Publikums dabei nicht stattfindet. Es wird ferner verboten, dem Käufer durch die Aufmachung der Ware die Illusion einer Quantität zu erregen, die sonst für den gleichen Preis nicht erhältlich ist – auch wenn die tatsächlich verkaufte Quantität durchaus die übliche und dem Preise angemessene ist. Ein dritter Typus: eine bekannte Firma mit großem Kundenkreis kann es nun verhindern, daß irgend jemand gleichen Namens ein gleichartiges Fabrikat wie das ihre unter seinem Namen auf den Markt bringt, wenn bei den Kunden dadurch der Glaube, es seien die Fabrikate jener Firma, erweckt werden kann – gleichviel ob die gebotene Ware schlechter oder besser als die ursprünglich so benannte ist.

Was uns an diesen Bestimmungen hier interessiert, ist der scheinbar ganz neue Gesichtspunkt, den Konkurrenten, der unsaubere Mittel der Kundengewinnung verschmäht, gegen denjenigen, der sie benutzen möchte, zu schützen; während sonst alle Einschränkungen geschäftlicher Praktiken die Übervorteilung des *Publikums* verhindern sollen, ist diese kein Motiv der fraglichen Gesetze, und ihr Ausbleiben verhindert deren Anwendung in keiner Weise. Sieht man indessen genau zu, so sind diese Verbote nichts anderes als Explikationen des längst bestehenden Betrugsparagraphen; die Art dieser Explikation ist nicht nur von juristischem, sondern auch von formalsoziologischem Interesse. Das deutsche Strafgesetz bestraft es als Betrug, wenn jemand, um sich einen Vermögensvorteil zu verschaffen, »das Vermögen eines andern dadurch beschädigt, daß er durch Vorspiegelung falscher Tatsachen einen Irrtum erregt.« Dies wird nun unbefangen so verstanden, als ob der Irrtum *in derselben Person* erregt werden müßte, deren Vermögen beschädigt werden soll. Der Wortlaut des Gesetzes enthält aber von dieser Identität nichts; und indem er es deshalb auch als Betrug zu verfolgen gestattet, wenn man das Vermögen eines A dadurch beschädigt, daß man einen Irrtum in einem B erregt – schließt er jene Fälle des unlauteren Wettbewerbes vollkommen ein. Denn diese besagen, daß in dem Publikum ein Irrtum erregt wird – ohne daß es einen Vermögensnachteil erleidet – und dadurch der ehrliche Konkurrent in seinem Vermögen beschädigt wird – ohne daß *ihm* falsche Tatsachen vorgespiegelt würden. Wer dem Käufer vorlügt, daß er Todesfalls wegen ausverkaufe, schädigt diesen vielleicht damit gar nicht, wenn er dabei etwa die gleichen soliden Preise berechnet wie sein Konkurrent; aber er schädigt diesen, indem er ihm so vielleicht Kunden entzieht, die ihm ohne jene lügenhafte Verlockung treu geblieben wären. Das Gesetz ist also durchaus keine Einschränkung der Konkurrenzmittel als solcher, kein spezifischer Schutz der Konkurrenten gegen einander. Das Verhalten der Gesellschaft der Konkurrenz gegenüber wird nicht dadurch bezeichnet, daß sie jetzt diese Einschränkung ihrer Mittel verfügt, sondern umgekehrt dadurch, daß sie sie so lange unterließ, obgleich sie nichts ist als eine logisch von je erforderte Anwendung des geltenden Strafgesetzes. – Dazu kommt noch folgendes. Wenn die Motive zu diesen Gesetzen allenthalben betonen, daß sie dem redlichen Wettbewerb keinerlei Beschränkungen auferlegen, sondern nur den gegen Treu und Glauben verstoßenden hindern sollen, so kann man dies für unsere jetzigen Zusammenhänge schärfer so ausdrücken, daß sie aus der Konkurrenz dasjenige, was eben nicht Konkurrenz im sozialen Sinne ist, eliminieren. Denn diese letztere ist doch ein durch objektive Leistungen, die dritten Personen zu Gute kommen, ausgefochtener Kampf. Jene objektiven sozialen Entscheidungsgründe aber werden durchkreuzt und verschoben, sobald Mittel der Reklame, Anlockung, Erschleichung angewendet werden, die keinerlei sachlichen Ertrag haben, sondern eine Art *unmittelbareren*, rein egoistisch und nicht über den gesellschaftlich nützlichen Umweg geführten Kampfes darstellen. Was die Rechtsprechung als »ehrlichen« Wettbewerb bezeichnet, ist, genau angesehen, immer ein solcher, der jenem reinen Begriffe der Konkurrenz entspricht. Ausdrücklich schließt ein Kommentar des deutschen Gesetzes folgenden Fall von ihm aus: es setze jemand neben einen Kleiderhändler ein großartiges Konkurrenzgeschäft und verkaufe so lange zu Schleuderpreisen, die er in marktschreierischen Reklamen bekannt macht, bis er den kleinen Geschäftsmann vernichtet hat. Hier liegt die brutalste Vergewaltigung vor, und das Verhältnis der beiden Konkurrenten ist, individualistisch betrachtet, sicher kein andres als zwischen einem starken Räuber und seinem schwachen Opfer. Allein vom sozialen Standpunkt aus ist es lautere, d.h. ausschließlich durch das Objekt und den dritten hindurchgeleitete Konkurrenz – denn auch die Reklame, sobald sie nur Wahres mitteilt, dient dem Publikum. Was sie aber etwa an irreleitenden Angaben enthielte, würde diesem, wenn auch vielleicht nicht schaden, so doch nicht nützen, und von *diesem* Punkt an kann deshalb der Schutz des Konkurrenten gegen Vergewaltigung eintreten, ja er muß es sogar, um die konkurrierenden Kräfte ganz unabgelenkt an der reinen, d.h. der sozial-utilitarischen Form der Konkurrenz festzuhalten. Also selbst die spezifischen Einschränkungen, die das Recht an den Konkurrenzmitteln vornimmt, enthüllen sich gerade als Einschränkung der Einschränkungen, die die Konkurrenz durch bloß subjektiv-individualistische Praktiken erfährt.

Um so eher sollte man glauben, daß das Recht hier, wie auch sonst häufig, durch die Moral ergänzt würde, die doch nicht an die sozialen Nützlichkeiten gebunden ist, sondern das Verhalten des Menschen unzählige Mal nach Normen reguliert, die diesseits oder jenseits der Gesellschaftsinteressen liegen: nach den Impulsen eines unmittelbaren Gefühls, das nur nach dem Frieden mit sich selbst fragt und diesen oft grade in der Opposition gegen die Forderungen der Gesellschaft findet – wie nach metaphysischen und religiösen Ideen, die eben diese Forderungen manchmal einschließen, manchmal aber auch als beschränkt historische Zufälligkeiten gänzlich ablehnen. Aus beiden Quellen fließen Imperative des Verhaltens von Mensch zu Mensch, die nicht im hergebrachten Sinne sozial – wenn auch soziologisch – sind, und vermöge deren nun erst die gesamte menschliche Natur sich in der Idealform des Sollens wiederfindet. Daß asketische, altruistische, fatalistische Moralen die Konkurrenz samt ihren Mitteln möglichst reduzieren, bedarf keiner Ausführung. Die typische europäische Moral indes verhält sich gegen die Konkurrenz duldsamer als gegen viele andere Arten des Antagonismus. Dies hängt mit einer besonderen Kombination der Charakterzüge zusammen, die die Konkurrenz ausmachen. Wir scheuen uns einerseits als moralische Wesen um so weniger, unsre Kraft gegen einen Gegner anzuwenden, einer je weiteren Distanz wir uns zwischen unserer subjektiven Persönlichkeit und unserer in den Kampf eingesetzten entscheidenden Leistung bewußt sind. Wo unmittelbare persönliche Kräfte gegen einander ringen, fühlen wir uns eher zu Rücksichten und Reserven veranlaßt, dem Appell an das Mitleid können wir uns weniger entziehen; ja eine Art von Schamhaftigkeit hindert uns im unmittelbaren Antagonismus manchmal, unsre Energieen ganz vorhaltlos zu entfalten, alle unsre Karten aufzudecken, in einem Kampf, in dem Persönlichkeit gegen Persönlichkeit steht, das Ganze der unseren einzusetzen. Bei Kämpfen, die durch objektive Leistungen geführt werden, fallen diese ethisch-ästhetischen Retardierungen fort. Darum kann man mit Persönlichkeiten konkurrieren, mit denen man eine persönliche Kontroverse durchaus vermeiden würde. Durch die Wendung auf das Objekt bekommt die Konkurrenz jene Grausamkeit aller Objektivität, die nicht aus einer Lust am fremden Leide, sondern gerade darin besteht, daß die subjektiven Faktoren aus der Rechnung ausscheiden. Diese Gleichgültigkeit gegen das Subjektive, wie sie die Logik, das Recht, die Geldwirtschaft charakterisiert, läßt Persönlichkeiten, die absolut nicht grausam sind, doch alle Härten der Konkurrenz begehen – und zwar mit dem sicheren Gewissen, nichts Böses zu wollen. Während hier also das Zurücktreten der Persönlichkeit hinter die Objektivität des Verfahrens das sittliche Bewußtsein entlastet, wird eben dieselbe Wirkung auch durch den gerade entgegengesetzten Bestandteil der Konkurrenz erreicht, durch die genaue Proportionalität, mit der der Erfolg der Konkurrenz den eingesetzten eigenen Kräften der Subjekte entspricht. Von Ablenkungen abgesehen, die mit dem Wesen der Konkurrenz nichts zu tun haben, sondern aus ihrer Verwebung mit anderweitigen Schicksalen und Beziehungen stammen, ist das Ergebnis der Konkurrenz der unbestechliche Anzeiger des persönlichen Könnens, das sich in der Leistung objektiviert hat. Was uns durch die Gunst von Menschen oder Konjunkturen, des Zufalls oder eines als vorbestimmt empfundenen Schicksals auf Kosten anderer Menschen zugute kommt, das nutzen wir nicht mit so gutem Gewissen aus wie den Ertrag, der nur auf das eigenste Tun zurückgeht. Denn neben der verzichtenden Sittlichkeit steht die selbstbehauptende, deren beider gemeinsamer Gegner nur das ist, daß unser Verhältnis zu anderen an äußere Mächte, unabhängig vom Ich, ausgeliefert ist. Wo schließlich, wie in der reinen Konkurrenz, dies Ich den Ausschlag gibt, entschädigt ein befriedigtes Gerechtigkeitsgefühl unsern Moralinstinkt für die Unbarmherzigkeiten des Wettbewerbes – und zwar nicht nur den Sieger, sondern unter Umständen auch den Besiegten.

Dies ist wohl einer der Punkte, an denen die Beziehung der Konkurrenz zu den entscheidenden Zügen des modernen Daseins hervortritt. Der Mensch und seine Aufgabe im Leben, die Individualität und der Sachgehalt ihres Wirkens erscheinen vor dem Beginn der Neuzeit solidarischer, verschmolzener, sozusagen in unbefangenerer gegenseitiger Hingabe als nachher. Die letzten Jahrhunderte haben einerseits den objektiven Interessen, der dinglichen Kultur eine Ausbildung von sonst unerhörter Macht und Selbständigkeit geschaffen, andrerseits die Subjektivität des Ich, das Sich-selbst-Gehören der individuellen Seele gegenüber allen sachlichen und sozialen Präjudizierungen ebenso unerhört vertieft. Dies scharf differenzierte Sach- und Selbstbewußtsein des modernen Menschen läßt die Kampfform der Konkurrenz wie für ihn geschaffen erscheinen. Hier ist die reine Objektivität des Verfahrens, die ihre Wirkung ausschließlich der Sache und ihren gesetzlichen Wirkungen verdankt, unter völliger Gleichgültigkeit gegen die dahinter stehende Persönlichkeit. Und doch ist hier auch die volle Selbstverantwortlichkeit der Person, die Abhängigkeit des Erfolges von der individuellen Kraft, und zwar gerade weil hier persönliches Können gegen persönliches Können von ganz unpersönlichen Mächten abgewogen wird. Die tiefsten Tendenzen des modernen Lebens, die sachliche und die personale, haben in der Konkurrenz einen ihrer Treffpunkte gefunden, in denen sie unmittelbar praktisch zusammengehören und so ihre Entgegengesetztheiten als einander ergänzende Glieder *einer* geistesgeschichtlichen Einheit erweisen.

Das Ende des Streits

In dem Miteinander der Menschen verschlingt sich untrennbar das Füreinander mit dem Gegeneinander. Aller Kampf ist nur die Alleinherrschaft eines antagonistischen Moments, das auch dem Frieden nicht völlig, sondern nur bis zur Unkenntlichkeit fehlt. Weil wir in jedem Augenblick im Frieden und zugleich im Kampfe stehen und das Leben sie kontinuierlich durcheinandergleiten läßt, von leisen, gleich wieder abgebrochenen Ansätzen bis zu der scheinbaren Unwiderruflichkeit ihrer Aufgipfelungen – so steht der Kampf noch immer unter dem Zeichen der Beziehung, aus der er sich als ihre Verneinung erhoben hat, so ist der Friede von dem Kampf gefärbt, den er beendet hat. Aber nicht nur von seiner Dauer, seinem Gegenstande, seiner Heftigkeit, sondern auch von den besondern Nuancen seines Endes. Täusche ich mich nicht, so hat der Reichtum der Zwischenformen, mit denen der Streit sich in den Frieden hineinbildet, – und der seelischen Landschaft, die diese Entwicklungen umgibt – noch das Inventar nicht gefunden, von dem die folgenden Blätter einen Überschlag geben möchten.

Es gibt wohl keine Seele, der der formale Reiz des Kampfes und der des Friedens ganz versagt wäre und weil eben jeder von beiden in irgend einem Maße besteht, erwächst über ihrem Reize der neue des Wechsels zwischen beiden. Nur welchen Rhythmus dieses Wechsels die einzelne Natur fordert, welchen Teil seiner sie als Hebung und welchen als Senkung empfindet, ob sie ihn mit eigner Initiative hervorruft oder von den Entwicklungen des Schicksals erwartet – nur dies unterscheidet ihre Individualität. Das erste Motiv der Streitbeendigung: das Friedensbedürfnis – ist deshalb etwas viel Inhaltvolleres, als die bloße Ermüdung am Kampf, es ist jene Rhythmik, die uns jetzt nach dem Frieden verlangen läßt, als nach einem ganz konkreten Zustand, der keineswegs nur das Ausbleiben des Streits bedeutet. Nur muß man die Rhythmik nicht ganz mechanisch verstehen. Man hat freilich gesagt, daß intime Verhältnisse, wie Liebe und Freundschaft, gelegentlicher Zerwürfnisse bedürften, um sich an dem Gegensatz gegen die erlittne Entzweiung erst ihres ganzen Glükkes wieder bewußt zu werden; oder um die Enge der Beziehung, die nun einmal für das Individuum etwas Zwanghaftes, Einschließendes hat, durch eine Entfernung zu unterbrechen, die ihren Druck unfühlbar macht. Es werden nicht die tiefsten Verhältnisse sein, die eines solchen Turnus bedürfen; er wird eher roheren Naturen eigen sein, die nach groben Unterschiedsreizen verlangen und deren Augenblicksleben das Umschlagen in die Gegensätzlichkeiten begünstigt: es ist der Typus des: Pack schlägt sich, Pack verträgt sich – der die Entzweiung um der Erhaltung des Verhältnisses willen fordert. Das ganz innige und verfeinerte Verhältnis wird ohne antagonistisches Intervall auskommen und wird seinen Gegensatzreiz an der umgebenden Welt finden, an den Dissonanzen und Feindseligkeiten des sonstigen Daseins, die für das Bewußtsein seines Burgfriedens den genügenden Hintergrund liefern.

Wird hier also auch kein Streit erfordert, der sich durch einen rhythmischen Wechsel beendete, so sei doch bemerkt, daß das Ausbleiben von Differenzen noch nicht unmittelbar die Enge und Kraft von Verhältnissen anzeigt. Daß in sehr intimen, den ganzen Lebensinhalt beherrschenden oder wenigstens berührenden Gemeinsamkeiten, wie etwa die Ehe ist, überhaupt keine Veranlassungen zu Konflikten aufträten, ist ganz ausgeschlossen; ihnen niemals nachzugeben, sondern ihnen schon von weitem vorzubauen, sie von vornherein durch gegenseitige Fügsamkeit abzuschneiden, ist keineswegs immer Sache der echtesten und tiefsten Zuneigung, kommt vielmehr grade bei Gesinnungen vor, die zwar liebevoll, sittlich, treu sind, denen aber die letzte, unbedingte Hingebung des Gefühls fehlt. Das Individuum, im Bewußtsein, diese nicht aufzubringen, ist um so ängstlicher bemüht, die Beziehung von jedem Schatten rein zu erhalten, durch die äußerste Freundlichkeit, Selbstbeherrschung, Rücksicht den andern für jenen Mangel zu entschädigen, besonders aber das eigne Gewissen über die leisere oder stärkere Unwahrhaftigkeit seines Verhaltens zu beruhigen, die auch der aufrichtigste, ja, leidenschaftlichste Wille nicht in Wahrheit verwandeln kann – weil es sich hier um Gefühle handelt, die dem Willen nicht zugängig sind, sondern wie Schicksalsmächte kommen oder ausbleiben. Die empfundene Unsicherheit in der Basis solcher Verhältnisse bewegt uns, bei dem Wunsche, sie um jeden Preis aufrecht zu erhalten, ob zu ganz übertriebenen Selbstlosigkeiten, zu einer gleichsam mechanischen Sicherung ihrer durch prinzipielles Vermeiden jeder Konfliktsmöglichkeit. Wo man der Unerschütterlichkeit und Vorbehaltlosigkeit des eignen Gefühls gewiß ist, bedarf es dieser unbedingten Friedfertigkeit gar nicht, man weiß, daß kein Chok bis zu dem Fundament des Verhältnisses dringen kann, auf dem man sich immer wieder zusammenfinden wird. Die stärkste Liebe kann am ehesten einen Stoß aushalten und die Befürchtung der geringeren, die Folgen eines solchen gar nicht absehen zu können, und daß man ihn deshalb unter jeder Bedingung vermeiden müsse, kommt ihr gar nicht in den Sinn. So läßt gerade das innerlich sicherste Verhältnis es viel eher einmal auf einen Zwist ankommen, während manches zwar gute und moralische, aber in geringeren Gefühlstiefen wurzelnde der Erscheinung nach viel harmonischer und konfliktloser verläuft.

Während in tiefgegründeten Verhältnissen das Ende des Streits dadurch erfolgt, daß ihre unablenkbare Grundströmung wieder an die Oberfläche gelangt und die Gegenbewegungen an dieser glättet, kommen ganz neue Nuancen auf, wo der Wegfall des Streitobjekts den Antagonismus beendet. Jeder Konflikt, der nicht absolut unpersönlicher Art ist, macht sich die verfügbaren Kräfte des Individuums dienstbar, er wirkt wie ein Kristallisationspunkt, um den herum sich diese in größerer oder geringerer Entfernung anordnen – die Form der Kern- und der Hilfstruppen innerlich wiederholend – und gibt so dem ganzen Komplex der Persönlichkeit, soweit sie kämpft, eine eigenartige Struktur. Sobald nun der Konflikt auf eine der gewöhnlichen Arten beendet ist – durch Sieg und Niederlage, durch Versöhnung, durch Kompromiß – bildet diese seelische Struktur sich wieder in die des Friedenszustandes zurück, der zentrale Punkt teilt seinen Übergang aus Erregtheit in Beruhigung den einbezogenen Energien mit. Statt dieses organischen, wenn auch unendlich mannigfaltig verlaufenden Prozesses des inneren Ausklingens der Streitbewegung tritt aber oft ein ganz irrationeller und turbulenter ein, wenn das Streitobjekt plötzlich wegfällt, so daß die ganze Bewegung noch sozusagen ins Leere schwingt; dies geschieht insbesondere, weil unser Gefühl konservativer ist, als unser Verstand und so die Erregung jenes keineswegs in demselben Augenblick zur Ruhe kommt, in dem der Verstand ihre Veranlassung als hinfällig erkennt. Allenthalben entsteht Verwirrung und Schädigung, wenn seelischen Bewegungen, die um eines bestimmten Inhaltes willen entstanden sind, dieser plötzlich geraubt wird, so daß sie sich nicht mehr naturgemäß weiterentwickeln und ausleben können, sondern haltlos an sich selbst zehren oder nach einem sinnlosen Ersatzobjekt greifen. Wenn also, während der Streit im Gange ist, Zufälle oder höhere Gewalt ihm das Ziel entführen – Nebenbuhlerschaft, deren umworbener Gegenstand sich für einen dritten entscheidet, Streit um eine Beute, die während dessen von einem andern geraubt wird, theoretische Kontroversen, deren Problem eine überlegene Intelligenz plötzlich so löst, daß beide streitende Behauptungen sich als irrig zeigen – so findet oft noch ein leeres Weiterstreiten, eine unfruchtbare gegenseitige Anschuldigung, ein Wiederaufleben früherer, längst begrabener Differenzen statt; dies ist das Weiterschwingen der Streitbewegungen, die sich in irgend einer, unter diesen Umständen ganz sinnlosen und tumultuarischen Art austoben müssen, ehe sie zur Ruhe kommen. Am bezeichnendsten tritt dies vielleicht in den Fällen ein, wo der Streitgegenstand von beiden Parteien als illusorisch, des Streites nicht wert, erkannt wird. Hier läßt die Beschämung über den Irrtum, den keiner dem andern eingestehen mag, den Kampf oft noch lange fortsetzen, mit einem ganz wurzellosen und mühsamen Kraftaufwand, aber mit um so größerer Erbitterung gegen den Gegner, der uns zu dieser Donquixoterie nötigt.

Die einfachste und radikalste Art, vom Kampf zu Frieden zu kommen, ist der Sieg – eine ganz einzigartige Erscheinung des Lebens, von der es zwar unzählige individuelle Gestalten und Maße gibt, die aber mit nichts anders Benanntem, was sonst zwischen Menschen vorgehen kann, eine Ähnlichkeit besitzt. Von den vielen Nuancen des Sieges, durch die er den ihm folgenden Frieden qualifiziert, erwähne ich nur denjenigen, der nicht ausschließlich durch das Übergewicht der einen Partei, sondern, mindestens teilweise, durch Resignation der andern herbeigeführt wird. Dieses Kleinbeigeben, sich für besiegt Erklären oder den Sieg des andern über sich ergehen Lassen, ohne daß schon alle Widerstandskräfte und Chancen erschöpft wären, ist ein nicht immer einfaches Phänomen. Es kann dazu eine gewisse asketische Tendenz wirken, die Lust an der Selbstdemütigung und dem Sichpreisgeben, nicht stark genug, um sich von vornherein kampflos auszuliefern, aber hervortretend, sobald die Stimmung des Besiegten die Seele zu ergreifen beginnt; oder sogar an dem Gegensatz zu der eben noch lebendigen Kampfstimmung ihren sublimsten Reiz findend. Zu dem gleichen Entschluß drängt ferner das Gefühl, daß es vornehmer ist, sich zu ergeben, als sich bis zuletzt an die unwahrscheinliche Chance einer Wendung der Dinge zu klammern; diese Möglichkeit hinzuwerfen und um diesen Preis dem zu entgehen, daß einem die eigne Niederlage in ihrer ganzen Unvermeidlichkeit bis ins letzte demonstriert wird – dies hat etwas von dem großen und edlen Stil der Menschen, die nicht nur ihrer Stärke, sondern auch ihrer Schwächen gewiß sind, ohne sich ihrer jedesmal erst fühlbar versichern zu müssen. Endlich: in dieser Freiwilligkeit des Sich-besiegt-Erklärens liegt noch ein letzter Machtbeweis des Subjekts, dieses Letzte wenigstens hat es noch gekonnt, ja, es hat damit eigentlich dem Sieger noch etwas geschenkt. Darum läßt sich in personalen Konflikten manchmal beobachten, daß das Nachgeben der einen Partei, bevor die andere noch wirklich von sich aus ihre Sache durchgesetzt hat, von dieser als eine Art Beleidigung empfunden wird – als wäre sie eigentlich die schwächere, der man aus irgendwelchen Gründen nachgibt, ohne es nötig zu haben.

Zu der Streitbeendigung durch den Sieg steht die durch das Kompromiß in vollem Gegensatz. Es ist eine der charakteristischsten Einteilungsarten der Kämpfe, ob sie ihrem Wesen nach einem Kompromiß zugängig sind oder nicht. Dies entscheidet sich keineswegs nur an der Frage, ob ihr Preis eine unteilbare Einheit bildet oder zwischen den Parteien geteilt werden kann. Gewissen Gegenständen gegenüber steht das Kompromiß durch Teilung außer Frage: zwischen Nebenbuhlern um die Gunst einer Frau, zwischen Reflektanten um ein und dasselbe unzerlegbare käufliche Objekt, auch bei Kämpfen, deren Motiv Haß und Rache ist. Dennoch sind dem Kompromiß auch Kämpfe um unzerlegbare Gegenstände zugängig, wenn diese nämlich vertretbar sind; so daß der eigentliche Kampfpreis zwar nur dem einen zufallen kann, dieser aber den andern für seine Nachgiebigkeit durch einen andern Wert entschädigt. Ob Güter in dieser Weise fungibel sind, hängt natürlich nicht von irgend einer objektiven Gleichwertigkeit unter ihnen ab, sondern von der Geneigtheit der Parteien, den Antagonismus durch Überlassung und Entschädigung zu beenden. Diese Chance bewegt sich zwischen den Fällen bloßen Eigensinns, in denen die rationellste und reichlichste Entschädigung, für die die Partei sonst den Kampfgegenstand gern preisgäbe, nur darum zurückgewiesen wird, weil sie eben vom Gegner geboten wird – und den andern, in denen die Partei zuerst durch die Individualität des Kampfpreises angezogen scheint und ihn dann doch gutwillig der andern überläßt, entschädigt durch ein Objekt, dessen Fähigkeit, jenes zu ersetzen, jedem dritten oft völlig rätselhaft bleibt.

Im ganzen ist das Kompromiß, namentlich das durch die Fungibilität bewirkte, so sehr es für uns zu der alltäglichen und selbstverständlichen Lebenstechnik gehört, eine der größten Erfindungen der Menschheit. Es ist der Impuls der Naturmenschen wie des Kindes, ohne weiteres nach jedem gefallenden Gegenstande zu greifen, gleichviel ob er sich bereits in fremdem Besitz befindet. Der Raub ist – neben dem Geschenk – die nächstliegende Form des Besitzwechsels und ein solcher geht deshalb in primitiven Verhältnissen selten ohne Kampf ab. Daß dieser nun vermieden werden kann, indem man dem Besitzer des ersehnten Gegenstandes einen andern, aus dem eignen Besitz, anbietet und damit die Gesamtaufwendung schließlich doch eine geringere ist, als wenn man den Kampf fortsetzt oder beginnt – das einzusehen ist der Anfang aller kultivierten Wirtschaft, alles höheren Güterverkehrs. Aller Tausch um Dinge ist ein Kompromiß – und freilich ist dies die Armut der Dinge gegenüber dem bloß Seelischen, daß ihr Austausch immer Weggeben und Verzicht voraussetzt, während Liebe und alle Inhalte des Geistes getauscht werden können, ohne daß das Reicherwerden mit einem Ärmerwerden bezahlt werden muß. Wenn von gewissen Sozialzuständen berichtet wird, daß es zwar als ritterlich gilt, zu rauben und um den Raub zu kämpfen, der Tausch und Kauf aber als würdelos und gemein, so wirkt dazu der Kompromißcharakter des Tausches, die Einräumung und Verzichtleistung, die ihn zum Gegenpol alles Kampfes und Sieges macht. Jeder Tausch setzt voraus, daß Wertungen und Interessen einen objektiven Charakter angenommen haben. Das Entscheidende ist nun nicht mehr die bloße subjektive Leidenschaft des Begehrens, der nur der Kampf entspricht, sondern der von beiden Interessenten anerkannte Wert des Objekts, der, sachlich ungeändert, durch verschiedene Objekte ausdrückbar ist. Der Verzicht auf den bewerteten Gegenstand, weil man das in ihm enthaltene Wertquantum in anderer Form erhält, ist das in seiner Einfachheit wahrhaft wunderbare Mittel, entgegengesetzte Interessen anders als durch Kampf zum Austrag zu bringen – das aber sicher eine lange historische Entwicklung forderte, weil es eine psychologische Lösung des allgemeinen Wertgefühles von dem einzelnen Gegenstand, der zuerst mit ihm verschmolzen ist, voraussetzt, eine Erhebung über das Befangensein in dem unmittelbaren Begehren. Das Kompromiß durch Vertretbarkeit – von dem der Tausch ein Sonderfall ist – bedeutet die prinzipielle, wenngleich nur sehr partiell realisierte Möglichkeit, den Kampf zu vermeiden oder ihm ein Ende zu setzen, bevor die bloße Kraft der Subjekte ihn entschieden hat.

Von dem objektiven Charakter, den die Streitbeendigung durch das Kompromiß trägt, hebt sich die Versöhnung als ein rein subjektiver Modus ab. Ich meine hier nicht die Versöhnung, die die Folge eines Kompromisses oder einer sonstigen Beilegung des Streites ist, sondern die Ursache dieser letzteren. Die Versöhnlichkeit ist eine primäre Stimmung, die, ganz jenseits objektiver Gründe, den Kampf ebenso zu beenden sucht, wie die Streitlust, nicht weniger ohne sachliche Veranlassung, ihn unterhält. In den unzähligen Fällen, wo der Streit anders beendet wird, als es in der unbarmherzigsten Konsequenz der Machtverhältnisse liegt, ist sicher diese ganz elementare und irrationale Versöhnlichkeitstendenz im Spiele – die etwas ganz anderes ist, als Schwäche oder Gutmütigkeit, soziale Moral oder Nächstenliebe.

Nun gibt das »versöhnte« Verhältnis in seinem Unterschiede gegen das nie gebrochene ein besonderes Problem auf. Hier ist nicht von den oben berührten die Rede, deren innerer Rhythmus überhaupt zwischen Zerwürfnis und Versöhnung pendelt; sondern von denen, die einen wirklichen Bruch erlitten haben und nach diesem wie auf einer neuen Basis wieder zusammengegangen sind. Durch wenige Charakterzüge werden Verhältnisse so bezeichnet, wie dadurch: ob sie in diesem Falle in ihrer Intensität gesteigert oder herabgesetzt sind. Wenigstens ist dies die Alternative für alle tieferen und sensibleren Naturen; wo ein Verhältnis, nachdem es einen radikalen Bruch erfahren hat, nachher in genau derselben Weise wieder auflebt als wenn nichts geschehen wäre, kann man im allgemeinen entweder frivolere oder grobkörnigere Sinnesart voraussetzen. Der zuerst genannte Fall ist der am wenigsten komplizierte: daß eine einmal geschehene Entzweiung sich nie mehr ganz überwinden läßt, auch nicht durch den ehrlichsten Willen der Parteien, ist ohne weiteres begreiflich; wobei durchaus kein Rest des Streitobjekts als solchen zurückgeblieben zu sein braucht, sondern die bloße Tatsache, daß überhaupt ein Bruch einmal da war, entscheidet. Zu diesem Erfolg wirkt bei engen Verhältnissen, die einmal bis zu äußerer Entzweiung gekommen sind, oft dies mit: man hat gesehen, daß man überhaupt ohne einander auskommen kann, daß das Leben, wenn auch vielleicht nicht sehr heiter, eben doch weiterging. Dies setzt nicht bloß den Wert des Verhältnisses herab, sondern der einzelne wirft sich gerade dies, nachdem die Einheit wieder hergestellt ist, leicht als eine Art Verrat und Untreue vor, die gar nicht wieder gutzumachen ist und die in das wieder aufwachsende Verhältnis eine

Mutlosigkeit und ein Mißtrauen seiner Individuen gegen das eigene Gefühl verwebt.

Freilich läuft hier oft eine Selbsttäuschung unter. Die überraschende relative Leichtigkeit, mit der man manchmal das Auseinandergehen eines nahen Verhältnisses erträgt, entstammt der Erregung, die wir noch von der Katastrophe mitbringen. Diese hat alle möglichen Energien in uns lebendig gemacht, deren Schwung uns noch eine Weile weiterträgt und aufrecht hält. Wie aber auch der Tod eines geliebten Menschen nicht in der ersten Stunde seine ganze Furchtbarkeit entfaltet, weil erst die weiterrollende Zeit alle die Situationen herbeibringt, in denen er sonst ein Element war, die wir nun wie mit einem herausgerissenen Gliede zu durchleben haben und die kein erster Augenblick zusammenfassend vorwegnehmen konnte – so löst sich eine wertvolle Beziehung sozusagen nicht in dem ersten Moment des Auseinandergehens, in dem vielmehr die Gründe ihrer Lösung unser Bewußtsein beherrschen; sondern wir spüren den Verlust für alle einzelnen Stunden erst von Fall zu Fall, und deshalb wird ihm oft erst nach langer Zeit unser Gefühl ganz gerecht, das ihn im ersten Moment mit einem gewissen Gleichmut zu ertragen schien. Auch aus diesem Grunde ist die Versöhnung mancher Verhältnisse in dem Maße tiefer und leidenschaftlicher, in dem der Bruch schon eine längere Zeit bestanden hat.

Daß aber das Intensitätsmaß des versöhnten Verhältnisses über das des ungebrochenen *hinauswächst*, hat mancherlei Ursachen. Hauptsächlich wird dadurch ein Hintergrund geschaffen, von dem alle Werte und alle Selbsterhaltungen der Vereinigung sich bewußter und klarer abheben. Dazu bringt die Diskretion, mit der man jede Berührung des Vergangenen umgeht, eine neue Zartheit, ja, eine neue unausgesprochene Gemeinsamkeit in das Verhältnis. Denn allenthalben kann das gemeinsame Vermeiden eines allzuempfindlichen Punktes eine ebenso große Intimität und Sich-Verstehen bedeuten, wie die Ungeniertheit, die jeden Gegenstand des individuellen Innenlebens zu einem Gegenstand der positiven Gemeinsamkeit macht. Und endlich entstammt die Intensität des Wunsches, das wieder auflebende Verhältnis vor jedem Schatten zu bewahren, nicht nur den erfahrenen Leiden des Bruches, sondern vor allem dem Bewußtsein, daß der zweite Bruch nicht mehr geheilt werden könnte, wie es der erste konnte. Dies würde in unzähligen Fällen und wenigstens unter sensitiven Menschen, das ganze Verhältnis zu einer Karikatur machen.

Es kann wohl auch in dem tiefstgegründeten Verhältnis zu einem tragischen Bruch und zu einer Versöhnung kommen; aber dies gehört zu den Ereignissen, die so nur einmal stattfinden dürfen und deren Wiederholung ihnen alle Würde und Ernsthaftigkeit raubt. Denn hat einmal die erste Wiederholung stattgefunden, so spricht nichts gegen eine zweite und dritte, die die ganzen Erschütterungen des Vorgangs banalisieren und zu einem frivolen Spiel herabziehen würden. Vielleicht ist dieses Gefühl, daß ein nochmaliger Bruch der definitive wäre, ein Gefühl, zu dem es vor dem ersten kaum eine Analogie gibt, für feinere Naturen das stärkste Band, durch das das versöhnte Verhältnis sich von dem nie gebrochenen unterscheidet.

Grade wegen der tiefen Bedeutung, die das Maß der Versöhnlichkeit nach dem Streit, nach einseitig oder gegenseitig zugefügten Leiden, für die Entwicklung der Verhältnisse zwischen den Menschen hat, läßt sie ihr negatives Extrem, die Unversöhnlichkeit, an dieser Bedeutung teilnehmen. Auch sie kann, wie die Versöhnlichkeit, eine formale Stimmung der Seele sein, die freilich einer äußeren Situation zu ihrer Aktualisierung bedarf, dann aber ganz spontan und nicht nur als Folge anderweitiger, vermittelnder Emotionen eintritt. Beide Tendenzen gehören zu den polaren Grundelementen, deren Mischungen alle Verhältnisse zwischen den Menschen bestimmen. Man hört gelegentlich aussprechen: wer nicht vergessen könnte, könnte auch nicht vergeben, bzw. sich nicht vollständig versöhnen. Dies würde ersichtlich die fürchterlichste Unversöhnlichkeit bedeuten, denn es macht die Versöhnung davon abhängig, daß jede Veranlassung zu ihrem Gegenteil aus dem Bewußtsein verschwunden ist; auch wäre sie, wie alle auf dem Vergessen beruhenden Vorgänge, in der steten Gefahr der Widerrufung. Wenn die ganze Meinung einen Sinn haben soll, so läuft er in der umgekehrten Richtung: wo die Versöhntheit als primäre Tatsache besteht, wird sie die Ursache sein, daß der Zwist und das Leiden, das einem der Andre bereitet hat, nicht mehr ins Bewußtsein aufsteigen. Entsprechend besteht nun auch die eigentliche Unversöhnlichkeit keineswegs darin, daß das Bewußtsein nicht über die vergangenen Konflikte hinwegkommt. Dies ist vielmehr erst eine Folgeerscheinung. Die Unversöhnlichkeit bedeutet, daß die Seele durch den Kampf eine Modifikation ihres Seins erlitten hat, die nicht mehr rückgängig zu machen ist, die insofern nicht einer vernarbbaren Wunde, sondern einem verlorenen Gliede vergleichbar ist. Dies ist die tragischste Unversöhnlichkeit: weder ein Groll noch ein Vorbehalt oder geheimer Trotz braucht in der Seele zurückzubleiben und eine positive Schranke zwischen die eine und die andre zu legen; es ist nur durch den durchgekämpften Konflikt etwas in ihr getötet worden, das nicht wieder zu beleben ist, auch nicht durch die eigne leidenschaftliche Bemühung darum; hier liegt ein Punkt, an dem die Ohnmacht des Willens gegenüber dem tatsächlichen Sein des Menschen grell hervortritt – im stärksten psychologischen Gegensatz zum »Verzeihen«, dem fast einzigen Fall, in dem dem Willen ein unmittelbares Verfügenkönnen über das Gefühl zugemutet wird; sonst wäre die *Bitte* um Verzeihung sinnlos. Und doch kann Verzeihung und jene Unmöglichkeit innerer Versöhnung demselben Menschen gegenüber stattfinden. Während dies die Unversöhnlichkeitsform sehr einheitlicher und nicht grade leicht beweglicher Naturen ist, findet sich bei innerlich stark differenzierten eine andre: das Bild und die Nachwirkung des Konfliktes und alles dessen, was man dem andern vorzuwerfen hatte, bleibt im Bewußtsein bestehn und kann nicht verschmerzt werden. Aber um dies herum wächst nun doch die unverminderte Liebe und Anhänglichkeit, indem jene Erinnerungen und Resignationen nicht als Abzug wirken, sondern wie organische Bestandteile in das Bild des andern eingefügt sind, den wir nun sozusagen inklusive dieser Passiva in der Bilanz unsres Gesamtverhältnisses zu ihm lieben – wie wir doch einen Menschen auch mit all seinen Fehlern lieben, die wir nicht aus ihm fortdenken können. Die Bitternis des Kampfes, die Punkte, an denen die Persönlichkeit des andern versagt hat, die einen dauernden Verzicht oder eine immer erneute Irritation in das Verhältnis bringen – all dies ist unvergessen und eigentlich unversöhnt. Allein es ist sozusagen lokalisiert, als ein Faktor in die ganze Beziehung aufgenommen, deren zentrale Intensität darunter nicht zu leiden braucht.

Es liegt auf der Hand, daß diese beiden Erscheinungen von Unversöhnlichkeit, die sich von den gewöhnlich so genannten ersichtlich unterscheiden, doch die ganze Skala auch dieser einschließen: die eine läßt den Erfolg des Konfliktes, von dessen einzelnen Inhalten völlig gelöst, grade in das Zentrum der Seele sinken, es gestaltet die Persönlichkeit, soweit sie sich auf die andre bezieht, in ihrer tiefsten Schicht um. In der andern, umgekehrt, wird die psychologische Hinterlassenschaft des Streites gleichsam isoliert, bleibt ein Einzelelement, das in das Bild des andern aufgenommen werden kann, um dann von dem Gesamtverhältnis zu ihm mitumfaßt zu werden.

Zwischen jenem schlimmsten und diesem leichtesten Fall von Unversöhnlichkeit liegt offenbar die ganze Mannigfaltigkeit der Maße, mit denen die Unversöhnlichkeit den Frieden noch in den Schatten des Kampfes stellt.

Dankbarkeit

Ein soziologischer Versuch

Die Tönung persönlichen Empfindens und privaten Handelns, die über den Tatsachen der Dankbarkeit liegt, überdeckt für den soziologisch nicht geschulten Blick die kaum zu überschätzende Bedeutung, mit der diese Tatsachen auf das Leben und den Zusammenhalt der Gesellschaft wirken und deren Umriß diese Ueberlegungen zu zeichnen unternehmen.

Es ist zunächst eine Ergänzung der rechtlichen Ordnung, die die Dankbarkeit vollbringt. Aller Verkehr der Menschen beruht auf dem Schema von Hingabe und Aequivalent. Nun kann für unzählige Hingaben und Leistungen das Aequivalent erzwungen werden. Bei allen wirtschaftlichen Tauschen, die in Rechtsform geschehen, bei allen fixierten Zusagen für eine Leistung, bei allen Verpflichtungen aus einer rechtlich regulierten Beziehung – erzwingt die Rechtsverfassung das Hin- und Hergehen von Leistung und Gegenleistung und sorgt für diese Wechselwirkung, ohne die es keine soziale Balance und Zusammenhalt gibt. Nun bestehen aber unzählige Beziehungen, für die die Rechtsform nicht eintritt, wo das Aequivalent für die Hingabe nicht erzwungen werden kann. Hier wird die Dankbarkeit zur Stellvertreterin des Rechts und spinnt, wenn andre Mächte versagen, ein Band der Wechselwirkung, der Balancierung von Nehmen und Geben zwischen den Menschen.

Um diese Verknüpfung in ihrer Sonderart richtig einzuordnen, muß man sich zunächst klar machen, daß die persönliche, aber an Sachen ausgeübte Aktion von Mensch auf Mensch, wie sie etwa im Raub oder im Geschenk, den primitiven Formen des Besitzwechsels, liegt, sich zum *Tausch* im objektiven Sinne des Wortes entwickelt. Der Tausch ist die Sachwerdung der Wechselwirksamkeit zwischen Menschen. Indem der eine eine Sache gibt und der andre eine Sache zurückgibt, welche denselben Wert hat, hat sich die Seelenhaftigkeit der Beziehungen zwischen den Menschen in Gegenstände hinausverlegt, und diese Versachlichung der Beziehung, das Hineinwachsen ihrer in die Dinge, welche hin und her wandern, wird so vollkommen, daß in der ausgebildeten Wirtschaft überhaupt jene persönliche Wechselwirkung ganz und gar zurücktritt und die Waren ein Eigenleben gewonnen haben, daß die Beziehungen und die Wertausgleichungen zwischen ihnen gleichsam automatisch, bloß rechnerisch stattfinden, und die Menschen nur noch als die Exekutoren der in den Waren selbst gelegenen Tendenzen zur Verschiebung und Ausgleichung auftreten. Es wird objektiv Gleiches gegen objektiv Gleiches gegeben, und der Mensch selbst, obgleich er selbstverständlich um seines Interesses willen den Prozeß vollzieht, ist eigentlich gleichgültig. Die Beziehung der Menschen ist Beziehung der Gegenstände geworden. Die Dankbarkeit nun entsteht gleichfalls aus und in der Wechselwirkung zwischen Menschen und zwar nach innen hin ebenso, wie nach außen hin jene Beziehung der *Dinge* daraus erwachsen ist. Sie ist das subjektive Residuum des Aktes des Empfangens oder auch des Hingebens. Wie mit dem Tausch der Dinge die Wechselwirkung in die objektive Ausgleichung, in die Bewegungen der »Ware« hinaustritt, so sinkt mit der Dankbarkeit das Geschehen zwischen Mensch und Mensch in seinen Folgen, in seiner subjektiven Bedeutung, in seinem seelischen Echo herunter in die Seele. Sie ist gleichsam das moralische Gedächtnis der Menschheit, eine Brücke, welche die Seele immer wieder vorfindet, um bei der leisesten Anregung, welche sonst vielleicht nicht genügen würde, eine neue Brücke zu schlagen, über sie hin sich dem andern zu nähern. Alle Vergesellschaftung, jenseits ihres ersten Ursprunges, beruht auf der Weiterwirkung der Beziehungen über den Moment ihres Entstehens hinaus. Mag Liebe oder Gewinnsucht, Gehorsam oder Haß, Geselligkeitstrieb oder Herrschsucht, eine Handlung von Mensch zu Mensch aus sich hervorgehen lassen: die schöpferische Stimmung pflegt sich in der Handlung nicht zu erschöpfen, sondern irgendwie in der durch sie geschaffenen soziologischen Situation weiterzuleben. Die Dankbarkeit ist ein solches Weiterbestehen im entschiedensten Sinne, ein ideelles Fortleben einer Beziehung, auch nachdem sie etwa längst abgebrochen und der Aktus des Gebens und Empfangens längst abgeschlossen ist.

Obgleich die Dankbarkeit ein rein personaler oder, wenn man will, lyrischer Affekt ist, so wird sie, durch ihr tausendfaches Hin- und Herweben innerhalb der Gesellschaft, zu einem ihrer stärksten Bindemittel; sie ist der fruchtbare Gefühlsboden, aus dem nicht nur eigne Aktionen von einem zum andern hin erwachsen, sondern durch dessen fundamentales, wenn auch oft unbewußtes und in unzählige andre Motivierungen versponnenes Dasein unserm Handeln eine Modifikation oder Intensität zuwächst, ein Verbundensein mit dem Früheren, ein Hineingeben der Persönlichkeit, eine Kontinuität des Wechsellebens. Würde mit einem Schlage jede auf frühere Aktionen hin den Seelen verbliebene Dankreaktion ausgetilgt, so würde die Gesellschaft, mindestens wie wir sie kennen, auseinanderfallen.

Kann man fast alle äußerlich-innerlichen verbindenden Motive zwischen Individuen daraufhin ansehen, inwieweit sie den Tausch tragen, der die Gesellschaft zum großen Teil bildet, nicht nur die schon gebildete zusammenhält – so ist also die Dankbarkeit jenes Motiv, das die Erwiderung der Wohltat von innen heraus bewirkt, wo von äußerer Notwendigkeit nicht die Rede ist. Und die Wohltat ist nicht nur ein dingliches Geben von Person zu Person, sondern wir danken dem Künstler und dem Dichter, der uns nicht kennt, und diese Tatsache schafft unzählige, ideelle und konkrete, lockere und feste Verbindungen zwischen denen, die solche Dankbarkeit gegen den gleichen Geber erfüllt; ja nicht nur für das, was jemand überhaupt tut, danken wir ihm, sondern nur mit dem gleichen Begriff kann man das Gefühl bezeichnen, mit dem wir oft auf die bloße Existenz von Persönlichkeiten reagieren: wir sind ihnen dankbar, bloß weil sie da sind, weil wir sie erleben. Die feinsten und festesten Beziehungen knüpfen sich oft an dieses, von allem einzelnen Empfangen unabhängige Gefühl, das gerade unsre ganze Persönlichkeit dem andern wie aus einer Dankespflicht darbringt, wie sie auch dem Ganzen *seiner* Persönlichkeit gilt.

Der konkrete Inhalt der Dankbarkeit nun, d.h. der Erwiderungen, zu denen sie uns veranlaßt, gibt Modifikationen der Wechselwirkung Raum, deren Zartheit nicht ihre Bedeutung für die Struktur unsrer Beziehungen hindert. Einen außerordentlichen Nuancenreichtum erfährt die Innerlichkeit dieser letzteren, wenn eine erhaltene Gabe der seelischen Sachlage nach nur mit einer der Art nach andern Gegengabe erwidert werden kann. So gibt der eine vielleicht das dem andern, was man Geist nennt, intellektuelle Werte – und der andre zeigt seine Dankbarkeit darin, daß er Gemütswerte zurückgibt; oder er bietet einen ästhetischen oder sonstigen Reiz seiner Persönlichkeit dem andern dar, der die stärkere Natur ist und jenem daher gleichsam Willen infundiert, ihn mit Festigkeit und Entschließungskraft ausstattet. Nun gibt es wahrscheinlich keine Wechselwirkung, in der das Hin und Her, das Geben und Nehmen sich auf dem genau gleichen Gebiet hielte. Allein die Fälle, die ich hier erwähnt habe, sind die extremen Steigerungen dieser unvermeidlichen Verschiedenheit von Gabe und Gegengabe im Verhältnis der Menschen, und wo sie sehr entschieden und mit betontem Bewußtsein der Verschiedenheit auftreten, bilden sie ein ethisch wie theoretisch gleichmäßig schwieriges Problem dessen, was man die innere Soziologie nennen könnte. Vielfach nämlich hat es einen Ton von leiser innerer Unangemessenheit, daß der eine dem andern seine intellektuellen Schätze darbietet, ohne etwa sein Gemüt besonders in das Verhältnis hineinzuengagieren, während der andre dafür nichts zu geben weiß als Liebe: all solche Fälle haben etwas Fatales für das Gefühl, weil sie irgendwie an Kauf erinnern. Es ist der Unterschied zwischen Tausch im allgemeinen und Kauf, daß bei dem Begriff des Kaufes betont wird, daß der tatsächlich vor sich gehende Tausch zwei ganz heterogene Dinge betrifft, welche eben nur durch den gemeinsamen Geldwert zusammengehalten und vergleichbar werden. Also wenn eine Handarbeit etwa in früheren Zeiten, wo noch kein Metallgeld verbreitet war, mit einer Kuh oder Ziege erkauft wurde, so waren das völlig heterogene Dinge, die aber durch den gemeinsam in beiden steckenden ökonomischen, abstrakt-allgemeinen Wert zusammengehalten und tauschbar wurden. In der modernen Geldwirtschaft ist diese Heterogeneität auf den Gipfel getrieben. Denn das Geld ist, weil es das Allgemeine an allen vertauschbaren Gegenständen darstellt, nicht imstande, das Individuelle an ihnen auszudrücken; und daher kommt über die Gegenstände, insoweit sie als verkäuflich figurieren, ein Ton von Deklassierung, von Herabsetzung des Individuellen an ihnen auf das Allgemeine, das diesem Dinge mit allen andern, gleichfalls verkäuflichen, und vor allen Dingen mit dem Gelde selbst gemeinsam ist. Etwas von solcher prinzipiellen Heterogeneität findet in den Fällen statt, die ich erwähnte, wo zwei Menschen sich gegenseitig gewisse Güter ihrer Innerlichkeit darbieten, wo die Dankbarkeit für die eine Gabe sich gleichsam in einer ganz andern Münze realisiert und damit in den Tausch etwas von dem Charakter des Kaufes kommt, der hier von vornherein unangemessen ist. Man kauft die Liebe mit dem, was man an Geist gibt. Man kauft den Reiz eines Menschen, den man genießen will, durch die überlegene Suggestionskraft und Willensenergie, welche er entweder über sich fühlen will oder welche er sich einflößen lassen will. Das Gefühl einer gewissen Inadäquatheit oder Unwürdigkeit kommt hier indes nur auf, wenn die gegenseitigen Darbietungen als losgelöste *Objekte*, die man vertauscht, wirken, wenn die gegenseitige Dankbarkeit nur die Wohltat, sozusagen nur den ausgetauschten Inhalt, selbst betrifft. Allein der Mensch ist doch, insbesondere in den Verhältnissen, die hier in Frage kommen, nicht der Kaufmann seiner selbst. Seine Qualitäten, die von ihm ausströmenden Kräfte und Funktionen liegen doch nicht nur vor ihm, wie die Waren auf dem Ladentisch, sondern es kommt darauf an, sich dahin durchzufühlen, daß der Mensch, auch wenn er nur ein Einzelnes gibt, nur eine Seite seiner Persönlichkeit darbietet, in dieser einen Seite doch vollkommen enthalten sein kann, seine Persönlichkeit in der Form dieser einzelnen Energie dennoch *ganz* geben kann. Jene Unverhältnismäßigkeit tritt nur ein, wo die Differenzierung innerhalb des Verhältnisses so vorgeschritten ist, daß, was der eine dem andern gibt, sich von der Gesamtheit seiner Persönlichkeit gelöst hat. Wo dies indes nicht geschehen ist, entsteht gerade hier ein wundervoll reiner Fall der sonst nicht sehr häufigen Kombination, daß die Dankbarkeit die Reaktion auf die Wohltat und auf den Wohltäter gleichmäßig in sich schließt. In der scheinbar objektiven Erwiderung, die nur der Gabe gilt und die in einer andern Gabe besteht, ist es nun durch jene merkwürdige Plastizität der Seele möglich, die Ganzheit der Subjektivität des einen wie des andern sowohl hinzugeben wie hinzunehmen.

Der tiefste Fall dieser Art liegt vor, wenn die innere Gesamtstimmung, die auf den andern in der besonderen, Dankbarkeit genannten Weise eingestellt ist, nicht gleichsam nur eine Verbreiterung der eigentlich bestimmt umschriebenen Dankesreaktion auf das Ganze der Seele ist; sondern wenn, was wir von einem andern an Gutem und Dankswertem erfahren, nur wie eine Gelegenheitsursache ist, in der ein in der inneren Beschaffenheit der Seele vorbestimmtes Verhältnis zu jenem nur verwirklicht wird. Hier greift das, was wir Dankbarkeit nennen und was dieser Stimmung gleichsam nur von einer einzelnen Erweisung her den Namen gegeben hat, sehr tief herunter unter die gewöhnliche, dem Objekt geltende Form des Dankes. Man kann sagen, daß er hier im tiefsten überhaupt nicht darin besteht, daß die Gabe erwidert wird, sondern in dem Bewußtsein, daß man sie nicht erwidern könne, daß hier etwas vorliegt, was die Seele des Empfangenden wie in einen gewissen Dauerzustand der anderen gegenüber versetzt, eine Ahnung der inneren Unendlichkeit eines Verhältnisses zum Bewußtsein bringt, das durch keine endliche Betätigung vollkommen erschöpft oder verwirklicht werden kann.

Dies berührt sich mit einer andern tiefgelegenen Inkommensurabilität, die den unter der Kategorie der Dankbarkeit verlaufenden Beziehungen durchaus wesentlich ist. Wo wir von einem andern Dankenswertes erfahren haben, wo dieser »vorgeleistet« hat, können wir mit keiner Gegengabe oder Gegenleistung – obgleich eine solche rechtlich und objektiv die erste überwiegen mag – dies vollkommen erwidern, weil in der ersten Leistung eine *Freiwilligkeit* liegt, die bei der Gegenleistung nicht mehr vorhanden ist. Denn zu ihr sind wir schon moralisch verpflichtet, zu ihr wirkt der Zwang, der zwar nicht sozial juristisch, sondern moralisch, aber immerhin ein Zwang ist. Die erste, aus der vollen Spontanität der Seele quellende Erweisung hat eine Freiheit, die der Pflicht – auch der Pflicht der Dankbarkeit – mangelt. Diesen Charakter der Pflicht hat Kant mit dem Gewaltstreich hinwegdekretiert, daß Pflichterfüllung und Freiheit identisch seien. Er hat dabei die negative Seite der Freiheit mit der positiven verwechselt. Die Pflicht, die wir ideell über uns fühlen, sind wir scheinbar frei zu erfüllen oder nicht zu erfüllen. In Wirklichkeit geschieht nur das letztere aus völliger Freiheit – die Erfüllung aber erfolgt aus einem seelischen Imperativ heraus, aus jenem Zwang, der das innere Aequivalent des rechtlichen Zwanges der Gesellschaft ist. Die volle Freiheit liegt nur auf der Seite des Lassens, nicht auf der des Tuns, zu dem ich dadurch, daß es Pflicht ist, veranlaßt bin – wie ich zur Erwiderung einer Gabe eben dadurch veranlaßt bin, daß ich sie empfangen habe. Nur wenn wir sie vorleisten, sind wir frei, und das ist der Grund, weshalb in der ersten, durch keinen Dank veranlaßten Darbietung eine Schönheit, eine spontane Hingebung, ein Aufquellen und Hinblühen zum andern gewissermaßen aus dem *virgin soil* der Seele liegt, das durch keine inhaltlich noch so überwiegende Gabe ausgeglichen werden kann. Hier bleibt ein Rest, der sich in dem – in bezug auf den konkreten Inhalt des Erweisens oft ungerechtfertigt scheinenden – Gefühl ausdrückt, daß wir eine Gabe überhaupt nicht erwidern *können*; denn in ihr lebt eine Freiheit, die die Gegengabe, eben weil sie Gegengabe ist, nicht besitzen kann. Vielleicht ist dies der Grund, weshalb manche Menschen ungern etwas annehmen, und es möglichst vermeiden, beschenkt zu werden. Drehte sich die Wohltat und die Dankbarkeit einfach um das Objekt, so wäre dies unverständlich, weil man dann mit der Revanche alles ausgleichen, die innere Bindung völlig lösen könnte. In Wirklichkeit aber wirkt bei jenen vielleicht eben der Instinkt, daß die Gegengabe das entscheidende, das Freiheitsmoment der ersten Gabe nicht enthalten kann und man sich deshalb mit der Annahme dieser in eine nicht zu solvierende Verpflichtung begibt. Daß dies in der Regel Menschen von starkem Unabhängigkeits- und Individualitätstrieb sind, weist darauf hin, daß die Situation der Dankbarkeit leicht einen Ton von nicht lösbarer Bindung mit sich bringt, daß sie ein moralischer *character indelebilis* ist. Haben wir erst einmal eine Leistung, ein Opfer, eine Wohltat angenommen, so kann daraus jene nie völlig auslöschbare Beziehung entstehen, weil die Dankbarkeit vielleicht der einzige Gefühlszustand ist, der unter allen Umständen sittlich gefordert und geleistet werden kann. Wenn unsre innere Wirklichkeit, von sich aus oder als Antwort auf eine äußere, es uns unmöglich gemacht hat, weiter zu lieben, weiter zu verehren, weiter zu schätzen – ästhetisch, ethisch, intellektuell –: *dankbar* können wir immer noch dem sein, der einmal unsern Dank verdient hat. Dieser Forderung ist die Seele unbedingt bildsam oder könnte es sein; so daß vielleicht keiner anderen Verfehlung des Gefühls gegenüber ein Urteil ohne mildernde Umstände so angebracht ist, wie der Undankbarkeit gegenüber. Selbst die innerliche Treue hat nicht die gleiche Unnachlaßlichkeit. Es gibt Verhältnisse, die sozusagen von vornherein nur mit einem bestimmten Kapital an Gefühlen wirtschaften und deren Anlage es unvermeidlich mit sich bringt, dieses allmählich aufzubrauchen, so daß ihr Aufhören keine eigentliche Treulosigkeit involviert. Nur freilich, daß sie in ihren Anfangsstadien oft von den andern nicht zu unterscheiden sind, die – um im Gleichnis zu bleiben – von den Zinsen leben und in der alle Leidenschaftlichkeit und Reservelosigkeit des Gebens nicht an dem Grundstock zehrt. Es gehört leider zu den häufigsten Irrungen der Menschen, für Zinsen zu halten, was Kapital ist, und darum eine Beziehung so anzulegen, daß ihr Bruch zu einer Treulosigkeit wird. Aber diese ist dann nicht eine Verfehlung aus der Freiheit der Seele heraus, sondern die logische Entwicklung eines von vornherein mit irrigen Faktoren rechnenden Schicksals. Und nicht vermeidlicher erscheint die Untreue, wo nicht die sich offenbarende Täuschung des Bewußtseins, sondern ein tatsächliches Anderswerden der Individuen die Voraussetzungen ihrer Beziehung umgestaltet. Vielleicht entspringt mit die größte Tragik menschlicher Verhältnisse aus der gar nicht zu rationalisierenden und fortwährend sich verschiebenden Mischung der stabilen und der variablen Elemente unsrer Natur. Wenn wir uns mit der Ganzheit unsres Wesens in eine bindende Beziehung hineinbegeben haben, so bleiben wir vielleicht mit gewissen Seiten, mit den mehr nach außen gewandten, aber auch mit manchen rein innerlichen, in der gleichen Stimmung und Neigung; andere aber entwickeln sich zu ganz neuen Interessen, Zielen, Vermögen, die schließlich unser Wesen als Ganzes in neue Richtungen werfen. Damit wenden sie uns von jenen Verhältnissen ab – womit natürlich nur die reine Innerlichkeit, nicht äußere Pflichterfüllung, gemeint ist –, mit einer Treulosigkeit, die weder ganz schuldlos ist, weil doch noch manches Band nach jenen hin besteht, das nun zerrissen sein muß, noch ganz schuldig, weil wir nicht mehr dieselben sind, die in das Verhältnis eintraten; das Subjekt ist verschwunden, dem man die Treulosigkeit imputieren könnte. Eine solche Entlastung von der inneren Wesenheit her, wie diese, tritt für unser Gefühl nicht ein, wenn unser Dankbarkeitsgefühl erlischt. Dieses scheint in einem Punkte in uns zu wohnen, der sich nicht wandeln darf, für den wir Beständigkeit mit größerem Rechte fordern, als für leidenschaftlichere und selbst tiefere Gefühle. Dies eigentümlich Unlösbare der Dankbarkeit, das selbst bei der Erwiderung mit gleicher oder größerer Gegengabe einen Rest läßt, ihn auch auf beiden Seiten eines Verhältnisses lassen kann – vielleicht eben zurückgehend auf jene Freiheit der Gabe, die der nun sittlich notwendigen Gegengabe fehlt –, dies läßt die Dankbarkeit als ein ebenso feines wie festes Band zwischen den Menschen erscheinen. In jedem irgendwie dauernden Verhältnis erwachsen tausend Dankgelegenheiten, von denen auch die flüchtigsten ihren Beitrag zu der gegenseitigen Bindung nicht verloren gehen lassen. Es entsteht aus ihrer Summierung, in den guten Fällen, aber manchmal auch in solchen, die mit Gegeninstanzen reichlich ausgestattet sind – die Stimmung eines allgemeinen Verpflichtetseins (mit Recht behauptet man, dem andern für etwas Dankenswertes »verbunden« zu sein), die keiner Lösung durch irgendwelche einzelnen Leistungen fähig ist; sie gehört zu jenen gleichsam mikroskopischen, aber unendlich zähen Fäden, die ein Element der Gesellschaft an das andere und dadurch schließlich alle zu einem formfesten Gesamtleben aneinanderhalten.

Psychologie des Schmuckes

In dem Wunsche des Menschen, seiner Umgebung zu gefallen, verschlingen sich die Gegentendenzen, in deren Wechselspiel sich überhaupt das Verhältnis zwischen den Individuen vollzieht: eine Güte ist darin, ein Wunsch, den anderen eine Freude zu sein; aber auch der andere: daß diese Freude und »Gefälligkeit« als Anerkennung und Schätzung auf uns zurückströme, unserer eigenen Persönlichkeit als ein Wert zugerechnet werde. Und so weit steigert sich das Bedürfnis, daß es jener ersten Selbstlosigkeit des Gefallen-Wollens ganz widerspricht: durch eben dieses Gefallen will man sich vor anderen *auszeichnen*, will der Gegenstand einer Aufmerksamkeit sein, die anderen nicht zuteil wird – bis zum Beneidetwerden hin. Hier wird das Gefallen zum Mittel des Willens zur Macht; es zeigt sich dabei an manchen Seelen der wunderliche Widerspruch, daß sie diejenigen Menschen, über die sie sich mit ihrem Sein und Tun erheben, doch gerade nötig haben, um auf deren Bewußtsein, ihnen untergeordnet zu sein, ihr Selbstgefühl aufzubauen. Eigentümliche Gestaltungen dieser Motive, die Aeußerlichkeit und die Innerlichkeit ihrer Formen ineinander webend, tragen den Sinn des Schmuckes. Denn dieser Sinn ist, die Persönlichkeit hervorzuheben, sie als eine irgendwie ausgezeichnete zu betonen, aber nicht durch eine unmittelbare Machtäußerung, durch etwas, was den anderen von außen zwingt, sondern nur durch das Gefallen, das in ihm erregt wird und damit doch irgendein Element von Freiwilligkeit enthält. Man schmückt sich für sich und kann das nur, indem man sich für andere schmückt. Es ist eine der merkwürdigsten soziologischen Kombinationen, daß ein Tun, das ausschließlich der Pointierung und Bedeutungssteigerung seines Trägers dient, doch ausschließlich durch die Augenweide, die er anderen bietet, ausschließlich als eine Art Dankbarkeit dieser anderen sein Ziel erreicht. Denn auch der Neid auf den Schmuck bedeutet nur den Wunsch des Neidischen, die gleiche Anerkennung und Bewunderung für *sich* zu gewinnen, und sein Neid beweist gerade, wie sehr diese Werte für ihn an den Schmuck gebunden sind. Daß Gelb die symbolische Farbe des Neides ist, hängt mit dem Gelb des Goldes zusammen: das Gold ist das Glanzvolle und Schöne, dessen Anblick Genuß bereitet – aber einen sozusagen objektiven Genuß, der sich subjektiv sogleich in Habenwollen und Scheelsucht umsetzt. Der Schmuck ist das schlechthin Egoistische, insofern er seinen Träger *heraus*hebt, sein Selbstgefühl auf Kosten anderer trägt und mehrt (denn der gleiche Schmuck aller würde den einzelnen nicht mehr schmücken), und zugleich das Altruistische, das seine Erfreulichkeit eben diesen anderen gibt – während der Besitzer selbst sie nur im Augenblicke des Sich-Spiegelns genießen kann – und erst mit dem Reflex dieses Gebens dem Schmucke seinen Wert gewinnt. Wie allenthalben in der ästhetischen Gestaltung die Lebensrichtungen, die die Wirklichkeit fremd nebeneinander oder feindlich gegeneinander stellt, sich als innig verwandt enthüllen – so zeigt in den soziologischen Wechselwirkungen, diesem Kampfplatz des Für-sich-seins und des Für-andere-seins der Menschen, das ästhetische Gebilde des Schmuckes einen Punkt an, in dem diese beiden Gegenrichtungen wechselseitig als Zweck und Mittel aufeinander angewiesen sind.

Der Schmuck steigert oder erweitert den Eindruck der Persönlichkeit, indem er gleichsam als eine Ausstrahlung ihrer wirkt. Darum sind die glänzenden Metalle und die edlen Steine von jeher seine Substanz gewesen, sind in engerem Sinne »Schmuck« als die Kleidung und die Haartracht, die doch auch »schmücken«. Man kann von einer Radioaktivität des Menschen sprechen, um jeden liegt gleichsam eine größere oder kleinere Sphäre von ihm ausstrahlender Bedeutung, in die jeder andere, der mit ihm zu tun hat, eintaucht – eine Sphäre, zu der körperliche und seelische Elemente sich unentwirrbar verweben. Die sinnlich merkbaren Einflüsse, die von einem Menschen auf seine Umgebung ausgehen, sind in irgendeiner Weise die Träger einer geistigen Fulguration; und sie wirken als die Symbole einer solchen auch da, wo sie tatsächlich nur äußerlich sind, wo keinerlei wirkliche Suggestionskraft oder Bedeutung der Persönlichkeit durch sie hindurchströmt. Die Strahlen des Schmuckes, die sinnliche Aufmerksamkeit, die er erregt, schaffen der Persönlichkeit eine solche Erweiterung oder auch Intensiverwerden ihrer Sphäre, sie *ist* sozusagen mehr, wenn sie geschmückt ist. | Indem der Schmuck zugleich ein irgendwie erheblicher Wertgegenstand zu sein pflegt, ist er so eine Synthese des Habens und des Seins von Subjekten, mit ihm wird der bloße Besitz zu einer sinnlichen und nachdrücklichen Fühlbarkeit des Menschen selbst – so sehr solche Bedeutungen des Schmuckes dank seiner modernen Banalisierung zu Unmerklichkeiten herabsinken und nur noch bei dem Schmuck der Fürsten und Millionäre hervortreten. Mit der gewöhnlichen Kleidung ist dies nicht der Fall, weil sie weder nach der Seite des Habens noch des Seins als individuelle Besonderung ins Bewußtsein tritt; erst die geschmückte Kleidung und zuhöchst die Pretiosen, die deren Wert und Ausstrahlungsbedeutung wie in einem kleinsten Punkte sammeln, lassen das Haben der Persönlichkeit zu einer sichtbaren Qualität ihres Seins werden. Und alles dies nicht, trotzdem der Schmuck etwas »Ueberflüssiges« ist, sondern gerade, weil er es ist. Das unmittelbar Notwendige ist dem Menschen enger verbunden, es umgibt sein Sein mit einer schmaleren Peripherie. Das Ueberflüssige »fließt über«, d.h. es fließt weiter von seinem Ausgangspunkte fort, und indem es nun dennoch an diesem festgehalten wird, legt es um den Bezirk der bloßen Notdurft noch einen umfassenderen, der prinzipiell grenzenlos ist. Das Ueberflüssige hat, seinem Begriffe nach, kein Maß in sich; mit dem Grade der Ueberflüssigkeit dessen, was unser Haben uns angliedert, steigt die Freiheit und Fürstlichkeit unseres Seins, weil keine gegebene Struktur, wie sie das Notwendige als solches designiert, ihm irgendein begrenzendes Gesetz auferlegt.

Diese Bedeutung des Schmuckes als der Ausstrahlung des *Menschen*, als Dokumentierung der Tatsache, daß der Mensch nicht mit der geometrischen Grenze seines Körpers zu Ende ist – läßt den Diamanten als den entschiedensten, zweckmäßigsten Schmuck erscheinen. Denn er ist sozusagen selbst körperlos, seine Wirkung besteht nur in den Strahlen, die er aussendet, ohne daß sie an einer an sich schon auffälligen und reizvollen farbigen Substanz hafte, wie es beim Saphir und dem Smaragd der Fall ist. Darum hat man die Werthöhe des Diamanten an seine Durchsichtigkeit, seine Wasserhelle geknüpft. Weil das, was den Schmuck ausmacht, das Strahlen, bei ihm von keinem für sich eindrucksvollen Stoffe getragen wird, schmiegt er sich am vollkommensten dem Menschen an, leiht ihm am »selbstlosesten« seine Strahlungsfähigkeit. Indem der Strahl des Edelsteines zu dem anderen hinzugehen scheint wie das Aufblitzen des Blickes, den das Auge auf den anderen richtet, trägt er die soziale Bedeutung des Schmuckes – das Für-den-anderen-sein, das als Erweiterung der Bedeutungssphäre des Subjekts zu diesem zurückkehrt.

Diese Akzentuierung der Persönlichkeit aber verwirklicht sich gerade vermittels eines Zuges von Unpersönlichkeit. Alles, was den Menschen überhaupt »schmückt«, ordnet sich in eine Skala, je nach der Enge, mit der es der physischen Persönlichkeit verbunden ist.

Der unbedingt enge Schmuck ist für die Naturvölker typisch: die Tätowierung. Das entgegengesetzte Extrem ist der Metall- und Steinschmuck, der absolut unindividuell ist und den jeder anlegen kann. Zwischen beiden steht die Kleidung – immerhin nicht so unvertauschbar und personal wie die Tätowierung, aber auch nicht so unindividuell und trennbar wie jener eigentliche »Schmuck«. Aber gerade in dessen Unpersönlichkeit liegt seine Eleganz. Daß dieses fest in sich Geschlossene, durchaus auf keine Individualität Hinweisende, hart Unmodifizierbare des Steins und des Metalls nun dennoch gezwungen wird, der Persönlichkeit zu dienen – gerade dies ist der feinste Reiz des Schmuckes. Das eigentlich Elegante vermeidet die Zuspitzung auf die besondere Individualität, es legt immer eine Sphäre von Allgemeinem, Stilisiertem, sozusagen Abstraktem um den Menschen – was selbstverständlich nicht die Raffinements verhindert, mit der dies Allgemeine der Persönlichkeit verbunden wird. Daß neue Kleider besonders elegant wirken, liegt daran, daß sie noch »steifer« sind, d.h. sich noch nicht allen Modifikationen des individuellen Körpers so unbedingt anschmiegen wie längere Zeit getragene, die schon von den besonderen Bewegungen des Trägers gezogen und geknifft sind und damit dessen Sonderart vollkommener verraten. Diese »Neuheit«, diese Unmodifiziertheit nach der Individualität ist dem Metallschmuck im höchsten Maße eigen: er ist immer neu, er steht in kühler Unberührtheit über der Singularität und über dem Schicksal seines Trägers, was von der Kleidung keineswegs gilt. Ein lange getragenes Kleidungsstück ist wie mit dem Körper verwachsen, es hat eine Intimität, die dem Wesen der Eleganz durchaus widerstreitet. Denn die Eleganz ist etwas »für die anderen«, ist ein sozialer Begriff, der seinen Wert aus dem allgemeinen Anerkanntsein zieht.

Soll der Schmuck das Individuum durch ein Ueberindividuelles erweitern, das zu allen hinstrahlt und von allen aufgenommen und geschätzt wird, so muß er, jenseits seiner bloßen Materialwirkung, *Stil* haben. Stil ist immer ein Allgemeines, das die Inhalte des persönlichen Lebens und Schaffens in eine mit Vielen geteilte und für Viele zugängige Form bringt. An dem eigentlichen Kunstwerk interessiert uns sein Stil um so weniger, je größer die personale Einzigkeit und das subjektive Leben ist, das sich in ihm ausdrückt; denn mit diesem appelliert es auch an den Persönlichkeitspunkt im Beschauer, er ist sozusagen mit dem Kunstwerk auf der Welt allein. Für alles dagegen, was wir Kunstgewerbe nennen, was sich wegen seines Gebrauchszweckes an eine Vielheit von Menschen wendet, fordern wir eine generelle, typische Gestaltung, in ihm soll sich nicht nur eine auf ihre Einzigkeit gestellte Seele, sondern eine breite, historische oder gesellschaftliche Gesinnung und Stimmung aussprechen, die seine Einordnung in die Lebenssysteme sehr vieler Einzelner ermöglicht. Das Kunstwerk ist etwas für sich, das Werk des Kunstgewerbes ist etwas für uns, der Sinn jenes ist Zuspitzung zu einem singulären Zentrum, der Sinn dieses die Verbreiterung zu allgemeiner Zugängigkeit und praktischer Anerkennbarkeit. Es ist der allergrößte Irrtum, zu meinen, daß der Schmuck ein individuelles Kunstwerk sein müsse, da er doch immer ein Individuum schmücken solle. Ganz im Gegenteil: weil er dem Individuum dienen soll, darf er nicht selbst individuellen Wesens sein, so wenig wie das Möbel, auf dem wir sitzen, oder das Eßgerät, mit dem wir hantieren, individuelle Kunstwerke sein dürfen. Alles dies vielmehr, was den weiteren Lebenskreis um den Menschen herum besetzt – im Gegensatz zum Kunstwerk, das überhaupt nicht in ein anderes Leben einbezogen, sondern eine selbstgenugsame Welt ist – muß wie in immer sich verbreiternden konzentrischen Sphären das Individuum umgeben, zu diesem hinführend oder von ihm ausgehend. Dieses Auflösen der individuellen Zuspitzung, diese Verallgemeinerung jenseits des persönlichen Einzigseins, die nun aber doch als Basis oder als Strahlungskreis das Individuelle trägt oder es wie in einen breit hinfließenden Strom aufnimmt – das ist das Wesen der Stilisierung; aus dem Instinkt dafür ist der Schmuck stets in verhältnismäßig strenger Stilisierung gebildet worden. Wenn man den wundervollen Stücken von Lalique jetzt den Vorwurf macht, daß sie nicht zum wirklichen Gebrauch geeignet wären, so ist der tiefere Grund davon eben der, daß sie individuell künsterlische Produkte sind, die sich einem Individuum nicht mehr zuordnen können, sozusagen kein System, keine Einheit mit ihm bilden; denn nur aus dem organischen Zusammen von Persönlichem und Allgemeinem, von Zentrum und Peripherie kann eine solche erwachsen, während ein Laliquescher Schmuck durch seinen Einzigkeitscharakter eben das direkte Gegenteil der Stilisiertheit ist. Dadurch, daß die Seele des Künstlers in all ihren Impulsivitäten und Bizarrereien, ihren Begeisterungen und Uneingeständlichkeiten in diesen Schmuckstücken investiert ist, eignen sie sich nicht dazu, einen *anderen* zu schmücken, treten sie mit *dessen* Individualität in unziemliche Konkurrenz, verschieben sie die feine Proportion zwischen Dazugehörigkeit und Nichtdazugehörigkeit, in der das psychologische Wesen des Schmuckes liegt.

Jenseits der formalen Stilisierung des Schmucks ist das *materielle* Mittel seines sozialen Zweckes jenes *Glänzen* des Schmuckes, durch das sein Träger als Mittelpunkt einer Strahlensphäre erscheint, in die jeder Nahebefindliche, jedes anblickende Auge einbezogen ist. Die Radien dieses Kreises markieren einerseits die Distanz, die der Schmuck zwischen den Menschen stiftet: ich habe etwas, was du nicht hast – andererseits aber lassen sie den anderen nicht nur teilnehmen, sondern sie glänzen gerade zu ihm hin, sie bestehen überhaupt nur um seinetwillen. Durch seine Materie ist der Schmuck Distanzierung und Konnivenz in einem Akt. Darum ist er so besonders der Eitelkeit dienstbar, die die anderen braucht, um sie verachten zu können. Hier liegt der tiefe Unterschied zwischen Eitelkeit und hochmütigem Stolz: denn dieser, dessen Selbstbewußtsein wirklich nur in sich selbst ruht, pflegt den »Schmuck« in jedem Sinne zu verschmähen. Hierzu kommt im gleichen Sinne die Bedeutung des »echten« Materials. Der Reiz des »Echten«, in jedem Sinne, besteht darin, daß es mehr ist als seine unmittelbare Erscheinung, die es mit dem Falsifikat teilt. So ist es nicht, wie dieses, etwas Isoliertes, sondern es hat Wurzeln und einen Boden jenseits seiner bloßen Erscheinung, während das Unechte nur das ist, was man ihm momentan ansieht. So ist der »echte« Mensch der, auf den man sich, auch wenn man ihn nicht unter Augen hat, verlassen kann. Dieses Mehr-als-Erscheinung ist für den Schmuck sein *Wert;* denn dieser ist ihm nicht anzusehen, ist etwas, was, der geschickten Fälschung gegenüber, zu seiner Erscheinung *hinzukommt.* Dadurch nun, daß dieser Wert immer realisierbar ist, von allen anerkannt wird, eine relative Zeitlosigkeit besitzt – wird der Schmuck in einen überzufälligen, überpersonalen Wertungszusammenhang eingestellt. Der Talmischmuck, die Quincaillerie ist, was sie momentan ihrem Träger leistet; der echte Schmuck ist ein über diesen hinausgehender Wert, er wurzelt in den Wertgedanken des ganzen Gesellschaftskreises und verzweigt sich darein. Der Reiz und die Betonung, die er seinem individuellen Träger mitteilt, zieht deshalb eine Nahrung aus diesem überindividuellen Boden; sein ästhetischer Wert, der hier ja auch ein Wert »für die anderen« ist, wird durch die Echtheit zum Symbol allgemeiner Schätzung und Zugehörigkeit zu einem sozialen Wertsystem überhaupt.

Im mittelalterlichen Frankreich gab es einmal eine Verordnung, nach der das Tragen von Goldschmuck allen Personen unterhalb eines gewissen Ranges verboten war. Aufs Unverkennbarste lebt hierin die Kombination, die das ganze Wesen des Schmuckes trägt: daß mit ihm die soziologische und die ästhetische Betonung der Persönlichkeit wie in einen Brennpunkt zusammengehen, das Für-sich-sein und Für-andere-sein wechselseitig Ursache und Wirkung wird. Denn die ästhetische Hervorhebung, das Recht des Reizes und Gefallens darf hier nur so weit gehen, wie es durch die soziale Bedeutungssphäre des einzelnen umschrieben ist; und eben damit fügt er dem Reiz, den die Geschmücktheit für seine ganz individuelle Erscheinung gewinnt, den soziologischen hinzu, eben durch jene ein Repräsentant seiner Gruppe und mit deren ganzer Bedeutung »geschmückt« zu sein. Auf denselben Strahlen gleichsam, die, vom Individuum ausgehend, jene Erweiterung seiner Eindruckssphäre bewirken, wird die durch diesen Schmuck symbolisierte Bedeutung seines Standes zu ihm hingetragen; der Schmuck erscheint hier als das Mittel, die soziale Kraft oder Würde in die anschaulich-persönliche Hervorgehobenheit zu transformieren.

Endlich ziehen sich die zentripetale und die zentrifugale Tendenz im Schmuck noch zu einer besonderen Gestaltung zusammen, wenn berichtet wird, daß das Privateigentum der Frauen bei den Naturvölkern, im allgemeinen später als das der Männer entstehend, sich zuerst und oft ausschließlich auf den Schmuck bezieht. Wenn der persönliche Besitz der Männer mit dem der Waffen zu beginnen pflegt, so offenbart dies die aktivere, aggressivere Natur des Mannes, der seine Persönlichkeitssphäre erweitert, ohne auf den Willen anderer zu warten. Für die passivere weibliche Natur ist dieser – bei allem äußeren Unterschied formal gleiche – Effekt mehr von dem guten Willen anderer abhängig. Jedes Eigentum ist Ausdehnung der Persönlichkeit, mein Eigentum ist das, was meinem Willen gehorcht, d.h. worin mein Ich sich ausdrückt und äußerlich realisiert. Am ehesten und vollständigsten geschieht dies an unserem Körper, und darum ist er unser erstes und unbedingtestes Eigentum. An dem geschmückten Körper besitzen wir mehr, wir sind sozusagen Herr über Weiteres und Vornehmeres, wenn wir über den geschmückten Körper verfügen. So hat es einen tiefen Sinn, wenn vor allem der Schmuck zum Sondereigentum wird, weil er jenes erweiterte Ich bewirkt, jene ausgedehntere Sphäre um uns herum, die wir mit unserer Persönlichkeit erfüllen und die aus dem Gefallen und der Aufmerksamkeit unserer Umgebung besteht – der Umgebung, die an der ungeschmückteren und darum gleichsam unausgedehnteren Erscheinung achtloser, in ihren Umfang nicht einbezogen, vorübergeht. Daß in jenen primitiven Zuständen für die Frauen gerade das zum vorzüglichsten Eigentum wird, was seinem Sinne nach für die anderen da ist und nur mit der auf den Träger zurückströmenden Anerkennung dieser anderen ihm zu einer Wert- und Bedeutungssteigerung seines Ich verhelfen kann – das offenbart noch einmal das Fundamentalprinzip des Schmuckes. Für die großen mit- und gegeneinander spielenden Strebungen der Seele und der Gesellschaft: die Erhöhung des Ich dadurch, daß man für die anderen da ist, und des Daseins für die anderen dadurch, daß man sich selbst akzentuiert und erweitert – hat der Schmuck eine ihm allein eigene Synthese in der Form des Aesthetischen geschaffen; indem diese Form an und für sich über dem Gegensatz der einzelnen menschlichen Bestrebungen steht, finden sie in ihr nicht nur ein ungestörtes Nebeneinander, sondern jenen wechselseitigen Aufbau, der als die Ahnung und das Pfand ihrer tieferen metaphysischen Einheit über den Widerstreit ihrer Erscheinungen hinauswächst.

Treue
Ein sozialpsychologischer Versuch

Ohne die Erscheinung, die wir Treue nennen, würde die Gesellschaft überhaupt nicht in der tatsächlich gegebenen Weise irgendeine Zeit hindurch existieren können. Die Momente, die ihre Erhaltung tragen: Eigeninteresse der Elemente und Suggestion, Zwang und Idealismus, mechanische Gewohnheit und Pflichtgefühl, Liebe und Trägheit – würden sie vor dem Auseinanderbrechen nicht bewahren können, wenn nicht alle durch das Moment der Treue ergänzt würden.

Es ist eine Tatsache von der größten soziologischen Wichtigkeit, daß unzählige Verhältnisse in ihrer Struktur ungeändert beharren, auch wenn das Gefühl oder die praktische Veranlassung, die sie ursprünglich entstehen ließen, verschwunden sind. Die sonst unbezweifelbare Wahrheit: Zerstören ist leichter als Aufbauen – gilt für gewisse menschliche Beziehungen nicht ohne weiteres. Freilich fordert das Entstehen eines Verhältnisses eine bestimmte Zahl positiver und negativer Bedingungen, von denen das Ausbleiben einer einzigen sein Zustandekommen von vornherein verhindert. Allein, ist es einmal entstanden, so wird es durch den nachträglichen Ausfall jener Bedingung, ohne die es vorher nicht erwachsen wäre, noch keineswegs immer zerstört. Ein erotisches Verhältnis etwa, auf Grund körperlicher Schönheit entstanden, kann sehr wohl deren Schwinden und ihren Übergang in Häßlichkeit überleben. Was man von Staaten gesagt hat: daß sie nur durch dieselben Mittel erhalten werden, durch die sie gegründet sind – ist nur eine sehr partielle Wahrheit und nichts weniger als ein durchgängiges Prinzip der Vergesellschaftung überhaupt. Die soziologische Verknüpftheit vielmehr, woraus auch immer entstanden, bildet eine Selbsterhaltung aus, einen Eigenbestand ihrer Form, unabhängig von ihren ursprünglich verknüpfenden Motiven. Ohne dieses Beharrungsvermögen der einmal konstituierten Vergesellschaftungen würde die Gesellschaft als ganze in jedem Augenblick zusammenbrechen oder in unausdenkbarer Weise verändert werden. Psychologisch wird die Konservierung der Einheitsform durch vielerlei Momente getragen, intellektuelle und praktische, positive und negative. Die Treue ist unter ihnen der gefühlsmäßige Faktor, oder auch: sie selbst in der Gestalt des Gefühls, in ihrer Projizierung auf die Ebene des Gefühls. Den Verhältnissen, die sich zwischen Individuen anspinnen, entspricht in diesen ein auf das Verhältnis gerichtetes spezifisches Gefühl, ein Interesse, ein Impuls. Besteht das Verhältnis nun weiter, so entsteht, in Wechselwirkung mit diesem Weiterbestand, ein besonderes Gefühl, oder auch: jene ursprünglich begründenden seelischen Zustände metamorphosieren sich – vielfach, wenn auch nicht immer – in eine eigentümliche Form, die wir Treue nennen, gleichsam in ein psychologisches Sammelbecken oder eine Gesamtheits- oder Einheitsform für die mannigfaltigsten Interessen, Affekte, Bindungsmotive; und, über alle Verschiedenheit ihres Ursprunges hinweg, nehmen sie in der Form der Treue eine gewisse Gleichmäßigkeit an, die begreiflich den Dauercharakter dieses Gefühls begünstigt. Es ist also nicht das gemeint, was man treue Liebe, treue Anhänglichkeit usw. nennt, und was einen gewissen Modus oder zeitliche Quantität eines sonst schon bestimmten Gefühls bedeutet; sondern ich meine, daß die Treue ein eigener Seelenzustand ist, gerichtet auf den Bestand des Verhältnisses als solchen und unabhängig von den spezifischen Gefühls- oder Willensträgern seines Inhalts.

Man muß – und dies gehört zu den Voraussetzungen der Gesellschaft überhaupt – bei sehr vielen Verhältnissen und Verbindungen der Menschen untereinander darauf rechnen, daß die bloße Gewöhnung des Zusammenseins, daß das bloß tatsächlich längere Bestehen der Beziehung diesen Induktionsschluß des Gefühls mit sich bringt. Und das erweitert den Begriff der Treue und bringt ein sehr wichtiges Moment hinzu: der äußerlich bestehende soziologische Zustand, das Zusammen, kooptiert gewissermaßen die Gefühle, welche ihm eigentlich entsprechen, obgleich sie am Anfang und in bezug auf die Begründung der Beziehung nicht vorhanden waren. Der Prozeß der Treue wird hier gewissermaßen rückläufig. Die seelischen Motive, die eine Beziehung knüpfen, geben der geknüpften gegenüber für das spezifische Gefühl der Treue Raum oder verwandeln sich in dieses. Ist nun aus irgendwelchen äußeren Gründen oder wenigstens solchen seelischen, die dem Sinne der Vereinigung nicht entsprechen, eine solche dennoch zustande gekommen, so erwächst ihr gegenüber eine Treue, und diese läßt die tieferen und der Vereinigung adäquaten Gefühlszustände sich entwickeln, jene wird gleichsam *per subsequens matrimonium animarum* legitimiert. Die banale

Weisheit, die man oft gegenüber konventionellen oder aus rein äußeren Gründen geschehenden Eheschließungen hört: die Liebe käme schon noch in der Ehe – ist tatsächlich nicht immer im Unrecht. Hat der Bestand des Verhältnisses erst einmal sein psychologisches Korrelat in der Treue gefunden, so folgen dieser schließlich auch ihre Affekte, Herzensinteressen, inneren Bindungen, die statt ihrer sozusagen logischen Stellung am Anfang der Beziehung sich nun vielmehr als deren Endresultat herausstellen – eine Entwicklung, die freilich ohne das Mittelglied der Treue nicht eintritt.

Schon die rein innere Struktur der Treue zeigt sie als einen soziologischen Affekt. Andere Gefühle, so sehr sie den Menschen an den Menschen binden mögen, haben dennoch etwas mehr Solipsistisches. Auch die Liebe, die Freundschaft, der Patriotismus, das soziale Pflichtgefühl haben doch ihr Wesen zunächst in einem Affekt, welcher in dem Subjekt selbst und immanent in ihm vor sich geht und beharrt, wie es sich am stärksten vielleicht in dem Worte Philines offenbart: »Wenn ich dich liebe, was geht's dich an?« Hier bleiben also die Affekte trotz ihrer unendlichen soziologischen Bedeutung zunächst Zustände des Subjektes. Sie entstehen zwar nur durch die Einwirkung von anderen Individuen oder Gruppen; aber sie tun es auch, bevor diese Einwirkung in Wechselwirkung übergegangen ist, sie brauchen mindestens, wenn sie sich auch auf andere Wesen richten, doch nicht das Verhältnis mit diesen zu ihrer realen Voraussetzung oder Inhalt zu haben. Dies eben ist gerade der Sinn der Treue (wenigstens der hier fragliche, obgleich sie sprachgebräuchlich auch noch andere Bedeutungen hat), sie ist das Wort für das eigentümliche Gefühl, das nicht auf unser Besitzen eines anderen, als auf ein eudämonistisches Gut des Fühlenden, auch nicht auf das Wohl des anderen, als auf einen dem Subjekt gegenüberstehenden objektiven Wert geht, sondern auf die Erhaltung der Beziehung zum anderen; sie stiftet diese Beziehung nicht und kann infolgedessen nicht, wie alle jene Affekte, vorsoziologisch sein, sondern durchströmt die gestiftete, eines ihrer Elemente an dem anderen festhaltend, als die Innenseite ihrer Selbsterhaltung. Vielleicht hängt dieser spezifisch-soziologische Charakter der Treue damit zusammen, daß sie mehr als unsere anderen Gefühle, die über uns kommen wie Regen und Sonnenschein und ohne daß unser Wille über ihr Kommen und Gehen Herr wäre – unseren moralischen Vornahmen zugängig ist, daß ihr Versagen uns ein stärkerer Vorwurf ist, als wenn Liebe oder Sozialgefühl – jenseits ihrer bloß pflichtmäßigen Betätigungen – ausbleiben.

Diese besondere soziologische Bedeutung der Treue aber läßt sie noch eine vereinigende Rolle in einem ganz fundamentalen, die prinzipielle Form aller Vergesellschaftung tangierenden Dualismus spielen. Es ist dieser: daß ein Verhältnis, das ein fluktuierender, fortwährend sich entwickelnder Lebensprozeß ist, eine relativ stabile, äußere Form erhält; die soziologischen Formen des Miteinanderumgehens, der Einheitsbildung, der Darstellung nach außen können den Wandlungen ihrer Innerlichkeit, d.h. der auf den Andern bezüglichen Vorgänge in jedem Individuum, überhaupt nicht mit genauer Anpassung folgen, beide Schichten haben ein verschiedenes Entwicklungstempo, oder es ist auch oft das Wesen der äußeren Form, sich überhaupt nicht eigentlich zu *entwickeln*. Das stärkste äußere Fixierungsmaß innerlich variabler Verhältnisse ist offenbar das rechtliche: die Eheform, die den Wandlungen des personalen Verhältnisses ganz unnachgiebig gegenübersteht; der Kontrakt zwischen zwei Sozien, der den Geschäftsgewinn zwischen ihnen halbiert, trotzdem sich bald herausstellt, daß der eine alles, der andere nichts leistet; die Zugehörigkeit zu einer städtischen oder religiösen Gemeinde, die den Individuen völlig fremd oder antipathisch wird. Aber auch jenseits solcher ostensiblen Fälle ist es auf Schritt und Tritt bemerkbar, wie die zwischen Individuen – und auch zwischen Gruppen – sich entspinnenden Beziehungen sogleich zu einer Verfestigung ihrer Form neigen, und wie diese nun ein mehr oder weniger starres Präjudiz für den weiteren Verlauf des Verhältnisses bilden und ihrerseits gar nicht imstande sind, sich der vibrierenden Lebendigkeit, den leiseren oder stärkeren Wandlungen der konkreten Wechselbeziehung anzupassen. Dies wiederholt übrigens nur die Diskrepanz innerhalb des Individuums. Das innere Leben, das wir als Strömung, unaufhaltsamen Prozeß, Auf und Nieder der Gedanken und Stimmungen empfinden, kristallisiert für uns selbst zu Formeln und festgelegten Richtungen, oft schon dadurch, daß wir es in Worte fassen. Mag es auch dadurch zu konkreten, im einzelnen fühlbaren Inadäquatheiten nicht oft kommen; mag in glücklichen Fällen die feste äußere Form den Schwerpunkt oder Indifferenzpunkt darstellen, um den das Leben gleichmäßig nach der einen und nach der anderen Seite hin oszilliert – so bleibt doch der prinzipielle, formale Gegensatz zwischen dem Fließen, der wesentlichen Bewegtheit des subjektiven Seelenlebens und der Fähigkeit seiner Formen, die nicht etwa ein Ideal, einen Gegensatz gegen seine Wirklichkeit, sondern gerade dieses Leben selbst ausdrücken und gestalten. Weil die äußeren Formen, im individuellen wie im gesellschaftlichen Leben, nicht fließen, wie die innere Entwicklung selbst, sondern immer für eine gewisse Zeit fixiert bleiben, ist es ihr Schema: daß sie dieser inneren Wirklichkeit bald voraneilen, bald hinter ihr zurückbleiben. Gerade wenn überlebte Formen durch das hinter ihnen pulsierende Leben zerbrochen werden, schwingt dieses sozusagen in ein entgegengesetztes Extrem und schafft Formen, die jenes reale Leben überholen und von ihm noch nicht ganz ausgefüllt werden – anhebend von ganz persönlichen Beziehungen, wo z. B. das Sie unter Freunden oft schon lange als eine der Wärme des Verhältnisses unangemessene Steifheit empfunden wird, das Du dann aber ebensooft, mindestens am Anfang, als ein ganz leises Zuviel wirkt, als die Antizipation einer doch erst noch zu gewinnenden völligen Intimität; bis zu Änderungen der politischen Verfassung, die überlebte, zu unerträglichem Zwang gewordene Formen durch freiheitliche und weitere ersetzen, ohne daß doch die Wirklichkeit der politischen und wirtschaftlichen Kräfte für diese schon immer reif wäre, einen vorläufig zu weiten Rahmen an Stelle eines zu engen setzend. – Die Treue nun, in ihrem hier auseinandergesetzten Sinne, hat gegenüber diesem Schema des sozialen Lebens die Bedeutung: daß mit ihr tatsächlich einmal die personale, fluktuierende Innerlichkeit den Charakter der fixierten, stabilen Form des Verhältnisses annimmt, daß diese soziologische, jenseits des unmittelbaren Lebens und seines subjektiven Rhythmus verharrende Festigkeit hier wirklich zum Inhalt des subjektiven, gefühlsmäßig bestimmten Lebens geworden ist. Von den unzähligen Modifikationen, Abbiegungen, Verschlingungen der konkreten Schicksale abgesehen, ist die Treue die Brücke und Versöhnung für jenen tiefen, wesensmäßigen Dualismus, der die Lebensform der individuellen Innerlichkeit von der der Vergesellschaftung abspaltet, die doch von jener getragen wird; die Treue ist jene Verfassung der bewegten, in kontinuierlichem Flusse sich auslebenden Seele, mit der sie die Stabilität der überindividuellen Verhältnisform nun dennoch sich innerlich zu eigen macht, mit der sie einen Inhalt, dessen Form der Rhythmik oder Unrhythmik des wirklich gelebten Lebens widersprechen muß – obgleich sie selbst ihn geschaffen hat – in dieses Leben als seinen Sinn und Wert aufnimmt.

Zur Soziologie des Adels
Fragment aus einer Formenlehre der Gesellschaft

Der Adel im alten Rom oder im Normannenreich, unter den Indianern oder im *ancien régime* besitzt bei aller Unvergleichbarkeit der Lebensinhalte eine Uebereinstimmung der soziologischen Züge; und diese zeigen sich in rudimentärer, labiler, vorübergehender Art auch an irgendwelchen kleineren Gruppierungen, in denen sich ein Bruchteil als »die Aristokratie« zusammenfindet und abscheidet, sei es in großen Familienkreisen, unter Arbeiterschaften, innerhalb von Geistlichkeiten. Für den Adel im engeren Sinne hat man diese Gemeinsamkeit mit der Beobachtung illustriert, daß »Adlige sich oft an einem Abend besser kennen lernen, als Bürgerliche in einem Monat«. Das liegt offenbar daran, daß die gemeinsamen Fundamente sich hier sehr weit in die personale Existenz hineinerstrecken und als die natürliche Voraussetzung der Beziehungen mitgebracht werden. In Interessen, Weltanschauung, Persönlichkeitsbewußtsein, Gefühl für den Punkt, an dem sie innerhalb der Gesellschaftsordnung stehen, koinzidieren die Aristokraten offenbar so weitgehend, und daß sie darin koinzidieren, ist ihnen so bewußt und selbstverständlich, daß sie untereinander viel eher zu dem Personalen kommen können als andere, die sich erst vergewissern müssen, welche Basis denn ihnen gemeinsam ist. Die Adligen brauchen, um »sich kennen zu lernen«, d.h. sich ihre Individualitäten zu offenbaren, nicht so viele Präliminarien wie diejenigen, die das Apriori erst zu suchen haben, von dem aus das Spezielle der Gedanken, Interessen, Wesensarten dargeboten werden kann.

Diese Homogenität der formal-soziologischen Stellung tritt in einer Reihe geschichtlicher Erscheinungen bedeutsam hervor. Man hat auf die eigentümliche Tatsache aufmerksam gemacht, daß viele von den hochadligen Familien in den verschiedensten Ländern Europas fremdbürtig sind. In England kommen die Fitzgerald und die Herzöge von Leicester aus Florenz, die Herzöge von Portland aus Holland, in Frankreich die Broglie aus Piemont, die Herzöge des Cars aus Perugia, die Luynes aus Arezzo, in Oesterreich die Clary aus Florenz, in Preußen die Lynar aus Faenza, in Polen die Poniatowski aus Bologna, in Italien die Rocca aus Kroatien, die Ruspoli aus

Schottland, die Torlonia aus Frankreich usw. Der Adel scheint eigentlich zu solchen Verpflanzungen besonders wenig disponiert zu sein: wegen seiner Bindung an den Grundbesitz und wegen seines traditionellen Nationalismus, mit dem seine konservative Weltanschauung verbunden zu sein pflegt. Um so wirksamer müssen jene angleichenden Momente sein, die ein derartiges Changieren innerhalb dessen, was man die internationale Adelsrepublik genannt hat, nahelegen. Dies setzt sich in besonderen Vereinheitlichungen des nationalen Adels fort. Bis zum Anfang des 19. Jahrhunderts etwa hat der deutsche Adel untereinander eine sehr geringe Verbindung gehabt. Die meisten Adligen sorgten für ihre Interessen innerhalb des engeren Kreises ihres Wohnsitzes bzw. ihres engsten Vaterlandes. Als nun aber in den Kriegen gegen Napoleon sich die deutschen Adligen der verschiedensten Gegenden begegneten, stellte sich ein Kontakt zwischen ihnen her, der zu ganz eigentümlichen Bildungen geführt hat, z. B. zu der sogenannten Adelskette. Die Adelskette war ein halb geheimer Verein, der wohl zur Zeit des Wiener Kongresses aufkam. Der Adel fühlte, daß seit der französischen Revolution seine Rolle auch in Deutschland, namentlich durch die Bauernbefreiung gesunken war und versuchte nun durch die Ausnützung der Solidarität, welche zwischen allem Adel besteht, ein Gesamtgebilde zu schaffen, um die verlorene Bedeutsamkeit irgendwie wieder zu gewinnen. Diese Adelskette betonte in ihrem Statut ausdrücklich, daß ihr alles Politische fremd bleiben sollte. Mag das eine gewisse Täuschung oder Selbsttäuschung enthalten haben, es bringt doch das hier Wesentliche zum Ausdruck: die Gleichgültigkeit der politischen und geographischen Grenzen gegenüber dem, was allem Adel, bloß weil er Adel ist, gemeinsam ist; die Gleichheit der rein materiellen Interessen wäre nicht groß genug gewesen, diesen intergermanischen Adelsverein zustande zu bringen, wenn nicht die tiefere Verbundenheit durch die Form des Adels als solche – deren Deutung noch aussteht – wirksam gewesen wäre. Endlich ein letztes Beispiel: Die große Bedeutung des Adels in Oesterreich und die erheblichen, ihm dort jederzeit eingeräumten Vorrechte hat man darauf zurückgeführt, daß in den außerordentlich heterogenen und auseinanderstrebenden Bestandteilen der österreichischen Monarchie der Adel noch ein durchgehend gleichmäßiges, qualitativ gemeinsames Element sei und damit dem Zusammenhalt des Ganzen erheblich nütze. Die gleiche formale Stellung des Adels in den verschiedensten Teilen dieses zusammengewürfelten Landes ermögliche es, daß es einen österreichischen Gesamtadel geben kann, auch wenn es keine österreichische Gesamtnation gebe. Die Einheit, die er in sich vermöge seiner immer gleichen soziologischen Position hat, disponiert ihn dazu, der Einheit des Ganzen als Kitt zu dienen.

Aber alles bisher Vorgebrachte ist mehr oder weniger äußere Erscheinung, die sich auf die innere soziologische Struktur des Adels gründet, sie aber noch nicht kenntlich macht. Die soziologische Analyse des Adels zentriert darum, daß der sozial-allgemeine Inhalt des Lebens dieser Sondergruppe ein ganz einzigartiges Verhältnis zu dem individuellen Sein ihrer Mitglieder besitzt. Das Individuum wird hier nicht nur in eine Einheit vor ihm, neben ihm und nach ihm seiender Individuen aufgenommen, die nach einer sonst nirgends wirksamen Formel miteinander verbunden sind, sondern das Spezifische ist: daß gerade das Beste und Wertvollste dieser ganzen Reihe jedem einzelnen Mitglied zugute kommt. Es ist anderweitig hervorgehoben, daß das Gesamtniveau einer Gruppe, der Wert des wirklich allen Gemeinsamen, sehr nahe am Niveau des Tiefststehenden in ihr liegt; denn es kann in der Regel der Hohe zum Niederen hinuntersteigen, aber nicht der Niedere zum Hohen hinauf; was ihnen also gemeinsam sein soll, wird im ganzen der Besitz des Tieferen sein – wie etwa, wenn hundert Menschen in gleichem Tempo zusammen marschieren sollen, dieses Tempo von demjenigen angegeben wird, dessen Marschfähigkeit die geringste ist. Beim Adel nun ist die Voraussetzung die umgekehrte. Jede Persönlichkeit einer Adelsgruppe (sei dies im engeren Sinne die adlige Familie, sei es im weiteren der Adel eines Landes oder einer Epoche) hat in ihrem Werte teil an dem Glanz, den gerade die hervorragendsten Mitglieder dieser Gruppe erworben haben, sie tritt gleichsam die Standeserbschaft *sub beneficio inventarii* an. Gerade die hier angehäuften positiven Werte von Verdiensten, Vorzügen, Ehren strahlen in einer unabgelenkteren Weise, als dies sonst in irgendwelchen Gruppen statthat, auf den Einzelnen über. Dies ist das Präjudiz, das die anderen Stände dem Adel zugute kommen lassen, das er unter sich hegt, das endlich für jedes einzelne Mitglied sozusagen die Voraussetzung seines Selbstbewußtseins ist und für dieses einen ebenso starken individuellen Halt bildet, wie einen solchen sozialen für die Gesamtheit des ganzen Standes. Der Adel hat eine eigentümliche, in seiner soziologischen Struktur gelegene Zähigkeit in der Konservierung seines »objektiven Geistes«, der in Tradition, fester Form, Arbeitsergebnissen usw. kristallisierten Leistung von Individuen. Was so in der einzelnen Familie als ihr Vorzug, Ruhm, Wert besteht, das rinnt gewissermaßen zu der allgemeineren Position des »Adels« zusammen, die insofern doch noch von seiner bloß äußeren Macht und Besitz zu unterscheiden ist. Dies tritt sogar an einer eigentlich umgekehrt gerichteten Formung hervor. Von den alten Gentilorganisationen hat man hervorgehoben, ein Adel wäre sehr häufig dadurch entstanden, daß der Vorsteher der Gens traditioneller Weise immer aus demselben Geschlecht gewählt worden wäre. Dieses Geschlecht war also nicht von vornherein das bevorzugte, sondern es wurde dadurch erst bevorzugt, daß man erwartete, es würde immer einen für die Führung Qualifizierten aus sich hervorbringen. Indem daraufhin die Gesamtfamilie zu einem Adel wurde, diskontierte sie das Verdienst und die Würde, die irgend ein Mitglied von ihr einmal wahrscheinlicherweise erwerben würde, und die, gleichsam aus der Zukunft zurückstrahlend, dem ganzen Geschlecht die nobilitierende Substanz verschafften. – Es ist ein belehrendes Gleichnis, wenn man von *Edel*metallen, vom »Adel« von Gold und Silber spricht. Dieser Adel des Metalls besteht, wie mir scheint, zunächst in seiner relativen Unzerstörbarkeit; es wird seines Wertes wegen dauernd konserviert, in seinen fortwährenden Umschmelzungen wechselt es nur die Form, während seine Wertsubstanz relativ unvergänglich ist. Eine ähnliche Vorstellung liegt dem Gefühl des Adels und für den Adel zugrunde, als ob seine einzelnen Mitglieder gleichsam nur lauter verschiedene Formen einer dauernden Wertsubstanz sind, welche sich durch die ganze Reihe der Vererbungen hindurch erhält. Damit gewinnt die Beziehung, welche der Einzelne zu seiner historisch auf ihn hinleitenden Gruppe hat, einen ganz besonderen Akzent. Es ist sozusagen eine Unsterblichkeit des Wertes, die der Adel für sich beansprucht, und die seine soziologischen Verhältnisse zu realisieren suchen. Daß sich in Rußland keine Aristokratie als geschlossener Stand bildete, hat, mindestens bis zum Zaren *Fedor*, dem Vorgänger Peters des Großen, folgenden Grund: Die Ehren und Würden eines jeden hängen ausschließlich von seinem »Dienst«, seiner beamtenmäßigen Leistung ab, von der eine Klassifikation der Familien ausging. Es herrschte nämlich das eigentümliche Prinzip, daß niemand unter einem Vorgesetzten dienen dürfte, der seinerseits unter dem Vater des Kandidaten gedient hatte; um die eventuellen

Rechte und Stellungen eines jeden nach diesem Prinzip festzustellen, wurden besondere Register geführt. Der Erfolg davon waren unaufhörliche Konflikte über Tatsachen und Rechte unter den in Betracht kommenden Familien, offene und versteckte Konkurrenzen und Nebenbuhlerschaften. Dadurch wurde die Bildung eines zentripetalen Standes, das Zusammenwachsen der einzelnen Kräfte und Vorzüge zu jener gemeinsam-einheitlichen und beharrenden Substanz, um die die ganze soziologische Struktur des Adels wächst, von vornherein unterbunden.

Diese Struktur, schon soweit sie bisher beschrieben ist, läßt ohne Weiteres erkennen, weshalb der Adel auf Ebenbürtigkeit halten muß. Schon über die alte Clanverfassung hat man behauptet, daß die Adligen der verschiedenen Clane einem einzigen Stande angehörten, und daß, während der Clan als solcher in der Regel exogam ist (also keine Ehe unter seinen Angehörigen gestattet), jener Stand immer die Neigung hätte, endogam zu werden, d.h. nur unter sich zu heiraten. Setzt der Adel gleichsam einen eisernen Fonds voraus, aus dem jeder ihm Angehörige ausgestattet wird und der der folgenden Generation ungeschmälert überliefert werden muß, so darf jedes Mitglied auch nur aus diesem Kreise hervorgegangen sein, kein Kreis, in dem die Vorzüge nicht erblich sind, welche jenen Fonds geschaffen haben, darf sich in ihn hineinmischen. Nur so kann man im großen und ganzen sicher sein, daß jedes Mitglied auch wirklich an der Kraft, Gesinnung, Bedeutung des Ganzen partizipiere, daß jenes eigentümliche Verhältnis, in dem der Wert des Ganzen durch jedes Individuum hindurchwächst, sich realisiere. Diese Ergänzung aus sich selbst trägt die einzigartige Geschlossenheit und Selbstgenügsamkeit dieses Standes, der sozusagen nichts brauchen kann und nichts brauchen darf, was außerhalb seiner selbst liegt. Damit ist er notwendig wie eine Insel in der Welt, dem Kunstwerk vergleichbar, in dem auch jeder Teil seinen Sinn aus dem Ganzen erhält und das durch seinen Rahmen dokumentiert, daß die Welt nicht hineinkann, daß es sich absolut selbst genügt. Diese Form gibt dem Adel sicher einen großen Teil des ästhetischen Reizes, den er zu jeder Zeit ausgeübt hat. Denn er gilt nicht nur den Individuen, so daß er nur an der guten Rasse und daran hinge, daß die Mitglieder des Adels lange Generationen hindurch ihren Körper und ihre gesellschaftlichen Formen besser gepflegt und ausgebildet haben, als es in anderen Ständen der Fall ist; sondern mit dem *Gesamtbild* des Adels schwebt ein derartiger Reiz mit, sicherlich abhängend von der ästhetisch befriedigenden Form des Für-sich-seins und In-sich-geschlossen-seins, der Solidarität der Teile, welches alles dem Kunstwerk analog ist. Diese Erfüllung des individuellen Seins mit einer physiologisch und historisch tradierten Substanz kann freilich gerade zu einer dekadenten Leere führen. Es scheint, als ob sozial überlieferte Inhalte und Bedeutsamkeiten erst dann zu einem wirklichen Lebenswert werden, wenn sie durch die aus dem Individuum quellende, formende Kraft in bestimmtem Maße balanciert werden. In den vorzüglicheren Erscheinungen des Adels begegnet deshalb gerade ein selbstsicheres persönliches Dasein, ein Gefühl gleichmäßig starker *Unabhängigkeit*, aber auch *Verantwortlichkeit* des Individuums. Dies ist der Erfolg der unter den soziologischen Formungen einzigartigen Enge, mit der eine zuverlässige, nach den drei Dimensionen der Vergangenheit, des Nebeneinander und der Zukunft erstreckte Substanz mit der individuellen Existenz verwachsen ist und sich in das Bewußtsein eines sicheren Lebenswertes dieser umgesetzt hat. Wo aber der individuelle Faktor zu schwach ist, um der überpersönlichen Substanz die persönliche Form zu schaffen, da kommt es, wie gesagt, zu Verfallserscheinungen: es wird dann unvermeidlich jene Substanz selbst zur Form, der Sinn des Lebens ist nichts, als die Bewahrung der spezifischen Standesehre und der »guten Haltung« – wie es etwa an dem Adel des *ancien régime* schließlich eintrat.

Die Bedeutung des Stammbaums ist für dieses Verhältnis der Familien – und weiterhin der Adelsgruppe überhaupt – zu ihrem Individuum von tieferer Symbolik: die Substanz, die den Einzelnen bildet, muß durch den einheitlichen Stamm des Ganzen hindurchgegangen sein, wie die Substanz des Zweiges und der Frucht eben die ist, die auch den Stamm gebildet hat. Vielleicht erklärt diese soziologische Konstitution die Abneigung gegen die »Arbeit«, die die Aristokratie durch die ganze Sozialgeschichte hindurch gezeigt hat, bis die neueste Zeit mit der Demokratisierung der Wirtschaft darin einen Wandel zu bewirken strebte. Mit der eigentlichen Arbeit gibt sich jedesmal das Subjekt an ein Objekt hin und, gleichviel ob der *Ertrag* der Arbeit wieder auf jenes zurückfließt, so bleibt das Tun als solches doch auf ein unpersönliches Gebilde gerichtet und findet in einer Formung eben dieses seine Vollendung – mag es sich um Bildung und Umbildung von Begriffen in der Erkenntniswelt, um die pädagogische Formung eines Schülers oder um die Bearbeitung körperlicher Stoffe handeln. Dies aber widerspricht dem fundamentalen Lebensgefühl der Aristokratie als solcher; denn dieses ist ein absolut persönliches, das sein Zentrum im Sein des Subjekts findet, in dessen Wert und in dem, was unmittelbar aus ihm, von dem *terminus a quo* bestimmt, hervorgeht – während die Arbeit das im eminenten Sinne Zweckmäßige, auf ein Aeußeres gerichtet, durch den *terminus ad quem* bestimmte Tun ist. Darum unterscheidet Schiller von den gemeinen Naturen, die mit dem zahlen, was sie tun, die adligen, die mit dem zahlen, was sie sind. Der Edelmann beschäftigt sich, aber er arbeitet nicht (welche Bestimmungen alle natürlich im empirischen einzelnen Falle tausendfach modifiziert und abgelenkt auftreten). Krieg und Jagd, die historisch-typischen Beschäftigungen des Adels, sind, trotz aller damit verbundenen Mühsal, doch nicht im eigentlichen Sinne »Arbeit«, in ihnen hat der subjektive Faktor entschiedenes Uebergewicht über den objektiven, das Resultat zeigt nicht wie bei der Arbeit ein von der Persönlichkeit gelöstes Objekt, das die Energie jener in sich eingesogen hat, sondern der Akzent liegt auf der Kraftbewährung des Subjekts selbst. Eine gewisse Analogie mit dem Leistungstypus des Aristokraten könnte höchstens die künstlerische Arbeit bieten, die ja auch nicht eigentlich am Objekt schafft, für die vielmehr die Formung dieses nur das Ausströmen der rein von innen her bestimmten subjektiven Bewegung bedeutet. Nur daß das Tun des Künstlers und dessen Wert ausschließlich aus dem rätselhaften Einigkeitspunkte seiner Individualität fließen, hinter dem keine weitere Instanz, die ihn trüge oder die sich darin umsetzte, auffindbar ist – während das spezifische Tun und Bewußtsein des Aristokraten auf jener überlieferten Substanz der Familie und des Standes ruht, das in ihm nur eine individuelle, und nun freilich ganz selbstsicher in sich ruhende Form gefunden hat.

Von dieser Charakteristik des Adels durch die Häufung oder ideelle Kristallisierung von Würden und Verdiensten, Vermögen und Ehren, Pflichten und Rechten, die innerhalb der Familie und des Standes erworben sind und an der jedes Mitglied teil hat – nicht *pro rata*, wie durch Aufteilung, sondern als eines unteilbaren Besitzes, der als die Voraussetzung jedes persönlichen Seins und Tuns wirkt – von dieser Charakteristik kommt eine eigentümliche Ausnahme vor. In *China* herrscht die Bestimmung, daß der erbliche Adel allmählich abnimmt. Es wird niemals der Adel schlechthin erteilt, der nun dauernd der Familie verbliebe und dadurch jene Akkumulierung seiner Bedeutung ermöglichte, sondern es besteht eine unendlich fein abgestufte Würdenreihe, für deren Grade wir gar keine entsprechenden Ausdrücke besitzen; und in dieser steht der Sohn stets eine Stufe niedriger als der Vater, so daß nach einer bestimmten Reihe von Generationen der Adel überhaupt erlischt. Bin ich recht berichtet, so wird der höchste Adel, der *Fürstenstand*, auf *26 Generationen verliehen*, so daß nach deren Ablauf – und das gilt auch für die Nachkommen der nicht zur Herrschaft kommenden Prinzen des kaiserlichen Hauses – die Familie wieder in den Bürgerstand zurücktritt. Diese Anomalie, wie sie auch nur bei einem Beamten- oder Papieradel vorkommen kann, bedeutet sozusagen die normale Entwicklung mit negativem Vorzeichen. Denn jene, wenn auch vielleicht von einer ursprünglichen Verleihung ausgehend, hat ihren Sinn in der allmählichen Häufung tradierter Werte, während hier diese Substanz gleichsam mit einem Male gegeben und allmählich verbraucht wird. Dagegen zeigt eine in *Tahiti* gültige Ordnung die normale Form in einer sehr belehrenden Pointierung. Wenn dort nämlich einem Adligen ein Sohn geboren wird, so addiziert der Vater seine soziale Würde zu Gunsten des Sohnes und zwar »weil dieser einen Ahnen mehr hat als der Vater«. In einem satirischen Gedicht von Glasbrenner aus der Mitte des 19. Jahrhunderts wird die hohle Würde und aufgeblasene Nichtigkeit eines Adligen geschildert, mit der Schlußwendung, daß er doch einen Stolz mit Recht hätte: »Wenn er selig einst verstorben, Wird auch er ein Ahne sein.« Dies ist dasselbe Grundgefühl wie in dem Falle aus Tahiti, und auf der soziologischen Basis, die nun einmal der Adel mit dem größten historischen Erfolge festgehalten hat, keineswegs so sinnlos wie gewisse Verfallstypen und soziale Gesamtverhältnisse, bei denen jene Basis nicht mehr bestehen kann, es erscheinen lassen.

Denn die Bestimmung dieser Basis läßt sich nun, nach den weitesten Lebenskategorien, etwa so vollziehen. Jeder Mensch tritt auf als eine gewisse Kombination von Vorherbestimmtheit und Zufälligkeit, von mitgegebenem Stoff und einzigartiger Formung seines Lebens, von gesellschaftlicher Erbschaft und individueller Verwaltung ihrer. In jedem sehen wir die Präjudizierungen seiner Rasse, seines Standes, seiner Traditionen, seiner Familie, kurz dessen, was ihn zum Träger vorherbestehender Inhalte und Normen macht – diese sehen wir kombiniert mit dem Unberechenbaren und Persönlichen, dem freien Fürsichsein; jenes gleichsam das Apriori, dieses die singuläre Gelegenheit, die mit jenem zusammen die empirische Erscheinung erzeugt. Beides ist nun in den großen gesellschaftlichen Typenbildungen mannigfaltig gemischt und zwar im Adel in einer ganz einzigen Weise, deren wissenschaftliche Festlegung in abstrakten Begriffen natürlich davon unabhängig ist, daß die Komplikationen der Wirklichkeit in diese reinen Verhältnisse stets trübende, ablenkende, besondernde Kräfte einwirken lassen. Es sind hier jene mannigfaltigen Präjudizierungen wie in ein Strombett zusammengeflossen: indem die gesamten Lebensinhalte, die Erziehung wie die Ehe, die Beschäftigung wie der politische Standpunkt, die ästhetischen Neigungen wie der ökonomische Aufwand, »standesgemäß« sind, sind alle Normierungen, die dem Individuum das Material seines Lebens gleichsam als Halbprodukt übergeben, durch einen einzigen Kanal hindurchgeleitet. Gewiß hat es in der Zunft und in Priesterschaften, in den erblichen Berufen und in dem Zwange des Kasten- und Klassenwesens überall bindende Präjudizierungen von derselben oder größerer Strenge gegeben. Allein das Unterscheidende des Adels ist nun, daß jenes andere Lebenselement: die Persönlichkeit, die Freiheit, das In-sich-ruhende – zugleich zu einem höheren Werte und Bedeutung, als in den anderen Gebilden gekommen ist, weil jene überlieferte Substanz bei ihr nicht die objektive, das Individuum gleichsam übergehende Gestalt angenommen hat; sondern die besondere Form und Kraft des Einzelnen macht diesen ganzen tradierten Stoff erst lebendig. Mag das Individuum auch oft genug Zwang dadurch erfahren, – der Sinn der ganzen Konstellation ist doch, daß dieser Stoff von Werten, den der Stand und die Familie aufgehäuft haben, dem selbstherrlichen, individuell berechtigten Sein des Einzelnen zugute komme, und dadurch keine Minderung, sondern eine Mehrung erfahre; die auf sich ruhende, für sich verantwortliche und genießende Existenz ist nicht, wie bei vielen anderen, stark sozialisierten Gebilden ein Abzug von dem Gemeinwohl und Gemeinbesitz, sondern dessen Ausgestaltung, Bewährung, Steigerung. Zwischen den Extremen: daß das Individuum von seiner Gruppe eingeschluckt wird und daß es ihr mit oppositioneller Selbständigkeit gegenübertritt, steht die besondere Synthese des Adels. Er hat durch die Strenge der standesgemäßen Lebensform, die eine weiteste Berührungsfläche zwischen seinen Mitgliedern schuf; durch die Forderung der Ebenbürtigkeit, die eine physiologische Garantie der qualitativen und historischen Einheitlichkeit des Standes bewirkt; durch die Technik seiner Tradition, die die Werte und Errungenschaften der Familie und des Standes verlustlos wie in ein Sammelbecken einströmen läßt – durch diese soziologischen Mittel hat der Adel seine Individuen in einem sonst nicht erreichten Maße in die Gesamtgruppierung eingeschmolzen. Aber das so entstandene überpersönliche Gebilde hat nun entschiedener als irgend sonst seinen Zweck und Sinn in der Existenz der Einzelnen, in ihrer Macht und Bedeutung, in der Freiheit und Selbstgenügsamkeit ihres Lebens. Indem der Adel, in seinen reinsten historischen Erscheinungen, die Lebensweise der Individuen mit unvergleichlicher Kraft in sein Gesamtgebilde zusammenführt, und die Entwickelung dieses wiederum mit vorbehaltloser Gesammeltheit auf die Formung, Steigerung und Selbständigkeit des Einzelnen verwendet – hat der Adel der Gleichung zwischen dem Ganzen und dem Individuum, den vorbestimmenden Gegebenheiten und den persönlichen Ausgestaltungen des Lebens eine historisch einzigartige Lösung gegeben.

Exkurs über den Fremden

Wenn das Wandern als die Gelöstheit von jedem gegebenen Raumpunkt der begriffliche Gegensatz zu der Fixiertheit an einem solchen ist, so stellt die soziologische Form des »Fremden« doch gewissermaßen die Einheit beider Bestimmungen dar – freilich auch hier offenbarend, daß das Verhältnis zum Raum nur einerseits die Bedingung, andrerseits das Symbol der Verhältnisse zu Menschen ist. Es ist hier also der Fremde nicht in dem bisher vielfach berührten Sinn gemeint, als der Wandernde, der heute kommt und morgen geht, sondern als der, der heute kommt und morgen bleibt – sozusagen der potenziell Wandernde, der, obgleich er nicht weitergezogen ist, die Gelöstheit des Kommens und Gehens nicht ganz überwunden hat. Er ist innerhalb eines bestimmten räumlichen Umkreises – oder eines, dessen Grenzbestimmtheit der räumlichen analog ist – fixiert, aber seine Position in diesem ist dadurch wesentlich bestimmt, daß er nicht von vornherein in ihn gehört, daß er Qualitäten, die aus ihm nicht stammen und stammen können, in ihn hineinträgt. Die Einheit von Nähe und Entferntheit, die jegliches Verhältnis zwischen Menschen enthält, ist hier zu einer, am kürzesten so zu formulierenden Konstellation gelangt: die Distanz innerhalb des Verhältnisses bedeutet, daß der Nahe fern ist, das Fremdsein aber, daß der Ferne nah ist. Denn das Fremdsein ist natürlich eine ganz positive Beziehung, eine besondere Wechselwirkungsform; die Bewohner des Sirius sind uns nicht eigentlich fremd – dies wenigstens nicht in dem soziologisch in Betracht kommenden Sinne des Wortes –, sondern sie existieren überhaupt nicht für uns, sie stehen jenseits von Fern und Nah. Der Fremde ist ein Element der Gruppe selbst, nicht anders als die Armen und die mannigfachen »inneren Feinde« – ein Element, dessen immanente und Gliedstellung zugleich ein Außerhalb und Gegenüber einschließt. Die Art nun, wie repellierende und distanzierende Momente hier eine Form des Miteinander und der wechselwirkenden Einheit bilden, mag durch folgende – keineswegs als erschöpfend gemeinte – Bestimmungen angedeutet werden.

In der ganzen Geschichte der Wirtschaft erscheint der Fremde allenthalben als Händler, bzw. der Händler als Fremder. Solange im Wesentlichen Wirtschaft für den Eigenbedarf herrscht oder ein räumlich enger Kreis seine Produkte austauscht, bedarf es innerhalb seiner keines Zwischenhändlers; ein Händler kommt nur für diejenigen Produkte in Frage, die ganz außerhalb des Kreises erzeugt werden. Insofern nicht etwa Personen in die Fremde wandern, um diese Erforderlichkeiten einzukaufen – in welchem Falle sie dann in diesem andern Gebiete eben die »fremden« Kaufleute sind – *muß* der Händler ein Fremder sein, für einen andern ist keine Existenzgelegenheit. Diese Position des Fremden verschärft sich für das Bewußtsein, wenn er, statt den Ort seiner Tätigkeit wieder zu verlassen, sich an ihm fixiert. Denn in unzähligen Fällen wird ihm auch dies nur möglich sein, wenn er vom Zwischenhandel leben kann. Ein irgendwie geschlossener Wirtschaftskreis, mit aufgeteiltem Grund und Boden und Handwerken, die der Nachfrage genügen, wird nun auch dem Händler eine Existenz gewähren; denn allein der Handel ermöglicht unbegrenzte Kombinationen, in ihm findet die Intelligenz noch immer Erweiterungen und Neuerschließungen, die dem Urproduzenten mit seiner geringeren Beweglichkeit, seinem Angewiesensein auf einen nur langsam vermehrbaren Kundenkreis, schwer gelingen. Der Handel kann immer noch mehr Menschen aufnehmen, als die primäre Produktion, und er ist darum das indizierte Gebiet für den Fremden, der gewissermaßen als Supernumerarius in einen Kreis dringt, in dem eigentlich die wirtschaftlichen Positionen schon besetzt sind. Das klassische Beispiel gibt die Geschichte der europäischen Juden. Der Fremde ist eben seiner Natur nach kein Bodenbesitzer, wobei Boden nicht nur in dem physischen Sinne verstanden wird, sondern auch in dem übertragenen einer Lebenssubstanz, die, wenn nicht an einer räumlichen, so an einer ideellen Stelle des gesellschaftlichen Umkreises fixiert ist. Auch in den intimeren Verhältnissen von Person zu Person mag der Fremde alle möglichen Attraktionen und Bedeutsamkeiten entfalten; aber er ist, so lange er eben als Fremder empfunden wird, in dem Andern kein »Bodenbesitzer«. Nun gibt jene Angewiesenheit auf den Zwischenhandel und vielfach, wie in einer Sublimierung hiervon, auf das reine Geldgeschäft, dem Fremden den spezifischen Charakter der *Beweglichkeit*; in dieser, indem sie innerhalb einer umgrenzten Gruppe stattfindet, lebt jene Synthese von Nähe und Ferne, die die formale Position des Fremden ausmacht: denn der schlechthin Bewegliche kommt gelegentlich mit *jedem* einzelnen Element in Berührung, ist aber mit *keinem* einzelnen durch die verwandtschaftlichen, lokalen, beruflichen Fixiertheiten organisch verbunden.

Ein andrer Ausdruck für diese Konstellation liegt in der Objektivität des Fremden. Weil er nicht von der Wurzel her für die singulären Bestandteile oder die einseitigen Tendenzen der Gruppe festgelegt ist, steht er allen diesen mit der besonderen Attitüde des »Objektiven« gegenüber, die nicht etwa einen bloßen Abstand und Unbeteiligtheit bedeutet, sondern ein besonderes Gebilde aus Ferne und Nähe, Gleichgiltigkeit und Engagiertheit ist. Ich verweise auf die Auseinandersetzung – im Kapitel »Über- und Unterordnung« – über die dominierenden Stellungen des Gruppenfremden, als deren Typus die Praxis jener italienischen Städte erschien, ihre Richter von auswärts zu berufen, weil kein Eingeborener von der Befangenheit in Familieninteressen und Parteiungen frei war. Mit der Objektivität des Fremden hängt auch die vorhin berührte Erscheinung zusammen, die freilich hauptsächlich, aber doch nicht ausschließlich, dem Weiterziehenden gilt: daß ihm oft die überraschendsten Offenheiten und Konfessionen, bis zu dem Charakter der Beichte, entgegengebracht werden, die man jedem Nahestehenden sorgfältig vorenthält. Objektivität ist keineswegs Nicht-Teilnahme, – denn diese steht überhaupt jenseits von subjektivem und objektivem Verhalten – sondern eine positiv-besondre Art der Teilnahme – wie Objektivität einer theoretischen Beobachtung durchaus nicht bedeutet, daß der Geist eine passive tabula rasa wäre, in die die Dinge ihre Qualitäten einschrieben, sondern die volle Tätigkeit des nach seinen eigenen Gesetzen wirkenden Geistes, nur so, daß er die zufälligen Verschiebungen und Akzentuierungen ausgeschaltet hat, deren individuell-subjektive Verschiedenheiten ganz verschiedene Bilder von dem gleichen Gegenstand liefern würden. Man kann Objektivität auch als Freiheit bezeichnen: der objektive Mensch ist durch keinerlei Festgelegtheiten gebunden, die ihm seine Aufnahme, sein Verständnis, seine Abwägung des Gegebenen präjudizieren könnten. Diese Freiheit, die den Fremden auch das Nahverhältnis wie aus der Vogelperspektive erleben und behandeln läßt, enthält freilich allerhand gefährliche Möglichkeiten. Von jeher wird bei Aufständen aller Art von der angegriffenen Partei behauptet, es hätte eine Aufreizung von außen her, durch fremde Sendlinge und Hetzer stattgefunden. Soweit das zutrifft, ist es eine Exaggerierung der spezifischen Rolle des Fremden: er ist der Freiere, praktisch und theoretisch, er übersieht die Verhältnisse vorurteilsloser, mißt sie an allgemeineren, objektiveren Idealen und ist in seiner Aktion nicht durch Gewöhnung, Pietät, Antezedentien gebunden*.

Endlich gewinnt die Proportion von Nähe und Entferntheit, die dem Fremden den Charakter der Objektivität gibt, noch einen praktischen Ausdruck in dem abstrakteren Wesen des Verhältnisses zu ihm, d.h. darin, daß man mit dem Fremden nur gewisse allgemeinere Qualitäten gemein hat, während sich das Verhältnis zu den organischer Verbundenen auf der Gleichheit von spezifischen Differenzen gegen das bloß Allgemeine aufbaut. Nach diesem Schema vollziehen sich überhaupt, in mannigfachen Anordnungen, alle irgendwie persönlichen Verhältnisse. Über sie entscheidet nicht nur, daß bestimmte Gemeinsamkeiten zwischen den Elementen bestehen, neben individuellen Differenzen, die die Beziehung entweder beeinflussen oder sich jenseits ihrer halten. Jenes Gemeinsame selbst vielmehr wird in seiner Wirkung auf das Verhältnis dadurch wesentlich bestimmt, ob es nur zwischen den Elementen eben dieses besteht und so, nach innen zwar allgemein, nach außen aber spezifisch und unvergleichlich ist – oder ob es für die Empfindung der Elemente selbst ihnen nur gemeinsam ist, weil es überhaupt einer Gruppe oder einem Typus oder der Menschheit gemeinsam ist. In dem letzteren Fall tritt, proportional der Weite des den gleichen Charakter tragenden Kreises, eine Verdünnung der Wirksamkeit des Gemeinsamen ein, es funktioniert zwar als einheitliche Basis der Elemente, aber es weist nicht grade diese Elemente aufeinander hin, eben diese Gleichheit könnte ein jedes auch mit allen möglichen andern vergemeinsamen. Auch dies ist ersichtlich eine Art, in der ein Verhältnis gleichzeitig Nähe und Ferne einschließt: in dem Maße, in dem die Gleichheitsmomente allgemeines Wesen haben, wird der Wärme der Beziehung, die sie stiften, ein Element von Kühle, ein Gefühl von der Zufälligkeit grade dieser Beziehung beigesetzt, die verbindenden Kräfte haben den spezifischen, zentripetalen Charakter verloren. Diese Konstellation nun scheint mir in dem Verhältnis zu dem Fremden ein au-

* Wo jenes aber seitens der Angegriffenen fälschlich behauptet wird, entstammt es der Tendenz der Höherstehenden, die Tieferen, die bisher in einem einheitlichen, engeren Verhältnis zu ihnen gestanden haben, doch noch zu exkulpieren. Denn indem sie die Fiktion aufbringen: die Rebellen wären eigentlich garnicht schuldig, sie wären nur aufgehetzt, die Rebellion ginge garnicht von ihnen aus – exkulpieren sie sich selbst, negieren sie von vornherein jeden realen Grund des Aufstandes.

ßerordentliches prinzipielles Übergewicht über die individuellen, nur der in Frage stehenden Beziehung eigenen Gemeinsamkeiten der Elemente zu besitzen. Der Fremde ist uns nah, insofern wir Gleichheiten nationaler oder sozialer, berufsmäßiger oder allgemein menschlicher Art zwischen ihm und uns fühlen; er ist uns fern, insofern diese Gleichheiten über ihn und uns hinausreichen und uns beide nur verbinden, weil sie überhaupt sehr Viele verbinden. In diesem Sinne kommt leicht auch in die engsten Verhältnisse ein Zug von Fremdheit. Erotische Beziehungen weisen in dem Stadium der ersten Leidenschaft jenen Generalisierungsgedanken sehr entschieden ab: eine Liebe wie diese habe es überhaupt noch nicht gegeben, weder mit der geliebten Person noch mit unsrer Empfindung für sie sei irgend etwas zu vergleichen. Eine Entfremdung pflegt – ob als Ursache, ob als Folge, ist schwer entscheidbar – in dem Augenblick einzusetzen, in dem der Beziehung ihr Einzigkeitsgefühl entschwindet; ein Skeptizismus gegen ihren Wert an sich und für uns knüpft sich grade an den Gedanken, daß man schließlich mit ihr nur ein allgemein menschliches Geschick vollzöge, ein tausendmal dagewesenes Erlebnis erlebte, und daß, wenn man nicht zufällig eben dieser Person begegnet wäre, irgend eine andre die gleiche Bedeutung für uns gewonnen hätte. Und irgend etwas davon mag keinem, noch so nahen Verhältnis fehlen, weil das Zweien Gemeinsame vielleicht niemals bloß ihnen gemeinsam ist, sondern einem allgemeinen Begriff zugehört, der noch viel andres einschließt, viele *Möglichkeiten* des Gleichen; so wenig sie sich verwirklichen mögen, so oft wir sie vergessen mögen, hier und da drängen sie sich doch wie Schatten zwischen die Menschen, wie ein jedem bezeichnenden Worte enthuschender Nebel, der erst wie zu fester Körperlichkeit gerinnen müßte, um Eifersucht zu heißen. Vielleicht ist das in manchen Fällen die generellere, mindestens die unüberwindlichere Fremdheit, als die durch Differenzen und Unbegreiflichkeiten gegebene: daß zwar eine Gleichheit, Harmonie, Nähe besteht, aber mit dem Gefühle, daß diese eigentlich kein Alleinbesitz eben dieses Verhältnisses ist, sondern ein Allgemeineres, das potenziell zwischen uns und unbestimmt vielen Andern gilt und deshalb jenem allein realisierten Verhältnis keine innere und ausschließende Notwendigkeit zukommen läßt. Andrerseits gibt es eine Art von »Fremdheit«, bei der grade die Gemeinsamkeit auf dem Boden eines Allgemeineren, die Parteien Umfassenden, ausgeschlossen ist: hierfür ist etwa das Verhältnis der Griechen zum βάρβαρος typisch, all die Fälle, in denen dem Andern grade die generellen Eigenschaften, die man als eigentlich und bloß menschlich empfindet, abgesprochen werden. Allein hier hat »der Fremde« keinen positiven Sinn, die Beziehung zu ihm ist Nicht-Beziehung, er ist nicht das, als was er hier in Frage steht: ein Glied der Gruppe selbst.

Als solches vielmehr ist er *zugleich* nah und fern, wie es in der Fundamentierung der Beziehung auf eine nur allgemein menschliche Gleichheit liegt. Zwischen jenen beiden Elementen aber erhebt sich eine besondere Spannung, indem das Bewußtsein, nur das überhaupt Allgemeine gemein zu haben, doch grade das, was nicht gemeinsam ist, zu besondrer Betonung bringt. Dies ist aber im Falle des Land-, Stadt-, Rassefremden etc. auch wieder nichts Individuelles, sondern eine fremde Herkunft, die vielen Fremden gemeinsam ist oder sein könnte. Darum werden die Fremden auch eigentlich nicht als Individuen, sondern als die Fremden eines bestimmten Typus überhaupt empfunden, das Moment der Ferne ist ihnen gegenüber nicht weniger generell als das der Nähe. Diese Form liegt z. B. einem so speziellen Fall wie der mittelalterlichen Judensteuer, wie sie in Frankfurt, aber auch sonst gefordert wurde, zu Grunde. Während die von den christlichen Bürgern gezahlte Beede nach dem jedesmaligen Stande des Vermögens wechselte, war die Steuer für jeden einzelnen Juden ein für allemal festgesetzt. Diese Fixiertheit beruhte darauf, daß der Jude seine soziale Position als Jude hatte, nicht als Träger bestimmter sachlicher Inhalte. In Steuersachen war jeder andre Bürger Besitzer eines bestimmten Vermögens und seine Steuer konnte den Wandlungen dieses folgen. Der Jude aber war als Steuerzahler in erster Linie Jude und dadurch erhielt seine steuerliche Position ein invariables Element; am stärksten tritt dies natürlich hervor, sobald sogar diese individuellen Bestimmungen, deren Individualität durch die starre Unabänderlichkeit begrenzt war, fallen, und die Fremden eine durchgehend gleiche Kopfsteuer bezahlen. Mit all seiner unorganischen Angefügtheit ist der Fremde doch ein organisches Glied der Gruppe, deren einheitliches Leben die besondere Bedingtheit dieses Elementes einschließt; nur daß wir die eigenartige Einheit dieser Stellung nicht anders zu bezeichnen wissen, als daß sie aus gewissen Maßen von Nähe und gewissen von Ferne zusammengesetzt ist, die, in irgendwelchen Quanten jedes Verhältnis charakterisierend, in einer besonderen Proportion und gegenseitigen Spannung das spezifische, formale Verhältnis zum »Fremden« ergeben.

III. Philosophische Soziologie

Soziologie der Sinne

Der jetzige Entwicklungsmoment der Gesellschaftswissenschaft scheint demjenigen in der Wissenschaft vom organischen Leben zu entsprechen, den der Beginn der mikroskopischen Untersuchung bezeichnete. War die Untersuchung bis dahin auf die großen, entschieden gesonderten Körperorgane beschränkt, deren Form- und Funktionsverschiedenheiten sich ohne weiteres darboten, so zeigte sich nun erst der Lebensprozeß in seiner Bindung an seine kleinsten Träger, die Zellen, und in seiner Identität mit den zahllosen und unaufhörlichen Wechselwirkungen zwischen diesen. Wie sie sich aneinander heften oder sich zerstören, sich assimilieren oder sich chemisch beeinflussen – dies erst läßt allmählich einsehn, wie der Körper seine Form bildet, sie erhält oder ändert. Die großen Organe, in denen diese fundamentalen Lebensträger und ihre Wechselwirkungen sich zu makroskopisch wahrnehmbaren Sondergebilden und Leistungen zusammengefunden haben: Herz und Lunge, Magen und Niere, Gehirn und Bewegungsorgane – würden den Zusammenhang des Lebens niemals begreiflich gemacht haben, wenn nicht jene unzähligen, zwischen den kleinsten Elementen sich abspielenden Vorgänge, die von den makroskopischen gleichsam erst zusammengefaßt werden, sich als das eigentliche, fundamentale Leben enthüllt hätten. In diesem Stadium nun, nur die ganz großen und offensichtlichen sozialen Gebilde in ihre Betrachtung zu ziehen und aus ihnen die Erkenntnis des gesellschaftlichen Lebens in seiner Ganzheit herstellen zu wollen, befindet sich im allgemeinen heute noch die Gesellschaftswissenschaft. Staaten und Gewerkvereine, Priesterschaften und Familienformen, Zunft- und Fabrikwesen, Klassenbildung und industrielle Arbeitsteilung – diese und die ähnlichen großen Organe und Systeme scheinen die Gesellschaft auszumachen und den Kreis der Wissenschaft von ihr zu erfüllen. Tatsächlich indes sind dies doch schon Gebilde höherer Ordnung, in denen oder zu denen das reale, sozusagen von Fall zu Fall sich vollziehende Leben der vergesellschafteten Menschen kristallisiert ist. Und dieses pulsierende, die Menschen miteinander verkettende Leben zeigt außer den Verbindungsformen, welche zu jenen umfassenden Organisationen aufsteigen, noch unzählige andre, die gleichsam im fließenden, verfließenden Zustand bleiben, aber nicht weniger den Zusammenhang der Individuen zu gesellschaftlichem

Dasein tragen. Daß die Menschen sich gegenseitig anblicken und daß sie auf einander eifersüchtig sind; daß sie sich Briefe schreiben oder miteinander zu Mittag essen; daß sie sich, ganz jenseits aller greifbaren Interessen, sympathisch oder antipathisch berühren; daß einer den andern nach dem Wege fragt und daß sie sich für einander anziehn und schmücken – all die tausend, von Person zu Person spielenden, momentanen oder dauernden, bewußten oder unbewußten, vorüberfliegenden oder folgenreichen Beziehungen, aus denen diese Beispiele ganz zufällig gewählt sind, knüpfen uns unaufhörlich zusammen. An jedem Tage, in jeder Stunde spinnen sich solche Fäden, werden fallen gelassen, wieder aufgenommen, durch andre ersetzt, mit andern verwebt. Hier liegen die, nur der psychologischen Mikroskopie zugängigen Wechselwirkungen zwischen den Atomen der Gesellschaft, die die ganze Zähigkeit und Elastizität, die ganze Buntheit und Einheitlichkeit dieses so deutlichen und so rätselhaften Lebens der Gesellschaft tragen. Aus jenen großen, objektiv gewordenen Gebilden, die die herkömmlichen Gegenstände der Gesellschaftswissenschaft bilden, ließe sich das wirkliche, in der Erfahrung gegebene Leben der Gesellschaft durchaus nicht zusammensetzen, es würde in eine Anzahl verschiedener Systeme auseinanderbrechen – wie wenn ein Mensch nur aus den großen, differenzierten, unmittelbar kenntlichen Organen bestände und all die unzähligen, mannigfaltigen und komplizierten Zellprozesse fortfielen, die erst das Mikroskop enthüllt hat. In den historischen wie in den Naturwissenschaften ist allenthalben die Bestrebung aufgekommen, an die Stelle der katastrophenhaften Umwälzungen, der umfassenden einheitlichen Kräfte, die mit einem Schlage die Ganzheit der Zustände und ihrer Wandlungen bestimmten, vielmehr die allmähliche Summierung sehr mannigfaltiger und im einzelnen kaum wahrnehmbarer Einflüsse als die Ursachen der tatsächlichen Entwicklungen zu begreifen. Auf dem Glauben, daß das entsprechende Verfahren auch in der Soziologie die Wirklichkeit ihres Gegenstandes tiefer und genauer nachzeichnen wird, als es der bloßen Behandlung der großen, schlechthin überindividuellen Totalgebilde gelingen kann, ruht die folgende Untersuchung. Sie will den Bedeutungen nachgehen, die die gegenseitige sinnliche Wahrnehmung und Beeinflussung für das Zusammenleben der Menschen, für ihr Miteinander, Füreinander, Gegeneinander, besitzt. Daß wir uns überhaupt in Wechselwirkungen verweben, hängt zunächst davon ab, daß wir sinnlich aufeinander wirken. Während man dies aber im allgemeinen als eine selbstverständliche, einheitliche Tatsache, die keiner weiteren Diskussion bedürfte, hinnahm, zeigt eine schärfere Betrachtung, daß diese, von einem zum andern laufenden Sinnesempfindungen den sozialen Beziehungen keineswegs nur als gemeinsame Grundlage und Voraussetzung dienen, über der sich die Inhalte und Besonderheiten jener Beziehungen erst auf ganz andre Ursachen hin erheben; sondern jeder Sinn liefert nach seiner Eigenart charakteristische Beiträge für den Aufbau der vergesellschafteten Existenz, den Nuancierungen seiner Eindrücke entsprechen Besonderheiten der sozialen Beziehung, das Überwiegen des einen oder des andern Sinnes in der Berührung der Individuen verleiht oft dieser Berührung eine sonst nicht herstellbare soziologische Färbung.

Die Tatsache, daß wir überhaupt den Nebenmenschen sinnlich wahrnehmen, entwickelt sich nach zwei Seiten hin, deren Zusammenwirken von fundamentaler soziologischer Bedeutung ist. In das Subjekt hineinwirkend löst der Sinneseindruck eines Menschen Gefühle von Lust und Unlust in uns aus, von eigner Gesteigertheit oder Herabgesetztheit, von Erregung oder Beruhigung durch seinen Anblick oder den Ton seiner Stimme, durch seine bloße sinnliche Gegenwart in demselben Raume. Dies alles dient nicht zum Erkennen oder Bestimmen des andern; nur mir ist wohl oder das Gegenteil, wenn er da ist und ich ihn sehe und höre. Ihn selbst läßt diese Reaktion des Gefühles auf sein sinnliches Bild sozusagen draußen. Nach der entgegengesetzten Dimension streckt sich die Entwicklung des Sinneneindrucks, sobald er zum Mittel der Erkenntnis des andern wird: was ich von ihm sehe, höre, fühle, ist jetzt nur die Brücke, über die ich zu ihm als zu meinem Objekt gelange. Der Sprachlaut und seine Bedeutung bilden vielleicht das deutlichste Beispiel. Wie das Organ eines Menschen ganz unmittelbar anziehend oder abstoßend auf uns wirkt, gleichviel, was er sagt; wie andrerseits das, was er sagt, uns zur Kenntnis nicht nur seiner augenblicklichen Gedanken, sondern seines seelischen Seins verhilft – so ist es doch wohl mit allen Sinneseindrücken; sie führen in das Subjekt hinein, als dessen Stimmung und Gefühl, und zu dem Objekt hinaus, als Erkenntnis seiner. Gegenüber den nicht-menschlichen Objekten pflegt dies beides weit auseinander zu liegen. An ihrer sinnlichen Gegenwärtigkeit betonen wir entweder ihren subjektiven Gefühlswert: den Duft der Rose, die Lieblichkeit eines Klanges, den Reiz der Zweige, die sich im Winde biegen, empfinden wir als ein im Inneren der Seele sich abspielendes

Glück. Oder wir wollen die Rose oder den Ton oder den Baum erkennen – so setzen wir dafür völlig andre Energien ein, oft mit bewußter Abwendung von jenen. Was hier, ziemlich zusammenhangslos, miteinander abwechselt, ist dem Menschen gegenüber meistens zu einer Einheit verwebt. Unsre Sinneseindrücke von ihm lassen ihren Gefühlswert auf der einen Seite, ihre Verwendung zu einer instinktiven oder gesuchten Kenntnis seiner auf der andern – zusammenwirksam und praktisch eigentlich unentwirrbar zur Grundlage unsrer Beziehung zu ihm werden. In sehr verschiedenem Maße natürlich baut beides, der Stimmklang und der Inhalt des Gesagten, das Aussehen und seine psychologische Deutung, das Anziehende oder Abstoßende seiner Atmosphäre und der instinktive Schluß aus ihr auf seine seelische Färbung und manchmal auch auf seinen Kulturgrad – in sehr verschiedenen Maßen und Mischungen bauen diese beiden Entwickelungen des Sinneseindruckes an unserem Verhältnis zu ihm.

Unter den einzelnen Sinnesorganen ist das Auge auf eine völlig einzigartige soziologische Leistung angelegt: auf die Verknüpfung und Wechselwirkung der Individuen, die in dem gegenseitigen Sichanblikken liegt. Vielleicht ist dies die unmittelbarste und reinste Wechselbeziehung, die überhaupt besteht. Wo sich sonst soziologische Fäden spinnen, pflegen sie einen objektiven Inhalt zu besitzen, eine objektive Form zu erzeugen. Selbst das gesprochene und gehörte Wort hat doch eine Sachbedeutung, die allenfalls noch auf andre Weise überlieferbar wäre. Die höchst lebendige Wechselwirkung aber, in die der Blick von Auge in Auge die Menschen verwebt, kristallisiert zu keinerlei objektivem Gebilde, die Einheit, die er zwischen ihnen stiftet, bleibt unmittelbar in das Geschehen, in die Funktion aufgelöst. Und so stark und fein ist diese Verbindung, daß sie nur durch die kürzeste, die grade Linie zwischen den Augen getragen wird, und daß die geringste Abweichung von dieser, das leiseste Zurseitesehn, das Einzigartige dieser Verbindung völlig zerstört. Es bleibt hier zwar keine objektive Spur zurück, wie doch sonst, mittelbar oder unmittelbar, von allen Beziehungsarten zwischen Menschen, die Wechselwirkung stirbt in dem Augenblick, in dem die Unmittelbarkeit der Funktion nachläßt; aber der ganze Verkehr der Menschen, ihr Sichverstehn und Sichzurückweisen, ihre Intimität und ihre Kühle, wäre in unausrechenbarer Weise geändert, wenn der Blick von Auge in Auge nicht bestünde – der, im Unterschiede gegen das einfache Sehen oder Beobachten des andern eine völlig neue und unvergleichliche Beziehung zwischen ihnen bedeutet.

Die Enge dieser Beziehung wird durch die merkwürdige Tatsache getragen, daß der auf den andern gerichtete, ihn wahrnehmende Blick selbst ausdrucksvoll ist, und zwar gerade durch die Art, wie man den andern ansieht. In dem Blick, der den andern in sich aufnimmt, offenbart man sich selbst; mit demselben Akt, in dem das Subjekt sein Objekt zu erkennen sucht, gibt es sich hier dem Objekte preis. Man kann nicht durch das Auge nehmen, ohne zugleich zu geben. Das Auge entschleiert dem andern die Seele, die ihn zu entschleiern sucht. Indem dies ersichtlich nur bei unmittelbarem Blick von Auge in Auge stattfindet, ist hier die vollkommenste Gegenseitigkeit im ganzen Bereich menschlicher Beziehungen erreicht.

Hieraus wird erst ganz verständlich, weshalb die Beschämung uns zu Boden blicken, den Blick des andern vermeiden läßt. Sicher nicht nur, weil wir so mindestens sinnlich festzustellen vermeiden, daß und wie uns der andre in solch peinlicher und verwirrender Lage anblickt; sondern der tiefere Grund ist der, daß das Senken meines Blicks dem andern etwas von der Möglichkeit raubt, mich festzustellen. Der Blick in das Auge des andern dient nicht nur mir, um jenen zu erkennen, sondern auch ihm, um mich zu erkennen; auf der Linie, die beide Augen verbindet, trägt er die eigne Persönlichkeit, die eigne Stimmung, den eigenen Impuls zu dem andern hin. Die »Vogel-Strauß-Politik« hat in dieser unmittelbar sinnlich-soziologischen Beziehung eine tatsächliche Zweckmäßigkeit: wer den andern nicht ansieht, entzieht sich wirklich in gewissem Maße dem Gesehenwerden. Der Mensch ist für den andern keineswegs schon ganz da, wenn dieser ihn ansieht, sondern erst, wenn er auch jenen ansieht.

Die soziologische Bedeutung des Auges hängt in allererster Reihe aber an der Ausdrucksbedeutung des *Antlitzes*, das sich zwischen Mensch und Mensch als das erste Objekt des Blickes bietet. Man macht sich selten klar, in welchem Umfang auch das ganz Praktische unsrer Beziehungen von dem gegenseitigen Kennen abhängt – nicht nur in dem Sinne alles Äußerlichen, oder der augenblicklichen Absichten und Stimmung des andern; sondern was wir von seinem Sein, von seinen inneren Fundamenten, von der Unabänderlichkeit seines Wesens bewußt oder instinktiv erkennen, das färbt unvermeidlich unsre momentane wie unsre dauernde Beziehung zu ihm. Das Gesicht aber ist der geometrische Ort aller dieser Erkenntnisse, es ist das Symbol all dessen, was das Individuum als die Voraussetzung seines Lebens mitgebracht hat, in ihm ist abgelagert, was von seiner Vergangenheit in den Grund seines Lebens hinabgestiegen und zu beharrenden Zügen in ihm geworden ist. Indem wir das Gesicht des Menschen in solcher Bedeutung wahrnehmen, kommt, so sehr sie den Zwecken der Praxis dient, in den Verkehr ein überpraktisches Element: das Gesicht bewirkt, daß der Mensch schon aus seinem Anblick, nicht erst aus seinem Handeln verstanden wird. Das Gesicht, als Ausdrucksorgan betrachtet, ist sozusagen ganz theoretischen Wesens, es *handelt* nicht, wie die Hand, wie der Fuß, wie der ganze Körper; es trägt nie das innerliche oder praktische Verhalten des Menschen, sondern es *erzählt* nur von ihm. Die besondre, soziologisch folgenreiche Art des »Kennens«, die das Auge vermittelt, wird dadurch bestimmt, daß das Antlitz das wesentliche Objekt des interindividuellen Sehens ist. Dieses Kennen ist noch etwas andres als Erkennen. In irgend einem, freilich sehr schwankenden Maße wissen wir mit dem ersten Blick auf jemanden, mit wem wir zu tun haben. Daß wir uns dieser Tatsache und ihrer fundamentalen Bedeutung meistens nicht bewußt werden, liegt daran, daß wir über diese selbstverständliche Basis hinweg unsre Aufmerksamkeit sogleich auf die Erkennbarkeit besondrer Züge, singulärer Inhalte richten, die unser praktisches Verhalten zu jenem im einzelnen bestimmen. Sucht man aber zum Bewußtsein dieses Selbstverständlichen vorzudringen, so ist es erstaunlich, wieviel wir von einem Menschen bei dem ersten Blick auf ihn wissen. Nichts mit Begriffen Ausdrückbares, in einzelne Beschaffenheiten Zerlegbares; wir können vielleicht durchaus nicht sagen, ob er uns klug oder dumm, gutmütig oder bösartig, temperamentvoll oder schläfrig vorkommt. Alles dies, im gewöhnlichen Sinn Erkennbare, vielmehr sind *allgemeine* Eigenschaften, die er mit unzähligen andern teilt. Was aber jener erste Anblick seiner uns vermittelt, ist in solches Begriffliches und Ausdrückbares gar nicht aufzulösen und auszumünzen – obgleich es immer die Tonart aller späteren Erkenntnisse seiner bleibt –, sondern es ist das unmittelbare Ergreifen seiner Individualität, wie seine Erscheinung, zuhöchst sein Gesicht es unserm Blick verrät; wofür es prinzipiell belanglos ist, daß auch hierbei genug Irrtümer und Korrigierbarkeiten vorkommen.

Indem das Gesicht nun dem Blick die anschaulich vollendetste Symbolik der beharrenden Innerlichkeit und alles dessen bietet, was unsre Erlebnisse in unsern dauernden Wesensgrund haben sinken lassen, gibt es doch zugleich den wechselreichen Situationen des Augenblicks nach. Es entsteht hier das im Bezirk des Menschlichen ganz Einzigartige: daß das allgemeine, übersinguläre Wesen des Individuums sich stets in der Sonderfärbung einer momentanen Stimmung, Erfülltheit, Impulsivität darstellt, daß das Einheitlich-Feste und das Fließend-Mannigfaltige unsrer Seele als absolutes Zugleich, sozusagen das eine immer in der Form des andern, sichtbar wird. Es ist der äußerste soziologische Gegensatz zwischen Auge und Ohr: daß dieses uns nur die in die Zeitform gebannte Offenbarung des Menschen bietet, jenes aber auch das Dauernde seines Wesens, den Niederschlag seiner Vergangenheit in der substantiellen Form seiner Züge, so daß wir sozusagen das Nacheinander seines Lebens in einem Zugleich vor uns sehn.

Daher ist die soziologische Stimmung des Blinden eine ganz andre als die des Tauben. Für den Blinden ist der Andere eigentlich nur im Nacheinander da, in der Zeitfolge seiner Äußerungen. Das unruhige, beunruhigende Zugleich aller Wesenszüge, der Spuren aller Vergangenheiten, wie es in dem Gesicht der Menschen ausgebreitet liegt, entgeht dem Blinden, und das mag der Grund der friedlichen und ruhigen, gegen die Umgebung gleichmäßig freundlichen Stimmung sein, die so oft an Blinden beobachtet wird. Grade die Vielheit dessen, was das Gesicht offenbaren *kann*, macht es oft rätselhaft; im allgemeinen wird das, was wir von einem Menschen *sehn*, durch das interpretiert, was wir von ihm *hören*, während das umgekehrte viel seltner ist. Deshalb ist der, der sieht, ohne zu hören, sehr viel verworrener, ratloser, beunruhigter, als der, der hört, ohne zu sehn. Eine soziologisch höchst zweckmäßige Ausgleichung dieser Leistungsdifferenz der Sinne liegt in der sehr viel stärkeren Erinnerungsfähigkeit für das Gehörte gegenüber der für das Gesehene – trotzdem das, was ein Mensch gesprochen hat, als solches unwiederbringlich dahin ist, während er dem Auge ein relativ stabiles Objekt ist. Schon darum kann man das Ohr eines Menschen viel eher belügen als sein Auge, und es liegt auf der Hand, daß von dieser Struktur unsrer Sinne und ihrer Objekte, soweit der Mitmensch ihnen solche bietet, die ganze Art des menschlichen Verkehrs getragen wird: wenn unserm Ohr nicht die gehörten Worte unmittelbar entschwänden, die es aber dafür in der Form des Gedächtnisses festhält, wenn dem Gesichtssinn, dessen Inhalten diese Reproduktionsstärke fehlt, nicht das Beharren des Antlitzes und seiner Bedeutung sich darböte – so würde unser interindividuelles Leben auf einer absolut andern Basis stehn. Es wäre eine müßige Spekulation, sich dieses Anderssein auszudenken; aber daß seine prinzipielle Möglichkeit eingesehen wird, befreit uns von dem Dogma, daß die menschliche Vergesellschaftung, die wir kennen, die ganz selbstverständliche und sozusagen indiskutable sei, für deren Art es eben *besondere* Veranlassungen nicht gebe. In bezug auf die einzelnen großen Sozialformen hat die Geschichtsforschung dieses Dogma beseitigt: wir wissen, daß unsre Familienverfassung wie unsre Wirtschaftsform, unser Recht wie unsre Sitte Ergebnisse aus Bedingungen sind, die anderswo andere waren und deshalb auch andre Ergebnisse hatten; daß wir mit diesen Tatsächlichkeiten keineswegs auf dem tiefsten Grunde stehn, auf dem das Gegebne auch das unbedingt Notwendige ist, das nicht mehr als Sondergestaltung aus Sonderursachen begriffen werden kann. In bezug auf die ganz allgemeinen, zwischen Mensch und Mensch spielenden soziologischen Funktionen aber ist diese Frage noch nicht gestellt. Die primären, unmittelbaren Beziehungen, die dann auch alle höheren Gebilde bestimmen, erscheinen so solidarisch mit der Natur der Gesellschaft überhaupt, um übersehn zu lassen, daß sie nur mit der Natur des Menschen solidarisch sind; aus den besonderen Bedingungen dieser fordern sie daher ihre Erklärung. Was ich hier vorlege, ist nur ein Versuch dieser Art, zu den alltäglicheinfachen wie zu den komplizierten Verhältnissen der Menschen gewisse formgebende Momente in der bloßen Struktur unsrer Sinnesfunktionen sichtbar zu machen.

Der eben angedeutete Gegensatz von Auge und Ohr in ihrer soziologischen Bedeutung ist ersichtlich die Weiterführung der Doppelrolle, zu der schon das Auge für sich allein designiert erschien. Wie aller Sinn der Wirklichkeit immer in die Kategorien des Seins und des Werdens auseinandergeht, so beherrschen sie auch das, was der Mensch vom Menschen überhaupt wahrnehmen will und kann. Wir wollen wissen: was ist dieser Mensch seinem Sein nach, was ist die dauernde Substanz seines Wesens? Und: wie ist er im Augenblick, was will er, denkt er, sagt er? Dies legt im großen und ganzen die Arbeitsteilung zwischen den Sinnen fest. Viele Modifikationen abgerechnet, ist das, was wir am Menschen sehn, das Dauernde an ihm, in seinem Gesicht ist, wie in einem Querschnitt durch geologische Schichten, die Geschichte seines Lebens und das, was ihr als die zeitlose Mitgift seiner Natur zugrunde liegt, gezeichnet. Die Schwankungen des Gesichtsausdrucks kommen an Mannigfaltigkeit der Differenzierung dem nicht nahe, was wir durch das Ohr feststellen. Was wir hören, ist sein Momentanes, ist der Fluß seines Wesens. Erst allerhand sekundäre Erkenntnisse und Schlüsse entschleiern uns auch in seinen Zügen die Stimmung des Momentes, in seinen Worten das Unveränderliche an ihm. In der ganzen Natur sonst, wie sie sich dem unmittelbaren Sinneneindruck darbietet, ist das Dauern und das Fließen in sehr viel einseitigerem Maße verteilt, als beim Menschen. Der dauernde Stein und der fließende Strom sind die polaren Symbole dieser Einseitigkeit. Der Mensch allein ist schon für unsre Sinne immer zu gleicher Zeit ein Beharrendes und ein Verfließendes, beides hat bei ihm eine Höhe erreicht, in der eines sich immer am andern mißt, am andern zum Ausdruck kommt. Die Ausbildung dieser Zweiheit steht in Wechselwirkung mit der von Auge und Ohr; denn wenn sich auch keines von beiden den Wahrnehmungen beider Kategorien gänzlich verschließt, so sind sie im ganzen doch auf die gegenseitige Ergänzung angelegt, auf die Feststellung des bleibend-plastischen Wesens des Menschen durch das Auge, auf die seiner auftauchenden und versinkenden Äußerungen durch das Ohr.

In soziologischer Hinsicht scheidet sich weiterhin das Ohr vom Auge durch den Mangel jener Reziprozität, die der Blick zwischen Auge und Auge herstellt. Das Auge kann seinem Wesen nach nicht nehmen, ohne zugleich zu geben, während das Ohr das schlechthin egoistische Organ ist, das nur nimmt, aber nicht gibt; seine äußere Formung scheint dies fast zu symbolisieren, indem es als ein etwas passives Anhängsel der menschlichen Erscheinung wirkt, das unbeweglichste aller Organe des Kopfes. Es büßt diesen Egoismus damit, daß es nicht wie das Auge sich wegwenden oder sich schließen kann, sondern, da es nun einmal bloß nimmt, auch dazu verurteilt ist, alles zu nehmen, was in seine Nähe kommt – wovon sich noch soziologische Folgen zeigen werden. Erst mit dem Munde, mit der Sprache zusammen erzeugt das Ohr den innerlich einheitlichen Akt des Nehmens und Gebens – aber auch dies in der Alternierung, daß man nicht recht sprechen kann, wenn man hört, nicht recht hören wenn man spricht, während das Auge beides in dem Wunder des »Blickes« verschmilzt. Andererseits steht dem formalen Egoismus des Ohres sein eigentümliches Verhältnis zu den Gegenständen des Privatbesitzes gegenüber. Im allgemeinen kann man nur das Sichtbare »besitzen«, während das nur Hörbare mit dem Moment seiner Gegenwart auch schon vergangen ist und kein »Eigentum« gewährt. Es ist eine wunderliche Ausnahme, wenn im 17. und 18. Jahrhundert die großen Familien Musikstücke zu besitzen strebten, die nur für sie geschrieben waren und die nicht publiziert werden durften. Eine Anzahl von Bachschen Konzerten sind auf solchen Auftrag eines Prinzen hin entstanden. Es gehörte zur Vornehmheit eines Hauses, Musikstücke zu besitzen, die jedem andern vorenthalten waren. Für unser Gefühl liegt hierin etwas Perverses, weil das Hören seinem Wesen nach überindividualistisch ist: was in einem Raume vorgeht, müssen eben alle hören, die in ihm sind, und daß der eine es aufnimmt, nimmt es dem andern nicht fort. Daher stammt auch die besondere, einzigartige seelische Betonung, die ein Gesprochenes hat, wenn es dennoch ausschließlich für einen einzigen bestimmt ist. Was der eine dem andern sagt, würden unzählige sinnlich hören können, wenn sie nur dabei wären. Daß der Inhalt irgend eines Gesagten diese formal-sinnliche Möglichkeit ausdrücklich ausschließt, verleiht jeder solchen Mitteilung eine unvergleichliche soziologische Färbung. Es gibt fast kein Geheimnis, das nur durch die Augen übermittelt werden *könnte*. Die Übermittlung durch das Ohr aber schließt eigentlich einen Widerspruch ein. Sie zwingt eine Form, die sich an und für sich und sinnlich an eine unbegrenzte Zahl von Teilnehmern wendet, dazu, einem Inhalt zu dienen, der diese alle völlig ausschließt. Dies ist das merkwürdig Pointierte des mündlich mitgeteilten Geheimnisses, der Unterredung unter vier Augen, sie verneint ausdrücklich den sinnlichen Charakter des Sprachlautes, der die physische Möglichkeit unzählig vieler Hörer enthält. Unter gewöhnlichen Umständen können überhaupt nicht allzuviel Menschen einen und denselben Gesichtseindruck haben, dagegen außerordentlich viele denselben Gehörseindruck. Man vergleiche ein Museumspublikum mit einem Konzertpublikum; die Bestimmung des Gehörseindrucks, sich einheitlich und gleichmäßig einer Menschenmenge mitzuteilen, – eine keineswegs nur äußerlich-quantitative, sondern mit seinem innersten Wesen tief verbundene Bestimmung – schließt soziologisch ein Konzertpublikum in eine unvergleichlich engere Einheit und Stimmungsgemeinsamkeit zusammen, als die Besucher eines Museums. Wo ausnahmsweise auch das Auge für eine große Menschenzahl solche Gleichheit des Eindrucks gewährt, tritt auch die vergemeinsamende soziologische Wirkung ein. Daß alle Menschen gleichzeitig den Himmel sehen können und die Sonne, das ist, wie ich glaube, ein wesentliches Moment des Zusammenschlusses, den jede Religion bedeutet. Denn jede wendet sich irgendwie, ihrem Ursprung oder ihrer Ausgestaltung nach, an den Himmel oder die Sonne, hat irgend eine Beziehung zu diesem Allumschließenden und Weltbeherrschenden. Daß ein Sinn, der in der Praxis des Lebens so exklusiv ist, wie das Auge, der selbst das gleichzeitig Erblickte durch die Verschiedenheit des Augenpunktes für jeden irgendwie modifiziert, nun doch einen Inhalt hat, der absolut nicht exklusiv ist, der sich jedem gleichmäßig darbietet, den Himmel, die Sonne, die Gestirne – das muß einerseits jenes Transzendieren aus der Enge und Besonderheit des Subjekts nahelegen, das jede Religion enthält, und trägt oder begünstigt das Moment des Zusammenschlusses der Gläubigen, das gleichfalls jede Religion einschließt.

Die hervorgehobenen unterschiedlichen Verhältnisse von Auge und Ohr zu ihren Gegenständen stiften soziologisch sehr verschiedene Verhältnisse zwischen den Individuen, deren Vereinigungen auf dem einen oder auf dem andern ruhen. Die Arbeiter in einem Fabriksaal, die Studenten in einem Auditorium, die Soldaten einer Abteilung fühlen sich irgendwie als Einheit. Und wenn diese Einheit auch aus übersinnlichen Momenten quillt, so ist sie doch in ihrem Charakter dadurch mitbestimmt, daß der für sie wesentlich wirksame Sinn das Auge ist, daß die Individuen sich während der sie vergemeinsamenden Vorgänge zwar sehen, aber nicht sprechen können. In diesem Falle wird das Einheitsbewußtsein einen viel abstrakteren Charakter haben, als wenn das Zusammensein zugleich auch mündlicher Verkehr ist. Das Auge zeigt, neben dem Individuellen des Menschen, das in seiner Erscheinung investiert ist, in höherem Maße auch das *Gleiche* aller, als das Ohr es tut. Das Ohr gerade vermittelt die Fülle der divergenten Stimmungen des Einzelnen, den Fluß und die momentane Aufgipfelung der Gedanken und Impulse, die ganze Polarität des subjektiven wie des objektiven Lebens. Aus Menschen, die wir nur sehen, bilden wir unendlich viel leichter einen Allgemeinbegriff, als wenn wir mit jedem sprechen können. Die gewöhnliche Unvollkommenheit des Sehens begünstigt diesen Unterschied. Die wenigsten Menschen wissen mit Sicherheit zu sagen, auch nur welches die Augenfarbe ihrer Freunde ist oder können sich die Mundbildung der ihnen nächsten Menschen in der Phantasie anschaulich vorstellen. Sie haben sie eigentlich gar nicht gesehen, man *sieht* offenbar an einem Menschen in viel höherem Maße das, was ihm mit andern gemein ist, als man dies allgemeine an ihm *hört*. Die unmittelbare Herstellung sehr abstrakter, unspezifischer Sozialgebilde wird deshalb, soweit die Technik der Sinne wirkt, durch die Sehnähe, bei mangelnder Gesprächsnähe, am meisten begünstigt. Diese Konstellation hat, nach dem oben angedeuteten, die Entstehung des modernen Begriffs des »Arbeiters« sehr gefördert. Dieser unerhört wirkungsvolle Begriff, der das Allgemeine aller Lohnarbeiter, ob sie Kanonen oder Spielzeug machen, zusammenschließt, war den früheren Jahrhunderten unzugängig, deren Gesellenvereinigungen oft viel enger und intimer waren, weil sie wesentlich auf dem persönlichen und mündlichen Verkehr ruhten, denen aber der Fabriksaal und die Massenversammlung fehlte. Hier erst, wo man unzählige sah, ohne sie zu hören, vollzog sich jene hohe Abstraktion dessen, was all diesem gemeinsam ist und was von all dem Individuellen, Konkreten, Variablen, wie das Ohr es uns vermittelt, in seiner Entwicklung oft gehemmt wird.

Gegenüber der soziologischen Bedeutung von Gesicht und Gehör tritt die der niederen Sinne zurück, wenngleich die des Geruches nicht so weit, wie die eigentümliche Dumpfheit und Unentwickelbarkeit seiner Eindrücke anzunehmen verleitet. Es ist kein Zweifel, daß jeder Mensch die ihn umgebende Luftschicht in einer charakteristischen Weise parfümiert, und zwar ist es dem so entstehenden Geruchseindruck wesentlich, daß er von jenen beiden Entwickelungen der Sinnesempfindung: nach dem Subjekte hin, als dessen Lust oder Unlust, und nach dem Objekte hin, als dessen Erkenntnis – die erstere bei weitem überwiegen läßt. Der Geruch bildet nicht von sich aus ein Objekt, wie Gesicht und Gehör es tun, sondern bleibt sozusagen im Subjekt befangen; was sich darin symbolisiert, daß es für seine Unterschiede keine selbständigen, objektiv bezeichnenden Ausdrücke gibt. Wenn wir sagen: es riecht sauer, so bedeutet das nur: es riecht so, wie etwas riecht, das sauer schmeckt. In ganz anderm Maße als die Empfindungen jener Sinne entziehen sich die des Geruches der Beschreibung mit Worten, sie sind nicht auf die Ebene der Abstraktion zu projizieren. Um so weniger Widerstände des Denkens und Wollens finden die instinktmäßigen Antipathien und Sympathien, die sich an jene, den Menschen umgebende Geruchssphäre heften und die z. B. für das soziologische Verhältnis zweier auf demselben Territorium lebenden Rassen sicher oft folgenreich werden. Die Rezeption der Neger in die höhere Gesellschaft Nordamerikas ist schon wegen der Körperatmosphäre des Negers ausgeschlossen, und die vielfache dunkle Aversion von Juden und Germanen gegeneinander hat man auf dieselbe Ursache geschoben. Die für die soziale Entwicklung der Gegenwart oft so lebhaft befürwortete persönliche Berührung zwischen Gebildeten und Arbeitern, jene auch von den Gebildeten als ethisches Ideal anerkannte Annäherung der beiden Welten, »von denen die eine nicht weiß, wie die andre lebt« – scheitert einfach an der Unüberwindlichkeit der Geruchseindrücke. Sicher würden viele Angehörige der oberen Stände, wenn es im sittlich-sozialen Interesse gefordert wird, erhebliche Opfer an persönlichem Komfort bringen, auf vielerlei Bevorzugungen und Genüsse zugunsten der Enterbten verzichten, und daß dies jetzt noch nicht in höherem Maße geschieht, liegt sicher daran, daß die recht geschickten Formen dafür noch nicht gefunden sind. Aber alle solche Verzichte und Hingaben würde man sich tausendmal eher zumuten, als die körperliche Berührung mit dem Volke, an dem »der ehrwürdige Schweiß der Arbeit« haftet. Die soziale Frage ist nicht nur eine ethische, sondern auch eine Nasenfrage.

Es ist von einer noch gar nicht genug beachteten Bedeutung für die soziale Kultur, daß mit der sich verfeinernden Zivilisation offenbar die eigentliche Wahrnehmungsschärfe aller Sinne sinkt, dagegen ihre Lust- und Unlustbetonung steigt. Und zwar glaube ich, daß die nach dieser Seite hin gesteigerte Sensibilität im ganzen sehr viel mehr Leiden und Repulsionen als Freuden und Attraktionen mit sich bringt. Der moderne Mensch wird von Unzähligem chokiert, Unzähliges erscheint ihm sinnlich unaushaltbar, was undifferenziertere, robustere Empfindungsweisen ohne irgend eine Reaktion dieser Art hinnehmen. Die Individualisierungstendenz des modernen Menschen, die größere Personalität und Wahlfreiheit seiner Bindungen muß damit zusammenhängen. Mit seiner teils unmittelbar sensuellen, teils ästhetischen Reaktionsweise kann er sich nicht mehr ohne weiteres in traditionelle Einungen, in enge Bindungen begeben, in denen nach seinem persönlichen Geschmack, nach seiner persönlichen Empfindlichkeit nicht gefragt wird. Und unvermeidlich bringt dies eine größere Isolierung, eine schärfere Umgrenzung der personalen Sphäre mit sich. Vielleicht ist diese Entwicklung am Geruchssinn die bemerklichste: die hygienischen und Reinlichkeitsbestrebungen der Gegenwart sind davon nicht weniger Folge als Ursache. Im allgemeinen wird mit steigender Kultur die Fernwirkung der Sinne schwächer, ihre Nahwirkung stärker, wir werden nicht nur kurzsichtig, sondern überhaupt kurzsinnig; aber auf diese kürzeren Distanzen hin werden wir um so sensibler. Der Geruchssinn ist nun von vornherein schon ein auf größere Nähe, dem Gesicht und Gehör gegenüber, angelegter Sinn, und wenn wir mit ihm nicht mehr soviel objektiv wahrnehmen können, wie manche Naturvölker, so reagieren wir subjektiv um so heftiger auf seine Eindrücke. Die Richtung, in der dies geschieht, ist auch bei ihm die vorhin angedeutete, aber auch dieses in höherem Maße als bei den andern Sinnen: ein Mensch mit besonders feiner Nase erfährt durch *diese* Verfeinerung sicher sehr viel mehr Unannehmlichkeiten als Freuden. Dazu kommt, jene isolierende Repulsion, die wir der Sinnesverfeinerung danken, verstärkend, hier noch folgendes. Indem wir etwas riechen, ziehen wir diesen Eindruck oder dieses ausstrahlende Objekt so tief in uns ein, in unser Zentrum, assimilieren es sozusagen durch den vitalen Prozeß des Atmens so eng mit uns, wie es durch keinen andern Sinn einem Objekt gegenüber möglich ist – es sei denn, daß wir es essen. Daß wir die Atmosphäre jemandes riechen, ist die intimste Wahrnehmung seiner, er dringt sozusagen in luftförmiger Gestalt in unser Sinnlich-Innerstes ein, und es liegt auf der Hand, daß bei gesteigerter Reizbarkeit gegen Geruchseindrücke überhaupt dies zu einer Auswahl und einem Distanznehmen führen muß, das gewissermaßen eine der sinnlichen Grundlagen für die soziologische Reserve des modernen Individuums bildet. Es ist bezeichnend, daß ein Mensch von so fanatisch exklusivem Individualismus wie Nietzsche von den ihm verhaßten Menschentypen auffallend oft sagt: »Sie riechen nicht gut.« Wenn die andern Sinne tausend Brücken zwischen den Menschen schlagen, wenn sie Abstoßungen, die sie bewirken, immer wieder durch Anziehungen versöhnen können, wenn die Verwebung ihrer positiven und ihrer negativen Gefühlswerte den konkreten Gesamtbeziehungen zwischen Menschen ihre Färbung gibt – so kann man im Gegensatz dazu den Geruchssinn als den dissoziierenden Sinn bezeichnen. Nicht nur weil er unendlich viel mehr Abstoßungen als Anziehungen vermittelt, nicht nur weil seine Entscheidungen etwas Radikales und Inappellables haben, das sich nur schwer durch die Entscheidungen andrer Sinnes- oder Geistesinstanzen überwinden läßt, sondern auch weil grade das Zusammensein Vieler ihm niemals irgend welche Attraktionen gewährt, wie diese Situation sie doch wenigstens unter gewissen Umständen für die andern Sinne entfalten kann: ja im allgemeinen werden Chokierungen des Geruchssinnes im graden quantitativen Verhältnis der Masse steigen, in deren Mitte sie uns treffen. Schon durch diese Vermittlung weist, wie gesagt, kulturelle Verfeinerung auf individualisierende Isolierung hin, mindestens in kälteren Ländern; während die Chance, das Zusammensein wesentlich im Freien, also ohne jene Unzuträglichkeit zu bewerkstelligen, den sozialen Verkehr in südlichen Ländern sicher beeinflußt hat. –

Indem ich meine Untersuchung hier abbreche, bin ich mir ihres fragmentarischen Charakters sehr wohl bewußt. Allein vielleicht ist damit doch von einer Stelle aus ein Zugang zu der Schicht geöffnet, aus der die Erkenntnis die Bedingungen der konkreten, lebendigen Vergesellschaftung unter den Menschen heraufholen muß. Die zarten, unscheinbaren Fäden, die sich zwischen Mensch und Mensch spinnen, wird man nicht länger der Beachtung für unwert halten dürfen, wenn man das Gewebe der Gesellschaft nach seinen erzeugenden, formgebenden Kräften begreifen will – dieses Gewebe, von dem die Soziologie bisher im ganzen nur das schließlich zustande gekommene Muster seiner obersten Erscheinungsschicht zu beschreiben bemüht war.

Soziologische Apriori

I. Das Bild, das ein Mensch vom andern aus der persönlichen Berührung gewinnt, ist durch gewisse Verschiebungen bedingt, die nicht einfache Täuschungen aus unvollständiger Erfahrung, mangelnder Sehschärfe, sympathischen oder antipathischen Vorurteilen sind, sondern prinzipielle Änderungen der Beschaffenheit des realen Objekts. Und zwar gehen diese zunächst nach zwei Dimensionen. Wir sehen den Andern in irgend einem Maße verallgemeinert. Vielleicht, weil es uns nicht gegeben ist, eine von der unsern abweichende Individualität völlig in uns zu repräsentieren. Jedes Nachbilden einer Seele ist durch die Ähnlichkeit mit ihr bestimmt und obgleich diese keineswegs die einzige Bedingung des seelischen Erkennens ist – da einerseits eine gleichzeitige Ungleichheit erforderlich scheint, um Distanz und Objektivität zu gewinnen, andrerseits eine intellektuelle Fähigkeit, die sich jenseits der Gleichheit oder Nicht-Gleichheit des Seins hält – so würde das *vollkommene* Erkennen dennoch eine vollkommene Gleichheit voraussetzen. Es scheint, als hätte jeder Mensch einen tiefsten Individualitätspunkt in sich, der von keinem andern, bei dem dieser Punkt qualitativ abweichend ist, innerlich nachgeformt werden kann. Und daß diese Forderung mit jener Distanz und objektiven Beurteilung, auf denen das Vorstellen des Andern außerdem ruht, schon logisch nicht vereinbar ist, beweist eben nur, daß das vollkommene Wissen um die Individualität des Andern uns versagt ist; und von den wechselnden Maßen dieses Mangels sind alle Verhältnisse der Menschen untereinander bedingt. Welches nun aber auch seine Ursache sei, seine Folge ist jedenfalls eine Verallgemeinerung des seelischen Bildes vom Andern, ein Verschwimmen der Umrisse, das der Einzigkeit dieses Bildes eine Beziehung zu andern zufügt. Wir stellen jeden Menschen, mit besondrer Folge für unser praktisches Verhalten zu ihm, als den Typus Mensch vor, zu dem seine Individualität ihn gehören läßt, wir denken ihn, neben all seiner Singularität, unter einer allgemeinen Kategorie, die ihn freilich nicht völlig deckt und die er nicht völlig deckt – durch welch letztere Bestimmung sich dies Verhältnis von dem zwischen dem Allgemeinbegriff und der unter ihn gehörigen Einzelheit unterscheidet. Um den Menschen zu erkennen, sehen wir ihn nicht nach seiner reinen Individualität, sondern getragen, erhoben oder auch erniedrigt durch den allgemeinen Typus, unter den wir ihn rechnen. Selbst wenn diese Umwandlung so unmerklich ist, daß wir sie unmittelbar nicht mehr erkennen können, selbst dann, wenn all die gewöhnlichen charakterologischen Oberbegriffe: moralisch oder unmoralisch, frei oder gebunden, herrisch oder sklavenhaft usw. versagen – innerlich benennen wir den Menschen doch nach einem wortlosen Typus, mit dem sein reines Fürsichsein nicht zusammenfällt.

Und dies führt noch eine Stufe weiter hinab. Grade aus der völligen Einzigkeit einer Persönlichkeit formen wir ein Bild ihrer, das mit ihrer Wirklichkeit nicht identisch ist, aber dennoch nicht ein allgemeiner Typus ist, vielmehr das Bild, das er zeigen würde, wenn er sozusagen ganz er selbst wäre, wenn er nach der guten oder schlechten Seite hin die ideelle Möglichkeit, die in jedem Menschen ist, realisierte. Wir alle sind Fragmente, nicht nur des allgemeinen Menschen, sondern auch unser selbst. Wir sind Ansätze nicht nur zu dem Typus Mensch überhaupt, nicht nur zu dem Typus des Guten und des Bösen u. dgl., sondern wir sind auch Ansätze zu der – prinzipiell nicht mehr benennbaren – Individualität und Einzigkeit unser selbst, die wie mit ideellen Linien gezeichnet unsre wahrnehmbare Wirklichkeit umgibt. Dieses Fragmentarische aber ergänzt der Blick des Andern zu dem, was wir niemals rein und ganz sind. Er kann gar nicht die Fragmente nur nebeneinander sehen, die wirklich gegeben sind, sondern wie wir den blinden Fleck in unserem Sehfelde ergänzen, daß man sich seiner garnicht bewußt wird, so machen wir aus diesem Fragmentarischen die Vollständigkeit seiner Individualität. Die Praxis des Lebens drängt darauf, das Bild des Menschen nur aus den realen Stücken, die wir von ihm empirisch wissen, zu gestalten; aber grade sie ruht auf jenen Veränderungen und Ergänzungen, auf der Umbildung jener gegebenen Fragmente zu der Allgemeinheit eines Typus und zu der Vollständigkeit der ideellen Persönlichkeit.

Dieses prinzipielle, wenngleich in Wirklichkeit selten bis zur Vollkommenheit durchgeführte Verfahren wirkt nun innerhalb der schon bestehenden Gesellschaft als das Apriori der weiteren, zwischen Individuen sich entspinnenden Wechselwirkungen. Innerhalb eines Kreises, der in irgend einer Gemeinsamkeit des Berufes oder der Interessen zusammengehört, sieht jedes Mitglied jedes andre nicht rein empirisch, sondern auf Grund eines Apriori, das dieser Kreis jedem an ihm teilhabenden Bewußtsein auferlegt. In den Kreisen der Offiziere, der kirchlich Gläubigen, der Beamten, der Gelehrten, der Familienmitglieder sieht jeder den andern unter der selbstverständlichen Voraussetzung: dieser ist ein Mitglied meines Kreises. Es gehen von der gemeinsamen Lebensbasis gewisse Suppositionen aus, durch die man sich gegenseitig wie durch einen Schleier erblickt. Dieser freilich verhüllt nicht einfach die Eigenart der Persönlichkeit, aber er gibt ihr, indem ihr ganz individuell-realer Bestand mit jenem zu einem einheitlichen Gebilde verschmilzt, eine neue Form. Wir sehen den andern nicht schlechthin als Individuum, sondern als Kollegen oder Kameraden oder Parteigenossen, kurz als Mitbewohner derselben besonderen Welt und diese unvermeidliche, ganz automatisch wirksame Voraussetzung ist eines der Mittel, seine Persönlichkeit und Wirklichkeit in der Vorstellung des andern auf die von seiner Soziabilität erforderte Qualität und Form zu bringen.

Dies gilt ersichtlich auch für das Verhältnis der Zugehörigen verschiedener Kreise zueinander. Der Bürgerliche, der einen Offizier kennen lernt, kann sich garnicht davon freimachen, daß dieses Individuum ein Offizier ist. Und obgleich das Offizier-Sein zu dieser Individualität gehören mag, so doch nicht in der schematisch gleichen Art, wie es, in der Vorstellung des Andern, ihr Bild präjudiziert. Und so geht es dem Protestanten gegenüber dem Katholiken, dem Kaufmann gegenüber dem Beamten, dem Laien gegenüber dem Priester usw. Überall liegen hier Verschleierungen der Realitätslinie durch die soziale Verallgemeinerung vor, die die Entdeckung jener innerhalb einer sozial entschieden differenzierten Gesellschaft prinzipiell ausschließen. So findet der Mensch in der Vorstellung des Menschen Verschiebungen, Abzüge und Ergänzungen – da die Verallgemeinerung immer zugleich mehr oder weniger ist als die Individualität – von all diesen a priori wirksamen Kategorien her: von seinem Typus als Mensch, von der Idee seiner eignen Vollendung, von der sozialen Allgemeinheit her, der er zugehört. Über alledem schwebt, als heuristisches Prinzip des Erkennens, der Gedanke seiner realen, schlechthin individuellen Bestimmtheit; aber indem es scheint, als ob erst der Gewinn dieser die ganz richtig fundamentierte Beziehung zu ihm ergäbe, sind tatsächlich jene Veränderungen und Neugestaltungen, die diese ideale Erkenntnis seiner hindern, grade die Bedingungen, durch die die Beziehungen, die wir allein als die gesellschaftlichen kennen, möglich werden – ungefähr wie bei Kant die Kategorien des Verstandes, die die unmittelbaren Gegebenheiten zu ganz neuen Objekten formen, doch allein die gegebene Welt zu einer erkennbaren machen.

II. Eine andre Kategorie, unter der die Subjekte sich selbst und sich gegenseitig erblicken, damit sie, so geformt, die empirische Gesellschaft ergeben können, läßt sich mit dem trivial erscheinenden Satz formulieren: daß jedes Element einer Gruppe nicht nur Gesellschaftsteil, sondern außerdem noch etwas ist. Als soziales Apriori wirkt dies, insofern der der Gesellschaft nicht zugewandte oder in ihr nicht aufgehende Teil des Individuums nicht einfach beziehungslos neben seinem sozial bedeutsamen liegt, nicht nur ein Außerhalb der Gesellschaft ist, für das sie, willig oder widerwillig, Raum gibt; sondern daß der Einzelne mit gewissen Seiten nicht Element der Gesellschaft ist, bildet die positive Bedingung dafür, daß er es mit andern Seiten seines Wesens ist: die Art seines Vergesellschaftet-Seins ist bestimmt oder mitbestimmt durch die Art seines Nicht-Vergesellschaftet-Seins. Die späteren Untersuchungen werden einige Typen ergeben, deren soziologische Bedeutung sogar in ihrem Kern und Wesen dadurch fixiert ist, daß sie von der Gesellschaft, für die ihre Existenz bedeutsam ist, grade irgendwie ausgeschlossen sind: so bei dem Fremden, bei dem Feinde, bei dem Verbrecher, sogar bei dem Armen. Dies gilt aber nicht nur für solche generellen Charaktere, sondern, in unzähligen Modifikationen, für jegliche individuelle Erscheinung. Daß jeder Augenblick uns von Beziehungen zu Menschen umfaßt findet und sein Inhalt von diesen direkt oder indirekt bestimmt ist, spräche durchaus nicht dagegen, sondern die soziale Umfassung als solche betrifft eben Wesen, die nicht völlig von ihr umfaßt sind. Wir wissen von dem Beamten, daß er nicht nur Beamter, von dem Kaufmann, daß er nicht nur Kaufmann, von dem Offizier, daß er nicht nur Offizier ist; und dieses außersoziale Sein, sein Temperament und der Niederschlag seiner Schicksale, seine Interessiertheiten und der Wert seiner Persönlichkeit, so wenig es die Hauptsache der beamtenhaften, kaufmännischen, militärischen Betätigungen abändern mag, gibt ihm doch für jeden ihm Gegenüberstehenden jedesmal eine bestimmte Nuance und durchflicht sein soziales Bild mit außersozialen Imponderabilien. Der ganze Verkehr der Menschen innerhalb der gesellschaftlichen Kategorien wäre ein andrer, wenn ein jeder dem andern nur als das gegenüberträte, was er in seiner jeweiligen Kategorie, als Träger der ihm grade jetzt zufallenden sozialen Rolle ist. Freilich unterscheiden sich die Individuen ebenso wie die Berufe wie die sozialen Situationen danach, welches Maß jenes »Außerdem« sie zugleich mit ihrem sozialen Inhalt besitzen oder zulassen. Den einen Pol dieser Reihe bildet etwa der Mensch in der Liebe oder in der Freundschaft; hier kann das, was das Individuum für sich reserviert, jenseits der dem andern zugewendeten Entwicklungen und Betätigungen, sich quantitativ dem Grenzwert Null nähern, es ist nur ein einziges Leben vorhanden, das gleichsam von zwei Seiten her betrachtet werden kann oder gelebt wird: einmal von der Innenseite, von dem terminus a quo des Subjekts her, dann aber, als das ganz ungeänderte, nach der Richtung des geliebten Menschen hin, unter der Kategorie seines terminus ad quem, die es restlos aufnimmt. Unter ganz andrer Tendenz bietet der katholische Priester das formal gleiche Phänomen, in dem seine kirchliche Funktion sein individuelles Fürsichsein völlig überdeckt und verschlingt. In dem ersten dieser extremen Fälle verschwindet das »Außerdem« der soziologischen Aktivität, weil sein Inhalt gänzlich in der Hinwendung zu dem Gegenüber aufgegangen ist, in dem zweiten, weil der entsprechende Typus von Inhalten überhaupt prinzipiell verschwunden ist. Den Gegenpol nun zeigen etwa die Erscheinungen der modernen, geldwirtschaftlich bestimmten Kultur, in der der Mensch als produzierender, als kaufender oder verkaufender, überhaupt als irgend ein leistender, sich dem Ideal der absoluten Objektivität nähert; abgesehen von ganz hohen, führenden Positionen, ist das individuelle Leben, der Ton der Gesamtpersönlichkeit, aus der Leistung verschwunden, die Menschen sind nur die Träger einer nach objektiven Normen erfolgenden Ausgleichung von Leistung und Gegenleistung, und alles, was nicht in diese reine Sachlichkeit hineingehört, ist auch tatsächlich aus ihr verschwunden. Das »Außerdem« hat die Persönlichkeit mit ihrer Sonderfärbung, ihrer Irrationalität, ihrem inneren Leben völlig in sich aufgenommen und jenen gesellschaftlichen Betätigungen nur die für sie spezifischen Energien in reinlicher Abtrennung überlassen.

Zwischen diesen Extremen bewegen sich die sozialen Individuen, immer so, daß die dem inneren Zentrum zugekehrten Energien und Bestimmtheiten irgend eine Bedeutung für die dem Andern geltenden Betätigungen und Gesinnungen aufweisen. Denn – im Grenzfall – sogar das Bewußtsein, diese soziale Aktivität oder Stimmung sei etwas von dem übrigen Menschen Geschiedenes, und trete mit dem, was er sonst ist und bedeutet, in die soziologische Beziehung eben *nicht* ein – selbst dieses Bewußtsein ist von durchaus positivem Einfluß auf die Attitude, die das Subjekt den Andern gegenüber und die Andern ihm gegenüber einnehmen. Das Apriori des empirischen sozialen Lebens ist, daß das Leben nicht ganz sozial ist, wir formen unsre Wechselbeziehungen nicht nur unter der negativen Reserve eines in sie nicht eintretenden Teiles unsrer Persönlichkeit; dieser Teil wirkt nicht nur durch allgemeine psychologische Verknüpfungen überhaupt auf die sozialen Vorgänge in der Seele ein, sondern grade die formale Tatsache, daß er außerhalb der letzteren steht, bestimmt die Art dieser Einwirkung. – Auch ruht darauf, daß die Gesellschaften Gebilde aus Wesen sind, die zugleich innerhalb und außerhalb ihrer stehen, eine der wichtigsten soziologischen Formungen: daß nämlich zwischen einer Gesellschaft und ihren Individuen ein Verhältnis wie zwischen zwei Parteien bestehen kann, ja vielleicht, offener oder latenter, immer besteht. Damit erzeugt die Gesellschaft vielleicht die bewußteste, mindestens die allgemeinste Ausgestaltung einer Grundform des Lebens überhaupt: daß die individuelle Seele nie innerhalb einer Verbindung stehen kann, außerhalb deren sie nicht zugleich steht, daß sie in keine Ordnung eingestellt ist, ohne sich zugleich ihr gegenüber zu finden. Dies geht von den transszendenten und allerallgemeinsten Zusammenhängen bis zu den singulärsten und zufälligsten. Der religiöse Mensch fühlt sich von dem göttlichen Wesen völlig umfaßt, als wäre er nur ein Pulsschlag des göttlichen Lebens, seine eigne Substanz ist vorbehaltlos, ja in mystischer Unterschiedslosigkeit in die des Absoluten hingegeben. Und dennoch, um dieser Einschmelzung auch nur einen Sinn zu geben, muß er irgend ein Selbst-Sein bewahren, irgend ein personales Gegenüber, ein gesondertes Ich, dem die Auflösung in dies göttliche All-Sein eine unendliche Aufgabe ist, ein Prozeß nur, der weder metaphysisch möglich noch religiös fühlbar wäre, wenn er nicht von einem Fürsichsein des Subjekts ausginge: das Eins-Sein mit Gott ist in seiner Bedeutung durch das Anders-Sein als Gott bedingt. Jenseits dieser Aufgipfelung zum Transszendenten zeigt die Beziehung, die sich der menschliche Geist durch seine ganze Geschichte hindurch zu der Natur als einem Ganzen vindiziert, die gleiche Form. Wir wissen uns einerseits in die Natur eingegliedert, als eines ihrer Produkte, das neben jedem andern als Gleiches unter Gleichen steht, ein Punkt, den ihre Stoffe und Energien erreichen und verlassen, wie sie durch das strömende Wasser und die blühende

Pflanze kreisen. Und doch hat die Seele das Gefühl eines von all diesen Verschlingungen und Einbeziehungen unabhängigen Fürsichseins, das man mit dem logisch so unsichern Begriff der Freiheit bezeichnet, all diesem Getriebe, dessen Element wir doch selbst sind, ein Gegenüber und Paroli bietend, das sich zu dem Radikalismus: die Natur ist nur eine Vorstellung in menschlichen Seelen – aufgipfelt. Wie aber hier die Natur, mit all ihrer unleugbaren Eigengesetzlichkeit und harten Wirklichkeit dennoch in das Ich eingeschlossen wird – so ist andrerseits dieses Ich, mit all seiner Freiheit und Fürsichsein, seinem Gegensatz gegen die bloße Natur, doch ein Glied ihrer; das eben ist der übergreifende Naturzusammenhang, daß er dieses gegen ihn selbständige, ja oft genug feindselige Wesen mitumfaßt, daß das, was seinem tiefsten Lebensgefühl nach außerhalb seiner steht, doch sein Element sein muß. Nicht minder nun gilt diese Formel für das Verhältnis zwischen den Individuen und den einzelnen Kreisen seiner gesellschaftlichen Bindungen, oder, wenn man diese zu dem Begriff oder Gefühl des Vergesellschaftetseins überhaupt zusammenfaßt, für das Verhältnis der Individuen schlechthin. Wir wissen uns einerseits als *Produkte* der Gesellschaft: die physiologische Reihe der Vorfahren, ihre Anpassungen und Fixierungen, die Traditionen ihrer Arbeit, ihres Wissens und Glaubens, der ganze, in objektiven Formen kristallisierte Geist der Vergangenheit – bestimmen die Anlagen und die Inhalte unseres Lebens, so daß die Frage entstehen konnte, ob der Einzelne denn überhaupt etwas andres wäre als ein Gefäß, in dem sich zuvor bestehende Elemente in wechselnden Maßen mischen; denn wenn diese Elemente auch schließlich von Einzelnen produziert wären, so sei der Beitrag eines jeden eine verschwindende Größe und erst durch ihr gattungsmäßiges und gesellschaftliches Zusammenkommen erzeugten sich die Faktoren, in deren Synthese dann wieder die angebbare Individualität bestünde. Andrerseits wissen wir uns als ein *Glied* der Gesellschaft, mit unsrem Lebensprozeß und seinem Sinn und Zweck ebenso unselbständig in ihr Nebeneinander verwebt, wie dort in ihr Nacheinander. So wenig wir als Naturwesen ein Fürunssein haben, weil die Kreisung der natürlichen Elemente durch uns wie durch völlig selbstlose Gebilde hindurchgeht und die Gleichheit vor den Naturgesetzen unser Dasein ohne Rest in ein bloßes Beispiel ihrer Notwendigkeiten auflöst – so wenig leben wir als Gesellschaftswesen um ein autonomes Zentrum herum, sondern sind Augenblick für Augenblick aus den Wechselbeziehungen zu andern zusammengesetzt und sind so der körperlichen Substanz vergleichbar, die für uns nur noch als die Summe vielfacher Sinneseindrücke, aber nicht als eine für sich seiende Existenz besteht. Nun aber fühlen wir, daß diese soziale Diffusion unsre Persönlichkeit nicht vollkommen auflöst; nicht nur um die schon erwähnten Reserven handelt es sich, um einzelne Inhalte, deren Sinn und Entwicklung von vornherein nur in der Einzelseele ruht und in dem sozialen Zusammenhang überhaupt keine Stelle findet; nicht nur um die *Formung* der sozialen Inhalte, deren Einheit als Individualseele nicht selbst wieder gesellschaftlichen Wesens ist, so wenig wie die künstlerische Form, zu der die Farbflecken auf der Leinwand zusammengehn, aus dem chemischen Wesen der Farben selbst herzuleiten ist. Sondern vor allem: der gesamte Lebensinhalt, so restlos er aus den sozialen Antezedentien und Wechselbeziehungen erklärbar sein mag, ist doch zugleich unter der Kategorie des Einzellebens zu betrachten, als Erlebnis des Individuums und völlig auf dieses hin orientiert. Beides sind nur verschiedene Kategorien, unter die der gleiche Inhalt tritt, wie eben dieselbe Pflanze einmal nach ihren biologischen Entstehungsbedingungen, ein andermal nach ihrer praktischen Verwendbarkeit, ein drittes Mal auf ihre ästhetische Bedeutung hin angesehen werden kann. Der Standpunkt, aus dem die Existenz des Einzelnen angeordnet und begriffen wird, kann ebenso innerhalb wie außerhalb seiner genommen werden, die Totalität des Lebens, mit all seinen sozial ableitbaren Inhalten, ist ebenso als das zentripetale Schicksal seines Trägers zu fassen, wie es, mit allen seinen für das Individuum reservierten Teilen, dennoch als Produkt und Element des sozialen Lebens gelten kann.

Damit also bringt die Tatsache der Vergesellschaftung das Individuum in die Doppelstellung, von der ich ausging: daß es in ihr befaßt ist und zugleich ihr gegenübersteht, ein Glied ihres Organismus und zugleich selbst ein geschlossenes organisches Ganzes, ein Sein für sie und ein Sein für sich. Das Wesentliche aber und der Sinn des besonderen soziologischen Apriori, das sich hierin gründet, ist dies, daß das Innerhalb und das Außerhalb zwischen Individuum und Gesellschaft nicht zwei nebeneinander bestehende Bestimmungen sind – obgleich sie sich gelegentlich auch so, und bis zur gegenseitigen Feindseligkeit entwickeln können – sondern daß sie die ganz einheitliche Position des sozial lebenden Menschen bezeichnen. Seine Existenz ist nicht nur, in Aufteilung ihrer Inhalte, partiell sozial und partiell individuell; sondern sie steht unter der fundamentalen, gestaltenden, nicht weiter reduzierbaren Kategorie einer Einheit, die wir nicht anders ausdrücken können als durch die Synthese oder die Gleichzeitigkeit der beiden logisch einander entgegengesetzten Bestimmungen der Gliedstellung und des Fürsichseins, des Produziert- und Befaßtseins durch die Gesellschaft und des Lebens aus dem eignen Zentrum heraus und um des eignen Zentrums willen. Die Gesellschaft besteht nicht nur, wie sich vorher ergab, aus Wesen, die zum Teil nicht vergesellschaftet sind, sondern aus solchen, die sich einerseits als völlig soziale Existenzen, andrerseits, den gleichen Inhalt bewahrend, als völlig personale empfinden. Und dieses sind nicht zwei beziehungslos nebeneinanderliegende Standpunkte, wie etwa wenn man eben denselben Körper einmal auf seine Schwere hin und ein andermal auf seine Farbe hin ansieht, sondern dies beides bildet die Einheit, die wir das soziale Wesen nennen, die synthetische Kategorie – wie der Begriff der Verursachung eine apriorische Einheit ist, wenngleich er die beiden, inhaltlich ganz verschiedenen Elemente des Verursachenden und des Bewirkten einschließt. Daß diese Formung uns zur Verfügung steht, diese Fähigkeit, aus Wesen, deren jedes sich als den terminus a quo und den terminus ad quem seiner Entwicklungen, Schicksale, Qualitäten empfinden kann, den grade mit solchen rechnenden Begriff der Gesellschaft herzustellen und diesen nun als den terminus a quo und den terminus ad quem jener Lebendigkeiten und Seinsbestimmtheiten zu wissen – das ist ein Apriori der empirischen Gesellschaft, das macht ihre Form möglich, wie wir sie kennen.

III. Die Gesellschaft ist ein Gebilde aus ungleichen Elementen. Denn selbst wo demokratische oder sozialistische Tendenzen eine »Gleicheit« planen oder teilweise erreichen, handelt es sich immer nur um Gleichwertigkeit der Personen, der Leistungen, der Positionen, während eine Gleichheit der Menschen ihren Beschaffenheiten, Lebensinhalten und Schicksalen nach garnicht in Frage kommen kann. Und wo andrerseits eine versklavte Bevölkerung nur Masse bildet, wie in den großen orientalischen Despotien, betrifft diese Gleichheit jedes mit jedem immer nur gewisse Seiten der Existenz, etwa die politischen oder wirtschaftlichen, niemals aber das Ganze derselben, dessen mitgebrachte Eigenschaften, personale Beziehungen, durchlebte Schicksale nicht nur nach der Innenseite des Lebens zu, sondern auch nach seinen Wechselbeziehungen mit andern Existenzen unvermeidlich eine Art von Einzigkeit und Unverwechselbarkeit haben werden. Stellt man sich die Gesellschaft als rein objektives Schema vor, so zeigt sie sich als eine Ordnung von Inhalten und Leistungen, die nach Raum, Zeit, Begriffen, Werten aufeinander bezogen sind und bei denen man insofern von der Personalität, von der Ichform, die ihre Dynamik trägt, absehen kann. Wenn jene Ungleichheit der Elemente nun jede Leistung oder Qualität innerhalb dieser Ordnung als eine individuell charakterisierte, an ihrer Stelle unzweideutig festgelegte auftreten läßt, so erscheint die Gesellschaft als ein Kosmos, dessen Mannigfaltigkeit nach Sein und Bewegung zwar unübersehlich ist, in dem aber jeder Punkt nur in jener bestimmten Weise beschaffen sein und sich entwickeln kann, wenn nicht die Struktur des Ganzen geändert sein soll. Was man von dem Bau der Welt überhaupt gesagt hat: daß kein Sandkörnchen anders geformt sein und anders liegen könnte, als es der Fall ist, ohne daß dies eine Änderung des gesamten Daseins zur Voraussetzung und Folge hätte – das wiederholt sich an dem Bau der Gesellschaft, betrachtet als eine Verwebung qualitativ bestimmter Erscheinungen. Eine Analogie wie in einem Miniaturbild, unendlich vereinfacht und sozusagen stilisiert, findet das so aufgenommene Bild der Gesellschaft überhaupt an einer Beamtenschaft, die als solche aus einer bestimmten Ordnung von »Positionen« besteht, einer Prädeterminiertheit von Leistungen, die, von ihren jeweiligen Trägern abgelöst, einen ideellen Zusammenhang ergeben; innerhalb dieser findet jeder neu Eintretende einen unzweideutig bestimmten Platz, der gleichsam auf ihn gewartet hat und zu dem seine Energien harmonisch sein müssen. Was hier bewußte, systematische Festlegung von Leistungsinhalten ist, ist in der Ganzheit der Gesellschaft natürlich ein unentwirrbares Durcheinanderspielen von Funktionen, die Stellungen in ihr sind nicht durch einen konstruktiven Willen gegeben, sondern erst durch das reale Schaffen und Erleben der Individuen erfaßbar. Und trotz dieses ungeheuren Unterschiedes, trotz alles Irrationellen, Unvollkommenen, vom Wertstandpunkte aus Verwerflichen, das die historische Gesellschaft zeigt, bleibt ihre phänomenologische Struktur – die Summe und das Verhältnis der von jedem Element objektiv-gesellschaftlich gebotenen Existenzart und Leistungen – eine Ordnung von Elementen, deren jedes einen individuell bestimmten Platz einnimmt, eine Koordination von objektiv und in ihrer sozialen Bedeutung sinnvollen, wenngleich nicht immer wertvollen Funktionen und Funktionszentren; wobei das rein Personale, das innerlich Produktive, die Impulse und Reflexe des eigentlichen Ich ganz außer Betrachtung bleiben. Oder, anders ausgedrückt: das Leben der Gesellschaft verläuft – nicht psychologisch, sondern phänomenologisch, rein auf seine sozialen Inhalte als solche angesehen – so, als ob jedes Element für seine Stelle in diesem Ganzen vorherbestimmt wäre; bei aller Disharmonie von den idealen Forderungen her, verläuft es so, als ob alle seine Glieder in einem einheitlichen Verhältnis ständen, das jeden, grade weil er dieser besondre ist, auf alle andern und alle andern auf diesen anwiese.

Von hier aus nun wird das Apriori sichtbar, von dem jetzt die Rede sein soll und das dem Einzelnen eine Grundlage und »Möglichkeit«, einer Gesellschaft zuzugehören, bedeutet. Daß jedes Individuum durch seine Qualität von sich aus auf eine bestimmte Stelle innerhalb seines sozialen Milieus hingewiesen ist: daß diese ihm ideell zugehörige Stelle auch wirklich in dem sozialen Ganzen vorhanden ist – das ist die Voraussetzung, von der aus der Einzelne sein gesellschaftliches Leben lebt und die man als den Allgemeinheitswert der Individualität bezeichnen kann. Sie ist unabhängig davon, daß sie sich zu klarem, begrifflichem Bewußtsein aufarbeitet, ebenso aber auch davon, ob sie in dem realen Lebensverlauf ihre Realisierung findet – wie die Apriorität des Kausalgesetzes, als einer formenden Voraussetzung des Erkennens davon unabhängig ist, ob das Bewußtsein es in gesonderten Begriffen formuliert und ob die psychologische Wirklichkeit immer ihm gemäß verfährt oder nicht. Unser Erkenntnisleben ruht auf der Voraussetzung einer prästabilierten Harmonie zwischen unsern geistigen, wenn auch noch so individuellen Energien und dem äußern, objektiven Dasein; denn dies bleibt immer der Ausdruck des unmittelbaren Phänomens, gleichviel, ob man es dann metaphysisch oder psychologisch auf die Produktion des Daseins durch den Intellekt selbst zurückführen mag. So ist das gesellschaftliche Leben als solches auf die Voraussetzung einer grundsätzlichen Harmonie zwischen dem Individuum und dem sozialen Ganzen gestellt, so wenig dies die krassen Dissonanzen des ethischen und des eudämonistischen Lebens hindert. Würde die soziale Wirklichkeit durch diese prinzipielle Voraussetzung hemmungslos und ohne Verfehlungen gestaltet sein, so hätten wir die vollkommene Gesellschaft – wiederum nicht in dem Sinn ethischer oder eudämonistischer Vollkommenheit, sondern begrifflicher: sozusagen nicht die *vollkommene* Gesellschaft, sondern die vollkommene Gesellschaft. So weit das Individuum dieses Apriori seiner sozialen Existenz: die durchgehende Korrelation seines individuellen Seins mit den umgebenden Kreisen, die integrierende Notwendigkeit seiner, durch sein innerpersönliches Leben bestimmten Besonderheit für das Leben des Ganzen – so weit es dieses Apriori nicht realisiert oder realisiert findet, ist es eben nicht vergesellschaftet, ist die Gesellschaft nicht die lückenlose Wechselwirksamkeit, die ihr Begriff aussagt.

Eine bewußte Zuspitzung gewinnt dieses Verhalten mit der Kategorie des *Berufes*. Das Altertum hat zwar diesen Begriff im Sinne der persönlichen Differenziertheit und der arbeitsteilig gegliederten Gesellschaft nicht gekannt. Aber was ihm zum Grunde liegt: daß das sozial wirksame Tun der einheitliche Ausdruck der inneren Qualifikation ist, daß sich das Ganze und Bleibende der Subjektivität vermöge ihrer Funktionen in der Gesellschaft praktisch objektiviert – das bestand auch im Altertum. Nur daß diese Beziehung sich an einem durchgängig gleichmäßigeren Inhalt vollzog; ihr Prinzip tritt an der Aristotelischen Äußerung hervor, daß einige von ihrer Natur her zum δουλεύειν, andre zum δεσπόζειν bestimmt wären. Bei höherer Ausbildung des Begriffes zeigt er die eigenartige Struktur: daß einerseits die Gesellschaft eine »Stelle« in sich erzeugt und bietet, die zwar nach Inhalt und Umriß von andern unterschieden ist, aber doch prinzipiell von Vielen ausgefüllt werden kann und dadurch sozusagen etwas Anonymes ist; und daß nun diese, trotz ihres Allgemeinheitscharakters, von dem Individuum auf Grund eines inneren »Rufes«, einer als ganz persönlich empfundenen Qualifikation ergriffen wird. Damit es überhaupt einen »Beruf« gäbe, muß jene, wie auch immer entstandene, Harmonie zwischen dem Bau und Lebensprozeß der Gesellschaft auf der einen Seite, den individuellen Beschaffenheiten und Impulsen auf der andern, vorhanden sein. Auf ihr als allgemeiner Voraussetzung ruht schließlich die Vorstellung, daß für jede Persönlichkeit eine Position und Leistung innerhalb der Gesellschaft bestehe, zu der sie »berufen« ist, und der Imperativ, so lange zu suchen, bis man sie findet.

Die empirische Gesellschaft wird nur durch dieses, in dem Berufsbegriff aufgegipfelte Apriori »möglich«, das freilich, gleich den bisher behandelten, nicht mit einem einfachen Schlagworte zu bezeichnen ist, wie die Kantischen Kategorien es zulassen. Die Bewußtseinsprozesse, mit denen sich Vergesellschaftung vollzieht: die Einheit aus

Vielen, die gegenseitige Bestimmung der Einzelnen, die Wechselbedeutung des Einzelnen für die Totalität der andern und dieser Totalität für den Einzelnen – verlaufen unter dieser ganz prinzipiellen, nicht abstrakt bewußten, aber in der Realität der Praxis sich ausdrükkenden Voraussetzung: daß die Individualität des Einzelnen in der Struktur der Allgemeinheit eine Stelle findet, ja, daß diese Struktur gewissermaßen von vornherein, trotz der Unberechenbarkeit der Individualität, auf diese und ihre Leistung angelegt ist. Der kausale Zusammenhang, der jedes soziale Element in das Sein und Tun jedes andern verflicht und so das äußere Netzwerk der Gesellschaft zustande bringt, verwandelt sich in einen teleologischen, sobald man ihn von den individuellen Trägern her betrachtet, von seinen Produzenten, die sich als Ichs fühlen und deren Verhalten aus dem Boden der für sich seienden, sich selbst bestimmenden Persönlichkeit wächst. Daß jene phänomenale Ganzheit sich dem Zweck dieser, gleichsam von außen an sie herantretenden Individualitäten fügt, dem von innen bestimmten Lebensprozeß dieser die Stätte bietet, an der seine Besonderheit zu einem notwendigen Glied in dem Leben des Ganzen wird – dies gibt, als eine fundamentale Kategorie, dem Bewußtsein des Individuums die Form, die es zu einem sozialen Elemente designiert.

Soziologische Aesthetik

Die Betrachtung des menschlichen Thuns verdankt ihren immer erneuten Reiz der unerschöpflich mannichfaltigen Mischung von gleichartiger, steter Wiederkehr weniger Grundtöne und wechselnder Fülle ihrer individuellen Variirungen, deren keine ganz der anderen gleicht. Auf eine erstaunlich geringe Zahl ursprünglicher Motive lassen sich die Tendenzen, Entwickelungen, Gegensätze der Menschengeschichte zurückführen. Was man von der Dichtung behauptet hat: daß sowohl Lyrik wie Dramatik nur in der wechselnden Ausgestaltung einer eng begrenzten Zahl äußerer und innerer Schicksalsmöglichkeiten bestünden, – Das gilt von jedem Gebiete menschlicher Bethätigung; und je weiter wir die Gebiete fassen, desto mehr schmilzt die Zahl der Grundmotive zusammen, um schließlich bei der allgemeinsten Betrachtung des Lebens fast überall nur in eine Zweiheit zu münden, als deren Kampf, Kompromiß, Kombination zu immer neuen Gestalten alles Leben erscheint. Auf solchen Dualismus von Denk- und Lebensrichtungen, in dem die Grundströmungen des Menschlichen zu ihrem einfachsten Ausdruck kämen, strebt jede Epoche, die unübersehbare Fülle ihrer Erscheinungen zurückzuführen. Nur aber in Symbolen und Beispielen ist jener tiefe Lebensgegensatz alles Menschlichen zu begreifen und jeder großen historischen Periode erscheint eine andere Ausgestaltung dieses Gegensatzes als sein Grundtypus und Urform.

So tauchte am Anfang der griechischen Philosophie der große Gegensatz zwischen Heraklit und den Eleaten auf: für Jenen war alles Sein in ewigem Flusse; in der Mannichfaltigkeit unendlicher Kontraste, die sich unaufhörlich in einander umsetzen, vollzieht sich ihm der Weltprozeß; für die Eleaten dagegen gab es jenseits des trüglichen Sinnenscheines nur ein einziges ruhendes Sein, allumfassend, ungespalten, die absolute, unterschiedlose Einheit der Dinge. Das war die Grundform, die die große Parteiung alles menschlichen Wesens für das griechische Denken annahm und die das Thema für seine gesammte Entwickelung gab. Mit dem Christenthum trat eine andere Ausgestaltung auf: der Gegensatz des göttlichen und des irdischen Prinzips. Allem spezifisch christlichen Leben erschien Dies als der letzte und absolute Gegensatz der Wesensrichtungen, auf den alle Unterschiede des Wollens und Denkens zurückgeführt werden mußten, der aber selbst auf keinen tieferen mehr hinwies. Die Lebensanschauungen der neueren Zeit haben Das zu dem fundamentalen Gegensatz von Natur und Geist weitergeführt. Die Gegenwart endlich hat für jenen Dualismus, der zwischen die Menschen, ja, durch die einzelne Seele seine Furche zieht, die Formel der sozialistischen und der individualistischen Tendenz gefunden. Hiermit scheint wiederum ein letzter typischer Unterschied der Charaktere von Menschen und Einrichtungen ausgesprochen, eine Wasserscheide gefunden, an der ihre Richtungen sich trennen, um dann, doch wieder zusammenfließend, die Wirklichkeit nach den verschiedenen Maßen ihrer Mitwirkung zu bestimmen. Durch alle Fragen des Lebens scheint sich die Linie zu verlängern, die diese Denkweisen trennt und auf den entferntesten Gebieten, an den mannichfaltigsten Materien zeigt sich die Form der Charakterbildung, die sich auf dem sozialpolitischen in dem Gegensatz sozialistischer und individualistischer Neigungen ausprägt. Sie bestimmt nicht weniger die Tiefen rein materieller Lebensinteressen als die Höhen der ästhetischen Weltanschauung.

Das Wesen der ästhetischen Betrachtung und Darstellung liegt für uns darin, daß in dem Einzelnen der Typus, in dem Zufälligen das Gesetz, in dem Aeußerlichen und Flüchtigen das Wesen und die Bedeutung der Dinge hervortreten. Dieser Reduktion auf Das, was an ihr bedeutsam und ewig ist, scheint keine Erscheinung sich entziehen zu können. Auch das Niedrigste, an sich Häßlichste, läßt sich in einen Zusammenhang der Farben und Formen, der Gefühle und Erlebnisse einstellen, der ihm reizvolle Bedeutsamkeit verleiht; in das Gleichgiltigste, das uns in seiner isolirten Erscheinung banal oder abstoßend ist, brauchen wir uns nur tief und liebevoll genug zu versenken, um auch Dies als Strahl und Wort der letzten Einheit aller Dinge zu empfinden, aus der ihnen Schönheit und Sinn quillt und für die jede Philosophie, jede Religion, jeder Augenblick unserer höchsten Gefühlserhebungen nach Symbolen ringen. Wenn wir diese Möglichkeit ästhetischer Vertiefung zu Ende denken, so giebt es in den Schönheitwerthen der Dinge keine Unterschiede mehr. Die Weltanschauung wird ästhetischer Pantheismus, jeder Punkt birgt die Möglichkeit der Erlösung zu absoluter ästhetischer Bedeutsamkeit, aus jedem leuchtet für den hinreichend geschärften Blick die *ganze* Schönheit, der *ganze* Sinn des Weltganzen hervor.

Damit aber hat das Einzelne die Bedeutung verloren, die es gerade als Einzelnes und im Unterschiede gegen alles Andere besitzt. Denn nicht so läßt diese sich bewahren, daß man etwa sagte, die überall gleich mögliche ästhetische Formung und Vertiefung der Dinge lasse der inhaltlichen, qualitativen Verschiedenheit ihrer Schönheiten vollen Raum, sie bedeute nur ästhetische Gleichwerthigkeit, nicht Gleichartigkeit, sie hebe nur die Unterschiede des Ranges auf diesem Gebiete auf, aber nicht die der Farben und Töne, der Sinne und Gedanken, des Allegro und des Adagio. Diese Vorstellung, die die Reize der ästhetischen Allgleichheit und Alleinheit mit denen des ästhetischen Individualismus versöhnen will, thut doch dessen Forderung nicht ganz Genüge. Denn gerade die Rangordnung der Werthe, der Aufbau des Bedeutsamen über das Gleichgiltigere, die organische Steigerung und Entwickelung, die aus dem Stumpfen das Beseelte, aus dem Rohen das Feine herauswachsen läßt, giebt den Gipfeln dieser Reihe einen Hintergrund, eine Höhe und Leuchtkraft, die bei ästhetischer Gleichwerthigkeit der Objekte von keinem unter ihnen erreicht wird. Für sie ergießt sich ein gleich heller Glanz über alle Dinge, der zwar das Niedrigste dem Höchsten gleichstellt, dafür aber auch das Höchste dem Niedrigsten. An Unterschiede sind unsere Empfindungen geknüpft, die Werthempfindung nicht weniger als die des Haut- oder Wärmesinnes. Wir können nicht immer auf gleicher Höhe wandeln, wenigstens nicht auf der höchsten, die uns in unseren besten Augenblicken zugänglich ist; und so müssen wir die Erhebung des Niedrigsten in die ästhetische Höhe mit dem Verzicht auf jene Aufschwünge bezahlen, die nur seltene, vereinzelte sein können und sich nur über den Untergrund einer tiefer gelegenen, dumpferen und dunkleren Welt erheben. Aber nicht nur diese Bedingtheit alles Empfindens durch den Unterschied, die wir als abzustreifende Fessel und Unvollkommenheit unseres Wesens empfinden mögen, knüpft den Werth der Dinge an ihren Abstand von einander: auf eben diesem Abstand an und für sich ruht ein Schönheitwerth. Daß die Welt nach Licht und Finsterniß geschieden ist, daß ihre Elemente nicht in Gleichwerthigkeit formlos in einander verschwimmen, sondern jedes in einem Stufenbau der Werthe seine Stelle habe zwischen einem höheren und einem tieferen, daß das Rohere und Niedere den Sinn seiner Existenz darin finde, Träger und Hintergrund des Feinen, Hellen, Hohen zu sein: Das ist an sich ein höchster ästhetischer Reiz und Werth des Weltbildes. So scheiden sich unversöhnliche Wege: Der, dem tausend Tiefen lohnen, um der einen Höhe willen, und der den Werth der Dinge in ihrem Gipfel findet, von dem er zurückstrahlend allem Niederen seinen Sinn und sein Werthmaß zutheilt, – er wird nie den Anderen verstehen, der aus dem Wurm die Stimme Gottes reden hören will und den Anspruch jedes Dinges, so viel zu gelten wie das andere, als Gerechtigkeit empfindet. Und wer das Schauspiel der Gliederung und Abstufung, der Formung des Weltbildes nach dem Mehr oder Minder ihrer Schönheit nicht entbehren mag, – Der wird nie in einer inneren Welt leben mit dem Anderen, der die Harmonie der Dinge in ihrer Gleichheit sieht, so daß Reiz und Häßlichkeit des Anblickes, thörichtes Chaos und sinnvolle Form nur verhüllende Gewänder sind, hinter denen er überall die selbe Schönheit und Seele des Seins sieht, nach der sein Gemüth dürstet.

Hier nach einer Versöhnung zu suchen, nach einem Begriff und Theorie, die diese Gegenrichtungen der Werthgefühle als verträgliche und in einer höheren Strebung zusammenlaufende demonstrirt, weil in vielen Seelen thatsächlich beide mit getheilten Rechten herrschen: Das ist so viel wie: den Gegensatz von Tag und Nacht hinweg beweisen, weil es eine Dämmerung giebt. Hier stehen wir an den Quellen alles Menschlichen, die je nach den Gebieten, durch die sie fließen, die ungeheuren Gegensätze des politischen Sozialismus und Individualismus, der pantheistischen oder atomistischen Erkenntniß, der ästhetischen Ausgleichung oder Differenzirung aufblühen lassen. Diese Quellen selbst, diese letzten Wesensrichtungen, können wir nicht mit Worten bezeichnen; nur an jenen einzelnen Erscheinungen, die sie in ihrer Lenkung der empirischen Lebensinhalte, gleichsam in der Mischung mit diesen, ergeben, kann man sie erkennen oder wenigstens auf sie hinweisen als auf die unbekannten Kräfte, die die Materie unseres Daseins zu ihren Formen gestalten, ewig unversöhnt und eben dadurch jede der anderen den frischen Reiz erregend, der dem Leben unserer Gattung seine Rastlosigkeit, seinen Kampf, sein Schwingen zwischen Gegensätzen verbürgt, so daß die Befriedigung des Einen den kräftigsten Ansturm des Anderen lockt. Und hierin allein liegt, was man ihre Versöhnung nennen könnte: nicht in dem öden Nachweis, daß sie sich auf eine begriffliche Einheit reduziren lassen, sondern darin, daß sie sich in *einer* Gattung von Wesen, ja, in jeder einzelnen Seele fortwährend begegnen und bekämpfen. Denn Das eben ist die Höhe und Herrlichkeit der Menschenseele, daß ihr lebendiges Leben, ihre unbegriffene Einheit, in jedem Augenblick die Kräfte in sich wirken läßt, die an sich doch aus völlig unvereinbaren Quellen nach völlig unvereinbaren Mündungen fließen.

Am Anfang aller ästhetischen Motive steht die Symmetrie. Um in die Dinge Idee, Sinn, Harmonie zu bringen, muß man sie zunächst symmetrisch gestalten, die Theile des Ganzen unter einander ausgleichen, sie ebenmäßig um einen Mittelpunkt herum ordnen. Die formgebende Macht des Menschen gegenüber der Zufälligkeit und Wirrniß der blos natürlichen Gestaltung wird damit auf die schnellste, sichtbarste und unmittelbarste Art versinnlicht. So führt der erste ästhetische Schritt über das bloße Hinnehmen der Sinnlosigkeit der Dinge hinaus zur Symmetrie, bis später Verfeinerung und Vertiefung gerade wieder an das Unregelmäßige, an die Asymmetrie, die äußersten ästhetischen Reize knüpft. In symmetrischen Bildungen gewinnt der Rationalismus zuerst sichtbare Gestalt. So lange das Leben überhaupt noch triebhaft, gefühlsmäßig, irrationell ist, tritt die ästhetische Erlösung von ihm in so rationalistischer Form auf. Wenn Verstand, Berechnung, Ausgleichung es erst durchdrungen haben, flieht das ästhetische Bedürfniß wiederum in seinen Gegensatz und sucht das Irrationale und seine äußere Form, das Unsymmetrische.

Die niedrigere Stufe des ästhetischen Triebes spricht sich im Systembau aus, der die Objekte in ein symmetrisches Bild faßt. So brachten z. B. Bußbücher des sechsten Jahrhunderts die Sünden und Strafen in Systeme von mathematischer Präzision und ebenmäßigem Aufbau. Der erste Versuch, die sittlichen Irrungen in ihrer Gesammtheit geistig zu bewältigen, erfolgte so in der Form eines möglichst mechanischen, durchsichtigen, symmetrischen Schemas; wenn sie unter das Joch des Systems gebeugt waren, konnte der Verstand sie am Schnellsten und gleichsam mit dem geringsten Widerstande erfassen. Die Systemform zerbricht, sobald man der eigenen Bedeutsamkeit des Objektes innerlich gewachsen ist und sie nicht erst aus einem Zusammenhang mit anderen zu entlehnen braucht; in diesem Stadium verblaßt deshalb auch der ästhetische Reiz der Symmetrie, mit der man sich die Elemente zunächst zurechtlegte. Man kann nun an der Rolle, die die Symmetrie in sozialen Gestaltungen spielt, recht erkennen, wie scheinbar rein ästhetische Interessen durch materielle Zweckmäßigkeit hervorgerufen werden und umgekehrt ästhetische Motive in die Formungen hineinwirken, die scheinbar der reinen Zweckmäßigkeit folgen. Wir finden z. B. in den verschiedensten alten Kulturen die Zusammenschließung von je zehn Mitgliedern der Gruppe zu einer besonderen Einheit – in militärischer, steuerlicher, kriminalistischer und sonstigen Beziehungen –, oft so, daß zehn solcher Untergruppen wieder eine höhere Einheit, die Hundertschaft, bilden. Der Grund dieser symmetrischen Konstruktion der Gruppe war sicher die leichtere Uebersichtlichkeit, Bezeichenbarkeit, Lenksamkeit. Das eigenthümlich stilisierte Bild der Gesellschaft, das bei diesen Organisationen herauskam, ergab sich als Erfolg bloßer Nützlichkeiten. Wir wissen aber ferner, daß diese Bedeutung der »Hundert« schließlich oft nur noch zur Konservirung der bloßen Bezeichnung führte: jene Hundertschaften enthielten oft mehr, oft weniger als hundert Individuen. Im mittelalterlichen Barcelona z. B. hieß der Senat die Einhundert, obgleich er etwa zweihundert Mitglieder hatte. Diese Abweichung von der ursprünglichen Zweckmäßigkeit der Organisation, während doch zugleich deren Fiktion festgehalten wurden, zeigt den Uebergang des blos Nützlichen in das Aesthetische, den Reiz der Symmetrie, der architektonischen Neigungen im sozialen Wesen.

Die Tendenz zur Symmetrie, zu gleichförmiger Anordnung der Elemente nach durchgehenden Prinzipien, ist nun weiterhin allen despotischen Gesellschaftsformen eigen. Justus Möser schrieb 1772: »Die Herren vom General-Departement möchten gern Alles auf einfache Regeln zurückgeführt haben. Dadurch entfernen wir uns von dem wahren Plane der Natur, die ihren Reichthum in der Mannichfaltigkeit zeigt, und bahnen den Weg zum Despotismus, der Alles nach wenigen Regeln zwingen will.« Die symmetrische Anordnung macht die Beherrschung der Vielen von einem Punkt aus leichter. Die Anstöße setzen sich länger, widerstandsloser, berechenbarer durch ein symmetrisch angeordnetes Medium fort, als wenn die innere Struktur und die Grenzen der Theile unregelmäßig und fluktuirend sind. So wollte Karl V. alle ungleichmäßigen und eigenartigen politischen Gebilde und Rechte in den Niederlanden nivelliren und diese zu einer in allen Theilen gleichmäßigen Organisation umgestalten; »er haßte«, so schreibt ein Historiker dieser Epoche, »die alten Freibriefe und störrischen Privilegien, die seine Ideen von Symmetrie störten.« Und mit Recht hat man die egyptischen Pyramiden als Symbole des politischen Baues bezeichnet, den die großen orientalischen Despoten aufführten: eine völlig symmetrische Struktur der Gesellschaft, deren Elemente nach oben hin an Umfang schnell abnehmen, an

Höhe der Macht schnell zunehmen, bis sie in die eine Spitze münden, die gleichmäßig das Ganze beherrscht. Ist diese Form der Organisation auch aus ihrer bloßen Zweckmäßigkeit für die Bedürfnisse des Despotismus hervorgegangen, so wächst sie doch in eine formale, rein ästhetische Bedeutung hinein: der Reiz der Symmetrie, mit ihrer inneren Ausgeglichenheit, ihrer äußeren Geschlossenheit, ihrem harmonischen Verhältniß der Theile zu einem einheitlichen Centrum wirkt sicher in der ästhetischen Anziehungskraft mit, die die Autokratie, die Unbedingtheit des einen Staatswillens auf viele Geister, ausübt. Deshalb ist die liberale Staatsform umgekehrt der Asymmetrie zugeneigt. Ganz direkt hebt Macaulay, der begeisterte Liberale, Das als die eigentliche Stärke des englischen Verfassungslebens hervor. »Wir denken«, so sagt er, »gar nicht an die Symmetrie, aber sehr an die Zweckmäßigkeit; wir entfernen niemals eine Anomalie, blos weil es eine Anomalie ist; wir stellen keine Normen von weiterem Umfang auf, als es der besondere Fall, um den es sich gerade handelt, erfordert. Das sind die Regeln, die im Ganzen, vom König Johann bis zur Königin Viktoria, die Erwägungen unserer 250 Parlamente geleitet haben.« Hier wird also das Ideal der Symmetrie und logischen Abrundung, die allem Einzelnen von einem Punkte aus seinen Sinn giebt, zu Gunsten jenes anderen verworfen, das jedes Element sich nach seinen eigenen Bedingungen unabhängig ausleben und so natürlich das Ganze eine regellose und ungleichmäßige Erscheinung darbieten läßt. Dennoch liegt auch in dieser Asymmetrie, dieser Befreiung des individuellen Falles von der Präjudizirung durch sein Pendant, ein ästhetischer Reiz neben all ihren konkreten Motiven. Dieser Oberton klingt deutlich aus den Worten Macaulays heraus; er stammt aus dem Gefühl, daß diese Organisation das innere Leben des Staates zum typischsten Ausdruck und in die harmonischste Form bringe.

Am Entschiedensten wird der Einfluß ästhetischer Kräfte auf soziale Thatsachen in dem modernen Konflikt zwischen sozialistischer und individualistischer Tendenz sichtbar: Daß die Gesellschaft als Ganzes ein Kunstwerk werde, in dem jeder Theil einen erkennbaren Sinn vermöge seines Beitrages zum Ganzen erhält; daß an Stelle der rhapsodischen Zufälligkeit, mit der die Leistung des Einzelnen jetzt zum Nutzen oder zum Schaden der Gesammtheit gereicht, eine einheitliche Direktive alle Produktionen zweckmäßig bestimme; daß statt der kraftverschwendenden Konkurrenz und des Kampfes der

Einzelnen gegen einander eine absolute Harmonie der Arbeiten eintrete –: diese Ideen des Sozialismus wenden sich zweifellos an ästhetische Interessen und – aus welchen sonstigen Gründen man auch seine Forderungen verwerfen mag – sie widerlegen jedenfalls die populäre Meinung, daß der Sozialismus, ausschließlich den Bedürfnissen des Magens entsprungen, auch ausschließlich in sie münde; und die soziale Frage ist nicht nur eine ethische, sondern auch eine ästhetische.* Die rationelle Organisation der Gesellschaft hat, ganz abgesehen von ihren fühlbaren Folgen für die Individuen, einen hohen ästhetischen Reiz; sie will das Leben des Ganzen zum Kunstwerk machen, wie es jetzt kaum das Leben des Einzelnen sein kann. Je zusammengesetztere Gebilde unsere Anschauung zu umfassen befähigt ist, desto entschiedener wird die Anwendung der ästhetischen Kategorien von den individuellen, sinnlich wahrnehmbaren zu den sozialen Gebilden aufwärts schreiten. Es handelt sich hier um den gleichen ästhetischen Reiz wie den, den die Maschine auszuüben vermag. Die absolute Zweckmäßigkeit und Zuverlässigkeit der Bewegungen, die äußerste Verminderung der Widerstände und Reibungen, das harmonische Ineinandergreifen der kleinsten und der größten Bestandtheile: Das verleiht der Maschine selbst bei oberflächlicher Betrachtung eine eigenartige Schönheit, die die Organisation einer Fabrik in erweitertem Maße wiederholt und die der sozialistische Staat im allerweitesten wiederholen soll. Dieses eigenthümliche, auf Harmonie und Symmetrie hingehende Interesse, in dem der Sozialismus seinen rationalistischen Charakter zeigt und mit dem er das soziale Leben gleichsam stilisiren will, tritt rein äußerlich darin hervor, daß sozialistische Utopien die lokalen Einzelheiten ihrer Idealstädte oder -staaten immer nach dem Prinzip der Symmetrie konstruiren: entweder in Kreisform oder in quadratischer Form werden die Ortschaften oder Gebäude angeordnet. In Campanellas Sonnenstaat ist der Plan der Reichshauptstadt mathematisch abgezirkelt, eben so wie die Tageseintheilung der Bürger und die Abstufung ihrer Rechte und Pflichten. Dieser allgemeine Zug sozialistischer Pläne zeugt nur in roher

* Eine ästhetische übrigens auch in der Bedeutung der unmittelbaren Sinnesempfindung von Angenehmem und Unangenehmem, nicht nur in der der Formenschönheit. Die eigentlich ästhetischen Unannehmlichkeiten, wie sie der typische »Gebildete« bei körperlicher Berührung mit dem Volke empfindet, an dem »der ehrwürdige Schweiß der Arbeit« haftet, dürften schwerer überwindlich sein als die Abneigung, auf Hummern, Lawn-Tennis und Chaiselongues zu verzichten.

Form für die tiefe Anziehungskraft, die der Gedanke der harmonischen, innerlich ausgeglichenen, allen Widerstand der irrationalen Individualität überwindenden Organisation des menschlichen Thuns ausübt, – ein Interesse, das, ganz jenseits von den materiell greifbaren Folgen solcher Organisation, sicher auch als ein rein formal ästhetisches einen nie ganz verschwindenden Faktor in den sozialen Gestaltungen bildet. Wenn man die Anziehungskraft des Schönen darein gesetzt hat, daß seine Vorstellung eine Kraftersparniß des Denkens bedeute, das Abrollen einer maximalen Anzahl von Vorstellungen mit einem Minimum von Anstrengung, so erfüllt die symmetrische, gegensatzfreie Konstruktion der Gruppe, wie der Sozialist sie erstrebt, diese Forderung vollkommen. Die individualistische Gesellschaft mit ihren heterogenen Interessen, mit ihren unversöhnten Tendenzen, ihren unzählige Male begonnenen und – weil nur von Einzelnen getragen – eben so oft unterbrochenen Entwickelungreihen: eine solche Gesellschaft bietet dem Geiste ein unruhiges, sozusagen unebenes Bild, ihre Wahrnehmung fordert fortwährend neue Innervationen, ihr Verständniß neue Anstrengung; während die sozialistische, ausgeglichene Gesellschaft mit ihrer organischen Einheitlichkeit, ihrer symmetrischen Anordnung, der gegenseitigen Berührung ihrer Bewegungen in gemeinsamen Centren dem beobachtenden Geist ein Maximum von Wahrnehmungen, ein Umfassen des sozialen Bildes mit einem Minimum von geistigem Kraftaufwand ermöglicht, – eine Thatsache, deren ästhetische Bedeutung viel mehr, als diese abstrakte Formulirung verräth, die psychischen Verfassungen in einer sozialistischen Gesellschaft beeinflussen müßte. Symmetrie bedeutet im Aesthetischen Abhängigkeit des einzelnen Elementes von seiner Wechselwirkung mit allen anderen, zugleich aber Abgeschlossenheit des damit bezeichneten Kreises; während asymmetrische Gestaltungen mit dem individuelleren Rechte jedes Elementes mehr Raum für frei und weit ausgreifende Beziehungen gestatten. Dem entspricht die innere Organisation des Sozialismus und die Erfahrung, daß alle historischen Annäherungen an sozialistische Verfassung immer nur in streng geschlossenen Kreisen stattfanden, die alle Beziehungen zu außerhalb gelegenen Mächten ablehnten. Diese Geschlossenheit, die sowohl dem ästhetischen Charakter der Symmetrie wie dem politischen Charakter des sozialistischen Staates eignet, hat zur Folge, daß man angesichts des nicht aufzuhebenden internationalen Verkehrs allgemein betont, der Sozialismus könne nur einheitlich in der ganzen Kulturwelt, nicht aber in irgend einem einzelnen Lande zur Herrschaft kommen.

Nun aber zeigt sich die Geltungweite der ästhetischen Motive darin, daß sie sich mit mindestens der gleichen Kraft auch zu Gunsten des entgegengesetzten sozialen Ideals äußern. Die Schönheit, die heute thatsächlich empfunden wird, trägt noch fast ausschließlich individualistischen Charakter. Sie knüpft sich im Wesentlichen an einzelne Erscheinungen, sei es in ihrem Gegensatz zu den Eigenschaften und Lebensbedingungen der Masse, sei es in direkter Opposition gegen sie. In diesem Sich-Entgegensetzen und Isoliren des Individuums gegen das Allgemeine, gegen Das, was für Alle gilt, ruht großentheils die eigentlich romantische Schönheit, – selbst dann, wenn wir es zugleich ethisch verurtheilen. Gerade daß der Einzelne nicht nur das Glied eines größeren Ganzen, sondern selbst ein Ganzes sei, das nun als Solches nicht mehr in jene symmetrische Organisation sozialistischer Interessen hineinpaßt, – gerade Das ist ein ästhetisch reizvolles Bild. Selbst der vollkommenste soziale Mechanismus ist eben Mechanismus und entbehrt der Freiheit, die, wie man sie auch philosophisch ausdeuten möge, doch als Bedingung der Schönheit erscheint. So sind denn auch von den in letzter Zeit hervorgetretenen Weltanschauungen die am entschieden individualistischsten: die des Rembrandt und die Nietzsches, durchweg von ästhetischen Motiven getragen. Ja, so weit geht der Individualismus des modernen Schönheitempfindens, daß man Blumen, insbesondere die modernen Kulturblumen, nicht mehr zum Strauße binden mag: man läßt sie einzeln, bindet höchstens einzelne ganz lose zusammen. Jede ist zu sehr Etwas für sich, sie sind ästhetische Individualitäten, die sich nicht zu einer symmetrischen Einheit zusammenordnen; wogegen die unentwickelteren, gleichsam noch mehr im Gattungtypus verbliebenen Wiesen- und Waldblumen gerade entzückende Sträuße geben.

Diese Bindung der gleichartigen Reize an unversöhnliche Gegensätze weist auf den eigenthümlichen Ursprung der ästhetischen Gefühle hin. So wenig Sicheres wir über diesen wissen, so empfinden wir doch als wahrscheinlich, daß die materielle Nützlichkeit der Objekte, ihre Zweckmäßigkeit für Erhaltung und Steigerung des Gattunglebens, der Ausgangspunkt auch für ihren Schönheitwerth gewesen ist. Vielleicht ist für uns Das schön, was die Gattung als nützlich erprobt hat und was uns deshalb, insofern diese in uns lebt, Lust bereitet, ohne daß wir als Individuen jetzt noch die reale Nützlichkeit des Gegenstandes genössen. Diese ist längst durch die Länge der geschichtlichen Entwickelung und Vererbung hinweggeläutert; die materiellen Motive, aus denen unsere ästhetische Empfindung stammt, liegen in weiter Zeitenferne und lassen dem Schönen so den Charakter der »reinen Form«, einer gewissen Ueberirdischheit und Irrealität, wie sich der gleiche verklärende Hauch über die eigenen Erlebnisse vergangener Zeiten legt. Nun aber ist das Nützliche ein sehr Mannichfaltiges, in verschiedenen Anpassungperioden, ja, in verschiedenen Provinzen der selben Periode oft von entgegengesetztestem Inhalt. Insbesondere jene großen Gegensätze alles geschichtlichen Lebens: die Organisation der Gesellschaft, für die der Einzelne nur Glied und Element ist, und die Werthung des Individuums, für das die Gesellschaft nur Unterbau sei, gewinnen in Folge der Mannichfaltigkeit der historischen Bedingungen abwechselnd die Vorhand und mischen sich in jedem Augenblick in veränderlichsten Proportionen. Dadurch sind nun die Voraussetzungen gegeben, auf die hin sich die ästhetischen Interessen der einen sozialen Lebensform so stark wie der anderen zuwenden können. Der scheinbare Widerspruch: daß der gleiche ästhetische Reiz der Harmonie des Ganzen, in dem der Einzelne verschwindet, und dem Sich-Durchsetzen des Individuums zuwächst, erklärt sich ohne Weiteres, wenn alles Schönheitempfinden das Destillat, die Idealisirung, die abgeklärte Form ist, mit der die Anpassungen und Nützlichkeitempfindungen der Gattung in dem Einzelnen nachklingen, auf den jene reale Bedeutung nur als eine vergeistigte und formalistische vererbt worden ist. Dann spiegeln sich alle Mannichfaltigkeiten und alle Widersprüche der geschichtlichen Entwickelung in der Weite unseres ästhetischen Empfindens, das so an die entgegengesetzten Pole der sozialen Interessen die gleiche Stärke des Reizes zu knüpfen vermag.

Die innere Bedeutsamkeit der Kunststile läßt sich als eine Folge der verschiedenen Distanz auslegen, die sie zwischen uns und den Dingen herstellen. Alle Kunst verändert die Blickweite, in die wir uns ursprünglich und natürlich zu der Wirklichkeit stellen. Sie bringt sie uns einerseits näher, zu ihrem eigentlichen und innersten Sinn setzt sie uns in ein unmittelbareres Verhältniß, hinter der kühlen Fremdheit der Außenwelt verräth sie uns die Beseeltheit des Seins, durch die es uns verwandt und verständlich ist. Daneben aber stiftet jede Kunst eine Entfernung von der Unmittelbarkeit der Dinge, sie läßt die Konkretheit der Reize zurücktreten und spannt einen Schleier zwischen uns und sie, gleich jenem feinen bläulichen Duft, der sich um ferne Berge spinnt. An beide Seiten dieses Gegensatzes knüpfen sich gleich starke Reize; die Spannung zwischen ihnen, ihre Vertheilung auf die Mannichfaltigkeit der Ansprüche an das Kunstwerk, giebt jedem Kunststil sein eigenes Gepräge. Im Naturalismus, in seinem Gegensatz zu aller eigentlichen »Stilisirung«, scheint zunächst die Nähe der Objekte zu überwiegen. Die naturalistische Kunst will aus jedem Stückchen der Welt seine eigene Bedeutsamkeit herausholen, während die stilisirende eine vorgefaßte Forderung von Schönheit und Bedeutsamkeit zwischen uns und die Dinge stellt. Aus dem Boden der unmittelbaren Eindrücke von Wirklichkeit ist alle Kunst genährt, wenn sie auch zur Kunst erst da wird, wo sie über diesen Boden hinauswächst; sie setzt eben einen innerlichen, unbewußten Reduktionprozeß voraus, um uns von ihrer Wahrheit und Bedeutsamkeit zu überzeugen; bei der naturalistischen Kunst ist diese Reduktion kurz und bequem. Sie verlangt deshalb keine so entschiedene und weitreichende Selbstthätigkeit des Genießenden, sondern vollzieht seine Annäherung an die Dinge auf dem direktesten Wege. Daher nun auch der Zusammenhang, den die naturalistische Kunst vielfach – wenn auch natürlich nicht im Geringsten nothwendig – mit sinnlicher Lüsternheit aufweist. Denn das ist der Punkt, von dem aus am Schnellsten und Unmittelbarsten eine Aufrüttelung des gesammten inneren Systems stattfinden kann: das Objekt und die subjektive Reaktion darauf stehen hier am Nächsten zusammen.

Dennoch entbehrt auch der Naturalismus nicht eines sehr feinen Reizes der Fernwirkung der Dinge, sobald wir auf die Vorliebe achten, mit der er seine Gegenstände im alltäglichsten Leben, im Niedrigen und Banalen, sucht. Denn für sehr empfindliche Seelen tritt die eigenthümliche Entfernung des Kunstwerkes von der Unmittelbarkeit der Erfahrung gerade dann besonders hervor, wenn das Objekt uns ganz nahe steht. Für weniger zartes Empfinden bedarf es, um es diesen Reiz der Distanz kosten zu lassen, einer größeren Ferne des Objektes selbst: stilisirt-italienische Landschaften, historische Dramen; je unkultivirter und kindlicher das ästhetische Gefühl ist, desto phantastischer, der Wirklichkeit ferner, muß der Gegenstand sein, an dem das künstlerische Bilden zu seinem Effekt kommt. Feinere Nerven bedürfen dieser gleichsam materiellen Unterstützung nicht;

für sie liegt in der künstlerischen Formung des Objektes der ganze geheimnißvolle Reiz der Distanz von den Dingen, die Befreiung von ihrem dumpfen Druck, der Schwung von der Natur zum Geist; und um so intensiver werden sie Das empfinden, an je näherem, niedrigerem, irdischerem Materiale es sich vollzieht.

Man kann vielleicht sagen, daß das Kunstgefühl der Gegenwart im Wesentlichen den Reiz der Distanz stark betont, gegenüber dem Reiz der Annäherung. Und es weiß sich diesen nicht nur auf dem angedeuteten Wege des Naturalismus zu verschaffen. Vielmehr bildet diese eigenartige Tendenz, die Dinge möglichst aus der Entfernung auf sich wirken zu lassen, ein vielen Gebieten gemeinsames Zeichen der modernen Zeit. Ihm gehört die Vorliebe für räumlich und zeitlich entfernte Kulturen und Stile an. Das Entfernte erregt sehr viele, lebhaft auf- und abschwankende Vorstellungen und genügt damit unserem vielseitigen Anregungbedürfniß; doch klingt jede dieser fremden und fernen Vorstellungen wegen ihrer Beziehunglosigkeit zu unsern persönlichsten und materiellen Interessen doch nur schwach an und muthet deshalb den geschwächten Nerven nur eine behagliche Anregung zu. Daher nun auch der jetzt so lebhaft empfundene Reiz des Fragmentes, der bloßen Andeutung, des Aphorismus, des Symbols, der unentwickelten Kunststile. Alle diese Formen, die in allen Künsten heimisch sind, stellen uns in eine Distanz von dem Ganzen und Vollen der Dinge, sie sprechen zu uns »wie aus der Ferne«, die Wirklichkeit giebt sich in ihnen nicht mit gerader Sicherheit, sondern mit gleich zurückgezogenen Fingerspitzen. Der literarische Stil des Jahrhunderts, dessen letzte Raffinements in Paris und Wien ausgebildet sind, vermeidet die direkte Bezeichnung der Dinge, faßt sie nur an einem Zipfel, streift mit dem Worte nur eine Ecke, der Ausdruck und die Sache decken sich nur mit irgend einem möglichst abgelegenen Stückchen. Es ist die pathologische Erscheinung der »Berührungangst«, von der hiermit ein niederer Grad endemisch geworden ist: die Furcht, in allzu nahe Berührung mit den Objekten zu kommen, ein Resultat der Hyperästhesie, der jede unmittelbare und energische Berührung ein Schmerz ist. Daher äußert sich auch die Feinsinnigkeit, Geistigkeit, differenzirte Empfindlichkeit so überwiegend vieler moderner Menschen im negativen Geschmack, Das heißt, in der leichten Verletzbarkeit durch Nicht-Zusagendes, in dem bestimmten Ausschließen des Unsympathischen, in der Repulsion durch Vieles, ja oft durch das Meiste des gebotenen Kreises von

Reizen, während der positive Geschmack, das energische Ja-Sagen, das freudige und rückhaltlose Ergreifen des Gefallenden, kurz die aktiv aneignenden Energien große Fehlbeträge aufweisen. Der Naturalismus in seinen groben Formen war ein verzweifelter Versuch, über die Distanz hinwegzukommen, die Nähe und Unmittelbarkeit der Dinge zu ergreifen; kaum aber war man ihnen ganz nahe, so konnten die empfindlichen Nerven schon ihre Berührung nicht mehr vertragen und scheuten zurück, als hätten sie glühende Kohlen angefaßt. Das gilt nicht nur von der Reaktion in der Malerei, die durch die schottische Schule vermittelt wurde, und in der Literatur, die vom Zolaismus zum Symbolismus führte; es gilt auch von wissenschaftlichen Tendenzen: so, wenn der Materialismus, der die Wirklichkeit unmittelbar zu greifen glaubt, vor »neu-kantischen« oder subjektivistischen Weltanschauungen zurückweicht, die die Dinge erst durch das Medium der Seele brechen oder destilliren lassen, ehe sie zu Erkenntnissen werden; so, wenn sich über der spezialistischen Detailarbeit in allen Wissenschaften der Ruf nach Zusammenfassung und Verallgemeinerung erhebt, die sich in überschauende Distanz von aller konkreten Einzelnheit stelle; so, wenn in der Ethik die platte »Nützlichkeit« vor höher aufblickenden, oft religiösen, von der sinnlichen Unmittelbarkeit weit abstehenden Prinzipien zurücktreten muß.

An mehr als einem Punkte unserer Kultur macht sich diese Tendenz auf Distanzirung beherrschend fühlbar; dabei ist es selbstverständlich, daß ich damit ein bestimmt empfundenes, also qualitatives, inneres Verhältniß zu den Dingen meine, das ich nur, weil es keinen direkten Ausdruck dafür giebt, auf das quantitative der Distanzirung zurückführe, das nur als Symbol und Annäherung gelten kann. Die Auflösung der Familie hängt damit zusammen, die Abneigung gegen »Familiensimpelei«, das Gefühl unerträglicher Enge, das das Gebundensein an den nächsten Kreis so oft im modernen Menschen weckt und ihn so oft in tragische Konflikte verwickelt. Die Leichtigkeit des Verkehrs in die größeren Fernen hin verstärkt diese »Berührungsangst«. Der »historische Geist«, die Fülle der inneren Beziehungen zu räumlich und zeitlich ferneren Interessen, macht uns immer empfindlicher gegen die Chocs und die Wirrnisse, die uns aus der unmittelbaren Nähe und Berührung der Menschen und der Dinge kommen. Als eine Hauptursache jener Berührungsangst aber erscheint mir das immer tiefere Eindringen der Geldwirthschaft, das die naturalwirthschaftlichen Verhältnisse früherer Zeiten mehr und mehr zerstört, – wenn auch dieses Zerstörungwerk noch nicht völlig gelungen ist. Das Geld schiebt sich zwischen Mensch und Mensch, zwischen Mensch und Waare, als eine vermittelnde Instanz, als ein Generalnenner, auf den erst jeder Werth gebracht werden muß, um sich weiterhin in andere Werthe umsetzen zu können. Seit der Geldwirthschaft stehen uns die Gegenstände des wirthschaftlichen Verkehres nicht mehr unmittelbar gegenüber, unser Interesse an ihnen bricht sich erst in dem Medium des Geldes, nicht ihre eigene sachliche Bedeutung, sondern wie viel sie, an diesem Zwischenwerth gemessen, werth sind, steht dem wirthschaftenden Menschen vor Augen; unzählige Male macht sein Zweckbewußtsein auf dieser Zwischenstufe Halt, als auf dem Interessencentrum und dem ruhenden Pole, während alle konkreten Dinge in rastloser Flucht vorübertreiben, belastet mit dem Widerspruch, daß doch eigentlich sie allein definitive Befriedigungen gewähren können und dennoch erst nach ihrer Abschätzung an diesem charakterlosen, qualitätlosen Maßstab ihren Grad von Werth und Interesse erlangen. So stellt uns das Geld mit der Vergrößerung seiner Rolle in eine immer gründlichere Distanz von den Objekten, die Unmittelbarkeit der Eindrücke, der Werthgefühle, der Interessirtheit wird abgeschwächt, unsere Berührung mit ihnen wird durchbrochen und wir empfinden sie gleichsam nur durch eine Vermittelung hindurch, die ihr volles, eigenes, unmittelbares Sein nicht mehr ganz zu Worte kommen läßt.

So scheinen sehr mannichfaltige Erscheinungen der modernen Kultur einen tiefen psychologischen Zug gemeinsam zu haben, den man in abstrakter Weise als die Tendenz zur Distanzvergrößerung zwischen den Menschen und seinen Objekten bezeichnen kann und der auf ästhetischem Gebiet nur seine deutlichsten Formen gewinnt. Und wenn damit wieder Phänomene und Epochen wie die naturalistischen und die sensualistischen abwechseln, in denen gerade ein festes Sich-Anpassen an die Dinge, ein Einschlürfen ihrer ungebrochenen Realität, herrschend wird, so darf Das nicht irre machen; denn gerade die Schwingungen zwischen beiden Extremen beweisen die gleiche Neurasthenie, der schon jedes für sich allein entstammte. Eine Zeit, die zugleich für Böcklin und den Impressionismus, für Naturalismus und Symbolistik, für Sozialismus und Nietzsche schwärmt, findet ihre höchsten Lebensreize offenbar in der Form der Schwankung zwischen den extremen Polen alles Menschlichen; ermatteten, zwischen Hypersensibilität und Unempfindlichkeit schwankenden Nerven können nur noch die abgeklärteste Form und die derbste Nähe, die allerzartesten und die allergröbsten Reize neue Anregungen bringen.

Die Großstädte und das Geistesleben

Die tiefsten Probleme des modernen Lebens quellen aus dem Anspruch des Individuums, die Selbständigkeit und Eigenart seines Daseins gegen die Übermächte der Gesellschaft, des geschichtlich Ererbten, der äußerlichen Kultur und Technik des Lebens zu bewahren – die letzterreichte Umgestaltung des Kampfes mit der Natur, den der primitive Mensch um seine *leibliche* Existenz zu führen hat. Mag das 18. Jahrhundert zur Befreiung von allen historisch erwachsenen Bindungen in Staat und Religion, in Moral und Wirtschaft aufrufen, damit die ursprünglich gute Natur, die in allen Menschen die gleiche ist, sich ungehemmt entwickele; mag das 19. Jahrhundert neben der bloßen Freiheit die arbeitsteilige Besonderheit des Menschen und seiner Leistung fordern, die den Einzelnen unvergleichlich und möglichst unentbehrlich macht, ihn dadurch aber um so enger auf die Ergänzung durch alle anderen anweist; mag Nietzsche in dem rücksichtslosesten Kampf der Einzelnen oder der Sozialismus gerade in dem Niederhalten aller Konkurrenz die Bedingung für die volle Entwicklung der Individuen sehen – in alledem wirkt das gleiche Grundmotiv: der Widerstand des Subjekts, in einem gesellschaftlich-technischen Mechanismus nivelliert und verbraucht zu werden. Wo die Produkte des spezifisch modernen Lebens nach ihrer Innerlichkeit gefragt werden, sozusagen der Körper der Kultur nach seiner Seele – wie mir dies heut gegenüber unseren Großstädten obliegt – wird die Antwort der Gleichung nachforschen müssen, die solche Gebilde zwischen den individuellen und den überindividuellen Inhalten des Lebens stiften, den Anpassungen der Persönlichkeit, durch die sie sich mit den ihr äußeren Mächten abfindet.

Die psychologische Grundlage, auf der der Typus großstädtischer Individualitäten sich erhebt, ist die *Steigerung des Nervenlebens*, die aus dem raschen und ununterbrochenen Wechsel äußerer und innerer Eindrücke hervorgeht. Der Mensch ist ein Unterschiedswesen, d.h. sein Bewußtsein wird durch den Unterschied des augenblicklichen Eindrucks gegen den vorhergehenden angeregt; beharrende Eindrücke, Geringfügigkeit ihrer Differenzen, gewohnte Regelmäßigkeit ihres Ablaufs und ihrer Gegensätze verbrauchen sozusagen weniger Bewußtsein, als die rasche Zusammendrängung wechselnder Bilder, der schroffe Abstand innerhalb dessen, was man mit einem

Blick umfaßt, die Unerwartetheit sich aufdrängender Impressionen. Indem die Großstadt gerade diese psychologischen Bedingungen schafft – mit jedem Gang über die Straße, mit dem Tempo und den Mannigfaltigkeiten des wirtschaftlichen, beruflichen, gesellschaftlichen Lebens – stiftet sie schon in den sinnlichen Fundamenten des Seelenlebens, in dem Bewußtseinsquantum, das sie uns wegen unserer Organisation als Unterschiedswesen abfordert, einen tiefen Gegensatz gegen die Kleinstadt und das Landleben, mit dem langsameren, gewohnteren, gleichmäßiger fließenden Rhythmus ihres sinnlich-geistigen Lebensbildes. Daraus wird vor allem der intellektualistische Charakter des großstädtischen Seelenlebens begreiflich, gegenüber dem kleinstädtischen, das vielmehr auf das Gemüt und gefühlsmäßige Beziehungen gestellt ist. Denn diese wurzeln in den unbewußteren Schichten der Seele und wachsen am ehesten an dem ruhigen Gleichmaß ununterbrochener Gewöhnungen. der Ort des Verstandes dagegen sind die durchsichtigen, bewußten, obersten Schichten unserer Seele, er ist die anpassungsfähigste unserer inneren Kräfte; er bedarf, um sich mit dem Wechsel und Gegensatz der Erscheinungen abzufinden, nicht der Erschütterungen und des inneren Umgrabens, wodurch allein das konservativere *Gemüt* sich in den gleichen Rhythmus der Erscheinungen zu schicken wüßte. So schafft der Typus des Großstädters, – der natürlich von tausend individuellen Modifikationen umspielt ist – sich ein Schutzorgan gegen die Entwurzelung, mit der die Strömungen und Diskrepanzen seines äußeren Milieus ihn bedrohen: statt mit dem Gemüte reagiert er auf diese im wesentlichen mit dem Verstande, dem die Steigerung des Bewußtseins, wie dieselbe Ursache sie erzeugte, die seelische Prärogative verschafft; damit ist die Reaktion auf jene Erscheinungen in das am wenigsten empfindliche, von den Tiefen der Persönlichkeit am weitesten abstehende psychische Organ verlegt. Diese Verstandesmäßigkeit, so als ein Präservativ des subjektiven Lebens gegen die Vergewaltigungen der Großstadt erkannt, verzweigt sich in und mit vielfachen Einzelerscheinungen. Die Großstädte sind von jeher die Sitze der Geldwirtschaft gewesen, weil die Mannigfaltigkeit und Zusammendrängung des wirtschaftlichen Austausches dem Tauschmittel eine Wichtigkeit verschafft, zu der es bei der Spärlichkeit des ländlichen Tauschverkehrs nicht gekommen wäre. Geldwirtschaft aber und Verstandesherrschaft stehen im tiefsten Zusammenhange. Ihnen ist gemeinsam die reine Sachlichkeit in der Behandlung von Menschen und Dingen, in der sich eine formale Gerechtigkeit oft mit rücksichtsloser Härte paart. Der rein verstandesmäßige Mensch ist gegen alles eigentlich Individuelle gleichgültig, weil aus diesem sich Beziehungen und Reaktionen ergeben, die mit dem logischen Verstande nicht auszuschöpfen sind – gerade wie in das Geldprinzip die Individualität der Erscheinungen nicht eintritt. Denn das Geld fragt nur nach dem, was ihnen allen gemeinsam ist, nach dem Tauschwert, der alle Qualität und Eigenart auf die Frage nach dem bloßen Wieviel nivelliert. Alle Gemütsbeziehungen zwischen Personen gründen sich auf deren Individualität, während die verstandesmäßigen mit den Menschen wie mit Zahlen rechnen, wie mit an sich gleichgültigen Elementen, die nur nach ihrer objektiv abwägbaren Leistung ein Interesse haben – wie der Großstädter mit seinen Lieferanten und seinen Abnehmern, seinen Dienstboten und oft genug mit den Personen seines gesellschaftlichen Pflichtverkehrs rechnet, im Gegensatz zu dem Charakter des kleineren Kreises, in dem die unvermeidliche Kenntnis der Individualitäten ebenso unvermeidlich eine gemütvollere Tönung des Verhaltens erzeugt, ein Jenseits der bloß objektiven Abwägung von Leistung und Gegenleistung. Das Wesentliche auf wirtschaftspsychologischem Gebiet ist hier, daß in primitiveren Verhältnissen für den Kunden produziert wird, der die Ware bestellt, so daß Produzent und Abnehmer sich gegenseitig kennen. Die moderne Großstadt aber nährt sich fast vollständig von der Produktion für den Markt, d.h. für völlig unbekannte, nie in den Gesichtskreis des eigentlichen Produzenten tretende Abnehmer. Dadurch bekommt das Interesse beider Parteien eine unbarmherzige Sachlichkeit, ihr verstandesmäßig rechnender wirtschaftlicher Egoismus hat keine Ablenkung durch die Imponderabilien persönlicher Beziehungen zu fürchten. Und dies steht offenbar mit der Geldwirtschaft, die in den Großstädten dominiert, und hier die letzten Reste der Eigenproduktion und des unmittelbaren Warentausches verdrängt hat und die Kundenarbeit täglich mehr reduziert –, in so enger Wechselwirkung, daß niemand zu sagen wüßte, ob zuerst jene seelische, intellektualistische Verfassung auf die Geldwirtschaft hindrängte, ober ob diese der bestimmende Faktor für jene war. Sicher ist nur, daß die Form des großstädtischen Lebens der nährendste Boden für diese Wechselwirkung ist; was ich nur noch mit dem Ausspruch des bedeutendsten englischen Verfassungshistorikers belegen will: im Verlauf der ganzen englischen Geschichte habe London niemals als das Herz von England gehandelt, oft als sein Verstand und immer als sein Geldbeutel!

An einem scheinbar unbedeutenden Zuge auf der Oberfläche des Lebens vereinigen sich, nicht wenig charakteristisch, dieselben seelischen Strömungen. Der moderne Geist ist mehr und mehr ein rechnender geworden. Dem Ideale der Naturwissenschaft, die Welt in ein Rechenexempel zu verwandeln, jeden Teil ihrer in mathematischen Formeln festzulegen, entspricht die rechnerische Exaktheit des praktischen Lebens, die ihm die Geldwirtschaft gebracht hat; sie erst hat den Tag so vieler Menschen mit Abwägen, Rechnen, zahlenmäßigem Bestimmen, Reduzieren qualitativer Werte auf quantitative ausgefüllt. Durch das rechnerische Wesen des Geldes ist in das Verhältnis der Lebenselemente eine Präzision, eine Sicherheit in der Bestimmung von Gleichheiten und Ungleichheiten, eine Unzweideutigkeit in Verabredungen und Ausmachungen gekommen – wie sie äußerlich durch die allgemeine Verbreitung der Taschenuhren bewirkt wird. Es sind aber die Bedingungen der Großstadt, die für diesen Wesenszug so Ursache wie Wirkung sind. Die Beziehungen und Angelegenheiten des typischen Großstädters pflegen so mannigfaltige und komplizierte zu sein, vor allem: durch die Anhäufung so vieler Menschen mit so differenzierten Interessen greifen ihre Beziehungen und Bethätigungen zu einem so vielgliedrigen Organismus ineinander, daß ohne die genaueste Pünktlichkeit in Versprechungen und Leistungen das Ganze zu einem unentwirrbaren Chaos zusammenbrechen würde. Wenn alle Uhren in Berlin plötzlich in verschiedener Richtung falschgehen würden, auch nur um den Spielraum einer Stunde, so wäre sein ganzes wirtschaftliches und sonstiges Verkehrsleben auf lange hinaus zerrüttet. Dazu kommt, scheinbar noch äußerlicher, die Größe der Entfernungen, die alles Warten und Vergebenskommen zu einem gar nicht aufzubringenden Zeitaufwand machen. So ist die Technik des großstädtischen Lebens überhaupt nicht denkbar, ohne daß alle Thätigkeiten und Wechselbeziehungen aufs pünktlichste in ein festes, übersubjektives Zeitschema eingeordnet würden. Aber auch hier tritt hervor, was überhaupt nur die ganze Aufgabe dieser Betrachtungen sein kann: daß sich von jedem Punkt an der Oberfläche des Daseins, so sehr er nur in und aus dieser erwachsen scheint, ein Senkblei in die Tiefe der Seelen schicken läßt, daß alle banalsten Äußerlichkeiten schließlich durch Richtungslinien mit den letzten Entscheidungen über den Sinn und Stil des Lebens verbunden sind. Die Pünktlichkeit, Berechenbarkeit, Exaktheit, die die Komplikationen und Ausgedehntheiten des großstädtischen Lebens ihm aufzwingen, steht nicht nur in engstem Zusammenhange mit ihrem geldwirtschaftlichen und ihrem intellektualistischen Charakter, sondern muß auch die Inhalte des Lebens färben und den Ausschluß jener irrationalen, instinktiven, souveränen Wesenszüge und Impulse begünstigen, die von sich aus die Lebensform bestimmen wollen, statt sie als eine allgemeine, schematisch präzisierte von außen zu empfangen. Wenn auch die durch solche charakterisierten, selbstherrlichen Existenzen keineswegs in der Stadt unmöglich sind, so sind sie doch ihrem Typus entgegengesetzt, und daraus erklärt sich der leidenschaftliche Haß von Naturen wie Ruskin und Nietzsche gegen die Großstadt – Naturen, die allein in dem unschematisch Eigenartigen, nicht für alle gleichmäßig Präzisierbaren den Wert des Lebens finden und denen deshalb aus der gleichen Quelle wie jener Haß der gegen die Geldwirtschaft und gegen den Intellektualismus des Daseins quillt.

Dieselben Faktoren, die so in der Exaktheit und minutenhaften Präzision der Lebensform zu einem Gebilde von höchster Unpersönlichkeit zusammengeronnen sind, wirken andrerseits auf ein höchst persönliches hin. Es giebt vielleicht keine seelische Erscheinung, die so unbedingt der Großstadt vorbehalten wäre, wie die Blasiertheit. Sie ist zunächst die Folge jener rasch wechselnden und in ihren Gegensätzen eng zusammengedrängten Nervenreize, aus denen uns auch die Steigerung der großstädtischen Intellektualität hervorzugehen schien; weshalb denn auch dumme und von vornherein geistig unlebendige Menschen nicht gerade blasiert zu sein pflegen. Wie ein maßloses Genußleben blasiert macht, weil es die Nerven so lange zu ihren stärksten Reaktionen aufregt, bis sie schließlich überhaupt keine Reaktion mehr hergeben – so zwingen ihnen auch harmlosere Eindrücke durch die Raschheit und Gegensätzlichkeit ihres Wechsels so gewaltsame Antworten ab, reißen sie so brutal hin und her, daß sie ihre letzte Kraftreserve hergeben und, in dem gleichen Milieu verbleibend, keine Zeit haben, eine neue zu sammeln. Die so entstehende Unfähigkeit, auf neue Reize mit der ihnen angemessenen Energie zu reagieren, ist eben jene Blasiertheit, die eigentlich schon jedes Kind der Großstadt im Vergleich mit Kindern ruhigerer und abwechslungsloserer Milieus zeigt.

Mit dieser physiologischen Quelle der großstädtischen Blasiertheit vereinigt sich die andere, die in der Geldwirtschaft fließt. Das Wesen der Blasiertheit ist die Abstumpfung gegen die Unterschiede der Dinge, nicht in dem Sinne, daß sie nicht wahrgenommen würden, wie von dem Stumpfsinnigen, sondern so, daß die Bedeutung und der Wert der Unterschiede der Dinge und damit der Dinge selbst als nichtig empfunden wird. Sie erscheinen dem Blasierten in einer gleichmäßig matten und grauen Tönung, keines wert, dem anderen vorgezogen zu werden. Diese Seelenstimmung ist der getreue subjektive Reflex der völlig durchgedrungenen Geldwirtschaft; indem das Geld alle Mannigfaltigkeiten der Dinge gleichmäßig aufwiegt, alle qualitativen Unterschiede zwischen ihnen durch Unterschiede des Wieviel ausdrückt, indem das Geld, mit seiner Farblosigkeit und Indifferenz, sich zum Generalnenner aller Werte aufwirft, wird es der fürchterlichste Nivellierer, es höhlt den Kern der Dinge, ihre Eigenart, ihren spezifischen Wert, ihre Unvergleichbarkeit rettungslos aus. Sie schwimmen alle mit gleichem spezifischem Gewicht in dem fortwährend bewegten Geldstrom, liegen alle in derselben Ebene und unterscheiden sich nur durch die Größe der Stücke, die sie von dieser decken. Im einzelnen Fall mag diese Färbung oder vielmehr Entfärbung der Dinge durch ihre Äquivalenz mit dem Gelde unmerkbar klein sein; in dem Verhältnis aber, das der Reiche zu den für Geld erwerbbaren Objekten hat, ja vielleicht schon in dem Gesamtcharakter, den der öffentliche Geist jetzt diesen Objekten allenthalben erteilt, ist er zu einer sehr merkbaren Größe angehäuft. Darum sind die Großstädte, die Hauptsitze des Geldverkehrs und in denen die Käuflichkeit der Dinge sich in ganz anderem Umfange aufdrängt, als in kleineren Verhältnissen, auch die eigentlichen Stätten der Blasiertheit. In ihr gipfelt sich gewissermaßen jener Erfolg der Zusammendrängung von Menschen und Dingen auf, die das Individuum zu seiner höchsten Nervenleistung reizt; durch die bloß quantitative Steigerung der gleichen Bedingungen schlägt dieser Erfolg in sein Gegenteil um, in diese eigentümliche Anpassungserscheinung der Blasiertheit, in der die Nerven ihre letzte Möglichkeit, sich mit den Inhalten und der Form des Großstadtlebens abzufinden, darin entdecken, daß sie sich der Reaktion auf sie versagen – die Selbsterhaltung gewisser Naturen, um den Preis, die ganze objektive Welt zu entwerten, was dann am Ende die eigene Persönlichkeit unvermeidlich in ein Gefühl gleicher Entwertung hinabzieht.

Während das Subjekt diese Existenzform ganz mit sich abzumachen hat, verlangt ihm seine Selbsterhaltung gegenüber der Großstadt ein nicht weniger negatives Verhalten sozialer Natur ab. Die geistige Haltung der Großstädter zu einander wird man in formaler Hinsicht als Reserviertheit bezeichnen dürfen. Wenn der fortwährenden äußeren Berührung mit unzähligen Menschen so viele innere Reaktionen antworten sollten, wie in der kleinen Stadt, in der man fast jeden Begegnenden kennt und zu jedem ein positives Verhältnis hat, so würde man sich innerlich völlig atomisieren und in eine ganz unausdenkbare seelische Verfassung geraten. Teils dieser psychologische Umstand, teils das Recht auf Mißtrauen, das wir gegenüber den in flüchtiger Berührung vorüberstreifenden Elementen des Großstadtlebens haben, nötigt uns zu jener Reserve, infolge deren wir jahrelange Hausnachbarn oft nicht einmal von Ansehen kennen und die uns dem Kleinstädter so oft als kalt und gemütlos erscheinen läßt. Ja, wenn ich mich nicht täusche, ist die Innenseite dieser äußeren Reserve nicht nur Gleichgültigkeit, sondern, häufiger als wir es uns zum Bewußtsein bringen, eine leise Aversion, eine gegenseitige Fremdheit und Abstoßung, die in dem Augenblick einer irgendwie veranlaßten nahen Berührung sogleich in Haß und Kampf ausschlagen würde. Die ganze innere Organisation eines derartig ausgedehnten Verkehrslebens beruht auf einem äußerst mannigfaltigen Stufenbau von Sympathien, Gleichgültigkeiten und Aversionen der kürzesten wie der dauerndsten Art. Die Sphäre der Gleichgültigkeit ist dabei nicht so groß, wie es oberflächlich scheint; die Aktivität unserer Seele antwortet doch fast auf jeden Eindruck seitens eines anderen Menschen mit einer irgendwie bestimmten Empfindung, deren Unbewußtheit, Flüchtigkeit und Wechsel sie nur in eine Indifferenz aufzuheben scheint. Thatsächlich wäre diese letztere uns ebenso unnatürlich, wie die Verschwommenheit wahlloser gegenseitiger Suggestion unerträglich, und vor diesen beiden typischen Gefahren der Großstadt bewahrt uns die Antipathie, das latente und Vorstadium des praktischen Antagonismus, sie bewirkt die Distanzen und Abwendungen, ohne die diese Art Leben überhaupt nicht geführt werden könnte: ihre Maße und ihre Mischungen, der Rhythmus ihres Auftauchens und Verschwindens, die Formen, in denen ihr genügt wird – dies bildet mit den im engeren Sinne vereinheitlichenden Motiven ein untrennbares Ganzes der großstädtischen Lebensgestaltung: was in dieser unmittelbar als Dissoziierung erscheint, ist so in Wirklichkeit nur eine ihrer elementaren Sozialisierungsformen.

Diese Reserviertheit mit dem Oberton versteckter Aversion erscheint aber nun wieder als Form oder Gewand eines viel allgemeineren Geisteswesens der Großstadt. Sie gewährt nämlich dem Individuum eine Art und ein Maß persönlicher Freiheit, zu denen es in anderen Verhältnissen gar keine Analogie giebt: sie geht damit auf eine der großen Entwicklungstendenzen des gesellschaftlichen Lebens überhaupt zurück, auf eine der wenigen, für die eine annähernd durchgängige Formel auffindbar ist. Das früheste Stadium sozialer Bildungen, das sich an den historischen, wie an gegenwärtig sich gestaltenden findet, ist dieses: ein relativ kleiner Kreis, mit starkem Abschluß gegen benachbarte, fremde, oder irgendwie antagonistische Kreise, dafür aber mit einem um so engeren Zusammenschluß in sich selbst, der dem einzelnen Mitglied nur einen geringen Spielraum für die Entfaltung eigenartiger Qualitäten und freier, für sich selbst verantwortlicher Bewegungen gestattet. So beginnen politische und familiäre Gruppen, so Parteibildungen, so Religionsgenossenschaften; die Selbsterhaltung sehr junger Vereinigungen fordert strenge Grenzsetzung und zentripetale Einheit und kann deshalb dem Individuum keine Freiheit und Besonderheit innerer und äußerer Entwicklung einräumen. Von diesem Stadium aus geht die soziale Evolution gleichzeitig nach zwei verschiedenen und dennoch sich entsprechenden Seiten. In dem Maß, in dem die Gruppe wächst – numerisch, räumlich, an Bedeutung und Lebensinhalten – in eben dem lockert sich ihre unmittelbare innere Einheit, die Schärfe der ursprünglichen Abgrenzung gegen andere wird durch Wechselbeziehungen und Konnexe gemildert; und zugleich gewinnt das Individuum Bewegungsfreiheit, weit über die erste, eifersüchtige Eingrenzung hinaus, und eine Eigenart und Besonderheit, zu der die Arbeitsteilung in der größer gewordenen Gruppe Gelegenheit und Nötigung giebt. Nach dieser Formel hat sich der Staat und das Christentum, Zünfte und politische Parteien und unzählige andere Gruppen entwickelt, so sehr natürlich die besonderen Bedingungen und Kräfte der einzelnen das allgemeine Schema modifizieren. Es scheint mir aber auch deutlich an der Entwicklung der Individualität innerhalb des städtischen Lebens erkennbar. Das Kleinstadtleben in der Antike wie im Mittelalter legte dem Einzelnen Schranken der Bewegung und Beziehungen nach außen, der Selbständigkeit und Differenzierung nach innen hin auf, unter denen der moderne Mensch nicht atmen könnte – noch heute empfindet der Großstädter, in die Kleinstadt versetzt, eine wenigstens der Art nach gleiche Beengung. Je kleiner ein solcher Kreis ist, der unser Milieu bildet, je beschränkter die grenzenlösenden Beziehungen zu anderen, desto ängstlicher wacht er über die Leistungen, die Lebensführung, die Gesinnungen des Individuums, desto eher würde eine quantitative und qualitative Sonderart den Rahmen des Ganzen sprengen. Die antike Polis scheint nach dieser Richtung ganz den Charakter der Kleinstadt gehabt zu haben. Die fortwährende Bedrohtheit ihrer Existenz durch Feinde von nah und fern bewirkte jenen straffen Zusammenhalt in politischer und militärischer Beziehung, jene Beaufsichtigung des Bürgers durch den Bürger, jene Eifersucht der Gesamtheit gegen den Einzelnen, dessen Sonderleben so in einem Maße niedergehalten war, für das er sich höchstens durch den Despotismus seinem Hause gegenüber schadlos halten konnte. Die ungeheure Bewegtheit und Erregtheit, die einzigartige Farbigkeit des athenischen Lebens erklärt sich vielleicht daraus, daß ein Volk von unvergleichlich individuell angelegten Persönlichkeiten gegen den steten inneren und äußeren Druck einer entindividualisierenden Kleinstadt ankämpfte. Dies erzeugte eine Atmosphäre von Gespanntheit, in der die schwächeren niedergehalten und die starken zu den leidenschaftlichsten Selbstbewährungen angereizt wurden. Und eben damit gelangte in Athen dasjenige zur Blüte, was man, ohne es genau umschreiben zu können, als »das allgemein Menschliche« in der geistigen Entwicklung unserer Art bezeichnen muß. Denn dies ist der Zusammenhang, dessen sachliche wie geschichtliche Gültigkeit hier behauptet wird: die allerweitesten und allgemeinsten Inhalte und Formen des Lebens sind mit den allerindividuellsten innig verbunden; beide haben ihr gemeinsames Vorstadium oder auch ihren gemeinsamen Gegner an engen Gestaltungen und Gruppierungen, deren Selbsterhaltung sie ebenso gegen das Weite und Allgemeine außer ihnen wie gegen das frei Bewegte und Individuelle innerhalb ihrer zur Wehre setzt. Wie in der Feudalzeit der »freie« Mann derjenige war, der unter Landrecht stand, d.h. unter dem Recht des größten sozialen Kreises, unfrei aber, wer sein Recht nur aus dem engen Kreise eines Feudalverbandes, unter Ausschluß von jenem, zog – so ist heute, in einem vergeistigten und verfeinerten Sinn, der Großstädter »frei« im Gegensatz zu den Kleinlichkeiten und Präjudizierungen, die den Kleinstädter einengen. Denn die gegenseitige Reserve und Indifferenz, die geistigen Lebensbedingungen großer Kreise, werden in ihrem Erfolg für die Unabhängigkeit des Individuums nie stärker gefühlt, als in dem dichtesten Gewühl der Großstadt, weil die körperliche Nähe und Enge die geistige Distanz erst recht anschaulich macht; es ist offenbar nur der Revers dieser Freiheit, wenn man sich unter Umständen nirgends so einsam und verlassen fühlt, als eben in dem großstädtischen Gewühl; denn hier wie sonst ist es keineswegs notwendig, daß die Freiheit des Menschen sich in seinem Gefühlsleben als Wohlbefinden spiegele. Es ist nicht nur die unmittelbare Größe von Bezirk und Menschenzahl, die, wegen der weltgeschichtlichen Korrelation zwischen der Vergrößerung des Kreises und der persönlichen, innerlich-äußerlichen Freiheit, die Großstadt zum Sitz der letzteren macht, sondern, über diese anschauliche Weite noch hinausgreifend, sind die Großstädte auch die Sitze des Kosmopolitismus gewesen. Vergleichbar der Form der Vermögensentwicklung – jenseits einer gewissen Höhe pflegt der Besitz sich in immer rascheren Progressionen und wie von selbst zu steigern – vergrößern sich der Gesichtskreis, die wirtschaftlichen, persönlichen, geistigen Beziehungen der Stadt, ihr ideelles Weichbild, wie in geometrischer Progression, sobald erst einmal eine gewisse Grenze überschritten ist; jede gewonnene dynamische Ausdehnung ihrer wird zur Staffel, nicht für eine gleiche, sondern für eine größere nächste Ausdehnung, an jeden Faden, der sich von ihr aus spinnt, wachsen dann wie von selbst immer neue an, gerade wie innerhalb der Stadt das *unearned increment* der Bodenrente dem Besitzer durch die bloße Hebung des Verkehrs ganz von selbst wachsende Gewinne zuführt. An diesem Punkt setzt sich die Quantität des Lebens sehr unmittelbar in Qualität und Charakter um. Die Lebenssphäre der Kleinstadt ist in der Hauptsache in und mit ihr selbst beschlossen. Für die Großstadt ist dies entscheidend, daß ihr Innenleben sich in Wellenzügen über einen weiten nationalen oder internationalen Bezirk erstreckt. Weimar ist keine Gegeninstanz, weil eben diese Bedeutung seiner an einzelne Persönlichkeiten geknüpft war und mit ihnen starb, während die Großstadt gerade durch ihre wesentliche Unabhängigkeit selbst von den bedeutendsten Einzelpersönlichkeiten charakterisiert wird – das Gegenbild und der Preis der Unabhängigkeit, die der Einzelne innerhalb ihrer genießt. Das bedeutsamste Wesen der Großstadt liegt in dieser funktionellen Größe jenseits ihrer physischen Grenzen: und diese Wirksamkeit wirkt wieder zurück und giebt ihrem Leben Gewicht, Erheblichkeit, Verantwortung. Wie ein Mensch nicht zu Ende ist mit den Grenzen seines Körpers oder des Bezirkes, den er mit seiner Thätigkeit unmittelbar erfüllt, sondern erst mit der Summe der Wirkungen, die sich von ihm aus zeitlich und räumlich erstrecken: so besteht auch eine Stadt erst aus der Gesamtheit der über ihre Unmittelbarkeit hinausreichenden Wirkungen. Dies erst ist ihr wirklicher Umfang, in dem sich ihr Sein ausspricht. Dies weist schon darauf hin, die individuelle Freiheit, das logische und historische Ergänzungsglied solcher Weite, nicht nur im negativen Sinne zu verstehen, als bloße Bewegungsfreiheit und Wegfall von Vorurteilen und Philistrositäten; ihr Wesentliches ist doch, daß die Besonderheit und Unvergleichbarkeit, die schließlich jede Natur irgendwo besitzt, in der Gestaltung des Lebens zum Ausdruck komme. Daß wir den Gesetzen der eigenen Natur folgen – und dies ist doch Freiheit – wird uns und anderen erst dann ganz anschaulich und überzeugend, wenn die Äußerungen dieser Natur sich auch von denen anderer unterscheiden; erst unsere Unverwechselbarkeit mit anderen erweist, daß unsere Existenzart uns nicht von anderen aufgezwungen ist. Die Städte sind zunächst die Sitze der höchsten wirtschaftlichen Arbeitsteilung; sie erzeugen darin so extreme Erscheinungen, wie in Paris den einträglichen Beruf des Quatorzième: Personen, durch Schilder an ihren Wohnungen kenntlich, die sich zur Dinerstunde in angemessenem Kostüm bereit halten, um schnell herangeholt zu werden, wo sich in einer Gesellschaft 13 am Tisch befinden. Genau im Maße ihrer Ausdehnung bietet die Stadt immer mehr die entscheidenden Bedingungen der Arbeitsteilung: einen Kreis, der durch seine Größe für eine höchst mannigfaltige Vielheit von Leistungen aufnahmefähig ist, während zugleich die Zusammendrängung der Individuen und ihr Kampf um den Abnehmer den Einzelnen zu einer Spezialisierung der Leistung zwingt, in der er nicht so leicht durch einen anderen verdrängt werden kann. Das Entscheidende ist, daß das Stadtleben den Kampf für den Nahrungserwerb mit der Natur in einen Kampf um den Menschen verwandelt hat, daß der umkämpfte Gewinn hier nicht von der Natur, sondern vom Menschen gewährt wird. Denn hierin fließt nicht nur die eben angedeutete Quelle der Spezialisierung, sondern die tiefere: der Anbietende muß in dem Umworbenen immer neue und eigenartigere Bedürfnisse hervorzurufen suchen. Die Notwendigkeit, die Leistung zu spezialisieren, um eine noch nicht ausgeschöpfte Erwerbsquelle, eine nicht leicht ersetzbare Funktion zu finden, drängt auf Differenzierung, Verfeinerung, Bereicherung der Bedürfnisse des Publikums, die ersichtlich zu wachsenden personalen Verschiedenheiten innerhalb dieses Publikums führen müssen.

Und dies leitet zu der im engeren Sinne geistigen Individualisierung seelischer Eigenschaften über, zu der die Stadt im Verhältnis ihrer Größe Veranlassung giebt. Eine Reihe von Ursachen liegt auf der Hand. Zunächst die Schwierigkeit, in den Dimensionen des großstädtischen Lebens die eigene Persönlichkeit zur Geltung zu bringen. Wo die quantitative Steigerung von Bedeutung und Energie an ihre Grenze kommen, greift man zu qualitativer Besonderung, um so, durch Erregung der Unterschiedsempfindlichkeit, das Bewußtsein des sozialen Kreises irgendwie für sich zu gewinnen: was dann schließlich zu den tendenziösesten Wunderlichkeiten verführt, zu den spezifisch großstädtischen Extravaganzen des Apartseins, der Kaprice, des Pretiösentums, deren Sinn gar nicht mehr in den Inhalten solchen Benehmens, sondern nur in seiner Form des Andersseins, des Sich-Heraushebens und dadurch Bemerklichwerdens liegt – für viele Naturen schließlich noch das einzige Mittel, auf dem Umweg über das Bewußtsein der anderen irgend eine Selbstschätzung und das Bewußtsein, einen Platz auszufüllen, für sich zu retten. In demselben Sinne wirkt ein unscheinbares, aber seine Wirkungen doch wohl merkbar summierendes Moment: die Kürze und Seltenheit der Begegnungen, die jedem Einzelnen mit dem anderen – verglichen mit dem Verkehr der kleinen Stadt – gegönnt sind. Denn hierdurch liegt die Versuchung, sich pointiert, zusammengedrängt, möglichst charakteristisch zu geben, außerordentlich viel näher, als wo häufiges und langes Zusammenkommen schon für ein unzweideutiges Bild der Persönlichkeit im anderen sorgen.

Der tiefste Grund indes, aus dem grade die Großstadt den Trieb zum individuellsten persönlichen Dasein nahelegt – gleichviel ob immer mit Recht und immer mit Erfolg – scheint mir dieser. Die Entwicklung der modernen Kultur charakterisiert sich durch das Übergewicht dessen, was man den objektiven Geist nennen kann, über den subjektiven, d. h., in der Sprache wie im Recht, in der Produktionstechnik wie in der Kunst, in der Wissenschaft wie in den Gegenständen der häuslichen Umgebung ist eine Summe von Geist verkörpert, deren täglichem Wachsen die geistige Entwicklung der Subjekte nur sehr unvollständig und in immer weiterem Abstand folgt. Übersehen wir etwa die ungeheure Kultur, die sich seit 100

Jahren in Dingen und Erkenntnissen, in Institutionen und Komforts verkörpert hat, und vergleichen wir damit den Kulturfortschritt der Individuen in derselben Zeit – wenigstens in den höheren Ständen – so zeigt sich eine erschreckende Wachstumsdifferenz zwischen beiden, ja in manchen Punkten eher ein Rückgang der Kultur der Individuen in Bezug auf Geistigkeit, Zartheit, Idealismus. Diese Diskrepanz ist im wesentlichen der Erfolg wachsender Arbeitsteilung; denn eine solche verlangt vom Einzelnen eine immer einseitigere Leistung, deren höchste Steigerung seine Persönlichkeit als ganze oft genug verkümmern läßt. Jedenfalls, dem Überwuchern der objektiven Kultur ist das Individuum weniger und weniger gewachsen. Vielleicht weniger bewußt, als in der Praxis und in den dunklen Gesamtgefühlen, die ihr entstammen, ist es zu einer *quantité négligeable* herabgedrückt, zu einem Staubkorn gegenüber einer ungeheuren Organisation von Dingen und Mächten, die ihm alle Fortschritte, Geistigkeiten, Werte allmählich aus der Hand spielen und sie aus der Form des subjektiven in die eines rein objektiven Lebens überführen. Es bedarf nur des Hinweises, daß die Großstädte die eigentlichen Schauplätze dieser, über alles Persönliche hinauswachsenden Kultur sind. Hier bietet sich in Bauten und Lehranstalten, in den Wundern und Komforts der raumüberwindenden Technik, in den Formungen des Gemeinschaftslebens und in den sichtbaren Institutionen des Staates eine so überwältigende Fülle krystallisierten, unpersönlich gewordenen Geistes, daß die Persönlichkeit sich sozusagen dagegen nicht halten kann. Das Leben wird ihr einerseits unendlich leicht gemacht, indem Anregungen, Interessen, Ausfüllungen von Zeit und Bewußtsein sich ihr von allen Seiten anbieten und sie wie in einem Strome tragen, in dem es kaum noch eigener Schwimmbewegungen bedarf. Andererseits aber setzt sich das Leben doch mehr und mehr aus diesen unpersönlichen Inhalten und Darbietungen zusammen, die die eigentlich persönlichen Färbungen und Unvergleichlichkeiten verdrängen wollen; so daß nun gerade, damit dieses Persönlichste sich rette, es ein Äußerstes an Eigenart und Besonderung aufbieten muß; es muß dieses übertreiben, um nur überhaupt noch hörbar, auch für sich selbst, zu werden. Die Atrophie der individuellen durch die Hypertrophie der objektiven Kultur ist ein Grund des grimmigen Hasses, den die Prediger des äußersten Individualismus, Nietzsche voran, gegen die Großstädte hegen, aber auch ein Grund, weshalb sie gerade in den

Großstädten so leidenschaftlich geliebt sind, grade dem Großstädter als die Verkünder und Erlöser seiner unbefriedigtsten Sehnsucht erscheinen.

Indem man diese beiden Formen des Individualismus, die von den quantitativen Verhältnissen der Großstadt genährt werden: die individuelle Unabhängigkeit und die Ausbildung persönlicher Sonderart – nach ihrer geschichtlichen Stellung fragt, gewinnt die Großstadt einen ganz neuen Wert in der Weltgeschichte des Geistes. Das 18. Jahrhundert fand das Individuum in vergewaltigenden, sinnlos gewordenen Bindungen politischer und agrarischer, zünftiger und religiöser Art vor – Beengungen, die dem Menschen gleichsam eine unnatürliche Form und längst ungerechte Ungleichheiten aufzwangen. In dieser Lage entstand der Ruf nach Freiheit und Gleichheit – der Glaube an die volle Bewegungsfreiheit des Individuums in allen sozialen und geistigen Verhältnissen, die sogleich in allen den gemeinsamen edlen Kern würde hervortreten lassen, wie die Natur ihn in jeden gelegt und Gesellschaft und Geschichte ihn nur verbildet hätten. Neben diesem Ideal des Liberalismus wuchs im 19. Jahrhundert, durch Goethe und die Romantik einerseits, die wirtschaftliche Arbeitsteilung andererseits, das weitere auf: die von den historischen Bindungen befreiten Individuen wollen sich nun auch von einander unterscheiden. Nicht mehr der »allgemeine Mensch« in jedem Einzelnen, sondern gerade qualitative Einzigkeit und Unverwechselbarkeit sind jetzt die Träger seines Wertes. In dem Kampf und den wechselnden Verschlingungen dieser beiden Arten, dem Subjekte seine Rolle innerhalb der Gesamtheit zu bestimmen, verläuft die äußere wie die innere Geschichte unserer Zeit. Es ist die Funktion der Großstädte, den Platz für den Streit und für die Einungsversuche beider herzugeben, indem ihre eigentümlichen Bedingungen sich uns als Gelegenheiten und Reize für die Entwicklung beider offenbart haben. Damit gewinnen sie einen ganz einzigen, an unübersehbaren Bedeutungen fruchtbaren Platz in der Entwicklung des seelischen Daseins, sie enthüllen sich als eines jener großen historischen Gebilde, in denen sich die entgegengesetzten, das Leben umfassenden Strömungen wie zu gleichen Rechten zusammenfinden und entfalten. Damit aber treten sie, mögen ihre einzelnen Erscheinungen uns sympathisch oder antipathisch berühren, ganz aus der Sphäre heraus, der gegenüber uns die Attitüde des Richters ziemte. Indem solche Mächte in die Wurzel wie in die Krone des ganzen geschichtlichen

Lebens eingewachsen sind, dem wir in dem flüchtigen Dasein einer Zelle angehören – ist unsere Aufgabe nicht, anzuklagen oder zu verzeihen, sondern allein zu verstehen.*

* Der Inhalt dieses Vortrags geht seiner Natur nach nicht auf eine anzuführende Litteratur zurück. Begründung und Ausführung seiner kulturgeschichtlichen Hauptgedanken ist in meiner »Philosophie des Geldes« [in: GSG 6] gegeben.

Ueber Geiz, Verschwendung und Armut

Unter den vielfachen Versuchen, das menschliche Wesen von seinen Vorstufen im Tierreich durch einen ihm allein eignen Begriff zu scheiden, ist es einer der tiefgreifendsten: der Mensch sei das *zwecksetzende* Wesen. Daß wir nicht in der Unmittelbarkeit des Begehrens und Genießens hinleben, sondern uns Mittel bereiten, die ihrerseits erst das Erwünschte herbeiführen; daß auch die Mittel oft genug erst indirekt erreicht werden und einen weitverzweigten Stufenbau mit weit hinausgeschobenem Abschluß bilden – das ist allerdings die Formel des menschlichen Wesens, und je ausgebildeter und spezifisch »menschlicher« es ist, desto höher wird jener Stufenbau geführt, ein desto reicherer Mechanismus von Mitteln schiebt sich vor unsere Endziele: der Mensch, so könnte man sagen, ist das indirekte Wesen.

Dieser Ablauf der Mittel- und Zwecksetzungen aber erhält von innen heraus einen eigenartigen Rhythmus. Unser Bewußtsein spiegelt keineswegs immer das Verhältnis jener beiden in seiner sachlichen Bedeutung ab: vielmehr es vergißt tausendmal über das Mittel den Zweck. Das Mittel wächst uns zu der Bedeutung eines selbständigen Zweckes aus. Und eben dies ist selbst eine tiefe Zweckmäßigkeit des Lebens. Wären uns die letzten Zwecke unseres Handelns immer im Bewußtsein, so würde der nächstnotwendigen Arbeit an den Mitteln ein großer Teil unserer seelischen Kraft entzogen; auf die je nächste Stufe jenes Baues müssen wir die gesammelte Energie unseres Wesens verwenden, um sie möglichst gründlich zu erreichen, wir müssen sie mit all der Intensität erstreben, als wäre sie ein Zweck selbst, der Zweck selbst. Was die Menschheit dieser scheinbar so irrationellen Thatsache verdankt, ist nicht auszusagen. Wir würden wahrscheinlich über die primitivsten Zwecksetzungen nie hinausgekommen sein, wenn unser Bewußtsein immer an diesen hängen und so für den Bau mannigfaltigerer Mittel nur unvollkommen frei sein würde; oder wir würden eine unerträgliche und lähmende Zersplitterung erfahren, wenn wir bei der Arbeit an jedem untergeordneten Mittel die ganze Reihe darüber gebauter weiterer Mittel mit dem schließlichen Endzweck fortwährend im Bewußtsein haben müßten; wir würden endlich für die Aufgabe des Augenblicks oft überhaupt weder Kraft noch Lust haben, wenn wir uns ihre Minimität gegenüber den letzten Zielen immer mit logischer Gerechtigkeit vor Augen hielten und nicht alle Kräfte gesammelt in den Dienst des vorläufig Notwendigen stellten.

Welche tiefen Schatten andrerseits diese psychologische Steigerung der Mittel zur Würde des Endzwecks begleiten, werden diese Ueberlegungen zeigen, die sich an das reinste, abstrakteste »Mittel« des Kulturlebens knüpfen: an das Geld. Niemals sonst ist ein bloßes Mittel, ein so völlig farbloses, für sich allein so völlig sinnloses Objekt, wie das Geld ist, zu einem so beherrschenden Endzweck ausgebildet; während es nichts anderes ist, als ein Mittel, andere Dinge zu erreichen, sind für das Bewußtsein unzähliger Menschen alle Dinge nur Mittel geworden, um Geld zu erreichen. Indem unübersehbar viele Zweckreihen des Lebens in ihm ihr Gemeinsames, ihren Schnittpunkt haben, stellt es sich jenseits jeder besonderen Bestimmung, jedes besonderen Lebensinhaltes – der absolute Herrscher, der über allen Parteien steht. An diese Kombination knüpfen sich eine Reihe von Erscheinungen, die das Kultur- und Seelenleben der Geldwirtschaft in scharfen Gegensatz gegen die Epochen stellen, in denen das Geld noch nicht durch seine Allverbreitung, unbedingte Notwendigkeit, an tausend Mannigfaltigkeiten erfahrene Verwendbarkeit zum Mittelpunkt aller Interessen, zum Endpunkt unzähliger Zweckreihen geworden war.

Der abstrakte Charakter des Geldes, die Entfernung, in der es sich an und für sich von jedem Einzelgenuß hält, begünstigen eine objektive Freude an ihm, das Bewußtsein eines Wertes, der über alle einzelne und persönliche Nutznießung weit hinübergreift. Wenn das Geld zunächst nicht mehr in dem Sinne Zweck ist, wie irgend ein sonstiges Werkzeug, nämlich um seiner Erfolge willen, sondern dem Geldgierigen als Endzweck gilt, so ist es nun weiter nicht einmal in dem Sinne Endzweck, wie ein Genuß es ist, sondern für den Geizigen hält es sich jenseits dieser persönlichen Sphäre, es ist ihm ein Gegenstand scheuer Achtung, der für ihn selbst *tabu* ist. Der Geizige liebt das Geld, wie man einen sehr verehrten Menschen liebt, in dessen bloßem Dasein und darin, daß wir ihn wissen und unser Mit-ihm-sein empfinden, schon Seligkeit liegt, auch ohne daß unser Verhältnis zu ihm in die Einzelheit konkreten Genießens einginge. Indem der Geizige von vornherein und bewußterweise darauf verzichtet, das Geld als Mittel zu irgend welchen Genüssen zu *benutzen*, stellt er es zu seiner Subjektivität in eine brückenlose Distanz, die er dennoch durch das Bewußtsein seines Besitzes immerfort zu überwinden sucht.

Bewirkt so der Mittelcharakter des Geldes, daß es als die abstrakte Form von Genüssen, die man dennoch nicht genießt, auftritt, so hat die Schätzung seines Besitzes, insoweit es unausgegeben bewahrt wird, eine Färbung von Objektivität, es umkleidet sich mit jenem feinen Reize der Resignation, der alle objektiven Endzwecke begleitet und die Positivität und Negativität des Genießens in eine einzigartige und mit Worten nicht weiter ausdrückbare Einheit zusammenschließt. Beide Momente erreichen im Geize ihre äußerste Spannung gegen einander, weil das Geld als das *absolute* Mittel auf unbegrenzte Möglichkeiten des Genießens hinaussieht und zugleich als das absolute *Mittel* in seinem unausgenützten Besitz den Genuß noch völlig unangerührt läßt. Nach dieser Seite hin fällt die Bedeutung des Geldes mit der der Macht zusammen; wie diese ist es ein bloßes Können, das die Reize einer nur subjektiv antizipierbaren Zukunft in der Form einer objektiv vorhandenen Gegenwart sammelt.

Der Wunsch, der darauf konzentriert war, hat aber schließlich doch nur etwas in der Hand, was sich seinem völlig leeren Wesen nach jedem eigentlichen Verhältnis zu uns entzieht; wenn er also nicht sofort darüber hinaus zu einem konkreten Ziel schreitet, so muß er in eine tötliche Enttäuschung auslaufen; wie sie denn auch unzählige Mal da eintritt, wo der leidenschaftlich und als fraglose Beglückung ersehnte Geldreichtum sich nach seiner Erreichung als das enthüllt, was er wirklich ist: als ein bloßes Mittel, dessen Hinaufschraubung zu einem Endzweck seine Erreichung nicht überstehen konnte. Während hier also die fürchterlichste Diskrepanz zwischen Wunsch und Erfüllung besteht, findet genau das Umgekehrte statt sobald der psychologische Endzweckcharakter des Geldes sich für die Dauer gefestigt hat und die Geldgier also ein chronischer Zustand geworden ist. In diesem Fall nämlich, wo die begehrte Sache überhaupt nichts gewähren soll als ihren Besitz, und wo diese Beschränkung des Wunsches nicht nur eine vorübergehende Selbsttäuschung ist, da ist auch jeder Enttäuschung vorgebeugt. Alle Dinge, die wir sonst zu besitzen begehren, sollen uns doch mit ihrem Besitz etwas leisten und in der unzulänglichen Vorberechnung dieser Leistung liegt die ganze oft tragische, oft humoristische Inkommensurabilität zwischen Wunsch und Erfüllung, von der ich eben sprach. Das

Geld aber soll dem Geizhals von vornherein nichts über seinen bloßen Besitz hinaus leisten. Das Geld als solches kennen wir genauer, als wir irgend einen Gegenstand sonst kennen; weil nämlich überhaupt nichts an ihm zu kennen ist, so kann es uns auch nichts verbergen. Als absolut qualitätloses Ding kann es nicht, was doch sonst das armseligste Objekt kann: Ueberraschungen oder Enttäuschungen in seinem Schoße bergen. Wer also wirklich und definitiv nur Geld will, ist vor diesen absolut sicher. Die allgemeine menschliche Unzulänglichkeit, daß das Gewonnene anders aussieht als das Ersehnte, erreicht einerseits ihren Gipfel in der Geldgier, sobald diese das Zweckbewußtsein nur in illusionärer und nicht haltbarer Weise erfüllt; sie ist aber andrerseits völlig ausgelöscht, sobald der Wille wirklich definitiv am Geldbesitz Halt macht. Wenn man die menschlichen Loose in das Schema des Verhältnisses zwischen dem Wunsch und seinem Gegenstand fassen will, so muß man sagen, daß je nach dem Haltpunkt der Zweckreihe das Geld zwar der inadäquateste aber auch der adäquateste Gegenstand unseres Begehrens ist.

Indem die auseinandergesetzte Art des im Geld verkörperten Könnens ihm ein sublimiertes Machtgefühl grade *vor* seinem Ausgegebenwerden zuwachsen läßt – der »fruchtbare Moment« ist in ihm gleichsam zum Stehen gekommen –, ist der Geiz eine Gestaltung des Willens zur Macht und zwar, den Charakter des Geldes als des absoluten Mittels beleuchtend, so, daß die Macht wirklich nur Macht bleibt und sich nicht in ihre Ausübungen und deren Genuß umsetzt. Dies ist ein wichtiges Erklärungsmoment für den Geiz des hohen Lebensalters. Gewiß ist diese Tendenz als Fürsorge für die nächste Generation zweckmäßig – so wenig dieses Motiv grade dem Geizhals bewußt zu sein pflegt, der vielmehr, je älter er wird, um so weniger an die Trennung von seinen Schätzen denken mag. Subjektiv ist vielmehr wohl der Umstand wesentlich, daß im Alter einerseits die sinnlichen Seiten des Lebens ihren Reiz oder die Möglichkeit des Genossenwerdens verlieren, andrerseits die Ideale durch Enttäuschungen und Mangel an Schwung ihre erregende Kraft einbüßen; so bleibt als letztes Willensziel und Lebensreiz oft nur noch die Macht übrig, die sich zum Teil in der Neigung des Alters zu tyrannisieren offenbart, und darin, daß Personen höherer Stellungen im Alter oft eine krankhafte Sucht nach »Einfluß« zeigen; zum Teil aber im Geize, für den eben dieselbe abstrakte »Macht« sich im Geldbesitz verkörpert. Ich halte es für einen Irrtum, wenn man sich jeden Geizigen mit der Ausmalung aller ihm zur Verfügung stehenden Genüsse, all der reizvollen Verwendungsmöglichkeiten des Geldes beschäftigt denkt. Die reinste Form des Geizes ist vielmehr die, in der der Wille wirklich nicht über das Geld hinausgeht, es auch nicht einmal im spielenden Gedanken als Mittel für anderes behandelt, sondern die Macht, die es grade als nicht ausgegebenes repräsentiert, als definitiven und absolut befriedigenden Wert empfindet. Für den Geizigen liegen alle sonstigen Güter in der Peripherie des Daseins und von jedem derselben führt ein eindeutig gerichteter Radius seinem Zentrum, dem Gelde, zu, und es hieße das ganze spezifische Lust- und Machtgefühl verkennen, wenn man diese Richtung umdrehen und sie von ihrem Endpunkt auch nur innerlich wieder auf die Peripherie zurückleiten wollte. Denn indem die Macht, die in jenem Zentrum ruht, in das Genießen konkreter Dinge umgesetzt würde, ginge sie als Macht verloren.

Es ist nun für die Herrschaft, die das Geld über die allgemeine Denkart gewonnen hat, sehr bezeichnend, daß man eine Reihe von Erscheinungen als Geiz – im Sinne des Geldgeizes – zu bezeichnen pflegt, die in Wirklichkeit das genaue Gegenteil desselben sind. Es handelt sich um die Menschen, die ein abgebranntes Streichholz nochmals benutzen, leere Briefseiten sorgfältig abreißen, kein Stückchen Bindfaden wegwerfen und auf jede verlorene Stecknadel eine Mühe des Suchens verwenden. Man nennt solche Menschen geizig, weil man sich gewöhnt hat, den Geldpreis der Dinge ganz unbefangen als ihren Wert anzusehen. Thatsächlich aber denken sie garnicht an den Geldwert jener Objekte, die Stärke ihres Gefühles gilt gerade dem *sachlichen* Wert derselben, auf den ihr Geldwert gar keine irgend proportionierte Hinweisung giebt. Wenigstens in sehr vielen Fällen sind es durchaus nicht die Bruchteile eines Pfennigs, um deren Rettung es sich für jene Sparsamen handelt; gerade *sie* sind von der Rücksicht auf das Geld, durch das die Objekte ohne weiteres wieder beschaffbar sind, oft genug unabhängig und werten eben bloß die Sache selbst.

In diese Kategorie gehören auch jene sonderbaren, aber nicht allzuseltenen Menschen, die ohne Bedenken hundert Mark, aber nur mit wahrer Selbstüberwindung einen Bogen Papier aus ihrem Schreibvorrat oder Aehnliches verschenken. Daß auch auf dieser Basis der bloßen Gebrauchswertschätzung etwas dem Geize Analoges stattfinden kann, ist natürlich nicht zu leugnen. In dem Sinne aber, wie es meistens verstanden wird: es sei doch der Geldwert der Objekte, den die so charakterisierten Personen retten wollten, ist es sicher oft nicht der Fall. Denn dem Geizigen sind die *Dinge* gerade gleichgültig, weil das Geld sie ihres Endzweckcharakters beraubt hat, während das Verhalten jener ganz sinnlos wäre, wenn es durch den *Geldwert* der Dinge bestimmt wäre; freilich kann es durch das völlige Außerachtlassen desselben auch wieder unvernünftig werden. Sie vergessen über den Zweck das Mittel, das ihn jederzeit wieder erreichbar macht, während der Geizige über das Mittel den Zweck vergißt, der jenem allein Bedeutung giebt. Allein so logisch, wie hiermit gefordert wird, geht es in der Seele nicht zu, und der Reiz der gesammelten Macht, die grade nur in dem Mittel, so lange es noch reines unausgegebenes Mittel ist, ruht, macht das Abbrechen der Zweckreihe an diesem Punkte durchaus verständlich.

Die Stellung des Geldes, insoweit sie seinen Charakter über das bloße Mittlertum hinaus zu einem selbständigen Interesse steigert, will ich nun noch nach zwei negativen Instanzen hin verfolgen. Die Verschwendung ist nach mehr als einer Richtung dem Geize verwandter, als die Entgegengesetztheit ihrer Erscheinungen zu verraten scheint. Es ist hier zu bemerken, daß in Zeiten naturaler Wirtschaft die geizige Konservierung der Werte mit deren Natur, mit der sehr begrenzten Aufhebbarkeit der landwirtschaftlichen Produkte nicht vereinbar ist. Wo daher deren Umsetzung in das unbegrenzt aufhebbare Geld nicht thunlich oder wenigstens nicht selbstverständlich ist, findet man selten ein eigentlich geiziges Aufhäufen derselben; wo Bodenprodukte unmittelbar gewonnen und konsumiert werden, besteht meistens eine gewisse Liberalität, besonders etwa Gästen und Bedürftigen gegenüber, wie sie das zum Sammeln viel mehr einladende Geld weniger nahe legt; so daß Petrus Martyr die Kakaosäcke rühmt, die den alten Mexikanern als Geld dienten, weil sie nicht lange aufgehäuft und verborgen aufbewahrt werden konnten und also keinen Geiz gestatteten. Ja, es scheint, als ob das Geld schon seinem Begriffe nach einen Anspruch, gewissermaßen ein Recht auf egoistische Reserve enthielte: wo Engherzigkeit und Hartherzigkeit sich weigern, sich von einem konkreten Besitzstück zu trennen, hört man regelmäßig als rechtfertigende Begründung, es habe doch so und so viel Geld gekostet. Ganz entsprechend beschränken naturale Verhältnisse die Möglichkeit und den Reiz der Verschwendung. Die verschwenderische Konsumtion und leichtsinnige Vergeudung innerhalb derselben haben doch, abgesehen von sinnloser Zerstörung, an der Aufnahmefähigkeit des eigenen und fremder Subjekte ihre Grenze. Die Hauptsache aber ist, daß die Verschwendung des Geldes überhaupt einen ganz anderen Sinn, eine ganz neue Nuance gegenüber der Verschwendung konkreter Gegenstände enthält: die letztere bedeutet, daß der Wert für die vernünftigen Zweckreihen des Individuums schlechthin vernichtet ist, die erstere, daß er in unzweckmäßiger Weise in andere Werte umgesetzt ist. Der Typus des Verschwenders in der Geldwirtschaft ist nicht jemand, der das Geld *in natura* sinnlos verschenkt, sondern der es zu sinnlosen, bezw. seinen Verhältnissen nicht angemessenen Käufen verwendet. Die Lust am Verschwenden, die genau von der Lust etwa an dem flüchtigen Genuß der Gegenstände, an dem damit verbundenen Protzentum, an dem anregenden Wechsel zwischen Erwerb und Verbrauch der Objekte zu unterscheiden ist, die also die reine Funktion des Verschwendens, ohne Rücksicht auf ihren substanziellen Inhalt und ihre Begleiterscheinungen betrifft – heftet sich also an den Moment des Geldausgebens für irgend welche Gegenstände; der Reiz dieses Momentes überdeckt beim Verschwender die sachgemäße Schätzung des Geldes einerseits, der Gegenstände andererseits. Hiermit wird die Stellung des Verschwenders in der Zweckreihe deutlich bezeichnet. Wenn das Endglied derselben der Genuß aus dem Besitz des Objekts ist, so ist ihre erste uns hier wesentliche Mittelstufe, daß man das Geld besitze, die zweite, daß man es für den Gegenstand ausgebe. Für den Geizigen nun wächst jene erste zu einem für sich lustvollen Selbstzweck aus, für den Verschwender die zweite. Das Geld ist für ihn kaum weniger wesentlich, als für jenen, nur nicht in der Form des Habens, sondern in der des Ausgebens. Sein Wertgefühl baut sich in dem Augenblick des Ueberganges des Geldes in andere Wertformen an und zwar mit solcher Intensität, daß er sich den Genuß dieses Augenblicks um den Preis erkauft, alle definitiveren Werte damit zu vergeuden. Wegen ihrer engen Beziehung zum Gelde gewinnt die Verschwendungssucht so leicht einen ungeheueren Beschleunigungszuwachs und raubt dem davon Befallenen alle vernünftigen Maßstäbe: weil die Regulierung fehlt, die durch das Maß der Aufnahmefähigkeit konkreten Objekten gegenüber gegeben ist.

Das ist die genau gleiche Maßlosigkeit, die die geizige Geldgier charakterisiert: die bloße Möglichkeit, die sie statt des Genusses der Wirklichkeiten sucht, geht an und für sich ins Unendliche und findet nicht wie diese, äußere und innere Gründe ihrer Einschränkung. Geiz und Verschwendung streben ihrem Wesen nach ins Grenzenlose, weil sie beide prinzipiell die Wertbemessung ablehnen, die allein der Zweckreihe Halt und Grenze gewähren kann, nämlich die an dem abschließenden Genusse der Objekte. Indem der eigentliche Verschwender – der nicht mit dem Epikureer und dem bloß Leichtsinnigen zu verwechseln ist, so sehr in der individuellen Erscheinung all diese Elemente sich mischen mögen – gegen das Objekt, wenn es einmal in seinem Besitz ist, gleichgültig wird, ist sein Genießen mit dem Fluche behaftet, nie Rast und Dauer zu finden; der Augenblick seines Eintritts enthält zugleich seine Aufhebung in sich, sein Leben hat dieselbe dämonische Formel wie das des Geizigen: daß jeder erreichte Moment den Durst nach seiner Steigerung weckt, der aber nie gelöscht werden kann; denn die ganze Bewegung sucht die Befriedigung, wie sie aus einem Endzweck fließt, innerhalb einer Kategorie, die sich ja von vornherein den Zweck versagt und sich auf das Mittel und den vordefinitiven Moment beschränkt hat. Der Geizige ist der Abstraktere von beiden; sein Zweckbewußtsein macht in noch größerer Distanz vor dem Endzweck halt; der Verschwender geht immerhin noch näher an die Dinge heran, er verläßt die auf das rationelle Ziel gerichtete Bewegung an einer späteren Station, um sich an ihr, als sei sie selbst das Endziel, anzubauen. Einerseits diese formale Gleichheit bei vollständiger Entgegengesetztheit des sichtbaren Erfolges, andererseits das Fehlen eines regulirenden substanziellen Zweckes, das durch die gleichmäßige Sinnlosigkeit beider Tendenzen ein launenhaftes Spiel zwischen ihnen nahe legt – erklärt es, daß Geiz und Verschwendung sich oft an derselben Persönlichkeit finden, sei es in Verteilung auf verschiedene Interessenprovinzen, sei es in Zusammenhang mit wechselnden Lebensstimmungen; Kontraktion und Expansion derselben drücken sich in Geiz und Verschwendung, wie in derselben, nur jedesmal mit anderem Vorzeichen versehenen Bewegung aus.

Nach einer ganz anderen Dimension hin als die Verschwendung es thut, steht der Geldgier und dem Geize eine zweite negative Erscheinung gegenüber: die Armut als definitiver Wert, als für sich befriedigender Lebenszweck. Das Auswachsen eines Gliedes der Zweckreihe zu absoluter Bedeutung hat sich hier in eine ganz andere Richtung derselben verpflanzt als beim Geiz und der Verschwendung; denn während diese bei den Mitteln zu Endzwecken stehen blieben, verharrt die Armut bei dem Ausbleiben der Mittel oder rückt in den hinter dem Endzweck liegenden Teil, in so weit sie sich als der *Erfolg* abgelaufener Zweckreihen einstellt. Aehnlich wie Geiz und Verschwendung tritt Armut in ihrer reinsten und spezifischen Erscheinung nur bei irgend einem Maße von Geldwirtschaft auf. In naturalen Verhältnissen, die noch nicht geldwirtschaftlich bestimmt sind, so lange also die Bodenprodukte noch nicht als bloße Waren, d.h. unmittelbar als Geldwerte figurieren, kommt es nicht so leicht zu absoluter Bedürftigkeit Einzelner, nicht zur Armut im sozialen Sinne: noch bis in die letzte Zeit hinein hat man sich in Rußland gerühmt, daß die wenig geldwirtschaftlich entwickelten Bezirke daselbst keine persönliche Armut kennten. Als allgemeine Erscheinung liegt das nicht nur an der leichteren Zugängigkeit des unmittelbar Nötigen, zu dem es nicht erst der Beschaffung des Geldmittels bedarf, sondern auch daran, daß die humanen und sympathischen Gefühle der Armut gegenüber in jenen Verhältnissen leichter erweckt werden, als wenn das, was dem Armen fehlt und womit man ihm helfen soll, garnicht das ihm unmittelbar Nötige ist. Das Mitgefühl hat in reinen Geldverhältnissen erst einen Umweg zu machen, ehe es auf den Punkt seines eigentlichen Interesses kommt. Auf diesem Umwege erlahmt es oft. Dem entspricht es, daß gerade praktisch hülfreiche und mitleidige Menschen dem Armen lieber mit Nahrung und Kleidung als mit Geld zu Hülfe kommen. Wo die Armut als sittliches Ideal auftaucht, da ist es deshalb auch der Besitz an Geld, den sie als die schlimmste Versuchung, als das eigentliche Uebel verabscheut.

Wo das Heil der Seele als Endzweck empfunden wird, da erscheint zu ihm die Armut in manchen Doktrinen als ein ganz positives und unerläßliches Mittel, das sich aus dieser Stellung dann zu der Würde eines durch sich selbst bedeutungsvollen und gültigen Wertes erhebt. Das kann nun auf verschiedenen Staffeln der Zweckreihen und von verschiedenen Motiven aus geschehen. Zunächst kann die bloße Gleichgültigkeit gegen alles irdische Genießen und Interessiertsein dahin führen. Von der Seele, die zum Höchsten aufstrebt, fällt dieser Ballast wie von selbst ab ohne daß es eines besonders darauf gerichteten Willens bedürfte. So mögen sich vielfach die ersten Christen verhalten haben: nicht direkt feindselig und aggressiv den Gütern der Sichtbarkeit gegenüber, sondern einfach ohne Beziehung zu ihnen, wie zu Dingen, für deren Wahrnehmung man kein Organ besitzt. In Hinsicht auf das Geld muß dies freilich entschiedenere und positivere Formen annehmen, da man auf dem Wege auch zum Unentbehrlichsten ihm immerwährend begegnet und da der Erwerb seiner mehr Aufmerksamkeit und Willensbeschäftigung fordert, als die daraufhin erfolgende Beschaffung des Unterhaltes selbst. Wer gegen diesen selbst so abgestumpft ist, daß er wie jener Kirchenvater Wagenschmiere für Butter aß, ohne es zu merken, kann, wenn er in einer Zeit des Geldverkehrs überhaupt existieren will, für den Erwerb auch der bescheidensten Summe sein Bewußtsein nicht in derselben Weise ablenken lassen. Deshalb wird, wo prinzipiell nur Gleichgültigkeit gegen alles Aeußere herrscht, diese grade dem Geld gegenüber leicht in wirklichen Haß übergehen. Darauf wirkt zweitens der versucherische Charakter des Geldes noch entschiedener ein. Weil es in jedem Augenblick zur Verwendung bereit ist, ist es der schlimmste Fallstrick der schwachen Stunden, und da es alles zu beschaffen dient, so bietet es der Seele das ihr jeweilig Verführerischste dar; und alles dies ist von um so unheimlicherer Gefährlichkeit, als das Geld, so lange es wirklich bloß als Geld in unseren Händen ist, das indifferenteste und unschuldigste Ding von der Welt ist. So wird es für asketische Empfindungsweisen das richtige Symbol des Teufels, der uns in der Maske der Harmlosigkeit und Unbefangenheit verführt; so daß dem Teufel wie dem Gelde gegenüber die einzige Sicherung im absoluten Fernhalten liegt, in der Ablehnung jeglicher Beziehung, wie ungefährlich sie auch scheine. In der frühsten Gemeinde Buddhas ist dies zum prinzipiellen Ausdruck gekommen. Der Mönch, der in die Gemeinde eintritt, giebt eben damit seinen Besitz überhaupt auf, wie er seine Familienbeziehungen und seine Gattin aufgiebt, und darf, gelegentliche Ausnahmen abgerechnet, nichts weiteres als die kleinen Gegenstände des täglichen Bedarfs besitzen, und auch diese eigentlich nur, wenn sie ihm als Almosen zufließen. Wie fundamental diese Bestimmung war, zeigt der Name, mit dem sich die Mönche bezeichneten: die Gemeinde der Bettler. Indem sie täglich erbettelten – und nicht einmal durch ausgesprochene Bitten, sondern das Almosen stillschweigend erwartend – was sie täglich bedurften, war die Bindung an jegliches Eigentum soweit gelöst, wie es überhaupt möglich war. Wie es bei gewissen arabischen Nomadenstämmen durch Gesetz verboten war, Getreide zu säen, ein Haus zu bauen und Aehnliches, damit keine Verführung zur Seßhaftigkeit den Einzelnen den Lebensbedingungen des Stammes untreu mache, so galt dasselbe in innerlicher Wendung von den buddhistischen Mönchen. Sie, die sich den Vögeln vergleichen, die nichts mit sich tragen, als die Flügel, wohin sie auch fliegen, dürfen kein Ackerland, kein Vieh, keine Sklaven zum Geschenk nehmen. Am strengsten ist nun dies Verbot in Bezug auf Gold und Silber. Der Wohlthäter, der den Mönchen ein Geldgeschenk zugedacht hat, darf es nicht ihnen geben, sondern einem Handwerker oder Händler, der dann den Mönchen dafür die Naturalien liefert, die sie annehmen dürfen. Hat aber dennoch ein Bruder Gold oder Silber angenommen, so muß er vor der Gemeinde Buße thun und das Geld wird, wenn ein gutgesonnener Laie in der Nähe ist, diesem zum Einkauf von Lebensmitteln gegeben; selbst darf kein Mönch dies besorgen. Ist aber keiner gleich zur Hand, so wird das Geld einem Mönch zum Fortwerfen überliefert und zwar einem »der frei ist von Begehren, frei ist von Haß, frei von Verblendung« – und der so die Garantie giebt, daß er es auch wirklich wegwirft. Hier ist – wenn auch mit der eigentümlichen anämischen Gedämpftheit dieser gleichsam in *einem* Gedanken erstarrten Seelen – das Geld zu einem Gegenstand der Furcht und des Abscheus, die Armut zu einem eifersüchtig gehüteten Besitz, zu einem kostbaren Stück in dem Wertinventar dieses aller Vielheit und Interessiertheit der Welt abgewandten Daseins geworden.

Die innere Formung, die sich zum absoluten Werte der Armut aufgipfelt, wird nun mit reinster Entschiedenheit und unvergleichlicher Leidenschaft von den ersten Franziskanermönchen dargestellt. Hier gilt es nicht nur eine Reaktion gegen jene furchtbare Verweltlichung der italienischen Kirche des 12. und 13. Jahrhunderts, die in der Simonie ihren gedrängtesten Ausdruck gefunden hatte: auf Geld war alles gestellt und für Geld alles zu haben, von der Papstwahl bis zur Einsetzung des armseligsten Landpfarrers, von der großartigsten Klostergründung bis zum Aussprechen der Formel, durch die Florentiner Priester den Wein, in dem Mäuse ertrunken waren, wieder sühnten und genießbar machten. Die Käuflichkeit war innerhalb des kirchlichen Wesens so selbstverständlich geworden, daß schon lange vor der Zeit des Franziskus ein darob empörter Bischof von Fiesole sagen konnte, er wolle die Papstwürde kaufen und wenn sie ihn tausend Dukaten kosten sollte, bloß um die verfluchten Simonisten vertreiben zu können! Innerhalb der Reformbewegung hiergegen, die seit dem 5. Jahrhundert nie völlig ausgesetzt hatte, war freilich schon sonst die Armut als die ideale Forderung für den Geistlichen laut geworden, weil damit der Verweltlichung der Kirche so Wurzel wie Krone abgeschnitten wäre. Allein zu einem selbständigen Werte oder zu einem Korrelat der tiefsten inneren Bedürfnisse wurde die Armut doch erst bei den Franziskanern. Von der ersten Zeit des Ordens sagt ein Spezialhistoriker: »In der Armut hatte die *gente poverella* Sicherheit, Liebe und Freiheit gefunden: Was Wunder, daß alles Dichten und Trachten der neuen Apostel einzig der Bewahrung dieses köstlichen Schatzes galt. Ihre Verehrung kannte keine Grenzen: mit der vollen Glut bräutlicher Liebe warben sie täglich aufs neue um die Freundin ihres Herzens.« Die Armut wurde hier zu einem positiven Besitz, der einerseits gleichsam den Erwerb der höchsten Güter vermittelte, ihnen gegenüber das leistete, was das Geld den irdischen Verächtlichkeiten gegenüber: so heißt es über Franziskus selbst: »er wollte kein Eigentum haben, damit er alles um so voller in Gott besäße.« Andrerseits aber war die Armut schon ganz unmittelbar eine Seite oder ein Ausdruck davon, daß dem Entsagenden die Welt in einem höheren, dem höchsten Sinne gehörte; er war eigentlich kein Entsagender, sondern in der Armut besaß er den reinsten, feinsten Extrakt der Dinge, wie der Geizige ihn im Gelde besitzt. Wie die buddhistischen Mönche sagten: »In hoher Freude leben wir, die wir nichts besitzen; Fröhlichkeit ist unsere Speise, wie den Göttern des Lichtreichs« – so charakterisierte man die Franziskaner als *nihil habentes, omnia possidentes*. Die Armut hat hier ihr asketisches Wesen verloren: die inneren Güter, zu deren Gewinn sie die negative Bedingung bildete, sind zu ihr selbst herabgestiegen, der Verzicht auf das Mittel, das der Welt sonst als der volle Repräsentant ihrer Endzwecke gilt, hat die gleiche Steigerung zu einem definitiven Werte erfahren. Die ungeheure und ausgreifende Macht des Prozesses, durch den das Geld aus seiner Mittlerstellung zu der Bedeutung eines Absoluten aufsteigt, kann durch nichts ein schärferes Licht erhalten als dadurch, daß die Verneinung seines Sinnes sich zu der gleichen Form steigert.

Der Individualismus der modernen Zeit

Es ist die allgemeine europäische Meinung, daß die Epoche der italienischen Renaissance das geschaffen habe, was wir Individualität nennen: die innere und äußere Gelöstheit des Einzelnen aus den Gemeinschaftsformen des Mittelalters, die dessen Lebensgestaltung, Betätigungen, Wesenszüge in nivellierende Einheiten gebunden hatten, damit gewissermaßen die Umrisse der Person verschwimmen ließen und die Entwicklung der persönlichen Freiheit, der auf sich ruhenden Einzigkeit, der Selbstverantwortlichkeit niederhielten. Ich lasse dahingestellt, ob dem Mittelalter die Züge der Individualität wirklich in so erheblichem Maße mangelten. Aber deren bewußte prinzipielle Betonung scheint allerdings erst die Leistung der Renaissance zu sein und zwar vor allem in der Form, daß der Wille zur Macht, zur Auszeichnung, zum Beachtet- und Berühmtwerden sich unter den Menschen in einem noch nicht gekannten Grade verbreitete. Wenn es einmal im Anfang der Periode, wie berichtet wird, in Florenz keine durchgehende Mode der männlichen Kleidung gegeben habe, weil ein jeder sie auf seine besondere, nur ihm eigene Weise zu tragen wünschte, so stand sicher nicht die einfache Unterscheidung, das Anderssein, in Frage; sondern das Individuum wollte *auffallen*, es wollte sich günstiger, beachtenswerter darstellen, als es in durchgehenden Formen möglich war. Es ist der Individualismus der Auszeichnung, zusammenhängend mit dem Ehrgeiz des Renaissancemenschen, seinem rücksichtslosen Sichdurchsetzen, seiner Wertbetonung des Einzig-Seins, der hier Tat geworden ist.

Es liegt ersichtlich in der Natur der Sache, daß diese Sehnsucht und diese Erfüllung nicht eine beharrende Verfassung der Menschen und der Gesellschaft sein kann, sondern wie ein Rausch vorübergehen muß. Indem der Individualismus hier als Streben nach Erhöhung auftrat, ließ er in den Niederungen und Durchgängigkeiten des Daseins noch so viel Bindungen zurück, soviel Unmöglichkeiten des Individuums, seine Kräfte zu entwickeln, sein Leben frei auszuleben, die Selbständigkeit seiner Person zu fühlen, daß die Akkumulierung dieses Druckes nun noch einmal im 18. Jahrhundert zu seiner Sprengung führte. Aber diese erfolgte nach einer anderen Richtung, geleitet von einem anderen Ideal der Individualität, einem, dessen innerste Motivierung nicht die Auszeichnung, sondern die Freiheit war. *Freiheit* wird dem 18. Jahrhundert zu der allgemeinen Forderung, mit der das Individuum seine mannigfachen Beschwerden und Selbstbehauptungen gegenüber der Gesellschaft deckte. Sie wird gleichmäßig fühlbar unter ihrer volkswirtschaftlichen Einkleidung bei den Physiokraten, die die freie Konkurrenz der Einzelinteressen als die natürliche Ordnung der Dinge preisen; in ihrer gefühlsmäßigen Ausgestaltung durch Rousseau, für den die Vergewaltigung des Menschen durch die geschichtlich gewordene Gesellschaft der Ursprung aller Verkümmerung und alles Bösen ist; in ihrer politischen Formung durch die Französische Revolution, die die individuelle Freiheit so ins Absolute steigerte, um den Arbeitern sogar die Vereinigungen zur Wahrung ihrer Interessen zu versagen; in ihrer philosophischen Sublimierung durch Kant und Fichte, die das Ich zum Träger der erkennbaren Welt und seine absolute Autonomie zu dem sittlichen Werte schlechthin machten. Die Unzulänglichkeit der gesellschaftlich gültigen Lebensformen im 18. Jahrhundert im Verhältnis zu den materiellen und geistigen Produktivkräften der Zeit kam den Individuen als eine unerträgliche Bindung ihrer Energien zum Bewußtsein; so die Vorrechte der oberen Stände wie die despotische Kontrolle von Handel und Wandel, die immer noch mächtigen Reste der Zunftverfassungen wie der unduldsame Zwang des Kirchentums, die Fronpflichten der bäuerlichen Bevölkerung wie die politische Bevormundung im Staatsleben und die Einengungen der Stadtverfassungen. In der Bedrücktheit durch solche Institutionen, die jedes innere Recht verloren hatten, entstand das Ideal der bloßen Freiheit des Individuums; wenn nur jene Bindungen fielen, die die Kräfte der Persönlichkeit in ihre unnatürliche Bahnen zwangen, so würden alle inneren und äußeren Werte, zu denen die Spannkräfte vorhanden, aber politisch, religiös, wirtschaftlich lahmgelegt waren, sich entfalten und die Gesellschaft aus der Epoche der historischen Unvernunft in die der natürlichen Vernünftigkeit überführen.* Der so zu seiner Verwirklichung aufstrebende Individualismus hatte aber zur Grundlage die *natürliche Gleichheit* der Individuen, die Vorstellung, daß alle jene Bindungen künstlich geschaffene Ungleichheiten wären; und daß, wenn man diese mit ihrer historischen Zufälligkeit, ihrer Ungerechtigkeit, ihrem Druck beseitigte, der vollkommene Mensch her-

* Ich entnehme einige dieser Formulierungen meinen beiden Büchern: »Kant. 16 Vorlesungen« [in: GSG 9] und »Goethe« [in: GSG 15].

vortreten würde; und weil er eben vollkommen war, vollkommen in Sittlichkeit, Schönheit, Glück, so konnte er keine Unterschiede zeigen. Die tiefere kulturgeschichtliche Strömung, die dies trägt, fließt aus dem Naturbegriff des 18. Jahrhunderts, der durchaus mechanistisch-naturwissenschaftlich orientiert war. Für ihn besteht nur das allgemeine Gesetz, und jede Erscheinung, ein Mensch oder ein Nebelfleck in der Milchstraße, ist nur ein einzelner Fall desselben, ist selbst bei völliger Unwiederholtheit seiner Form ein bloßer Schnittpunkt und auflösbares Zusammen schlechthin allgemeiner Gesetzesbegriffe. Darum steht der allgemeine Mensch, der Mensch überhaupt, im Interessenzentrum dieser Zeit, statt des historisch gegebenen, des besonderen und differenzierten. Dieser letztere ist prinzipiell auf jenen reduziert, in jeder individuellen Person lebt als ihr Wesentliches jener allgemeine Mensch, wie jedes noch so besonders gestaltete Stück Materie doch in seinem Wesen die durchgehenden Gesetze der Materie überhaupt darstellt. Damit aber ergibt sich sogleich das Recht, Freiheit und Gleichheit von vornherein zueinander gehören zu lassen. Denn wenn das Allgemein-Menschliche, sozusagen: das Naturgesetz Mensch, als der wesentliche Kern in jedem durch empirische Eigenschaften, gesellschaftliche Stellung, zufällige Bildung individualisierten Menschen besteht – so braucht man ihn eben nur von all diesen historischen, sein tiefstes Wesen vergewaltigenden Einflüssen und Ablenkungen zu *befreien*, damit als dieses Wesen das allen Gemeinsame, der Mensch als solcher, an ihm hervortrete. Hier liegt der Drehpunkt dieses Individualitätsbegriffes, der zu den großen geistesgeschichtlichen Kategorien gehört: wenn der Mensch von allem, was nicht ganz er selbst ist, befreit wird, so verbleibt als die eigentliche Substanz seines Daseins der Mensch schlechthin, die Menschheit, die in ihm wie in jedem anderen lebt, das immer gleiche Grundwesen, das nur empirisch-historisch verkleidet, verkleinert, entstellt wird. Diese Bedeutung des Allgemeinen ist es, aus der heraus die Literatur der Revolutionszeit fortwährend von dem Volke, dem Tyrannen, der Freiheit, ganz im allgemeinen spricht; derentwegen die »natürliche Religion« eine Vorsehung überhaupt, eine Gerechtigkeit überhaupt, eine göttliche Erziehung überhaupt hat, ohne das Recht besonderer Gestaltungen dieses Allgemeinen anzuerkennen, derentwegen das »Naturrecht« auf der Fiktion isolierter und gleichartiger Individuen beruht. Darum kann Friedrich der Große den Fürsten als »den ersten Richter, den ersten Finanzmann, den ersten Minister der Gesellschaft« bezeichnen, in demselben Atem aber als »einen *Menschen* wie den geringsten seiner Untertanen«.

Das metaphysische Grundmotiv, das sich im 18. Jahrhundert in der praktischen Forderung: Freiheit und Gleichheit aussprach, war dies: daß der Wert jeder individuellen Gestaltung zwar in ihr allein, in ihrer Selbstverantwortlichkeit ruht, damit aber doch in demjenigen, was ihr mit allen gemeinsam ist. Vielleicht, daß das Individuum es doch als eine unheimliche Zumutung fühlte, daß es die ganze Summe seiner Existenz mit seinen einsamen Kräften, auf seinen Einzigkeitspunkt gestellt, tragen sollte, und daß es diese Last erleichterte oder abschob, indem die Gattung Mensch, der Mensch überhaupt, in ihm lebte und die Leistung eigentlich vollbrachte. Der tiefste Punkt der Individualität ist der Punkt der allgemeinen Gleichheit – mag diese nun in der »Natur« liegen, deren allgemeiner Gesetzlichkeit wir uns um so mehr einfügen, je mehr wir uns aus allen historischen Vielfältigkeiten und Bindungen auf unser freies Ich stellen, mag es die Allgemeinheit der »Vernunft« sein, in der für Kant und Fichte unser Ich wurzelt, mag es »die Menschheit« sein. Ob Natur, Vernunft, Menschheit – es ist immer ein mit anderen Geteiltes, in dem das Individuum sich findet, wenn es seine eigene Freiheit, sein eigenes Selbstsein gefunden hat.

Indem diese Epoche die von aller Bindung und Sonderbestimmung gelöste und deshalb immer gleiche Individualität: das Abstraktum Mensch – zur letzten Substanz der Persönlichkeit macht, steigert sie jenes Abstraktum zugleich zum letzten *Werte* dieser. Der Mensch, sagt Kant, ist zwar unheilig genug, aber die Menschheit in ihm ist heilig. Für Rousseau, der gewiß ein starkes Gefühl für die individuellen Verschiedenheiten hat, liegen diese dennoch auf der Oberfläche: je mehr der Mensch zu seinem eigenen Herzen zurückkehrt, statt der äußeren Relationen seine innere Absolutheit erfaßt, um so stärker fließt in ihm, das heißt in jedem gleichmäßig, die Quelle der Güte und des Glücks. Wenn so der Mensch wirklich er selbst ist, so besitzt er eine gesammelte Kraft, die für mehr als seine Selbsterhaltung ausreicht und die er sozusagen auf andere überströmen kann, durch die er die anderen in sich aufnehmen, mit sich identifizieren kann: wir sind um so sittlich wertvoller, um so mitleidiger und gütiger, je mehr jeder nur er selbst ist, d. h. je mehr er jenen innersten Kern in sich souverän werden läßt, in dem alle Menschen jenseits der Verworrenheit ihrer gesellschaftlichen Bindungen und zufälligen Einkleidungen identisch sind.

Nach der praktischen Richtung mündet dieser Individualitätsbegriff ersichtlich in dem Laissez faire, laissez aller. Wenn in allen Menschen der immer gleiche »Mensch überhaupt« als ihr Wesentliches besteht und die volle ungehinderte Entfaltung dieses Kernes vorausgesetzt wird, so bedarf es natürlich keiner besonderen regulierenden Eingriffe in die menschlichen Verhältnisse: das Spiel der Kräfte muß sich hier in derselben naturgesetzlichen Harmonie vollziehen wie die Vorgänge am Sternenhimmel, die, wenn plötzlich eine außernatürliche Macht ihre Eigenbewegungen ändern wollte, nur in Verwirrung geraten könnten.

Freilich, ganz konnte man wohl den Schatten über der Freiheit der Individuen nicht bannen: daß ihre Gleichheit, durch die die Freiheit sich rechtfertigte, doch in der Realität noch recht unvollkommen bestand, und daß die schließlich unverkennliche Ungleichheit in dem Augenblick, in dem die Individuen ungehemmte Freiheit erhielten, sofort in eine neue Unterdrückung: der Dümmeren durch die Klugen, der Schwachen durch die Starken, der Schüchternen durch die Zugreifenden ausschlagen würde. Und es scheint mir, daß der Instinkt hierfür es bewirkte, daß der Forderung der Liberté und Egalité noch die der Fraternité hinzugefügt wurde. Denn nur durch den sittlich freiwilligen Verzicht, wie dieser Begriff ihn aussprach, wäre zu verhüten, daß die Liberté von dem völligen Gegenteil der Egalité begleitet würde. Dem allgemeinen damaligen Bewußtsein vom Wesen der Individualität blieb indes dieser Widerspruch zwischen ihrer Gleichheit und ihrer Freiheit verborgen, und erst das 19. Jahrhundert hat ihn gewissermaßen [bewußt gemacht].

Diese Vereinigung von Freiheit und Gleichheit, oder, dasselbe anders ausgedrückt, von Individualität und Gleichheit, ging nun im 19. Jahrhundert in zwei ganz divergente Strömungen auseinander. In allgemeinen Begriffen, die vieler Vorbehalte bedürfen, bezeichnen wir sie als die Tendenz auf Gleichheit ohne Individualität und auf Individualität ohne Gleichheit. Die erstere, wesentlich im Sozialismus verkörpert, liegt hier außerhalb unseres Interesses; die andere hat die Art des Individualismus geschaffen, die, bei Fortbestand jener früheren, als die spezifisch moderne gelten kann und sich von Goethe über Schleiermacher und die Romantik bis zum Nietzscheanismus entwickelt. Nachdem die prinzipielle Lösung des Individuums von den verrosteten Ketten der Zunft, des Geburtsstandes, der Kirche vollbracht war, geht sie nun dahin weiter, daß die so verselbständigten Individuen sich auch *von einander* unterscheiden wollen; nicht mehr darauf, daß man überhaupt ein freier Einzelner ist, kommt es an, sondern daß man dieser bestimmte und unverwechselbare ist. Das moderne Differenzierungsstreben kommt damit zu einer Steigerung, die seine eben erst gewonnene Form dementiert, ohne daß diese Entgegengesetztheit an der Identität des Grundtriebes irre machen dürfte; durch die ganze Neuzeit geht das Suchen des Individuums nach sich selbst, nach einem Punkte der Festigkeit und Unzweideutigkeit, dessen es bei der unerhörten Erweiterung des theoretischen und praktischen Gesichtskreises und der Komplizierung des Lebens immer dringlicher bedarf und der eben deshalb in keiner der Seele äußeren Instanz mehr gefunden werden kann. Alle Verhältnisse zum anderen sind so schließlich nur Stationen des Weges, auf dem das Ich zu sich selber kommt: mag es sich den anderen im letzten Grunde gleichfühlen, weil es auf sich und seinen Kräften alleinstehend noch dieses stützenden Bewußtseins bedarf; sei es, daß es der Einsamkeit seiner Qualität gewachsen ist und die Vielen eigentlich nur da sind, damit jeder Einzelne an den Anderen seine Unvergleichbarkeit und die Individualität seiner Welt ermessen könne. Im 18. Jahrhundert klingt dies Ideal freilich schon an, bei Lessing, Herder, Lavater, und erreicht seine erste volle Ausgestaltung als Kunstwerk: in Wilhelm Meisters Lehrjahren. Hier wird zum ersten Male eine Welt gezeichnet, die ganz auf die individuelle Eigenheit ihrer Individuen gestellt ist und sich nur durch diese organisiert und entwikkelt. Und zwar ganz unbeschadet der Tatsache, daß die Figuren als Typen gemeint sind. Sooft sie sich in der Realität wiederholen mögen, der innere Sinn jeder einzelnen bleibt, daß jede gerade in ihrem letzten Grunde von der anderen, an die das Schicksal sie rühren läßt, unterschieden ist, daß der *Akzent* des Lebens und der Entwicklung nicht auf dem Gleichen, sondern auf dem absolut Eigenen ruht. Hier spricht der absolute Gegensatz zu dem Ideal der freien und gleichen Persönlichkeiten, den Fichte einmal, diese Geistesströmung des 18. Jahrhunderts in einem Satz zusammendrängend, so formuliert: »Ein Vernunftwesen muß schlechthin ein Individuum sein, aber nicht eben dieses oder jenes bestimmte«; und wie in zugespitzter Antithese hierzu hat Friedrich Schlegel den *neuen* Individualismus in die Formel gefaßt: »Gerade die Individualität ist das Ursprüngliche und Ewige im Menschen; an der Personalität ist so viel nicht gelegen«. Diese Form des Individualismus hat ihren Philosophen in

Schleiermacher gefunden. Für ihn ist die sittliche Aufgabe gerade die, daß ein jeder die Menschheit auf eine *besondere* Weise darstelle. Gewiß ist jeder Einzelne eine Synthese der Kräfte, die das Universum bilden. Aber ein jeder formt dieses allen gemeinsame Material zu einer völlig einzigen Gestalt, und die Verwirklichung dieser Unvergleichbarkeit, das Ausfüllen eines nur ihm vorbehaltenen Rahmens bleibt zugleich seine sittliche Aufgabe, jeder ist berufen, sein eigenes, nur ihm eigenes Urbild zu verwirklichen. Der große weltgeschichtliche Gedanke, daß nicht nur die Gleichheit der Menschen, sondern auch ihre Verschiedenheit eine sittliche Forderung sei, wird durch Schleiermacher zum Drehpunkt einer Weltanschauung. Für diesen Individualismus – man könnte ihn den qualitativen gegenüber dem numerischen des 18. Jahrhunderts oder den der Einzigkeit gegenüber dem der Einzelheit nennen – war die Romantik vielleicht der breiteste Kanal, durch den er in das Bewußtsein des 19. Jahrhunderts einfloß. Wie Goethe die künstlerische, Schleiermacher die metaphysische, so schuf sie ihm die Basis des Gefühls, des Erlebens. Die Romantiker haben sich zuerst wieder, nach Herder, in die Besonderheit, Einzigkeit der historischen Realitäten hineingelebt; in diesem Sinn will Novalis seinen »einen Geist« sich in unendlich viele fremde verwandeln lassen. Vor allem aber: der Romantiker erlebt innerhalb seines *inneren* Rhythmus die Unvergleichbarkeit, das Sonderrecht, das scharfe qualitative Sich-gegeneinander-Absetzen seiner Elemente und Momente, das diese Form des Individualismus zwischen den Bestandteilen der *Gesellschaft* sieht. Die romantische Seele durchfühlt eine endlose Reihe von Gegensätzen, von denen jeder einzelne im Augenblick seines Gelebtwerdens als Absolutes, Fertiges, Selbstgenugsames erscheint, um im nächsten überwunden zu werden und in dem Anderssein des einen gegen den andern das Selbst eines jeden erst ganz zu genießen. »Wer nur auf einem Punkte klebt, ist nichts als eine vernünftige Auster«, sagt Friedrich Schlegel. Das Leben des Romantikers überträgt in das proteische Nacheinander seiner Gegensätzlichkeiten von Stimmung und Aufgabe, von Überzeugung und Gefühl das Nebeneinander des Gesellschaftsbildes, in dem jeder einzelne durch seinen Unterschied gegen den anderen, durch die personale Einzigkeit seines Wesens und seiner Betätigungen erst den Sinn seiner Existenz findet. –

Unaufhörlich streben diese großen Kräfte der modernen Kultur – auf unzähligen äußerlichen und innerlichen Gebieten und in unzähligen Umsetzungen wirksam – zur Ausgleichung: die Sehnsucht nach der selbständigen, in sich den Kosmos tragenden Persönlichkeit, deren Isolierung den großen Trost besitzt, in ihrem tiefsten natürlichen Kern allen anderen gleich zu sein; und die Sehnsucht nach der Unvergleichbarkeit des Einzig- und Andersseins, die für *ihre* Isolierung sich daran schadlos hält, daß nun jeder mit dem anderen ein Gut tauschen kann, das nur er besitzt und dessen Tausch beide in die Wechselwirkung organischer Glieder verwebt. Im großen und ganzen wird man sagen können, daß der Individualismus der einfach freien, prinzipiell als gleich gedachten Persönlichkeiten den rationalistischen Liberalismus Frankreichs und Englands bestimmt, während der auf qualitative Einzigkeit und Unverwechselbarkeit gehende mehr Sache des germanischen Geistes ist. In der Ausgestaltung zu Wirtschaftsprinzipien hat das 19. Jahrhundert freilich beide zusammenwachsen lassen; denn ersichtlich ist die Lehre von Freiheit und Gleichheit die Grundlage der freien Konkurrenz, die der differentiellen Persönlichkeiten ist die Grundlage der Arbeitsteilung. Der Liberalismus des 18. Jahrhunderts stellte den Einzelnen auf seine eigenen Füße und nun durfte er ganz so weit gehen wie diese ihn trugen. Die Theorie ließ die naturgegebene Verfassung der Dinge dafür sorgen, daß die unbeschränkte Konkurrenz der Einzelnen zu einer Harmonie aller Interessen zusammenging, daß das Ganze sich bei dem rücksichtslosen individuellen Streben zum Vorteil am besten befände: das ist die Metaphysik, mit der der Naturoptimismus des 18. Jahrhunderts die freie Konkurrenz sozial rechtfertigt. Mit dem Individualismus des Andersseins, der Vertiefung der Individualität bis zur Unvergleichlichkeit des Wesens ebenso wie der Leistung, zu der man berufen ist, war nun auch die Metaphysik der Arbeitsteilung gefunden. Die beiden großen Prinzipien, die in der Wirtschaft des 19. Jahrhunderts unentwirrbar zusammenwirken: Konkurrenz und Arbeitsteilung erscheinen so als die wirtschaftlichen Projizierungen der metaphysischen Aspekte des sozialen Individuums. Die Folgen freilich, die die unbeschränkte Konkurrenz und die arbeitsteilige Vereinseitigung der Individuen für deren innere Kultur ergeben hat, lassen sie nicht gerade als die geeignetsten Mehrer dieser Kultur erscheinen.

Vielleicht aber gibt es über der wirtschaftlichen Form ihrer Zusammenwirksamkeit – der einzigen bisher realisierten – noch eine höhere, die das verhüllte Ideal unserer Kultur bildet. Lieber aber möchte ich glauben, daß die Idee der schlechthin freien Persönlichkeit und die der schlechthin einzigartigen Persönlichkeit noch nicht die letzten Worte des Individualismus sind; daß vielmehr die unabsehliche Arbeit der Menschheit immer mehr, immer mannigfaltigere Formen aufbringen wird, mit denen die Persönlichkeit sich bejahen und den Wert ihres Daseins beweisen wird. Und wenn in glücklichen Perioden diese Mannigfaltigkeiten sich zu Harmonien zusammenordnen, so wird doch auch ihr Widerspruch und Kampf nicht bloß jener Arbeit ein Hemmnis sein, sondern sie gerade zu neuen Kraftentfaltungen aufrufen und zu neuen Schöpfungen führen.

Rosen
Eine soziale Hypothese

Dies Märchen spielt in Utopien oder in Seldwyla oder vielleicht überall.

Dort also bestand unter den Bürgern eine fürchterliche Ungleichheit. Es hatte zwar jeder sein Stück Acker, das ihm soviel trug, wie er brauchte, wenn er eben nicht mehr brauchte, als es trug. Aber einige konnten es sich noch dazu leisten, auf ihrem Gütchen Rosen zu ziehen. Sei es, daß sie mehr Geld besaßen, als die Anderen, oder mehr Zeit darauf verwendeten, oder Boden und Sonne gerade so hatten, wie die Rosen es lieben, – kurz, bei ihnen gab es Rosen und bei den Andern nicht. Lange wurde das ohne Groll, weil ohne Nachdenken hingenommen, als eine natürliche Nothwendigkeit, die diesen Besitz so ungleich vertheilte, wie den von Schönheit und Häßlichkeit oder von Verstand und Dummheit. Wie nun aber die Besitzer der Rosen sie durch Ableger immer vermehrten und veredelten, entstand schließlich ein dumpfer Groll unter den anderen Bürgern. Ein Agitator überzeugte mit flammenden Worten davon, daß das Recht, Rosen zu besitzen, mit uns geboren sei, und daß man dem blinden Zufall, der sie grade nur einigen wenigen verleihe, endlich in den Arm fallen müsse; ein Anderer schrie in die Massen, die Zeit der dumpfen Bedürfnißlosigkeit sei vorüber und der Schlachtruf im Kampf um die höhere Kultur sei: Begehren sollst Du, sollst begehren; ein Dritter wies logisch und botanisch nach, daß die Rosen durch ihre Tendenz zur Vervielfältigung sich schließlich von selbst so akkumuliren müßten, daß ihre wenigen Besitzer, wie die Gäste Heliogabals, in Rosen ersticken und der ganze Besitz ohne Weiteres der Masse zufallen würde; aber diesen unvermeidlichen Prozeß der Expropriation könne man erleichtern und beschleunigen. Es waren aber keineswegs nur niedere Triebe von Neid, Habgier, Genußsucht, die die Menge aufregten. Sondern wie der Duft der Rose selbst nicht nur dem Sinne schmeichelt (wie armselig der, der sie nur mit der Nase riecht!), sondern uns bis in das Feinste und Fernste unseres Wesens mit süßen Erregungen durchdringt – so wuchsen in diesem Ruf des Volkes mit seinen allzu menschlichen Trieben doch auch die letzten Sehnsüchte einer Seele und die tiefsten Kulturgedanken zusammen. Eine Revolutionspartei entstand, ihr gegenüber die konservative der Rosenbesitzer, die nicht nur ihren Besitz, sondern auch den jetzt erst bewußt gewordenen Reiz schützen wollten: etwas zu haben, was die Andern beneideten und ersehnten. Während diese noch ein Gesetz vorbereiteten, das ihnen ihren angestammten, ererbten, historischen Besitz der Rosen durch ein Monopol sicher stellen sollte, brach der Aufstand los, der mit einem vollständigen Siege der Egalisirungspartei endete. Und zwar hauptsächlich deshalb so endete, weil die sittliche Idee, die diese Partei beseelte, sich schließlich in das gegnerische Lager eingeschlichen hatte; über allen Gegensatz der Interessen hatte sich das Ideal der sozialen Gerechtigkeit erhoben und ihr äußerer Sieg besiegelte nur den inneren, den sie schon gewonnen hatte.

So war denn endlich Friede, Gleichheit, Glück errungen. Auf jedem kleinsten Fleckchen, das ein Bürger besaß, blühten Rosen, und die neue Auftheilung des Landes, die man zugleich vorgenommen hatte, schaffte jedem die gleichen Bedingungen ihres Gedeihens. Alles, was die äußere Verfassung der Dinge den Menschen gewähren kann, gab sie ihnen nun mit gerechtester Vertheilung ihrer Gunst. So gleichmäßig freilich, wie die Seiten einer mathematischen Gleichung, konnten die Antheile dennoch nicht ausfallen. Immerhin hatte der Eine die glücklichere Hand im Aufziehen von Rosen, der Andere ein wenig mehr Sonne, der Dritte ein kräftigeres Pfropfreis; denn die Natur läßt sich immer nur ganz ungefähr, und ohne sich irgendwie zu binden, auf die Symmetrie der menschlichen Pläne ein. Aber diese minimalen Ungleichheiten sah man als etwas an, worein man sich unvermeidlich zu schicken hätte, wie man noch vor kurzer Zeit jene großen, jetzt beseitigten Unterschiede hingenommen hatte –; ja, vor dem Gewaltigen, das man errungen hatte, nahm man diese *quantité négligeable* eigentlich gar nicht wahr.

Daß es nun aber doch ganz anders kam, dafür sorgte eine merkwürdige Eigenschaft der menschlichen Seele, die so tief in ihr wurzelt und sich so in ihre Erlebnisse jedes Tages verästelt, daß sie überhaupt erst nach Jahrtausenden des Nachdenkens über unsern Geist festgestellt worden ist. Nichts anderes nämlich kann die Seele empfinden, als den Unterschied ihrer augenblicklichen Bewegung und Reizung gegen die vorangegangene; in räthselhafter Form klingt diese in ihr nach und bildet den Hintergrund, an dem der jetzige Augenblick seinen Inhalt und seine Bedeutung gewinnt und mißt.

Darum erscheint uns das Leben, auf welchen Höhen oder in welchen Tiefen es auch verfließe, so leer und gleichgiltig, wenn ihm die inneren Unterschiede mangeln, so daß man die ununterbrochene Seligkeit des Paradieses als eine ebenso ununterbrochene Langeweile fürchtet. Der Verlust von Hunderttausenden macht den Reichen nicht unglücklicher, als den Armen ein paar verlorene Thaler und auf den ersten Staffeln der Liebe beseligt ein verstohlener Händedruck nicht minder, als auf ihren höchsten der endliche Gewinn restloser Beglückung. Nicht also die absolute Größe der Lebensreize empfinden wir, nicht wie hoch oder tief das Gesammtniveau unserer Befriedigungen und Entbehrungen liegt; sondern nur, mit welchen Unterschieden seine einzelnen Erfüllungen sich von einander abheben. Darum wird, wer aus einem Lebensniveau auf ein ganz anderes erhöht oder herabgedrückt wird, nach kurzer Anpassungsfrist die Schwankungen und Unterschiede innerhalb des neuen mit genau denselben Freude- und Leidgefühlen beantworten, wie die soviel größeren oder geringeren des vorangegangenen Zustandes. Unsere Seele gleicht jenen feinen Mechanismen, die auf jede Aenderung äußerer Bedingungen mit einer selbstthätig geänderten Einstellung reagiren, so daß ihre Leistung immer die gleiche bleibe. Und wenn unser Verhältniß zu andern Menschen, die Unterschiede von Höhe und Tiefe ihnen gegenüber sich zu Gefühlen verinnerlichen – so wird auch an diesen sich offenbaren, daß wir solche unterschiedsempfindliche und zugleich so anpassungsfähige Wesen sind, um an die veränderte Größe der Reize schließlich die gleiche Größe des Gefühls zu knüpfen.

Es ging also nun, so lange es ging; aber eines Tages war die Anpassung vollbracht und jene kleinsten Unterschiede in Farbe und Form, in Duft und Reiz der Rosen, mit denen sich die Natur doch als die letzte Instanz über allen Ausgleichungsversuchen erweist, erregten den gleichen Haß und Neid, denselben Hochmuth auf der einen Seite, dasselbe Gefühl der Enterbtheit auf der andern. Und von Neuem begannen spitze Theorien sich in die Geister zu bohren: wozu denn aller Besitz diene, als um die Menschen auf eine höhere Stufe des Glücks zu heben? ob denn nicht alles äußere Haben nur dadurch Sinn bekomme, daß es Befriedigungsgefühle erweckt, ohne die es eine Schaale ohne Kern, ein Appell an taube Ohren sei? ob denn die ganze Empörung gegen jenen früheren Zustand aus Anderem hervorgegangen sei, als aus dem empfundenen Leiden der Ungleichheit, der Entbehrung, der Ungerechtigkeit und ob dem durch ein äußeres Hin- und Herschieben der Güter abgeholfen sei, das innerlich Alles beim Alten lasse? Ein bloßer Maskenwechsel! Die fürchterliche Erkenntniß stieg auf, daß es nichts Gleichgiltigeres gibt, als Rosen, wenn die Natur an ihren Besitz doch dieselben Ungleichheitsgefühle knüpft, wie an ihre Entbehrung. Das eben war der welthistorische Irrthum, daß man in das Haben oder Nichthaben von Gegenständen den Grund der Freuden oder Leiden verlegte. Nein, nicht ob ich es habe oder nicht habe, entscheidet meine Gefühle – sondern ob Andere es nicht haben oder haben. Nur die ganz feinen und reinen Seelen, die reich genug sind, von ihrem eigensten Innerlichsten zu leben, mögen das Objekt genießend in sich einziehen, ohne über seine Grenzen hinauszuempfinden; die Masse aber wird sich nie am Reiz der Dinge befriedigen, sondern ihre Erregungen an den Besitz knüpfen, weil der Nachbar ihn entbehrt, an die Entbehrung, weil der Nachbar im Besitz ist. Nur der erste unmittelbare Eindruck geänderten Besitzes mag die Vergleichung übertönen; unsre schnell angepaßte Empfindlichkeit aber reizen die feineren Unterschiede des neuen Niveaus bald ebenso heftig, wie jene früheren und groben. Und immer wieder treibt uns die Illusion in die Sisyphusmühe äußerer Ausgleichung, bis dahin, wo die Natur ihr die Grenze steckt und wo wir erkennen, daß das Leiden, dem wir nach außen entfliehen wollten, uns von innen her nachjagt.

Ob und wann die Bürger unseres Märchenlandes das einsahen, wie oft die Revolution – immer um den noch gebliebenen Rest der Ungleichheit – sich wiederholte, weiß ich nicht. In hundert Jahren wird man es vielleicht wissen. Aber in tröstlicher Gleichgiltigkeit gegen all' diese Wandlungen lebten die Rosen ihre selbstgenugsame Schönheit weiter. – –

IV. Anhang

Georg Simmel und die Soziologie
Nachwort von Otthein Rammstedt

Das Wesentliche sei der *soziologische Blick*, mag es auch schwerfallen, ihn zu vermitteln. »Hat man aber erst einmal diesen Blick, so sind auch die soziologischen Thatsachen nicht so sehr selten zu finden« – so umriß Georg Simmel das Konzept seiner »soziologischen Bemühungen« am 22. November 1896 in einem Brief an den französischen Soziologen Célestin Bouglé.[1] Auf diesen Blick komme alles an; der Blick ermögliche es dem Soziologen, das Soziologische an den Sachen zu sehen, und entsprechend weist er gegenüber Bouglé dem Blick die Funktion zu, »in der einzelnen sozialen Erscheinung sogleich die soziale Form u. den materiellen Inhalt zu scheiden«. Der soziologische Blick meint also weniger das Wahrnehmen von Sachen als vielmehr deren Verortung in einer anderen Sphäre; Simmel geht es nicht um die gleichsam ›blinde‹ Feststellung der Faktizität in der Erfahrung von Sachen, sondern um ein ›Anders-Sehen‹, das den Sachen eine andere Qualität zuerkennt. Die Sachen sind also ›normal‹ und *außerdem* noch soziologisch erfahrbar.

Der soziologische Blick ist Simmel der Weg zur Theorie. Aber indem die Vorstellung des Blicks immer den Schauenden der Sache gegenüberstellt, wird die ›Distanz‹ Voraussetzung für die Möglichkeit des Blicks. Und es ist dann nicht zufällig, daß Simmel den Begriff der Distanz in die Wissenschaft übertrug und ihn ›enträumlichte‹; ›Distanz‹ ist ihm einer der Zentralbegriffe zur Analyse der Welt um 1900, steht ihm [kennzeichnend] auch für Modernität.[2] Und ebensowenig ist es ein Zufall, daß ihm der ›Fremde‹ sozusagen als der Mensch in Distanz erscheint, dem die Proportionen von Nähe und

1 In: Briefe 1880-1911, Georg Simmel-Gesamtausgabe (Sigle: GSG), Bd. 22, S. 229. – Zur Blick-Problematik bei Simmel vgl. auch: Soziologie: Untersuchungen über die Formen der Vergesellschaftung [1908], GSG 11, S. 29, 132, 725ff., 995; sowie Rembrandt [1916], GSG 15, S. 305-515, hier: 436ff.

2 Vgl. auch Simmel: Philosophie des Geldes [1900], GSG 6, S. 658ff. – Weiter sei verwiesen auf: Heinz Otto Luthe: Distanz. Untersuchung zu einer vernachlässigten Kategorie. München 1985; Klaus Lichtblau: Das ›Pathos der Distanz‹. Präliminarien zur Nietzsche-Rezeption bei Georg Simmel. In: Heinz-Jürgen Dahme und Otthein Rammstedt (Hg.): Georg Simmel und die Moderne. Neue Interpretationen und Materialien. Frankfurt/M. 1984, S. 231-281.

Entferntheit den »Charakter der Objektivität« geben.[3] Läßt sich von hier aus nicht unterstellen, daß der ›Blick‹ auch Simmels Verhalten zur Welt prägt?

Leben und soziologisches Werk

Simmel hatte etwas gegen Biographien. Es sind keine autobiographischen Skizzen oder Notizen überliefert, und er hat wahrscheinlich auch nie solche geschrieben.[4] Entsprechend betonte er vielmals, daß von biographischen Anekdoten nicht auf die Persönlichkeit geschlossen werden könne. »Ob jemand arm oder reich, schön oder häßlich, Engländer oder Deutscher, verheiratet oder Junggeselle war – das ist etwas relativ Allgemeines, das teilt er mit unzähligen Andern.«[5] So gibt es denn auch keine Biographie Simmels, und was geboten wird, sind nur Bruchstücke oder »Bausteine zur Biographie«, wie Michael Landmann sein Unterfangen betitelte.[6] Und das ist nicht verwunderlich, wenn man sich die geringe Anzahl der zu Simmels Leben erhaltenen Dokumente vor Augen führt.[7]

Georg Simmel wurde am 1. März 1858 in Berlin geboren und sechs Wochen später evangelisch getauft. Er war das siebente Kind von Eduard Simmel (geb. 1810), der einer jüdischen Kaufmannsfamilie aus Breslau entstammte und während einer Geschäftsreise in Paris zum Katholizismus konvertiert war, und von dessen Frau Flora, vormals Bodstein (geb. 1818), die ebenfalls in Oberschlesien beheimatet und bereits als Kind evangelisch getauft worden war. Simmels Geburtshaus im Herzen Berlins, Leipziger Straße 82, Ecke Friedrichstraße, war der Schauplatz seiner Kinder- und Schülerzeit. Hier hatte sein Vater über 15 Jahre ein Confiseurwarengeschäft (Felix &

3 Simmel: Exkurs über den Fremden, in: Soziologie, GSG 11, S. 764-771, hier: 768.

4 Abgesehen wird von der Vita, die er 1881 seiner Dissertation beilegen mußte (siehe GSG 1, S. 40), und von den Einträgen in Hermann A. L. Degeners ›Wer ist's?‹ (siehe GSG 17, S. 190f.).

5 Simmel: Ueber Geschichte der Philosophie [1904], GSG 7, S. 287; vgl. auch Simmels Monographie über Kant [1904], GSG 9, S. 13f.

6 In: Kurt Gassen und Michael Landmann (Hg.): Buch des Dankes an Georg Simmel. Briefe, Erinnerungen, Bibliographie. Zu seinem 100. Geburtstag am 1. März 1958. Berlin 1958, S. 11-33.

7 Die im Hinblick auf die Edition in der GSG ermittelten Dokumente erscheinen in GSG 24 (in Vorb.).

Co.) betrieben; doch war es ihm nach dessen Konkurs kurz vor Simmels Geburt nicht gelungen, wieder Fuß zu fassen, so daß der Knabe in »beengten Verhältnissen« aufwuchs, ohne daß »unmittelbare Not« herrschte.[8] Trotzdem besuchte er die private ›Dr. Wieprechtsche höhere Knabenschule‹[9] und ab Obertertia (9. Klasse) das Friedrichs-Werdersche Gymnasium, an dem er im Februar 1876 das Zeugnis der Reife erwarb. Und auch die unmittelbar anschließende Immatrikulation an der Berliner Universität war möglich, wenngleich Simmels zwei Jahre zuvor verwitwete Mutter ihm nur diesen Studienort zubilligte. Er studierte anfänglich Geschichtswissenschaft bei Droysen, von Treitschke und Mommsen, konzentrierte sich dann auf Kunstgeschichte bei Grimm, Ethnologie bei Bastian und Völkerpsychologie bei Lazarus, um sich schließlich der reinen Philosophie (Harms, Lasson, Zeller) zuzuwenden. 1881 wurde er, wenn auch nicht mit der eingereichten Dissertation, so doch mit der als Preisschrift ausgezeichneten Arbeit ›Das Wesen der Materie nach Kant's Physischer Monadologie‹[10] promoviert, und auch die Habilitation sollte nicht reibungslos verlaufen: Zwar wurden 1883 seine vorgelegten ›Kantischen Studien‹ (verschollen) als schriftliche Leistung akzeptiert, aber den Habilitationsvortrag mußte er ein Jahr später wiederholen. Simmels Streben nach einer wissenschaftlichen Karriere war nur realistisch dank der steten Unterstützung seines Patenonkels Julius Friedländer, eines reichen Verlegers,[11] der durch die Ehe seines Bruders mit einer Schwester Simmels der Familie nahestand und die

8 Hans Simmel: [Lebenserinnerungen]. Typoskript 1941; Simmel Studies 17 (2007), Heft 2. – Die Erinnerungen des Sohnes sind die wichtigste Quelle; jedoch ist zu berücksichtigen, daß er diese kurz nach seiner Vertreibung aus Nazi-Deutschland in den USA aus dem Gedächtnis heraus schrieb, alle Dokumente und Belege hatte er zurücklassen müssen.

9 Zum Vorgang vgl. Klaus Chr. Köhnke: Der junge Simmel in Theoriebeziehungen und sozialen Bewegungen. Frankfurt/M. 1996, S. 107ff.

10 In: GSG 1, S. 9-41. – Die eigentlich von Simmel vorgesehene Dissertationsschrift über die Anfänge der Musik aus ethnologisch-psychologischer Sicht wurde von der Fakultät nicht akzeptiert und durch die Preisschrift ersetzt; vgl. hierzu den Editorischen Bericht in GSG 1, S. 446ff.

11 Friedländer (geb. 1820) hatte als (Mit-)Eigentümer des Verlags C. F. Peters in Leipzig die Notendruckschnellpresse eingeführt und mit der dann berühmten ›Edition Peters‹ ein Vermögen gemacht. Er schied 1880 aus dem Verlag aus, legte »sein Vermögen grösstenteils in Häusern und Hypotheken an«, u.a. auch in dem »als ›Sommerresidenz‹ der Familie« genutzten, von 1875 bis 1887 in seinem Besitz befindlichen Schloß Königsegg auf der Insel Reichenau (Hans Simmel: A. a. O., S. 7).

Vormundschaft für den jungen Simmel um 1870 übernommen, ja, ihn wohl in den 80er Jahren sogar adoptiert hatte.[12] Finanziell unabhängig, konnte Simmel so als Student wie auch als junger Privatdozent seinen Interessen folgen. In den 80er Jahren war Berlin »Hauptstadt des Naturalismus«,[13] und auch Simmel verkehrte in den Kreisen junger, dem Naturalismus verpflichteter Schriftsteller, die sich als avantgardistische Vorreiter einer gesellschaftskritischen Kunst wähnten. Sie »entdeckten die Existenz einer Gesellschaft, in der das Subjekt nichts mehr galt, nicht einmal mehr als ästhetisches Phänomen, das zu sein es geglaubt hatte«.[14] In diesem Milieu wuchs Simmels Engagement für Soziologie, deren völkerpsychologische Grundzüge er bei Lazarus kennengelernt hatte; ein Engagement, das ihn motivierte, sich dem Kreis um Gustav Schmoller anzuschließen, der einen der staatswissenschaftlichen Lehrstühle in der philosophischen Fakultät der Berliner Universität innehatte und als einer der führenden sog. Kathedersozialisten wissenschaftlich und politisch großen Einfluß genoß. Unter Schmollers Ägide erschien 1890 Simmels erstes soziologisches Werk: ›Über sociale Differenzierung. Sociologische und psychologische Untersuchungen‹.[15] Als »die erste Arbeit in Deutschland (...), die mit vollem Recht den Titel ›soziologische Untersuchung‹ trägt«[16] gewürdigt, stieß es auch international auf breite Resonanz: Simmel wurde die Mitgliedschaft in internationalen soziologischen Vereinigungen angetragen, er wurde Mitherausgeber von soziologischen Fachzeitschriften in Frankreich und den USA und 1892 sogar gebeten, eine soziologische Professur an der Northwestern University in Chicago zu übernehmen.[17] Im Dezember 1889 war Julius Friedländer gestorben, von dessen Vermögen zwar durch Spekulationen »ein

12 Vgl. Hans Simmel: A. a. O., S. 8f.

13 So der Titel eines Beitrages von Félix und Pierre Bertaux in: Hellmut Kühn (Hg.): Preußen – Dein Spree-Athen. Beiträge zu Literatur, Theater und Musik in Berlin 1981, S. 250-264 (= Preußen – Versuch einer Bilanz. Ausstellungskatalog, Band 4).

14 Ebd., S. 252. – Nicht zufällig waren es die Naturalisten, die sich zugleich als Soziologen empfanden, so Emile Zola, Paul Ernst oder Hermann Conradi.

15 Leipzig 1890, GSG 2, S. 109-297.

16 Ludwig Gumplowicz: Zur neuesten soziologischen Literatur. In: Soziologie und Politik [1891]. Ausgewählte Werke, Bd. IV, hg. v. G. Salomon. Innsbruck 1928, S. 303-334, hier: 328.

17 Vgl. Hans Simmel: A. a. O., S. 20 und dessen ›Rundbrief‹ vom 19. Januar 1941, S. 3 (Georg Simmel-Archiv, Bielefeld).

erheblicher Teil (...) in die Luft gegangen war«,[18] dessen verbliebener, Simmel als Erbe zugefallener Teil aber dennoch den Privatdozenten zu »einem wirtschaftlich unabhängigen Mann«[19] machte, so daß er im Juli 1890 die Tochter eines hohen Reichsbeamten und selbst bereits arrivierte Porträtmalerin Gertrud Kinel[20] heiraten konnte; beider einziges Kind Hans wurde im April 1891 geboren.

Seit Anfang der 90er Jahre versuchte Simmel, mit Blick auf eine Professur, die Aufmerksamkeit der philosophischen Fakultäten auf sich zu lenken. Schnell folgte daher 1892 und 1893 die Veröffentlichung seiner zweibändigen ›Einleitung in die Moralwissenschaft. Eine Kritik der ethischen Grundbegriffe‹,[21] wobei die ungewöhnliche Bezeichnung ›Moralwissenschaft‹ wohl auf John Stuart Mill zurückführt;[22] dabei bleibt fraglich, weshalb Simmel den Singular wählt, der eine Einengung suggeriert und als Antwort ›Soziologie‹ ermöglicht.[23] Und ebenfalls 1892 erschien Simmels Schrift ›Die Pro-

18 Hans Simmel: A. a. O., S. 19.

19 Wenn Hans Simmel berichtet, daß Friedländer seinen Verlagsanteil 1880 für »rund eine Million Mark« veräußerte und daß das Schloß Königsegg, das er 1875 bis 1887 besaß, von ihm für ca. 77.000 Reichsmark 1875 erworben worden war, wie Thomas Jäger ermittelte, so nimmt sich das Vermögen Simmels 1890 dürftig aus, kann es doch gemäß dem überlieferten Gebührensatz für Erbverfügungen auf nur ca. 100.000 Mark geschätzt werden (vgl. Kopie des Ehevertrags, Georg Simmel-Archiv, Bielefeld).

20 Siehe Angela Rammstedt: Gertrud Simmel/Kinel – Malerin. Simmel Newsletter 4 (1994), S. 140-162.

21 Berlin: Hertz 1892/93, GSG 3 und 4, hg. v. Klaus Chr. Köhnke. Frankfurt/M. 1989 u. 1991.

22 Mill hatte diese auch im Englischen ungewöhnliche Bezeichnung erstmals 1843 im Titel ›On the Logic of the Moral Sciences‹ verwandt, wobei es sich um das sechste Buch seines Werkes ›A System of Logic, Ratiocinative and Inductive, Being a Connected View of the Principles of Evidence and the Methods of Scientific Investigation‹ handelte. Collected Works, Bde. 7 u. 8, hg. v. John M. Robson. Toronto/London 1973. Dt.: Zur Logik der Moralwissenschaften. Hg. v. Arno Mohr. Frankfurt/M. 1997; wie Mohr belegt, wurde ›moral sciences‹ seit der Übersetzung von Schiel 1849 mit ›Geisteswissenschaften‹, ab den 80er Jahren auch in Absetzung von diesen und in Betonung einer naturwissenschaftlichen Orientierung mit ›Socialwissenschaften‹ übersetzt; vgl. hierzu die anonyme Übersetzung von ›Die Grundzüge der Gesellschaftswissenschaft oder Physische, Geschlechtliche und Natürliche Religion. Von einem Doctor der Medicin‹. 14. Aufl., aus dem Engl. übers. nach der 20. Aufl. des Originals. Berlin 1895, wo auf S. 11 Mills ›Moral Sciences‹ mit ›Moral- und Socialwissenschaft‹ wiedergegeben sind.

23 Der Begriff ›Geisteswissenschaften‹ war mit Wilhelm Diltheys ›Einleitung in die

bleme der Geschichtsphilosophie. Eine erkenntnistheoretische Studie‹.[24] Bis 1893 lagen die folgenden Aufsätze zu soziologischen Fragestellungen gedruckt vor:

1887 Über die Grundfrage des Pessimismus in methodischer Hinsicht (GSG 2)
1888 Bemerkungen zu socialethischen Problemen (GSG 2)
Zur Psychologie des Pessimismus (GSG 17)
1889 Zur Psychologie des Geldes (GSG 2)
1890 Zur Psychologie der Frauen (GSG 2)
Rez.: G. Tarde: Les lois de l'imitation (GSG 1)
1891 Ex malis minima! Reflexionen zur Prostitutionsfrage (GSG 17)
1892 Einiges über die Prostitution in Gegenwart und Zukunft (GSG 17)
Rez.: Ein Jubiläum der Frauenbewegung [Th. G. v. Hippel: Über die bürgerliche Verbesserung der Weiber] (GSG 1)
1893 Infelices possidentes! (GSG 17)

1894 hatte Simmel dann mit dem kurzen, achtseitigen Aufsatz ›Das Problem der Sociologie‹ sein Konzept gefunden, und es war fortan sein fester Vorsatz, sich »ganz u. gar soziologischen Studien« zu widmen und »auf absehbare Zeit hin wohl kein andres Gebiet« zu betreten.[25] Schon seit dem Vorjahr lehrte er an der Berliner Universität ununterbrochen Soziologie, beabsichtigte, eine deutschsprachige internationale soziologische Fachzeitschrift zu gründen, und im Zeitraum 1894 bis 1900 veröffentlichte er dann insgesamt 41 soziologische Aufsätze, Abhandlungen und Rezensionen:

1894 Das Problem der Sociologie (GSG 5)
La différenciation sociale (GSG 19)

Geisteswissenschaften‹ [1883], hg. v. B. Groethuysen, 4. Aufl., Stuttgart/Göttingen 1959 (= Gesammelte Schriften, Bd. 1) fest umrissen und erfuhr eine besondere Aufmerksamkeit durch die neukantianische Binarität Natur- vs. Geisteswissenschaften. Und so verstand Simmel seine ›Einleitung in die Moralwissenschaft‹ auch nicht als Teil der Ethik, sondern bezeichnete sie wie die ›Sociale Differenzierung‹ gegenüber Célestin Bouglé in einem Brief vom 15. Februar 1894 als »sozialphilosophische Versuche« (GSG 22, S. 112).

24 Leipzig 1892; GSG 2, S. 297-421.

25 Brief an Célestin Bouglé vom 15. Februar 1894, GSG 22, S. 112.

Le problème de la sociologie (GSG 19)
Rez.: Marcel Bernès: Les deux directions de la sociologie contemporaine (GSG 1)

1895 Ueber eine Beziehung der Selectionslehre zur Erkenntnistheorie (GSG 5)
Zur Soziologie der Familie (GSG 5)
Zur Psychologie der Mode. Sociologische Studie (GSG 5)
Influence du nombre des unités sociales sur les caractères des sociétés (GSG 19)
The Problem of Sociology (GSG 18)
Rez.: Benjamin Kidd: Soziale Evolution (GSG 1)
Rez.: Gustave Le Bon: Massenpsychologie (GSG 1)

1896 Das Geld in der modernen Kultur (GSG 5)
Soziologische Aesthetik (GSG 5)
Superiority and Subordination as Subject-Matter of Sociology (GSG 18)
Sur quelques relations de la pensée théorique avec les intérêts pratiques (GSG 19)
Rez.: Zur Methodik der Socialwissenschaft [R. Stammler: Wirtschaft und Recht] (GSG 1)
Rez.: Karl Bücher: Arbeit und Rhythmus (GSG 1)
Rez.: Sociale Medizin [A. Sperling: Medicinische Streiflichter] (GSG 1)

1897 Die Bedeutung des Geldes für das Tempo des Lebens (GSG 5)
Rosen. Eine soziale Hypothese (GSG 17)
Rez.: Ueber Massenverbrechen [S. Sighele: Psychologie des Auflaufs und der Massenverbrechen] (GSG 1)

1898 Die Rolle des Geldes in den Beziehungen der Geschlechter (GSG 5)
Zur Rolle der Religion (GSG 5)
Die Selbsterhaltung der socialen Gruppe. Sociologische Studie (GSG 5)
Fragment aus einer ›Philosophie des Geldes‹ (GSG 5)
Comment les formes sociales se maintiennent (GSG 19)
The persistence of social groups (GSG 18)
O vzaimootnosenii mezdu uceniem o estestvoznanii i theoriej poznanija [russ. = Über eine Beziehung der Selektionstheorie zur Erkenntnistheorie]
Rez.: L'Année Sociologique (GSG 1)

1899 Il problema della sociologia (GSG 19)
Zur Psychologie und Soziologie der Lüge (GSG 5)
Zur Philosophie der Arbeit (GSG 5)
Fragment aus einer ›Philosophie des Geldes‹ (GSG 5)
Ueber Geiz, Verschwendung und Armut (GSG 5)
Problema sociologij [russ. = Das Problem der Sociologie]
Vlijanie tela social'nych edinic na charakter obscestv. Glava iz lekcii po sociologii [russ. = Der Einfluß des Körpers sozialer Einheiten auf den Charakter der Gesellschaft. Ein Kapitel aus der Vorlesung über Soziologie] (GSG 21)
Rol' deneg v otnosenijach mezdu polami [russ. = Die Rolle des Geldes in den Beziehungen der Geschlechter]
1900 Zu einer Theorie des Pessimismus (GSG 5)
Socialismus und Pessimismus (GSG 5)
Persönliche und sachliche Kultur (GSG 5)
Rez.: Zur Psychologie der Scham [H. Ellis: Geschlechtstrieb und Schamgefühl] (GSG 1)
Filosofija truda [russ.: Zur Philosophie der Arbeit]

Simmel hielt an der Bedeutung seines Aufsatzes über ›Das Problem der Sociologie‹ von 1894 sein Leben lang fest, und noch in der Bilanzierung seines Lebens von 1916 bezeichnete er den hierin angesprochenen »begründenden Gedanken der Soziologie« als einen seiner Beiträge zur »Geistesentwicklung«.[26] Meinte er noch 1895, seinen Aufsatz an das preußische Kultusministerium schicken zu müssen in der Erwartung, daß die Soziologie »mehr u. mehr Platz an den Universitäten« gewinne und es »wohl nur eine Frage der Zeit [sei], daß dieselbe allenthalben offiziell anerkannt werden wird«,[27] so verlor sich diese Euphorie schnell: Noch im selben Jahr wurde der anfänglichen Liberalität des wilhelminischen Deutschlands politisch ein jähes Ende gesetzt, als in der sog. ›Ära Stumm‹ die Kathedersozialisten und Soziologen als »Revolutionäre« diffamiert und mundtot gemacht werden sollten;[28] der Begriff ›Soziologie‹ war hinfort wieder suspekt, und Simmels Chancen auf eine Berufung reduzierten sich

26 Simmel: [Bilanz des Lebens] in: GSG 24.

27 Brief an den Hochschulreferenten Friedrich Althoff vom 3. März 1895, GSG 22, S. 146.

28 Vgl. dazu Otthein Rammstedt: Wertfreiheit und die Konstitution der Soziologie in Deutschland. Zeitschrift für Soziologie 17 (1988), S. 264-271, bes. 267f.

in dem Maße, in dem er sich als Soziologe profilierte,[29] während gleichzeitig die Lehre von Soziologie selbst einschlief: Neben Simmel in Berlin waren es dann nur noch der Philosoph Paul Barth in Leipzig und der Ethnologe Ernst Grosse in Freiburg i. Br., »who treat this discipline more or less exclusively«.[30] Aber noch bedeutsamer war für Simmel, daß sein Aufsatz ›Das Problem der Sociologie‹, den er fast gleichzeitig auf deutsch, französisch und englisch gedruckt sehen wollte, in der scientific community keineswegs als wissenschaftliche Revolution begrüßt wurde. So fühlte er, der gegenüber Georg Jellinek am 15. Juli 1898 äußerte, daß »meine Soziologie mit mir steht u. fällt«, sich verpflichtet, diese seine Soziologie, der die Zukunft gehöre, auszuführen und ihre Fruchtbarkeit zu belegen, also »im Laufe der Zeit eine große Soziologie zu schreiben«.[31] Und das zieht sich dann zehn Jahre hin. Einerseits unterläßt er hinfort Veröffentlichungen in sozialistischen Publikationsorganen wie ›Vorwärts‹ und ›Die Neue Zeit‹, andererseits schreibt er an seiner ›Philosophie des Geldes‹, die ihm als Versuch gilt, »an der Entwicklung eines einzelnen Kulturelementes die ganze äußere und innere Kulturentwicklung abzurollen, die einzelne Linie als Symbol des Gesamtbildes zu begreifen«.[32] Zwar beantragte 1898 die Berliner philosophische Fakultät für ihn ein Extraordinariat »mit angemessenem Gehalt« und verwies auf seine soziologische Kompetenz. Doch drängt sich aus dem abschlägigen Bescheid des Ministeriums der Verdacht auf, daß gerade der Hinweis auf die Soziologie das Scheitern begründete. Denn im zweiten Antrag der Fakultät von Anfang 1900 wurde nun dieser Aspekt zurückgedrängt und auf die »in ihrer abstracten Haltung schwierigen Vorlesungen« Simmels verwiesen.[33] Daraufhin wurde Simmel in der Jahresmitte die außerordentliche Professur zugesprochen, aber ohne Gehalt. Folglich mußte er seinen Unterhalt aus den Lehrvergütungen und Tantiemen bestreiten, zumal Spekulationen sein ererbtes Vermögen 1896 und 1897 hatten zusammenschmelzen

29 So meinte Simmel, sich nur noch im k. u. k.-Österreich, vornehmlich in Wien und in Czernowitz, Hoffnung auf eine »ethisch-soziologische« Philosophieprofessur machen zu können. Vgl. seine Briefe an Georg Jellinek vom 27. Dezember 1895 und vom 5. März 1896, GSG 22; S. 165-167, 182-184.

30 O[sias] Thon: The Present Status of Sociology in Germany. III. American Journal of Sociology 2 (1896/97), S. 792-800, hier: 799.

31 In: Briefe 1880-1911, GSG 22, S. 297-300, hier: 298.

32 Simmel: [Bilanz des Lebens] in: GSG 24.

33 Die Dokumente finden sich in GSG 24; zur Sache vgl. GSG 11, S. 887ff.

lassen[34] und das Interesse an einer fest besoldeten Stellung entsprechend gewachsen war: Nicht die Professur als »Stelle in der akademischen Karriere« sei ihm wichtig, sondern »ausschließlich die ökonomische Sicherung«, hatte er am 27. Dezember 1897 Georg Jellinek[35] anvertraut. Und neben die Enttäuschung über die schließlich nur bewilligte Titularprofessur in Berlin rückte eine gewisse Verbitterung darüber, daß er trotz vieler Publikationen und großer internationaler Reputation bei freiwerdenden Professuren zwar häufig genannt, aber nur selten auf die Besetzungslisten gelangte, und auch dann immer nur pari passu.

Nach Erscheinen der ›Philosophie des Geldes‹ im Dezember 1900 wandte sich Simmel wieder seinem Projekt ›Soziologie‹ zu und vollendete es bis 1908. Schaut man sich seine Publikationen dieser Jahre an, so drängt sich der Eindruck auf, daß die Monographien ›Kant‹ (1904), ›Philosophie der Mode‹ (1905), ›Die Religion‹ (1906), ›Kant und Goethe‹ (1906) und ›Schopenhauer und Nietzsche‹ (1907) letztlich um der Tantieme willen publiziert wurden, seinen Ruf als wissenschaftlicher Publizist stärken sollten; nur die Überarbeitung der ›Probleme der Geschichtsphilosophie‹ zeigt einen anderen Simmel, dem es hier um eine veränderte theoretische Selbstvergewisserung geht. Und das schlägt sich auch in seiner Arbeit an der Großen Soziologie nieder, i.e. die Monographie ›Soziologie. Untersuchungen über die Formen der Vergesellschaftung‹ von 1908; denn zum einen machen in der Reihe der kleineren Publikationen dieser Jahre die soziologischen Abhandlungen, Aufsätze und Essays neben kurzen philosophischen Aufsätzen und ersten Versuchen in seinem neuen Interessengebiet Ästhetik etwa die Hälfte sämtlicher Beiträge aus; sie konzentrieren sich besonders auf die Periode von 1906 bis 1908 und sind zum großen Teil Vorveröffentlichungen bzw. Vorabdrucke der sog. ›Großen Soziologie‹. Zum anderen fällt auf, daß Simmel für die meisten soziologischen Abhandlungen dieser Zeitphase auf Vorarbeiten aus den Jahren 1894 bis 1900 zurückgriff. Neu sind jedoch die Essays, die typisch für die Wechselwirkung zwischen Theorie und Stil bei Simmel werden[36] und sich dann überwiegend illustra-

34 Vgl. Hans Simmel: A.a.O., S. 22. – Das 1901 aufgesetzte Testament nennt nur noch eine Summe von 60.000 Reichsmark (entspricht ca. € 500 000), also etwa eine Halbierung des Vermögens seit dem Ehevertrag 1890.

35 In: Briefe 1880-1911, GSG 22, S. 276.

36 Vgl. Otthein Rammstedt: Georg Simmels ›Henkel-Literatur‹. Eine Annäherung an

tiv für eine andere, essayistische Vorgehensweise als Exkurse in die ›Große Soziologie‹ plaziert finden. Insgesamt fallen in diesen Zeitraum die folgenden Artikel:

1901 Die beiden Formen des Individualismus (GSG 7)
1902 Weibliche Kultur (GSG 7)
Tendencies in german life and thought since 1870 (GSG 18)
The number of members as determining the sociological form of the group (GSG 18)
1903 Die Großstädte und das Geistesleben (GSG 7)
Soziologie des Raumes (GSG 7)
Über räumliche Projektionen socialer Formen (GSG 7)
Soziologie der Konkurrenz (GSG 7)
The sociology of conflict (GSG 18)
1904 Fashion (GSG 18)
Jak sie utrzymuja formy spolenszne [poln.: = Die Selbsterhaltung der sozialen Gruppe]
1905 Das Ende des Streits (GSG 7)
A contribution to the sociology of religion (GSG 18)
The sociology of secrecy and of secret societies (GSG 18)
1906 Zur Soziologie der Armut (GSG 8)
Psychologie des Diskretion (GSG 8)
1907 Die Ueberstimmung. Eine soziologische Studie (GSG 8)
Zur Philosophie der Herrschaft. Bruchstück aus einer Soziologie (GSG 8)
Soziologie der Ueber- und Unterordnung (GSG 8)
Soziologie der Sinne (GSG 8)
Das Erbamt (GSG 8)
Dankbarkeit, Ein soziologischer Versuch (GSG 8)
Das Geheimnis. Eine sozialpsychologische Skizze (GSG 8)
Zur Soziologie des Adels. Fragment aus einer Formenlehre der Gesellschaft (GSG 8)
1908 Der Mensch als Feind. Zwei Fragmente aus einer Soziologie (GSG 8)
Die Frau und die Mode (GSG 8)
Die Gesellschaft zu zweien (GSG 8)
Ueber das Wesen der Sozial-Psychologie (GSG 8)

den Essayisten. In: Wolfgang Braungart und Kai Kauffmann (Hg.): Essayismus um 1900. Heidelberg 2006, S. 177-193.

Vom Wesen der Kultur (GSG 8)
Psychologie des Schmuckes (GSG 8)
Der Brief. Aus einer Soziologie des Geheimnisses (GSG 8)
Treue. Ein sozialpsychologischer Versuch (GSG 8)
Die Zukunft der Soziologie. Eine Enquête über ihre Aussichten (GSG 17)
Sur la psychologie sociale de l'hostilité (GSG 24)
[Stellungnahme in] Enquête sur la sociologie (GSG 19)
Umfrageantwort: Future of Sociology: A Discussion by Leading Sociologists of Europe and America (GSG 18)

Daß Simmels ›Große Soziologie‹ im Juni 1908 gedruckt vorlag, war kein Zufall. Denn seit Sommer 1907 wußte Simmel, daß der zweite Philosophie-Lehrstuhl in Heidelberg neu besetzt werden sollte. Und wenn ihm im deutschen Sprachraum überhaupt noch eine Chance auf Berufung vorschwebte, dann schien dies am ehesten in Heidelberg realisierbar, wo er in zwei einflußreichen Kollegen Verfechter seiner Interessen wußte: dem Staatsrechtler Georg Jellinek und dem Staatswissenschaftler und Soziologen Max Weber. Beide hatten ihn gedrängt, schnellstmöglich die Große Soziologie zu veröffentlichen, damit sie gleichsam als Endergebnis und Beleg vorliege für all seine sozialwissenschaftlichen Arbeiten, die – wie es dann später in der Fakultätsempfehlung heißt – »überall eine ungewöhnliche Beherrschung des den verschiedensten Wissenschaften angehörigen Forschungsmaterials und eine philosophische Durchdringung dieses reichen Stoffes zeigen«.[37] Und als das Buch gerade noch rechzeitig erschienen war, ließ es der Heidelberger Philosoph Wilhelm Windelband gleich an das zuständige Ministerium in Karlsruhe gelangen und empfahl es als »ein außerordentlich reiches Buch, das zweifellos in den Mittelpunkt der sociologischen Forschung treten wird«, es sei »jedenfalls ein neuer, schwer wiegender Rechtstitel für die Erfüllung unseres Wunsches, diesen Mann für Heidelberg zu gewinnen«.[38] Aber weder die Hoffnungen der Heidelberger Fakultät noch die Simmels erfüllten sich. Denn eine vom badischen Kultusministerium erbetene gutachterliche Stellungnahme zu Simmel von der Hand des Berliner Historikers Dietrich Schäfer, der von 1896 bis 1903 als Ordinarius in Heidelberg gewirkt hatte, erwies sich als antisemitisch ge-

37 Vgl. Michael Landmann: Bausteine zur Biographie. A. a. O., S. 25.

38 Ebd., S. 28.

prägtes Pamphlet:[39] Simmel, ein »Israelit durch und durch, in seiner äußeren Erscheinung, in seinem Auftreten und seiner Geisteshaltung«, habe nur als »sehr bedingt und begrenzt« einzuschätzende akademische Verdienste. »Damen (...) und (...) die orientalische Welt« seien in seiner Hörerschaft »stark vertreten«, ohne »allzuviel Positives« mitnehmen zu können. Dazu komme, »daß der ganz- oder halb- oder philosemitische Dozent an einer Universität, in welcher die entsprechende Hörerschaft mehrere Tausend zählt, bei dem Zusammenhang, der in diesen Kreisen besteht, unter allen Umständen einen ergiebigen Boden findet«. Er, Schäfer, glaube nicht, »daß man Heidelberg hebt, wenn man den von Simmel vertretenen Lebens- und Weltanschauungen, die sich von unserer deutschen christlich-klassischen Bildung ja deutlich genug abheben, einen noch breiteren Raum gewährt (...). Richtungen, die mehr zersetzend und negierend als grundlegend und aufbauend sind, haben doch nur ihre begrenzte Berechtigung in einer Zeit, die geneigt ist, alles ins Wanken zu bringen (...) aus Sensationslust. Simmel verdankt seinen Ruf wesentlich seiner ›soziologischen‹ Betätigung.« Aber die ›Gesellschaft‹ als »maßgebendes Organ für menschliches Zusammenleben an die Stelle von Staat und Kirche setzen zu wollen« sei ein »verhängnisvoller Irrtum«. Und so scheint es Schäfer nicht richtig, diese »Richtung schon jetzt offiziell einzubürgern, zumal an einer Universität, die eine Bedeutung hat für Staat und Reich wie Heidelberg für Baden und Deutschland und gar noch durch eine Persönlichkeit, die mehr durch geistreiche und geistreichelnde Art als durch starkes und zusammenhängendes Denken wirkt«. Simmels Schriften böten nicht viel Bleibendes, »Das Geistesleben der Großstädte« etwa könne »man kaum dürftiger und einseitiger behandeln«. Ohne Begründung wurde die von der Heidelberger Universität eingereichte Liste mit dem Vorschlag Simmel vom Ministerium zurückgewiesen, und alle Interventionen blieben fruchtlos. Simmel, der wie Weber unterstellte, daß das preußi-

39 Ebd., S. 26f. und GSG 24. – Dieses geheimgehaltene private Schreiben an den Geheimen Oberregierungsrat Franz Böhm im Badischen Ministerium für Justiz, Kultur und Unterricht findet sich inhaltlich wiederaufgegriffen in einer Attacke gegen die Berufung Simmels an die Straßburger Universität, die im Landtag Elsaß-Lothringens im Februar 1914 geritten wurde; dabei ist ungeklärt, ob die Informationen seitens des Absenders oder des Adressaten weitergegeben worden sind. – Das Schreiben ist zudem eine der wenigen überlieferten antisemitischen Stellungnahmen aus dieser Zeit, obwohl solche auch im Hochschulbereich weit verbreitet gewesen sein müssen.

sche Kultusministerium in das Verfahren eingegriffen habe, resignierte jetzt,[40] ja, erwog dann 1911 sogar, aus der Universität auszuscheiden und als Privatier »nach Heidelberg zu ziehen«.[41]

Um so wichtiger war es Simmel seit dem Juli 1908, die ›Große Soziologie‹ international in die Diskussion zu bringen: Er erbittet von befreundeten Kollegen Rezensionen, sucht um Übersetzungen nach, tritt wie 1894 in der Öffentlichkeit wieder als Befürworter seiner Soziologie auf; Resonanz jedoch findet er eher bei den Philosophen als bei den Soziologen. Erfolgreich indes wird ein parallel laufendes Projekt, das er wenige Monate nach Erscheinen seiner ›Soziologie‹ angeht, ihm aber bereits seit dem Frühjahr 1907, als er bei Gründung der Soziologischen Gesellschaft in Wien den Eröffnungsvortrag hielt, vor Augen schwebte: die Konstitution einer Interessenvertretung der Soziologie in Deutschland. Und bis Ende des Jahres hat er eine Gruppe von Kollegen zusammen, die eine ›Einladung zur Gründung einer Deutschen Gesellschaft für Soziologie‹ unterzeichnen – mit dem Erfolg, daß sich im Januar 1909 die heute noch bestehende Deutsche Gesellschaft für Soziologie (DGS) konstituiert und ein Jahr später den Ersten Deutschen Soziologentag veranstaltet. Simmel war von Anfang an einer der Präsidenten der DGS, trat aber 1913 – wie auch Max Weber – von seinem Posten zurück. Und wenn er dies in seinem Brief an den Vorstand der DGS vom 11. Oktober 1913 damit begründet, daß er sich »der Soziologie entfremdet« habe,[42] so scheint ein Blick auf die Publikationsliste seiner soziologi-

40 Zwar meinte er, 1912 bei der Wiederbehandlung dieser Stelle in Heidelberg eine realistische Chance zu haben, weil der Dekan Alfred Weber sich für ihn einsetzte, aber dieses Mal sprach Max Weber sich vehement gegen eine Berufung Simmels aus (Brief vom 9. November 1912; Max Weber-Gesamtausgabe II/7, S. 734-740). Daß er 1910 in Greifswald und Bern sowie 1915 noch einmal in Heidelberg wegen einer Philosophie-Professur im Gespräch war, nahm er dann nur noch distanziert wahr.

41 Brief Max Webers an seine Frau Marianne vom 20. Januar 1911. Max Weber-Gesamtausgabe II/6, S. 51.

42 Im gleichen Sinne schreibt Simmel am 6. August 1913 an Robert Michels, »daß ich schon seit Jahren jedes praktische Interesse an der Soziologie verloren habe. Sie ist mir immer nur ein ›Nebenamt‹ gewesen, mein Herz hat stets der Philosophie gehört u. von den wenigen Jahren voller Leistungsfähigkeit, die mir günstigenfalls noch bleiben, brauche ich jeden Augenblick, um die philosophischen Dinge auszusprechen, die noch im Zustand der Latenz in mir sind u. von denen ich nun einmal die – vielleicht irrige –Meinung habe, daß sie einigen Menschen von Interesse sein könnten. Ich würde sicher in der Soziologie nichts *prinzipiell*

schen Veröffentlichungen der Jahre 1909 bis 1912 das zu bestätigen:

1909 Psychologie der Koketterie (GSG 12)
Die Zukunft unserer Kultur. Stimmen über Kulturtendenzen und Kulturpolitik [Umfrageantwort] (GSG 17)
The Problem of Sociology (GSG 18)
1910 Soziologie der Mahlzeit (GSG 12)
Soziologie der Geselligkeit (GSG 12)
[Redebeiträge auf dem Ersten Deutschen Soziologentag] (GSG 17)
How is Society Possible? (GSG 18)
1911 Der Begriff und die Tragödie der Kultur (GSG 12)
Weibliche Kultur (GSG 12)
Das Relative und das Absolute im Geschlechterproblem (GSG 12)
1912 Essai sur la sociologie des sens (GSG 19)

Simmels Interesse liegt jetzt bei der Lebensphilosophie; er hatte sie für sich entdeckt, und sein intensiver Dialog mit Henri Bergson hatte ihn in dieser Richtung bestärkt. Eigentlich sind es nur noch zwei im strengen Sinne soziologische Aufsätze, die in dieser Phase entstehen, und beide sind Gelegenheitsarbeiten: Zum Festmahl des Lehrkörpers anläßlich des Zentenariums der Berliner Universität war Simmel als unbesoldeter Extraordinarius nicht geladen, wohl aber zur Eröffnung der entsprechenden Festnummer des ›Berliner Tageblattes‹ vom 10. Oktober 1910, für die er – wohl kaum zufällig und mit feiner Ironie – eine ›Soziologie der Mahlzeit‹[43] lieferte. Und: Simmel hatte 1907 bei Gründung der Wiener Soziologischen Gesellschaft zur Eröffnung ›Über Wesen und Aufgabe der Soziologie« gesprochen;[44] aber den Ersten Deutschen Soziologentag der auf sein Betreiben hin ins Leben gerufenen Deutschen Gesellschaft für Soziologie

Neues mehr vorzubringen haben – was ich in der Philosophie doch noch hoffe. Daß ich unter diesen Umständen noch immer im Vorstand der Soziolog. Gesellsch. geblieben bin, ist ein Opfer, das ich aus gewissen persönlichen Gründen bringe u. das mir schwer genug wird« (GSG 23).

43 Vgl. GSG 12, Editorischer Bericht, S. 509f.

44 Vgl. David Frisby (Hg.): Georg Simmel in Wien. Texte und Kontexte aus dem Wien der Jahrhundertwende. Wien 2000, S. 201-209.

im Oktober 1910 konnte er nicht eröffnen, da Ferdinand Tönnies dieses Recht als der älteste der Präsidenten für sich beanspruchte; vielmehr wurde Simmels Vortrag auf den Begrüßungsabend vor Beginn der Tagung geschoben – »als das Minimum, das man ihm konzedieren mußte«[45] –, und Simmel revanchierte sich, indem er der zwanglos versammelten Hörerschaft seine ›Soziologie der Geselligkeit‹ bot, die am Folgetag im Wortlaut in der ›Frankfurter Zeitung‹ nachzulesen war.[46]

Statt Soziologie betreibt er jetzt neben der Philosophie – seine ›Hauptprobleme der Philosophie‹ von 1910 sind sein größter Publikumserfolg – auf Anregung Bergsons Kulturphilosophie; das signalisiert der von diesem initiierte Sammelband von Arbeiten Simmels mit dem Titel ›Mélanges de philosophie relativiste. Contribution à la culture philosophique‹. Verzögerte sich dessen Erscheinen über zwei Jahre bis 1912, so gelangte bereits 1911 mit ›Philosophische Kultur. Gesammelte Essais‹ ein ähnlich ausgerichtetes Unternehmen auf den Markt. Auch setzte er seine kunstphilosophischen Bemühungen fort, die sich im ›Goethe‹ von 1913 (GSG 15) niederschlagen und die als Philosophie über Künstler 1916 ihre Fortsetzung in seinem ›Rembrandt. Ein kunstphilosophischer Versuch ›(GSG 15) finden; hatte er dann gedacht, auch noch Beethoven und Shakespeare zu thematisieren,[47] so ließ sich dies nicht mehr verwirklichen. Zur Plattform all dieser wissenschaftlichen Interessen wurde ihm der ›Logos. Internationale Zeitschrift für Philosophie der Kultur‹, ein Organ, für das er sich seit der Gründung 1910 u.a. auch als Mitherausgeber engagierte.

Wider eigenes Erwarten wurde Simmel Ende 1913 dann doch noch zur Übernahme einer Professur für ›Philosophie und Pädagogik‹ an die Universität Straßburg berufen. Nur das Sommersemester 1914 blieb ihm, bevor der Erste Weltkrieg ausbrach, der das universitäre Leben fast zum Erliegen brachte. Zwar publizierte er ab Herbst 1914 einige Kriegsaufsätze, die jedoch schon ab Anfang 1915 skeptisch im Urteil werden – sie wurden 1917 unter dem Titel ›Der Krieg und die geistigen Entscheidungen. Reden und Aufsätze‹ von Dun-

45 Brief Max Webers an Ferdinand Tönnies vom 18. Oktober 1910. Max Weber-Gesamtausgabe II/6, S. 651f.

46 Vgl. GSG 12, Editorischer Bericht, S. 513-529.

47 Vgl. Simmel an Margarete von Bendemann vom 9. Dezember 1916. In: Briefe 1912-1918, GSG 23, S. 716f.

cker & Humblot in München und Leipzig verlegt (GSG 16) – aber fast eineinhalb Jahre lang ist er unfähig, sich wissenschaftlichen Studien zu widmen. Und entsprechend gering ist die Zahl der zwischen 1914 und 1918 erschienenen Aufsätze, die in einem weiteren Sinne Soziologisches tangieren:

1916 Die Krisis der Kultur (GSG 13)
Wandel der Kulturformen (GSG 13)
1917 Individualismus (GSG 13)
1917 Die historische Formung (GSG 13)
1918 Vom Wesen des historischen Verstehens (GSG 16)
Der Konflikt der modernen Kultur. Ein Vortrag (GSG 16)

Aber dann wird Simmel 1917 gebeten, den Band ›Soziologie‹ in der ›Sammlung Göschen‹ zu übernehmen; in wenigen Monaten stellt er das Manuskript zusammen, so daß der neue ›Göschenband, Nr. 101‹ noch 1917 ausgeliefert werden kann[48] (GSG 16).

Simmels zentrales Anliegen, eine Philosophie des Lebens zu schreiben, bleibt unerledigt. Als er 1918 erfährt, daß er unheilbar erkrankt ist, stellt er die der neuen Situation angemessenen Manuskriptteile für ›Lebensanschauung. Vier metaphysische Kapitel‹ zusammen. Die Korrekturen kann er noch vornehmen; aber schon am 26. September 1918 stirbt er in Straßburg, wenige Wochen vor Kriegsende und vor der Mitte Dezember 1918 erfolgten Auslieferung der ersten Exemplare dieses letzten, von ihm betreuten Buches durch den Verlag Duncker & Humblot (GSG 16).

Simmels soziologisches Anliegen

Wenn Simmel am Ende seines Lebens den »begründende[n] Gedanke[n] der Soziologie« als einen seiner Beiträge zur »Geistesentwikkung« bezeichnet,[49] so hatte er seinen kleinen Aufsatz ›Das Problem der Sociologie‹ von 1894 vor Augen, der ihm zeitlebens wichtig war. Was heißt hier »begründender Gedanke«? Nicht kann Simmel

48 Vgl. Angela und Otthein Rammstedt: Sammlung Göschen 101 – auch eine Publikationsgeschichte von Simmels Kleiner Soziologie. Simmel Newsletter 8 (1998), S. 161-183.

49 Simmel: [Bilanz des Lebens], in: GSG 24.

die Bezeichnung ›Soziologie‹ gemeint haben, denn die, so war allgemein bekannt, geht auf Auguste Comte zurück, mit dessen Positivismus bis in die 90er Jahre des 19. Jahrhunderts die Bezeichnung gekoppelt blieb: Soziologie zu nennen hieß, Comte zu meinen. Auch nicht ist eine soziologische Theorie gemeint, denn Simmel kannte Herbert Spencer, Paul von Lilienfeld, Albert Schäffle und Ludwig Gumplowicz, möglicherweise auch Karl Krohn und Fedor Schmidt-Warneck,[50] von den gesellschaftswissenschaftlichen Theorien von Steins und von Mohls[51] einmal abgesehen. All das wußte er seit seinem Studium bei Lazarus, bei von Treitschke und seiner Einbindung in den Schmoller-Kreis.[52] Und seine erste soziologische Monographie ›Über sociale Differenzierung‹ verlief großteils im Fahrwasser von Lazarus; sie sollte ein philosophisch-soziologischer Beitrag für die ökonomische Diskussion im Umfeld Schmollers sein, indem er deren Verständnis von Differenzierung im Sinne von ›Aufteilung‹ um das von ›Unterscheidung‹ ergänzte. Simmel reizte an der Soziologie – hier verstanden als Melange von Comte und Spencer, durch Mills Rezeption geläutert und durch Darwin ›bewiesen‹ – das Moderne der Weltanschauung, das sich in Wissenschaft, Kunst und (sozialer) Gesinnung wiederfand, und deren Credo: »das Feste, sich selbst Gleiche, Substantielle in Funktion, Kraft, Bewegung aufzulösen und in allem Sein den historischen Prozeß seines Werdens zu erkennen«.[53] Konstatierte Simmel, daß prinzipiell »bei einer erst beginnenden Wissenschaft«, wie es die Soziologie sei, »alle Kraft an die

50 Vgl. Herbert Spencer: Einleitung in das Studium der Sociologie. 2 Bde. Leipzig 1875; ders.: Die Principien der Sociologie. 4 Bde. Stuttgart 1877; P[aul von] L[ilienfeld]: Gedanken über die Socialwissenschaft der Zukunft. 5 Teile. Mitau 1873; Albert E. Fr. Schäffle: Bau und Leben des socialen Körpers. 3 Bde. Tübingen 1875/78; Ludwig Gumplowicz: Grundriß der Sociologie. Wien 1885; Karl Krohn: Beiträge zur Kenntnis und Würdigung der Sociologie. Jahrbuch für Nationalökonomie. N. F. 1 und 3 (1880/81). Fedor Schmidt-Warneck: Die Sociologie im Umrisse ihrer Grundprinzipien. Braunschweig 1889.

51 Lorenz von Stein: Geschichte der sozialen Bewegung in Frankreich von 1789 bis auf unsere Tage. 3 Bde. Leipzig 1850; Robert von Mohl: Encyklopädie der Staatswissenschaften. Tübingen 1859.

52 Vgl. Moritz Lazarus: Das Leben der Seele. 3 Bde. Berlin 1856/57; Heinrich von Treitschke: Die Gesellschaftswissenschaft. Leipzig 1858; Gustav Schmoller: Zur Literaturgeschichte der Staats- und Sozialwissenschaften. Leipzig 1888.

53 Simmel: Über sociale Differenzierung [1890], GSG 2, S. 130; vgl. eine ähnliche, aber theoretisch ›weitere‹ Fassung: ›Fragment einer Einleitung‹ [ca. 1910], GSG 20, S. 304f.

Einzelforschung« zu setzen wäre,[54] so meinte er zugleich eine Position einzunehmen, von der aus er sich von den geläufigen Soziologieentwürfen mit ihrer Problematisierung von Individuum und Gesellschaft abheben könnte. Beides seien nicht letzte »absolute Einheiten«, nicht »Atome«, die ein »nur mit den letzten Realitäten rechnendes Erkennen fordert«, weshalb es auch keine Gesetze der Gesellschaft und der sozialen Entwicklung gebe; nur die »Elemente einer Gesellschaft« bewegten sich nach »Naturgesetzen«.[55] Simmel verstand hier die Soziologie als eine »eklektische Wissenschaft«, die ihre empirischen Daten aus anderen Wissenschaften wie Anthropologie, Geschichtswissenschaft, Statistik oder Psychologie erhalte, weshalb man Soziologie auch als eine »Wissenschaft zweiter Ordnung« bezeichnen könne, die gemäß ihrem aktuellen Entwicklungsstand »nur einen neuen Standpunkt für die Betrachtung bekannter Thatsachen« gebe. Aufgabe einer von ihm favorisierten Soziologie müsse aber sein, die »Formen des Zusammenseins von Menschen zu beschreiben und die Regeln zu finden, nach denen das Individuum, insofern es Mitglied einer Gruppe ist, und die Gruppen untereinander sich verhalten«.[56]

Aber 1894 reicht ihm das als »begründender Gedanke« einer Soziologie nicht mehr. Denn ungewiß scheint ihm das Verständnis von Soziologie. Wenn er jetzt das ›Problem der Soziologie‹ zur Titelfrage macht, so meint der Begriff Problem hier nicht das uns heute geläufige Verständnis als das einer Frage oder einer Schwierigkeit, die zu lösen ist. Vielmehr betrachtet Simmel in Anlehnung an die ›Logik‹ Kants, an dem er sich zu dieser Zeit ausrichtet, »Probleme« als aufzeigbare, »einer Anweisung bedürftige Sätze, oder solche, die eine Handlung aussagen, deren Art der Ausführung nicht unmittelbar gewiß ist«; zum Problem gehöre: (1) die Fragestellung, »die das enthält, was geleistet werden soll«, (2) die Resolution, »die die Art und Weise enthält, wie das zu Leistende könne ausgeführt werden«, und (3) die Demonstration, »daß, wenn ich so werde verfahren haben, das Geforderte geschehen werde«.[57] Entsprechend nennt Simmel in dem kleinen Aufsatz als Problem (1) »eine eigentliche Wissenschaft«, die nach Regeln gefaßt werden kann; er führt sodann (2) die

54 Simmel: Über sociale Differenzierung, GSG 2, S. 116.

55 Ebd., S. 130, 125.

56 Ebd., S. 116, 118.

57 Immanuel Kant: Logik, A 175.

analytische Trennung von Form und Inhalt in bezug auf Wechselwirkungen ein; und er skizziert (3) unter dem Stichwort »Methoden« einen Forschungsentwurf, um nach einer Kritik an der Geschichtsphilosophie zu dem »Vorschlag« zu gelangen, daß eine Soziologie, wie er sie verstehe, durchaus den Rang einer eigenständigen Wissenschaft erreichen könne.[58] Indem er die Eigenständigkeit seiner Soziologie postuliert, geht er davon aus, daß Soziologie nach dem bisherigen Verständnis im akademischen Kontext nicht akzeptiert werde und wohl auch nicht akzeptiert werden könne. In diese Richtung zielt auch seine Betonung, daß – da nicht die Gesellschaft an sich das Objekt der Soziologie sei – bestehende Disziplinen wie Jura, Germanistik, Nationalökonomie, Psychologie oder Ethnologie nicht zu befürchten hätten, daß die neue Disziplin ›Soziologie‹ Teile ihres jeweiligen Objekts für sich okkupiere oder sich zur Dachwissenschaft erkläre bzw. sich mit der Geisteswissenschaft gleichsetze.

Alle Gesellschaftstheorien fußten auf »socialen Kräften« bzw. »Kollektivbewegungen«, die im 19. Jahrhundert anstelle des Individuums als die eigentlichen historischen Ursachen ins öffentliche Bewußtsein gedrungen seien, führt Simmel in seiner Behandlung des ›Problem[s] der Sociologie‹ aus; eine Soziologie jedoch dürfe sich damit nicht begnügen, habe vielmehr zu erklären, was unter »sozialen Kräften‹ zu verstehen sei. Und hier verweist er nun auf die Wechselwirkung zwischen Individuen bzw. sozialen Gruppen, die als das »eigentlich Wirksame und Entscheidende« anzusehen seien. Denn Wechselwirkungen seien analytisch nach Form und Inhalt zu differenzieren; sei als Inhalt das jeweilige Motiv oder der jeweilige Zweck anzusehen, der den einzelnen zu einer Interaktion treibt, so als Form die Art und Weise der Interaktion. Entscheidend sei diese Trennung, da es zwar eine Verbindung zwischen Inhalt und Form gebe, aber die Formen wie die Inhalte auch unabhängig voneinander bestehen. Der Inhalt bedingt ebensowenig eine spezielle Form wie die Form einen speziellen Inhalt. Motiv wie Zweck kann auf vielerlei Weise erfüllt werden, wie die Form für die Verwirklichung höchst unterschiedlicher Motive und Zwecke zur Verfügung steht. Damit ist die Form das, was *zwischen* interagierenden Partnern besteht. Da diese austauschbar sind, ist die Form im Sinne von ›Zwischen‹ unabhängig von ihnen; die Form kann als Eigenständiges gefaßt werden. Mag

58 Im Ansatz ähnlich bei Gustaf F. Steffen: Der Weg zu sozialer Erkenntnis. 3. u. 4. Tsd., Jena 1912; Kap. 7: Die Soziologie als Problem (S. 67-77).

in einem weiteren Sinne von Gesellschaft da gesprochen werden, wo Individuen oder Gruppen in Wechselwirkungen treten, so macht nach Simmel die Summe der sozialen Formen das »konkret« aus, was man als Soziologe mit dem »Abstraktum Gesellschaft« zu bezeichnen habe. Die Regeln der sozialen Formen, ihre Gesetzmäßigkeiten zu ermitteln sei Aufgabe der Soziologie, die damit in einer gesonderten Betrachtung das erforscht, »was an der Gesellschaft ›Gesellschaft‹ ist«. Damit habe die Soziologie ein eigenes Arbeitsgebiet, das sich trennscharf von anderen Wissenschaften abhebe.

Simmel will mit ›Das Problem der Sociologie‹ nicht eine Theorie präsentieren, vielmehr geht es ihm primär um die wissenschaftliche, im engeren Sinne akademische Akzeptanz der Soziologie. Und ganz in diesem Sinne wandte er sich mit diesem Aufsatz nicht nur an die Kollegen der Geisteswissenschaft, sondern sandte ihn auch an den Hochschulreferenten im preußischen Kultusministerium mit dem Hinweis, daß angesichts der wachsenden Beachtung der Soziologie »es vielleicht für den äußeren wie den inneren Betrieb der Wissenschaft nicht belanglos [sei], daß es mir, wie ich hoffe u. wie mir bestätigt wird, gelungen ist, an die Stelle der bisherigen Unklarheit u. Verworrenheit des Begriffes Soziologie einen neu u. scharf begrenzten Komplex spezifischer Aufgaben zu setzen«.[59] Auch als sich Albion W. Small mit dem Aufsatz auseinandersetzte und ihn nicht im Sinne Simmels verstand,[60] fügte Simmel der amerikanischen Übersetzung eine ›Supplemantary Note‹ bei, um nochmals seine Absicht zu betonen: »In the first place I did not consider it important to set up a new definition of Sociology, but rather to direct attention to a number of problems closely related to each other, but which in this particular relation and in this unity had not yet been considered together. Just what name to give this group is quite unimportant since the real question is to state problems and to solve them and not at all to discuss the names which we should give to particular groups of them.«[61]

59 Simmel an Friedrich Althoff vom 3. März 1895 (GSG 22); womit Simmel letztlich Althoff in den Stand setzen wollte, philosophische Lehrstühle mit Soziologie-Ausrichtung einzusetzen, umzuwidmen und zu besetzen. Daß das in der just einsetzenden Ära Stumm hoffnungslos war, konnte Simmel wohl nicht abschätzen.

60 ›Social‹ vs. ›Societary‹. Annals of the American Academy of Political and Social Science 5 (1894), Nr. 6, S. 120-125.

61 Diese Übersetzung erschien ebenfalls, aber ein Jahr später, in den Annals of the American Academy of Political and Social Science 6 (1895), S. 412-423 (GSG, Bd. 18).

Als Simmel 1899 gebeten wurde, seinen programmatischen Aufsatz ›Das Problem der Sociologie‹ auch auf italienisch drucken zu lassen, lieferte er eine überarbeitete Fassung, in der nur noch knapp eine Seite des alten Textes erhalten blieb. Wohl auf Grund seiner Diskussion mit Emile Durkheim hatte er seine Ausführungen überdacht, erweitert und verbessert, den Titel mit ›Il problema della sociologia‹[62] jedoch beibehalten, da das Anliegen identisch geblieben war. Und auch noch in der ›Soziologie. Untersuchungen über die Formen der Vergesellschaftung‹ vom Juni 1908 lautet das erste Kapitel ›Das Problem der Soziologie‹; es läßt sich als um den ›Exkurs: Wie ist Gesellschaft möglich?‹ erweiterte Fassung von ›Il problema della sociologia‹ lesen.

Dieses Werk als Ganzes, Simmels sogenannte ›Große Soziologie‹, ist in soziologischen Kreisen bis heute umstritten, nicht etwa weil ihr inhaltlich widersprochen werden müßte, sondern weil sie unverständlich scheint. Und diese Kritik wird nachvollziehbar, wenn man sich vor Augen führt, daß die Kritiker hier – wie selbstverständlich – Soziologie als Lehrmeinung, als Theorie ausgebreitet sehen, die ›Große Soziologie‹ also als Simmels Theorie der Soziologie verstehen. Schon Simmel ist diesem Mißverständnis immer wieder entgegengetreten: »in meiner begriffsbestimmung der soziologie als lehre von den formen der menschlichen wechselwirkungen kam es mir nur darauf an, ein neues, in sich zusammengehöriges problemgebiet zu eröffnen. ob das soziologie heisst, ist mir im grunde ganz gleichgültig«, schrieb er z.B. an seinen dänischen Kollegen Gustaf F. Steffen am 30. Oktober 1908.[63] Simmel versteht hier also seine theoretischen Einlassungen als »Begriffsbestimmung«, der das Ermitteln eines »in sich zusammengehörigen Problemgebietes« vorgeordnet ist, und ob dieses dann Soziologie heißen kann und darf oder nicht, scheint ihm irrelevant. Und gerade dies gilt es sich präsent zu halten, wenn man über Simmels Soziologie sprechen will. Denn die Briefpassage ist keineswegs als rhetorische Koketterie zu verstehen; sie entspricht vielmehr exakt der von Simmel seit 1894 vorgetragenen Auffassung. Nicht ein Theorieentwurf der Soziologie, sondern die Sozio-

62 La Riforma Sociale, Rassegna di scienze sociali e politiche 6 (1899), S. 629-637; GSG 19, S. 107-128. Vgl. Gregor Fitzi: Der italienische Aufsatz Georg Simmels ›Il problema della Sociologia‹. Eine Rückübersetzung. Simmel Newsletter 8 (1998), S. 77-85.

63 In: Briefe 1880-1911, GSG 22, S. 664f.

logie als geschlossenes Gebiet steht an erster Stelle; es geht – auch jetzt noch – um die Frage, unter welchen Voraussetzungen Soziologie eine Wissenschaft sei und in den Universitäten festen Fuß fassen könne.

Aber in der ›Großen Soziologie‹ beläßt es Simmel nicht bei der Formulierung des ›Problems‹; vielmehr skizziert er die Soziologie gemäß dem Kantischen Wissenschaftsverständnis. Wenn sich nachweisen lasse, daß die Soziologie ein »nach Prinzipien geordnetes Ganze der Erkenntnis«[64] ist, so sei sie als Wissenschaft anzuerkennen, nämlich als ein in sich geschlossenes System, das in der »Enzyklopädie aller Wissenschaften [seine] bestimmte Stelle« habe.[65] Sollte die Soziologie als »eigentliche Wissenschaft« verstanden werden können, so erfordere das einen »reinen Teil, der dem empirischen zum Grunde liegt, und der auf Erkenntnis der Naturdinge a priori beruht«, wobei a priori erkennen heißen soll, es aus »seinen bloßen Möglichkeiten« zu erkennen. Zwar kritisiert Simmel Kant, indem er mit seinem relativistischen Ansatz jeden Anspruch auf Allgemeinheit, Notwendigkeit und Wahrheit im jeweils rigiden Sinne ablehnt,[66] aber er sucht den Übergang von Gesellschaft zu Natur und postuliert a priori, bleibt also im Rahmen der Kantischen Argumentation.

Hatte Simmel im Aufsatz von 1894 formuliert, daß eine »eigentliche Sociologie« nur das »Spezifisch-Gesellschaftliche« behandeln könne, das in »Form und Formen der Vergesellschaftung« liege,[67] so hatte er an diesem Gedanken festgehalten, als er an Georg Jellinek am 15. Juli 1898 schrieb: »Ich bin völlig fest überzeugt, daß das Problem, das ich der Soziologie gestellt habe, ein neues u. wichtiges Erkenntnißfeld eröffnet, daß die Lehre von den Formen der Vergesellschaftung als solche, in Abstraktion von ihren Inhalten, wirklich eine fruchtbare, unübersehbare Aufgaben u. Einsichten verheißende Synthese darstellt. Diese Überzeugung u. die Thatsache, daß ich sie oft u. stark ausgesprochen habe, verpflichten mich, sie auch zu beweisen, die Ausführbarkeit u. Fruchtbarkeit der Idee dadurch überzeugend klar zu machen, daß ich sie eben ausführe u. fruchtbar mache.«

64 Immanuel Kant: Metaphysische Anfangsgründe der Naturwissenschaft [1786], A IV.

65 Ders.: KU, § 79.

66 Vgl. Simmel: Kant. Sechzehn Vorlesungen gehalten an der Berliner Universität [1904], GSG 9, Vierte Vorlesung.

67 Simmel: Das Problem der Sociologie, GSG 5, S. 54.

Und aus »diesem Grunde wissenschaftlicher Moral« bleibe ihm nichts anderes übrig, als eine »große Soziologie zu schreiben«.[68] Den Beleg für die Wissenschaftlichkeit der Soziologie zu liefern und die Umsetzbarkeit und Fruchtbarkeit seiner 1894 programmatisch und entsprechend stark eingeschränkten Behandlung des ›Problem[s] der Soziologie‹ an Beispielen zu beweisen bleibt Simmels Ziel bis zum Abschluß seiner ›Soziologie‹ von 1908. Dazu dienen ihm dann die Kapitel zwei bis zehn, wobei die darin angesprochenen Formen der Vergesellschaftung wie »Überordnung, Neben- und Zuordnung, Gegeneinander usw.« den logischen Formeln der »Subsumption, Koordination, Sukzession usw.« entsprechen.[69] Und wie hier greift Simmel auf Kants Wissenschaftstheorie zurück, wenn er stellenweise mathematisch-quantitativ argumentiert, um »Exaktheit« zu erlangen, und dies, obwohl er diesbezüglich zwischenzeitlich anders dachte: Hatte er den eigentlichen Anspruch auf ›Exaktheit‹ noch in seiner ›Philosophie des Geldes‹ betont,[70] so führt er solchen Anspruch in seinem ›Kant‹ auf dessen »logischen Fanatismus«[71] zurück; daher finden sich entsprechende Stellen in seiner ›Soziologie‹ ausschließlich in den Teilen, die Simmel vor dem ›Kant‹ verfaßt hatte.[72] Doch schlägt sich der Anspruch auf Exaktheit auch noch in den von Simmel geschätzten arithmetischen und geometrischen Ordnungsweisen wie ›Zahl‹, ›Summe‹, ›Ort‹, ›Nähe‹, ›Ferne‹ oder ›Distanz‹ nieder; und schließlich ist im mathematischen Kontext im Sinne Kants auch das Begriffsverständnis Simmels in Absetzung zur ›Anschauung‹ zu verorten: Wird durch diese der Gegenstand gegeben, so durch jenen erst gedacht; und entsprechend liegen aller Erfahrungserkenntnis Begriffe von Gegenständen überhaupt als Bedingungen a priori zugrunde, durch die dann allein Erfahrung möglich ist.[73] Die Begriffsbildung und -bestimmung ist Simmel in der nicht verfestigten Soziologie so problematisch, daß er glaubt, den Begriff von willkürlichen Bezeichnungen abheben zu müssen, so daß in der ›Großen So-

68 In: Briefe 1880-1911, GSG 22, S. 298f.

69 David Koigen: Soziologische Theorien. A. Georg Simmels soziologischer Rationalismus. Archiv für Sozialwissenschaft und Sozialpolitik 31 (1910), S. 908-924, hier: 915.

70 Vgl. Philosophie des Geldes, GSG 6, S. 9. – Die angesprochenen Argumente bei Kant finden sich in Metaphysische Anfangsgründe der Naturwissenschaft, A VIIff.

71 Simmel: Kant, GSG 9, S. 16.

72 Vgl. GSG 11, S. 66, 301, 637.

73 Vgl. Immanuel Kant: KrV, B 333ff.

ziologie‹ z.B. der ›Kreis‹, der sich beliebig durch Zirkel, Reif, Ring etc. ersetzen ließe, dem »Begriff des Kreises« gegenübersteht als terminus technicus für soziale Gruppe.

Simmel glaubte, mit seiner ›Großen Soziologie‹ der Soziologie als Wissenschaft noch einmal den Weg bereitet und dann mit Gründung der Deutschen Gesellschaft für Soziologie zu ihrer Institutionalisierung beigetragen zu haben; dem stand aber schnell entgegen, daß das von ihm umrissene ›Problem der Soziologie‹ zwar bestimmend für die »Zusammenstellung soziologischer Probleme« war, die der gedruckten dreiseitigen »Einladung zur Gründung einer Deutschen Gesellschaft für Soziologie« vom Dezember 1908 beilag,[74] seine Konzeption jedoch in der nun einsetzenden Diskussion um Soziologie nur randständig behandelt wurde.[75]

Als im Oktober 1911 die Universität Freiburg i. Br. Simmel die Ehrendoktorwürde verlieh mit der Begründung, daß er »als Begründer der Wissenschaft der Soziologie alle die Studien förderte, die die Erkenntnis der menschlichen Gesellschaft betreffen«,[76] da hatte sich Simmel selbst schon von der Soziologie ab- und der Lebensphilosophie zugewandt, einem Unternehmen, das von Beginn an auch in seine kulturwissenschaftlichen und kunstphilosophischen Studien ausstrahlte. Aber er bemerkte, daß die Lebensphilosophie für ihn tiefgreifende theoretische Änderungen nach sich zog. In seiner Mappe ›Metaphysik‹ notierte er entsprechend: »Das Leben ist die Indifferenz von Prozeß und Inhalt. Dieses *beides* sind Abstraktionen aus seiner Einheit. Das Erleben sieht diese Einheit daraufhin an, daß eine besondere Synthese von Subjekt und Objekt geschieht; es tritt ein, so-

74 Beides als Anlage zu Simmel an Gustav Schmoller vom 9. Dezember 1908, GSG 22, S. 672-677.

75 Simmel hatte darauf hingewiesen, daß in der Anfangsphase einer »neuen Wissenschaft« diese zum »Dorado von heimatlosen und entwurzelten Existenzen« wird, da die Grenzen nicht festgelegt seien (GSG 11, S. 14); die DGS war anfangs ein Beispiel für solches »Dorado«, denn in der ›Gelehrtengesellschaft‹ waren die eigentlichen Soziologen nicht einmal mit zehn Prozent vertreten, und auch die Praktiker, Juristen, Ärzte, Politiker und Journalisten, hatten jeweils ihre ganz eigenen Erwartungen und Forderungen an die Soziologie; ein wissenschaftlicher Diskurs war nicht zu erwarten; vgl. Sonngrit Fürther: Frauen in der Deutschen Gesellschaft für Soziologie 1909-1914. Dipl.-Arbeit; Univ. Bielefeld. Msk. 1989, S. 50ff.

76 Promotionsurkunde zum Dr. rer. pol. h. c. an der Universität Freiburg i. Br. 1911, Faksimile in: Kurt Gassen und Michael Landmann: Buch des Dankes. A. a. O., nach S. 32.

bald der Inhalt zum Objekt geworden ist, das dem Subjekt als ein Aufnahme-Forderndes gegenübersteht. Prozeß und Inhalt sind das primäre Gegensatzpaar, die erste Entfaltung der Lebenseinheit.«[77] Schon hier wird deutlich, daß das soziologische Konzept mit der Scheidung von Form und Inhalt demgegenüber nicht länger haltbar ist – ja, schon in seinen ›Hauptproblemen der Philosophie‹ von 1910 weist er auf das jetzt zentrale Gegensatzpaar Leben/Form hin[78] – und Simmel weiß, daß die postulierte Indifferenz von Subjekt und Objekt die Konzeptionen von Erkenntnis wie von Erfahrung in Frage stellen, wie das hier gemeinte »Erleben« nicht irgendeinem Handlungsverständnis untergeordnet werden kann. Daß Simmel seine lebensphilosophischen Überlegungen nicht veröffentlichen, ja, nicht einmal zum Abschluß bringen konnte, hinderte ihn nicht, den Aspekt Leben in alle größeren Arbeiten zwischen 1910 und 1918 an zentraler Stelle einzufügen – so auch in die ›Grundfragen der Soziologie (Individuum und Gesellschaft)‹ von 1917.

Diese letzte soziologische Monographie gliedert Simmel in vier Kapitel; das erste skizziert eine wissenschaftliche Soziologie, für die er drei Problemfelder ausmacht, der gesonderte Soziologien zugeordnet werden, die dann, jeweils an einem Problem erläutert, in den drei folgenden Kapiteln als »allgemeine«, als »reine oder formale« und als »philosophische« Soziologie expliziert werden. Im ersten Kapitel, das nun nicht das Problem, sondern das »Gebiet der Soziologie« erörtert, wird eingangs wieder darauf hingewiesen, daß weder ›Individuum‹ noch ›Gesellschaft‹ das eigentliche Objekt sein können; die Soziologie habe daher das Erkennen nach einem »ganz anderen Strukturprinzip« zu begreifen, das ein und demselben Erscheinungskomplex eine Anzahl »verschiedenartiger, aber gleichmäßig als definitiv und einheitlich anzuerkennender Objekte« entnehme; das lasse sich mit dem »Symbol der verschiedenen Distanz« bezeichnen.[79] Und dies sei möglich, da das Erkennen nicht die unmittelbare Wirklichkeit ergreife, ihm Wirklichkeit vielmehr nur als »ein Komplex von Bildern« gegeben ist, der durch eine Erkenntnisabsicht eine Formung erfahre,

77 GSG 20, S. 298.

78 Vgl. GSG 14, S. 12, 63, 83. Relevant die Äußerungen in GSG 20, S. 298ff.

79 GSG 16, S. 66. – Vgl. auch Otthein Rammstedt: Georg Simmel: Grundfragen der Soziologie (Individuum und Gesellschaft). In: Dirk Kaesler und Ludgera Vogt (Hg.): Hauptwerke der Soziologie. Stuttgart 2000, S. 403-407.

durch die er erst Objekt der Soziologie werde.[80] Im zweiten Teil dieses Kapitels deutet Simmel seinen soziologischen Ansatz, der eindeutig der Lebensphilosophie verpflichtet ist, ohne jedoch eine umfassende Theorie zu vermitteln. Das setzt mit der Feststellung ein, daß das Individuum als Grundbegriff ihm »kein Gegenstand des Erkennens, sondern nur des Erlebens«[81] sein könne. Damit nämlich erst werde das Individuum zum »Faktor meines kontinuierlichen Lebens«, und zwar nicht nur, indem es subjektiv empfunden wird, sondern »diese Empfindung ist ein objektives Element in der objektiven Tatsache meines Lebens«.[82] Wenn Simmel dann »Gesellschaft« als »seelische Wechselwirkung zwischen Individuen« faßt, so hat sie für ihn keine Substanz, sondern sie wird als Geschehen verstanden, als sich realisierendes Leben; wenn die Individuen »vermöge gegenseitig ausgeübter Beeinflussung und Bestimmung verknüpft sind«, dann sei Gesellschaft etwas Prozedurales und Funktionales, etwas, »was die Individuen tun und leiden«.[83] Das Geschehen in der Wechselwirkung, »die Dynamik des Wirkens und Leidens, mit der die Individuen sich gegenseitig modifizieren«, sei etwas »›Wirkliches‹ und Erforschbares«. Die ›Gesellschaft‹ sei dementsprechend nur als Vergesellschaftung zu verstehen, was die Soziologie ihrem »eigenen Begriff« nach fragen lasse: »Was geschieht mit den Menschen, nach welchen Regeln bewegen sie sich, nicht insofern sie die Ganzheit ihrer erfaßbaren Einzelexistenzen entfalten, sondern sofern sie vermöge ihrer Wechselwirkung Gruppen bilden und durch diese Gruppenexistenz bestimmt werden?«.[84]

Im dritten Teil dieses ersten Kapitels spricht Simmel drei durch ihre Orientierung auf spezielle Problemkreise unterscheidbare Soziologien an, für die er in den folgenden Kapiteln je ein Beispiel liefert. Als Beispiel der ›Allgemeinen Soziologie‹ wählt er »Das soziale und das individuelle Niveau«, wobei er teilweise Passagen von »Ueber sociale Differenzierung« von 1890 und der »Soziologie« von 1908 auf-

80 GSG 16, S. 67f.

81 Ebd., S. 65.

82 Aus der nachgelaßnen Mappe ›Metaphysik‹, GSG 20, S. 298f. Dort heißt es dann weiter: »Die Formen dieser Einordnung, die Gesetze der Synthese der Elemente, durch die sie ein Leben bilden, nicht nur eine Erkenntnis – das ist die Aufgabe der Philosophie des Lebens.«

83 Ebd., S. 70.

84 Ebd., S. 71.

greift.[85] Exemplarisch für die ›Reine oder Formale Soziologie‹ wird dann im dritten Kapitel »Die Geselligkeit« und damit Simmels Eröffnungsvortrag vom Ersten Deutschen Soziologentag 1910.[86] Und für die ›Philosophische Soziologie‹ führt Simmel als Beispiel Überlegungen zu »Individuum und Gesellschaft in Lebensanschauungen des 18. und 19. Jahrhunderts« aus, wofür er teilweise auf ein Vortragsmanuskript aus dem Jahre 1910 zurückgreift.[87]

Was bleibt?

Daß Georg Simmel zu den Klassikern der Soziologie zählt, ist unbestritten. Schon deshalb meinen viele Soziologen, ihn bis heute zitieren und sich auf ihn berufen zu müssen. Simmel selbst hatte diese Entwicklung wohl nicht vor Augen gehabt, als er in seinem Tagebuch festhielt: »Ich weiß, daß ich ohne geistigen Erben sterben werde (und es ist gut so). Meine Hinterlassenschaft ist wie eine in barem Gelde, das an viele Erben verteilt wird, und jeder setzt sein Teil in irgendeinen Erwerb um, der *seiner* Natur entspricht: dem die Provenienz aus jener Hinterlassenschaft nicht anzusehen ist.«[88] Simmel konnte zu Lebzeiten keine eigene Schule entwickeln, da ihm erst mit dem Ruf nach Straßburg 1914 das Promotions- und Habilitationsrecht[89] zugesprochen wurde, und seine soziologische Hinterlassenschaft mußte anonym werden, als die Nazis 1933 seine Schriften ins Feuer warfen[90] und das Reden und Schreiben über

85 Die Entsprechungen sind im Variantenverzeichnis von GSG 16, S. 452f. aufgeführt.

86 Der vorliegende Text stimmt weitgehend mit der Veröffentlichung in den ›Verhandlungen des Ersten Deutschen Soziologentages vom 19.-22. Oktober 1910 in Frankfurt/M.‹, Tübingen 1911, S. 1-16 (GSG 12) überein.

87 Fragmentarisch wurde dieser Vortrag unter dem Titel ›Das Individuum und die Freiheit‹ veröffentlicht in: Michael Landmann und Margarete Susman (Hg.): Brücke und Tür. Stuttgart 1957, S. 260-269. In Gänze findet er sich wiedergegeben in GSG 20.

88 Aus dem nachgelassenen Tagebuche, GSG 20, S. 261.

89 Nur Betty Heimann (1888-1926) und Gottfried Salomon[-Delatour] (1892-1964) konnten 1916 bei ihm noch promovieren, vom Habilitationsrecht konnte er keinen Gebrauch mehr machen.

90 Vgl. Richard Drews und Alfred Kantorowicz (Hg.): Verboten und verbrannt. Deutsche Literatur – 12 Jahre unterdrückt. Berlin/München 1947, S. 206.

ihn unterdrückten. Zwar berufen sich im ausgehenden 20. Jahrhundert dann die Rollen-, die Konflikt- und die Rational-Choice-Theorie, die Kleingruppenforschung, der symbolische Interaktionismus und die Verhaltenstheorien auf Simmel, aber seine Erbschaft scheint jeweils anderen Interessen zugeordnet. Wohl das Schicksal von Klassikern!

Zu einem anderen Ergebnis führt ein prüfender Rückblick auf die von Simmel 1916 »für die engste Familie« festgehaltene Bilanz hinsichtlich der »originale[n] Grundmotive«, die er »vielleicht« zu »der Geistesentwicklung beigesteuert« habe. In bezug auf die Soziologie zählt hierzu für Simmel, wie oben schon angesprochen, der »begründende Gedanke der Soziologie«; und dieser wurde in der Tat konstitutiv für die akademische Soziologie, denn mit der Absage an Gesellschaft und/oder Individuum als Objekt der Soziologie trat die Frage nach dem die Gesellschaft Strukturierenden auf den Plan: Simmels ›Formen der Vergesellschaftung‹ finden dann ihr funktionales Äquivalent in Emile Durkheims ›fait social‹ und Max Webers ›sozialem Handeln‹, d.h., mag man sich inhaltlich von Simmel abgesetzt haben, so antizipiert man ihn formal-theoretisch.[91] Neben den »originalen« weist Simmels Bilanz dann auf »die mehr funktionellen Motive«: so »in der Geldphilosophie der Versuch, an der Entwicklung eines einzelnen Kulturelementes die ganze äussere und innere Kulturentwicklung abzurollen, die einzelne Linie als Symbol des Gesamtbildes zu begreifen«. Auf Simmels Spuren sind hier dann unverkennbar Siegfried Kracauer, Walter Benjamin, Theodor W. Adorno, Norbert Elias, Pierre Bourdieu gewandert, die es, wie auch viele andere, unternahmen, an einem einzelnen Symbol eine Kulturgeschichte darzustellen – auch wenn ihre Schriften Simmels Erwartung der unsichtbaren Tradierung seiner Hinterlassenschaft bestätigen. In Simmels positiver Bilanz gehört dann weiter »der Typus von Arbeiten wie über den Henkel, die Ruine, den Bildrahmen, Brücke und Thuer u.a., in denen gezeigt wird, dass unter jeder kleinen Oberflächlichkeit ein Kanal liegt, durch den sie mit den letzten metaphysischen Tiefen verbunden ist«. Gemeint sind hier die kleinen kulturphilosophischen Abhandlungen, die zum Teil in der ›Philosophischen Kultur‹ von 1911, zum Teil als Exkurse in der ›Großen Soziologie‹ versammelt

91 Vgl. Otthein Rammstedt: Zweifel am Fortschritt und Hoffen aufs Individuum. Zur Konstitution der modernen Soziologie im ausgehenden 19. Jahrhundert. Soziale Welt 36 (1985), S. 483-502, 488.

sind. Nenne man sie Essays[92] oder Miniaturen;[93] Simmel hat sie erfunden,[94] und sie stärken bis heute seinen Ruf als soziologischer Autor. Jene im vorliegenden Band wiedergegebenen Abhandlungen über Geheimnis, Brief, Dankbarkeit, Schmuck oder Treue gehören zum Grundwissen jedes Soziologen, was wohl vor allem auf die faszinierende Form der Analyse und die Art und Weise der Darstellung zurückzuführen ist, die jeden Leser sofort und an jeder Stelle mitdenken läßt, ohne gleichsam ein theoretisches Wissen vorauszusetzen. Die kurzen Texte kommen leicht daher und suggerieren, daß methodisch der soziologische Blick und die nötige Distanz wie der Nachweis der sozialen Form als theoretisches Anliegen selbstverständlich sind. Aber die Leichtigkeit dieser Texte setzt sie dann dem Verdacht aus, auch theoretisch leicht zu sein, als theoretische ›Leichtgewichte‹ eingestuft werden zu müssen, ja, letztlich dann theorielos zu sein. Dies, obwohl das Essay gerade die Textsorte darstellt, die wie keine andere Textform und Theorie verbindet. Und das läßt auch Simmel selbst anklingen, wenn er in seiner Bilanz auf das Gemeinsame seiner ›Philosophie des Geldes‹, der Essays und der kunstphilosophischen Persönlichkeitsstudien zu ›Goethe‹ und ›Rembrandt‹ verweist: »Diese drei methodischen Motive sind im Grunde eines, entwachsen *einer* metaphysischen Sehnsucht, die sich in dem gesuchten Verhältniss zwischen Theil und Ganzem, Oberfläche und Tiefe, Realität und Idee gleichmässig ausdrückt.«[95]

Die Schwierigkeiten soziologischer Theorien sah Simmel in der dazugehörigen Erkenntnistheorie. Aphoristisch spricht er das in seinem Tagebuch an: »Nicht das, was *hinter* dem wissenschaftlichen Bild der Dinge liegt, das Dunkle, das An-sich, das Ungreifbare ist jenseits der Erkenntnis – sondern umgekehrt gerade das Unmittelbare, das vollsinnliche Bild, die uns zugewandte Oberfläche der Dinge.«[96] Dem entspricht, daß ihm die Welt – auch die soziale – unübersehbar scheint und daß sie nur durch das »System unseres Gei-

92 Vgl. Otthein Rammstedt: Georg Simmels ›Henkel-Literatur‹. A. a. O.

93 Vgl. Monika Tokarzewska: Die literarischen und ästhetischen Dimensionen in Georg Simmels Schaffen. Diss. Torun 2005, insb. S 177-198.

94 Als »Schöpfer des philosophischen Essays« wird Simmel apostrophiert von Leo Matthias: Erinnerungen an Simmel [1928]. In: K. Gassen und M. Landmann (Hg.): Buch des Dankes. A. a. O., S. 192-194.

95 Simmel: [Bilanz des Lebens], GSG 24.

96 GSG 20, S. 262.

stes« einen »Zusammenhalt und durchgängigen Sinn« zugesprochen bekomme.[97] Und von daher ist er skeptisch und kritisch gegenüber solchen Systemen, die ein geordnetes Ganzes suggerieren: So stellt er als erster fest, daß der Konflikt als Wechselwirkung nicht nur soziale Beziehungen löst, sondern solche auch schaffen kann, was uns heute selbstverständlich scheint;[98] so sieht er Entwicklung keineswegs progressiv, weil dies eine »beengende Festlegung auf eine allzumenschliche Teleologie« bedeute;[99] so sieht er eine Vielzahl von Paradoxen, die gerade als solche funktional sind;[100] so sieht er die Art und Weise der Wechselwirkung, die soziale Form analytisch gelöst von den Individuen und in der Realität als »substanzgewordene Sozialfunktionen«[101] und sieht auch, daß ihm die Form, auch und gerade die soziale, in Opposition zum Leben geriet, ohne daß er noch dazu kam, die soziologischen Folgen dieser Feststellung zu skizzieren, und wohl muß hier auch genannt werden jene scheinbare Dialektik ohne Versöhnung, die sein Argumentieren kennzeichnet und seit hundert Jahren Leser verstört.

Was bleibt, ist, daß wir auch heute noch feststellen können, was Max Weber vor 100 Jahren an Simmel schätzte, daß nämlich »fast jede seiner Arbeiten von prinzipiell wichtigen neuen Gedanken und feinsten Beobachtungen geradezu strotzt« und daß fast jede seiner Monographien »zu den Büchern gehört, an denen nicht nur die richtigen, sondern selbst die falschen Ergebnisse eine Fülle von Anregungen zum Weiterdenken enthalten«.[102] Was aber auch bleibt, ist, daß wir uns auch nach 100 Jahren noch durch die Radikalität seiner Überlegungen erschrecken und anregen lassen können. So etwa, wenn wir in seinen wenig beachteten postumen Veröffentlichungen lesen: »Es ist ein Vorurteil, die Gegenwertigkeit, Verwerflichkeit eines Zustandes oder einer Qualität einfach daraus ablesen zu wollen, daß das Subjekt durch diese ins Verderben geführt wird, z.B. abnehmende Kinderzahl in einem Gemeinwesen, Emanzipation der

97 Simmel: Kant, GSG 9, S. 43.

98 Siehe Simmel: Sociale Differenzierung, GSG 2, S. 131f. vs. Soziologie, GSG 11, S. 284.

99 Simmel: Kant, GSG 9, S. 39.

100 Vgl. z.B. Soziologie, GSG 11, S. 406, Grundfragen der Soziologie, GSG 16, S. 133, 194.

101 Philosophie des Geldes, GSG 6, S. 209.

102 Max Weber: Georg Simmel als Soziologe und Theoretiker der Geldwirtschaft. Simmel Newsletter 1 (1991), S. 9-13, hier: 9.

Frauen, anarchische Freiheit der Individuen, Überwiegen der intellektuellen über die physiologischen Kräfte usw. Mag sein, daß die Gesellschaften durch diese Erscheinungen zugrunde gehen. Nun – dann gehen sie eben zugrunde, das Leben der Menschheit ist ja nicht an den ewigen Weiterbestand gerade dieser Gebilde gebunden, es haben sich ja immer noch aus dem Tode der Gesellschaften neue erhoben. Jene ruinierenden Momente haben doch *Eigenbedeutungen*, die von dem aus ihnen heraustretenden Erfolge für den Lebensbestand ihrer Träger ganz unabhängig sein können, wie die formal-ästhetische Bedeutung eines Gebildes es gegen seine utilitarische ist. Es ist wie mit dem Individuum, für das es wichtiger ist, daß es anständig lebt, als daß es überhaupt lebt. Und wenn es nun einmal so bestimmt ist, daß das anständige Leben das Leben tötet – so muß diese Tragödie sich eben vollziehen.«[103]

103 Aus dem nachgelassenen Tagebuche, GSG 20, S. 280.

Nachweise

Die folgenden Nachweise folgen der Anordnung dieses Bandes und beziehen sich auf den Abdruck in der auf 24 Bände angelegten *Georg Simmel-Gesamtausgabe* (GSG), herausgegeben von Otthein Rammstedt.

Das Gebiet der Soziologie (1917) – GSG 16, S. 62-87

I. Allgemeine Soziologie

Das Problem der Sociologie (1894) – GSG 5, S. 52-61
Persönliche und sachliche Kultur (1900) – GSG 5, S. 560-582
Das Relative und das Absolute im Geschlechter-Problem (1911) – GSG 12, S. 224-250
Zur Psychologie und Soziologie der Lüge (1899) – GSG 5, S. 406-419
Soziologie der Mahlzeit (1910) – GSG 12, S. 140-147
Zur Psychologie der Mode. Sociologische Studie (1895) – GSG 5, S. 105-114

II. Formale Soziologie

Das Objekt der formalen Soziologie (1899) – GSG 21 (in Vorb.)
Zur Soziologie der Familie (1895) – GSG 5, S. 75-90
Zur Soziologie der Religion (1898) – GSG 5, S. 266-286
Die Gesellschaft zu zweien (1908) – GSG 8, S. 348-354
Soziologie der Geselligkeit (1911) – GSG 12, S. 177-193
Die Ueberstimmung. Eine soziologische Studie (1907) – GSG 8, S. 131-141
Das Geheimnis. Eine sozialpsychologische Skizze (1907) – GSG 8, S. 317-323
Der Brief. Aus einer Soziologie des Geheimnisses (1908) – GSG 8, S. 394-397
Der Mensch als Feind. Zwei Fragmente aus einer Soziologie (1908) – GSG 8, S. 335-343
Sociologie der Konkurrenz (1903) – GSG 7, S. 221-246
Das Ende des Streits (1905) – GSG 7, S. 333-344
Dankbarkeit. Ein soziologischer Versuch (1907) – GSG 8, S. 308-316
Psychologie des Schmuckes (1908) – GSG 8, S. 385-393
Treue. Ein sozialpsychologischer Versuch (1908) – GSG 8, S. 398-403
Zur Soziologie des Adels. Fragment aus einer Formenlehre der Gesellschaft (1907) – GSG 8, S. 324-334
Der Fremde (1908) – GSG 11, S. 764-771

III. Philosophische Soziologie

Soziologie der Sinne (1907) – GSG 8, S. 276- 292
Soziologische Apriori (1908) – GSG 11, S. 47-61
Soziologische Aesthetik (1896) – GSG 5, S. 197-214
Die Großstädte und das Geistesleben (1903) – GSG 7, S. 116-131
Ueber Geiz, Verschwendung und Armut (1899) – GSG 5, S. 529-542
Der Individualismus der modernen Zeit (1910) – GSG 20, S. 249-258
Rosen. Eine soziale Hypothese (1897) – GSG 17, S. 357-361